소설이라는 언어 예술의 세계

이 상 우

도서출판 월인

머리말

해마다 많은 작품이 쏟아져 나오고 있다. 이것을 보면 정말로 작가들은 다양한 주제의 이야기를 독특한 소재와 기법으로 들려주고자 혼신의 노력을 기울이고 있구나 하는 것을 실감하게 된다. 많은 독자들은 지금도 재미있고 유익한 이야기를 접하는 즐거움 속에 살아가고 있다.

그런데 많은 작품들 중에는 좋은 것도 있고 그렇지 못한 것도 있다. 그 기준을 어디에 두고 보느냐는 좀 생각해 보아야겠지만 소설이라는 글의 상식 선상에서 볼 때 그런 것이 눈에 띈다. 소설의 상식을 넘어서는 작품이 소설 행세를 하고 있는 현실은 우리를 슬프게 한다. 정말 소설이 아닌 가짜가 진짜 행세를 하고 있는 경우가 너무 많다. 이런 작품이 또 무슨 상(賞)까지 받고 얼굴을 들고 있어서 독자의 마음을 상하게 하는 경우는 필자만의 경험이 아닐 것이다.

좋은 소설이 어떤 것인가? 그런 소설은 어떻게 만들어지는가? 좋은 소설을 쓸 줄 알려면 무얼 알아야 하는가를 학생들에게 일깨우고자 창작이론서 몇 권을 써 보았는데 그 유용성을 제대로 알리는 데 한계가 있다는 것도 경험해 보았다. 이 책은 본격적인 이론서가 아니다. 그보다 쉬운 글로 독자에게 다가가 소설 이야기가 진솔한 우리 삶에 대한 것이고, 작가가 그런 것을 누구보다 잘 알고 소설이란 예술품으로 남기고 있다는 것을 이 책을 통해 말해 보려고 했다.

소설 애호자를 염두에 두고 소설 보는 눈을 한 단계 끌어올리고자 소설에 관한 지식을 알기 쉽게 담아보려 했지만 필자의 요령부득으로 의도대로 이루어지지 못한 점이 많아 아쉬움을 금치 못한다. 앞으로 기회 있는 대로 보완해 갈 것을 약속하며 미비한 점 너그럽게 보아 주길 바란다. 끝으로 어려운 출판을 흔쾌히 맡아 주신 박성복 사장님, 그리고 디자인과 교정을 위해 여러 수고를 아끼지 않으신 편집부 여러분께 감사드린다.

2006년 12월 저자

차례

머리말 · 3

제1부 소설 속의 인간의 삶

동종주술에 매달리며 사는 인간들 ······ 7
한국 문학 속의 '꽃'과 '새' ······ 22
왜 그 사람에만 올인하는가 ······ 36
나르시스의 후예 ······ 48
왜 일탈적 성애에 빠지는가 ······ 59
비련의 연인 : 삼각관계와 사각관계 ······ 72
어머니와 나눈 꿈속에서의 사랑 ······ 91
고독하고 불안한 일상으로부터의 탈출 ······ 106
운명을 바꾸어 놓은 신성한 공간 ······ 130
신화는 어떤 이야기인가 ······ 150
인연 아닌 것이 없는 세상살이 ······ 167
문제 많은 남자를 좋아하는 여자 ······ 173
영원히 소유할 수 없는 욕망의 대상 ······ 176
예술로 승화된 불륜의 사랑 ······ 200

제2부 소설이라는 언어예술의 세계

'무엇'보다 '어떻게' 쓸 것인가를 고민하라 …… 213
설명하지 말고 행동을 보여줘라 …… 219
관습적인 이야기의 전개 패턴 …… 232
풍부한 경험과 소설적 형상화 …… 239
자연의 주기에 일치시킨 이야기 …… 252
소설가는 자연을 보는 눈이 다르다 …… 258
소설의 한 유형, 내적 갈등의 발생과 그 해소 …… 265
걸작과 졸작의 경계에 플롯이 있다 …… 276

제3부 문학과 삶의 길목에서

소설을 읽어 보았나요 …… 289
「무진기행」에 얽힌 일화 …… 302
시험 답안지 채점 유감 …… 307
영상매체 시대와 존재의 가벼움 …… 312
문학의 힘은 매우 크다 …… 317
편견을 갖고 사는 사람 …… 324
실크로드 문화탐방기 …… 329
도전은 아름다운 것 …… 337

찾아보기 …… 343

동종주술에 매달리며 사는 인간들

왕의 임무

역대 대통령 중에 '박정희 대통령'하면 떠오르는 이미지가 하나 있다. 그는 모내기철이 되면 지방으로 내려가 손수 논에 들어가 농민들과 모심기를 하였다. 아침 신문에 실린, 밀짚모자를 쓰고 수건을 목에 건 채로 막걸리 한 대접을 마시는 장면은 신성한 충격이었다. 그 후 어느 대통령에서도 그런 모습은 전혀 볼 수가 없었다. 얼마 전 새로 당선된 경기도 김문수 도지사가 우리나라에서도 이모작이 가능하게 되었다는 뉴스와 함께 모심는 기계를 직접 모는 모습이 보도된 적이 있었는데, 나는 그 기사를 보며 박대통령의 모습을 새삼 떠올려 보았다.

바쁜 일정 속에서도 박대통령은 왜 모심는 일을 해마다 시연했을까? 이에 대한 해답은 농경사회로 돌아가, 그 시대의 왕은 무엇보다도 제일 먼저 풍년을 들게 하고 전쟁이나 질병이 발생하지 않도록 하는 책임을 지고 있었다는 것을 상기할 때 그 해답을 찾을 수 있다.

왕의 자리는 아무나 오르는 것이 아니다. 왕은 하늘이 내리신 탁월한 능력을 지닌 자라야 한다. 본래 임금 왕(王)이라는 글자에는 하늘, 땅, 사람이라는 삼재(三才)를 한 손에 거머쥐고 조절해 나갈 수 있는 거룩한 자라는 뜻을 지니고 있다고 한다. 오늘날에 이르러 정치는 대통령이 하고, 신의 축복을 내리는 일은 종교의 수장이 맡는 것으로 분화되었지만, 제정일치(祭政一致) 시대의 왕은 이 두 가지 일을 모두 성실히 수행해내야 했던 것이다. 요즈음도 국정을 맡는 대통령이 나라가 어려울 때 추기경이나, 종정 스님의 조언을 듣기도 하고, 정치가 어지러워질 때면 종교지도자들이 따끔한 충고의 목소리를 높이는 것을 볼 수 있는데, 이 모두는 제정일치 시대의 왕의 위상이 어떤 것이었나를 짐작해 볼 수 있게 한다.

풍년이 들려면 우선 제때 제때에 비가 와야 한다. 만일 비가 오지 않으면, 왕은 하늘에 제사를 지내 비가 내리도록 해야 한다. 왕은 기우제의 모든 책임을 진 사람이다. 영국의 인류학자 프레이저의 『황금 가지』에 따르면 왕은 우주 에너지의 중심이므로 그가 병들거나 노쇠의 징후를 보이면 곧 천재지변이 일어나거나 곡식이 결실치 않고 가축이 떼죽음을 당한다고 믿어 왕을 살해했는데, 이런 풍속은 세계적으로 널리 퍼져 있었다고 한다. 중국의 『삼국지』에 실려 있는 기록에서 보듯이 부여(夫餘) 땅에서는 "비와 가뭄이 고르지 못해 오곡이 잘 익지 못하면 그 허물을 왕에 돌려 마땅히 왕을 갈아치우거나 죽여야 한다고 말했다"고 한다.

본래 오래 전부터 용(龍)은 하늘을 지배하는 존재, 다시 말해서 비를 내려주는 거룩한 존재로 여겨 왔는데, 중국에서 용을 황제와 동일시하게 되면서, 우리나라에서는 용 대신에 '봉황'을 왕과 동일시하게 되었다.[1] 지금도 대통령의 휘장 속에 '봉황새'가 새겨져 있는데, 이 상서로운 봉황새는 용이나 소처럼 비를 몰고 오거나 풍년을 들게 하는 동물로서, 이런 동물을 왕과 동일시한 것만 보아도, 왕은 아주 오래 전부터 풍년이 들도록 하는 일에 긴밀히 연관 돼 있었음을 잘 알 수 있다.

역사 기록을 보면 왕의 명칭으로 '거서간', '차차웅'이란 말을 쓰기도 했다고 한다. 그런데 이 말은 곧 '무당'을 가리키는 말이라고 한다. 그때의 무당

---

1) 박영수, 우물 속에 살아 있는 동물 이야기(서울 : 영교출판, 2005)

은 오늘날의 무당이란 개념과는 무척 달랐겠지만, 신통한 능력으로 병을 낫게 하고 재앙을 물리치는 능력의 소유자였던 점은 별반 다르지 않았을 것이다. 박대통령은 옛날 왕의 본분으로 돌아가 국민을 보릿고개로부터 해방시키기에 누구보다 열정을 기울인 새마을 대통령으로 길이 남을 것이다.

동종주술이란?

요즘 한국의 마술이 세계적으로 명성을 떨치고 있다고 한다. 관객이 마술에 홀리는 것은 마술사가 빠른 손놀림으로 기적 같은 일을 이루어내기 때문인데, 옛날이나 지금이나 인간이 주술(呪術)에 매달리며 살아온 것도 이런 기적 같은 일을 생활 속에서 이루어내고 싶은 마음이 강렬했기 때문이다.

주술이란 초자연적 수단을 통해 초자연적 힘을 이 세상에 작용케 하여 어떤 기대하는 결과를 얻으려는 행위를 가리킨다. 무당은 이러한 일들을 전문으로 맡고 있는 사람이기도 하지만, 정화수 앞에서 늘 기도하며 살았던 우리 할머니나 어머니는 이러한 의식을 도맡은 아주 특별한 사람이었다. 어찌 그뿐이랴! 위급한 상황에 빠진 사람이라면 누구나 위기를 무사히 벗어나기 위해 주술사가 되지 않을 수 없는 것이 사실이다. 그만큼 주술은 우리 모두의 삶과 밀접하게 연관되어 있는 것이다.

인류학자 프레이저(J. G. Frazer)는 전 세계에 걸쳐 여러 민족에 의해서 가장 오랜 시간 동안 이루어진 주술 중의 하나로서 다음과 같은 예를 들고 있다.

> 오지브와(Ojibwa) 인디안들은 누구를 해치려고 할 때에, 그 적(敵)을 뜻하는 작은 나무상[木像]을 만들어서, 그 머리나 심장에 바늘을 꽂거나 거기에 화살을 쏘거나 한다. 그러면 동시에 그의 적은 바늘이 꽂힌 곳이나 화살에 맞은 곳에 상응한 육체적 부위에 바로 격통을 일으킨다고 믿는다 한다.[2]

이런 주술적 행위는 우리 한국인에겐 결코 낯선 것이 아니다. 드라마 《장희빈》에서 간악한 장희빈은 민비를 죽게 할 목적으로 취선당(就善堂) 서쪽에 신당을 차려 놓고 무당을 몰래 불러들여 민비 상에다 화살을 쏘게 했다. 이 사실이 탄로나 사약을 받고 말았지만, 이를 통해 힘 약한 인간이 어떤 목적을 달성하기 위해서는 물불 가리지 않고 주술에 매달리는 인간의 한 전형을 실감나게 보는 듯하다.

그러면 전 세계에 널리 퍼져 있는 이러한 주술 행위는 그 속에 어떤 사고가 담겨 있었을까? 이에 대하여 프레이저는 "유사는 유사를 낳는다", 혹은 "결과는 그것의 원인을 닮는다"는 유사법칙(law of similarity)에 의해 주술이 이루어지는 것이라고 밝힌 바 있다. 프레이저는 유사 법칙에 의해서 주술사가 단지 그것을 모방함으로써 그가 바라는 어떤 결과를 가져 올 수 있다는 믿음 속에 행해진 이런 주술을 '동종주술(同種呪術)' 혹은 '모방주술'이라 불렀다.

중국의 역사서인 『삼국지(三國志)』의 '위지동이전 마한조'를 보면, 옛날 마한(馬韓) 땅에서는 "항상 5월 하순 경 씨 뿌리는 일을 마치면 조상에게 제사를 지내고, 무리를 지어 노래하고 춤추고 술을 마셨는데, 밤낮으로 쉬지 않고 춤을 추는 사람이 수십 명이었다. 그들은 함께 앉았다가 일어나고 서로 줄을 지어 뒤를 따르며 땅을 쾅쾅 밟기도 하고 머리를 숙였다가 위를 쳐다보았는데 이 때 손과 발이 함께 움직였다."[3]는 기록이 있다. 이는 옛날 마한 사람들이 풍요로운 수확을 위해 주술적 의식에 매달려 살아왔음을 잘 보여주는 대목이다.

씨를 뿌리고 나서 춤을 추었던 것은 식물이 쑥쑥 자라는 모습을 모방한 동작을 펼친 것이었다. 그들은 땅 속에 뿌린 씨앗이 잘 자라 풍년이 들기를 간절히 바라는 마음에서 주술적 행사를 갖게 되었고, 그들은 씨를 뿌린 밭에

---

2) 프레이저, 장병길 역, 黃金 가지(서울 : 삼성출판사, 1977), p.48.

3) 魏志 東夷傳, 馬韓條.
"常以五月下終訖 祭鬼神 群聚歌舞飮酒 晝夜無休數十人 俱起相隨 踏地低仰 手足相應"

서 식물이 자라는 모습을 모방한 몸짓을 하면 실제로 그런 일이 밭에서 일어나게 된다는 믿음을 확고하게 갖고 있었던 셈이다.

문화가 다르고 지리적으로 멀리 떨어진 나라들인데도 '씨 뿌리기'를 성행위와 동일시하고, '땅'은 여성의 생식기와, '종자'는 남자의 정액과 동일시하는 경우를 흔히 찾아 볼 수 있다. 중국에서는 젊은 부부가 토양을 더욱 비옥하게 하고 토지의 생산력을 높이기 위해 그날 밤에는 파종한 땅 위에서 성적 결합을 가졌다고 한다. 자바의 여러 지역에서도 벼가 막 싹틀 무렵에 농부와 그 아내가 밤중에 그 밭에 가서 결실을 촉진시킬 목적으로 성교를 하였다고 한다. 이는 암소를 몰고 가는 한 농부가 섹스를 나눌 한 여자를 찾고 있는 향가 「헌화가」를 연상케 한다. 이들의 모든 행위는 결코 불경스러운 것이 아니라 동종 혹은 모방 주술의 원리에 입각하여 식물의 성장을 촉진하고 토지의 생산력을 증진시키려 한 성스러운 의식이었다.

살아 있는 주술적 행위

그럼 이런 동종주술은 우리 선인들만의 전유물이었던가? 아니다. 첨단과학이 발달한 이 시대를 살아가는 현대인들도 그런 주술에의 매달림은 옛날과 조금도 다를 것이 없다.

입학시험을 치르게 되는 수험생은 왜 찹떡과 엿을 먹는가? 잘 붙는 음식을 먹으면 입학시험에 잘 붙는 일이 생길 것이라는 기대를 갖고 있었기에 그런 일을 한 것이 아니겠는가. 나는 지금도 돌아가시고 안 계신 외할머님께 감사하는 마음을 늘 지니고 있다. 찹쌀 떡 세 개를 싸 주시면서 시험 보러 가는 날 새벽에 눈 뜨자마자 이걸 아무도 모르게 먹으라고 하시는 것이었다. 좋다는 데 안 해? 아닌 게 아니라 떡을 먹은 덕인지, 나는 그 날 생판 모르는 두 문제를 기가 막히게 맞춘 기적을 이루었다. 동점자가 수두룩한 판에 두 개를 맞추다니 이건 정말 놀라운 일이 아닐 수 없다. 앞으로도 입시철마다 엿과 떡은 잘 팔릴 것이다. 앗차 하는 실수 하나로 당락이 결정되는 힘 약한 수험생이 어찌 그런 주술적 행위를 외면한단 말인가?

동종주술은 전 세계에 펴져 있는 의식이다. 미국의 침공에 대항해 싸우는 이라크 군인들이 미국의 성조기를 불태우는 일을 보게 되는데, 이는 60년대 북한괴뢰 정권 타도를 외치는 군중이 광화문 네거리에서 김일성을 연상케 하는 허수아비를 만들어 놓고 불을 지르는 것과 조금도 다를 바가 없다.

오늘날 폐백을 드리는 의식에서 흔히 시부모님은 신부에게 대추를 한 움큼 던져 준다. 왜 그랬을까? 여기에도 신부에게 바라는 집안 어른의 간절한 소망이 담겨 있었다. 내 집에 시집왔으니 제발 대추나무에 대추가 주렁주렁 열리듯이 애를 많이 낳아 주기를 바란 것이다. 옛날 농경사회에서 부자가 되려면 많은 일손이 필요했다. 자식이 많으면 많은 농경이 가능하기에 자식 부자는 곧 물질적 부(富)와 직결된다.

그러나 이제 시대가 달라졌으므로 대추를 던져주는 엄숙한 의식은 바뀌어져야 한다. 하긴 아무리 의학이 발달해도 아이를 낳지 못해 파경을 맞는 부부가 많다는 것을 생각하면 먹어서 해 될 리 없는 대추를 먹는 거야 문제될 것이 없겠지만, 하나의 풍습이나 관습도 그 본질적 의미를 알고 보면 인간은 전통적 의식에 관한 한 맹목적인 데가 있음을 알 수 있다.

이와 같은 동종주술에 매달리는 현대인의 모습은 작품 속에서도 흔히 찾아볼 수 있어서, 작가들이 어떻게 이 모티프를 그의 창작 속에 살리고 있는지 살펴보는 일은 작가의 재능을 확인하는 중요한 단서가 되기도 한다. 이제 이러한 동종주술 모티프를 잘 이용한 몇 가지 소설에 대해 살펴보기로 하자.

1) 이청준의 「잔인한 도시」와 「석화촌」[4)]

「잔인한 도시」의 무대는 감옥소가 있는, 서울 변두리의 한 공원이다. 이

4) 이청준소설집, 별을 보여드립니다(서울 : 일지사, 1971)

공원에 새장의 새를 사서 제 보금자리로 날려 보내 주는 이른바 '방생의 집'이 있다. 그런데, 이 가겟집 부근에 걸려 있는 현수막에는 다음과 같은 광고 문구가 씌어 있다.

-새들은 하늘과 숲이 그립습니다.

-새들에게 날을 자유를 베풉시다.

-자비로운 방생은 당신의 자유로 보답 받게 됩니다.

이 공원에 방금 감옥에서 풀려난 한 사내가 찾아드는데, 그는 평생을 감옥에서 살다시피 하여 이제는 면회 올 자식들조차 없는 노인이다. 그는 공원에 앉아 새 장사가 꽤 성업을 이루고 있는 것을 보게 된다. 본래 주인은 달랐지만 새를 날려 보내는 장사는 아주 오래 전부터 이곳에 있었다. 예전엔 주로 수감자를 면회하러 오는 사람들이 새를 샀으나, 요즈음은 감옥소를 빠져 나온 사람들이 직접 이 가게에서 새를 사서 날려 보내곤 했다. 이는 새장의 새를 자신과 동일시하여, 나의 새에게 자유를 주게 되면 자기가 다시 감옥에 들어가는 일이 생기지 않게 되리라는 간절한 소망에서 나온 행위이다.

감옥에 한 번 들어갔던 사람은 전과자로 낙인이 찍히고, 그런 사람은 사회에 적응하기 어려워 또 다시 죄를 짓고 감옥살이를 되풀이할 수밖에 없다. 이처럼 힘 약한 전과자가 주술에 매달리는 행위는 미신 이전에 있을 수 있는 자연스런 인간의 모습이다.

르네 웰렉이 일찍이 "성격 구성의 가장 단순한 방법은 이름을 붙이는 것으로, 각각의 명명은 일종의 생생화, 정령화, 개별화다"[5]라고 말했던 것처럼, 흔히 우리는 한 사람의 '이름'이 풍기는 의미, 어감, 음색에 의해 그 사람의 인상이나 면모를 생각하게 되는 경우가 있다. 그래서 사람의 이름을 붙이는데 있어서도 아무렇게나 붙이지 않고 "유사는 유사를 낳는다"는 동종 주술

5) R. Wellek & A. Warren, *Theory of Literature*(Harmondworth : Peregrine Books, 1968), p.219.

적 효과를 거두려는 이름이 붙여지게 되는 경우를 작품 속에서 발견하게 되는 경우를 흔히 보게 된다. 그러한 단적인 예를 이청준의 「석화촌(石花村)」에서 찾아 볼 수 있다.

> 잠깐 뭍을 밟아 보고는 보름씩 한 달씩 바다에서만 지내면서 그녀의 아버지는 누구보다 별과 친해져서 그랬는지, 또는 친척이 없어 마을에서 늘 업신여김을 당한다고 한탄을 하더니 별처럼 많은 손(孫)을 보고 싶어 그랬는지, 딸아이의 이름을 스스로 '별네'라고 지어 불렀다.
>
> 그러던 어느 날 바다 한가운데서 안 노인은 거무의 손을 쥐어 보고 노질로 손바닥에 딴딴한 못이 박힌 것을 알고는,
>
> "넌 이제 뱃놈이다."
>
> 하고 웃지도 않고 말했는데, 거무는 자기가 아주 뱃놈이 되고 만 것은 안 노인의 그 말 때문이라고 했던 것이다. '시째'(三男이라는 뜻)라는 그의 이름이 '거무'로 바뀐 것도 그 무렵 안 노인으로부터였다고 했다. 뱃사람들은 대개 물귀신이 되지 않게 해 달라고 부적을 지니거나 그 부적의 효험을 대신할 만한 별명을 지니고 있었는데 '거무'는 그런 목적으로 안 노인이 지어 준 이름이었다. 거무(거미)라는 놈은 물 위를 빠지지 않고 기는 놈이니 절대로 물귀신이 될 염려가 없다는 것이었다.
>
> —이청준/'석화촌'에서

파도와 싸우며 살아야 하는 뱃사람과 같은 반문명인이 동종주술에 매달리게 되는 것은 아주 자연스러운 일이다. 이름을 짓는 데에도 간절한 소망이 담겨 있다. 죽어서는 하늘의 별이 되어 태어나기를 바라 '별네'라 짓고, 물에 빠져도 죽지 말라는 뜻에서 물위를 걸어 다니는 벌레의 이름을 따서 '거무'라는 이름을 지은 것이다.

본래 이름을 아무렇게나 붙이는 사람은 없다. 거기에는 간절한 소망이 담

겨 있는 경우가 많다. 그런 예로 딸만 낳는 집에서는 말자(末子), 말순(末順)이라고 지었고, 가난하게 살지 말라고 만복(萬福)이나 승복(承福)이라 짓는가 하면, 낳은 자식을 몇 번씩이나 잃으면 바위처럼 단단하라고 '바우'라고 이름을 지었는데, 이 모두는 주술에 의지한 명명이 아닐 수 없다.

2) 이효석의 「산협(山峽)」

이 소설의 주인공인 '공제도'는 결혼은 했지만 오래도록 자식이 없었다. 자신에게 신체적 결함이 있는 줄도 모르는 그는 어느 날 장에 나갔다가 황소 판돈을 주고 씨받이 여인을 데리고 돌아온다. 그런데 이 여인과의 첫날밤 신방을 소외양간에다가 마련한다. 그것은 소가 풍요와 직접 관련 있는 동물이기에 그 영력을 받기 위함이다.

한편 자식을 못 나은 것이 큰 죄로만 알고 있는 본처 '송씨'는 질투심을 느끼기는커녕 그 시각에 "한 톨의 씨를 줍시사"하고 항아리 속의 백 낱의 콩을 한 개씩 세며 치성을 드리고 있다.

> 모았던 손을 풀고 손바닥을 비비면서 조용조용 일어섰다가는 엎드리면서 단 앞에 절을 한다. 항아리 속에 준비했던 백 낱의 콩알을 한 개씩 헤이면서 백 번의 절을 시작했다. 일어섰다가는 엎드리고 일어섰다가는 엎드리고 하는 그 피곤을 모르는 가벼운 거동이 점점 짙어지는 어둠 속에 사라지고는 나중에는 신령님의 속삭임과도 같은 웅얼웅얼하는 군소리만이 아련히 남았다.

이 같은 송 씨의 행위는 씨(콩)를 뿌리는 행위를 성행위와 동일시한 사고와 일맥상통한다. 콩밭에서 콩이 주렁주렁 달리듯이 신방에 든 여인이 제발 아기를 쑥쑥 많이 낳아주게 되기를 바라는 소망이 거기에 담겨 있는 것이다.

3) 김동리의 「바위」

이 작품은 문둥이 어머니를 통해 인간 본연의 모성애를 잘 표현하고 있다. 제목에서 드러나는 바와 같이 '바위'라는 소재는 이러한 어머니의 지극한 사랑과 정성을 구체화시키고 있다.

> 술이 어머니는 아들을 한번 만나보고 난 뒤부터는 아들 생각이 더 간절해졌다. 그녀는 날마다 장터에 기웃거리며 돌아다니고 있었다. 그러나 아들은 제가 약속한 사날이 지나고 보름이 지나도 나타나지 않았다. 그럴수록 다만 한 가지 믿고 의지할 것은 저 바위뿐이었다. 저 복바위가 제대로 땅 위에 있는 날까지는 언제든 그의 아들을 다시 만날 수 있을 것이며, 그리고 자기의 병도 어쩌면 아주 고칠 수 있을는지도 모른다고 생각하였다.
>
> '그저 비가 오나 눈이 오나 복바위만 갈아라.'
>
> 그녀는 사람들이 다 잠이 든 밤이면 그 아프고 무거운 몸을 끌고 언제나 남몰래 바위를 찾아와 어루만지는 것이었다.
>
> —김동리/'바위'에서

이처럼 문둥병에 걸린 어머니는 매일 이른 바 복바위를 찾는다. 그리고 그 앞에 와서 바위를 온 몸으로 갈고 닦는다. 그러한 행위의 반복은 자신의 병이 빨리 치유되어 아들 술이와 함께 살 수 있는 날이 오기를 바라는 마음이 간절하기 때문이다. 물론 그 바위는 보통의 평범한 것이 아닌, 매우 영험한 위력을 지닌 것이기에 간절한 소원을 간직한 모든 사람들로 하여금 주술적 행위를 자아내게 만든다. 이러한 바위에 대한 자세한 설명을 보기로 하자.

> ……누가 첨으로 그 바위 위에 올라가 앉았는지, 그리하여 복을 빌기 위하여 돌을 갈기 시작했는지 아무도 알 길이 없었으나 그 바위의 이름이 복바위니 원바위니 하고 불리워지는 것도 아주 오랜 옛날부터의 일로 전해지고 있었다. 복바위

> 는 복을 주는 바위란 뜻이었고, 원바위는 소원을 성취시켜 주는 바위란 뜻이었다. 그리하여 아기를 가지지 못한 사람, 몹쓸 병이 든 사람, 남편의 소식을 모르는 사람, 너무 가난해서 자식을 성취(혼례)시키지 못한 사람(대개는 여인들이었지만) 그 밖에도 별의별 불행한 사람들이 다 와서 돌을 갈았다. 한 나절이고 하룻밤이고 또는 며칠 동안이고, 그렇게 손돌을 갈다가 그것이 바위 위에 붙으면 소원이 성취되는 증거라고 그녀들은 믿었다.

온 마을 사람들은 이 바위를 신처럼 여기며 이곳에 와서 치성을 드리며 소원을 빌고 간다. 바위를 갈면서 치성을 다하면 자신의 소원을 들어준다는 것은 전통적인 샤머니즘 사상인데 여기엔 동종주술의 원리를 포함하고 있다.

문둥이 어머니가 밤이나 낮이나 바위를 가는 행위를 반복함은 아들에 대한 숭고하고도 희생적인 사랑의 발현이라 볼 수 있다. 그녀가 소망하는 아들과의 상봉은 손돌이 바위에 붙음으로써 가능하다고 굳게 믿고 있다. 즉 바위와 돌멩이가 맞붙는 형상을 살펴볼 때, 그것은 실제로 어머니와 아들이 만나서 서로 껴안는 형상과 매우 흡사하므로 동종주술의 의미를 바로 거기에서 찾아볼 수 있는 것이다.

4) 김정현의 『아버지』[6)]

이 소설에는 대학 입학시험을 앞둔 딸(지원)의 합격을 위해 동종주술에 매달리는 아버지 '정수'의 모습을 선명히 보여주는 대목이 나온다. 자식이 입학시험을 치르는데 부모로서 도울 수 있는 길이 있다면 무엇인들 못 하겠는가. 남들은 자식을 위해서 집을 팔아서도 고액 과외를 시킨다는데 그런 뒷받침을 충분히 해 줄 수 없어서 아버지는 늘 미안하기만 하다.

다행히 딸은 잘 생기기도 하였지만 공부를 잘 해 주어 거는 기대가 크다.

---

6) 김정현 장편소설, 아버지(서울 : 문이당, 1997)

영어를 특히 잘 하는 딸은 이번에 전국에서 수재들이 다 모여든다는 서울대학교에, 그것도 35명밖에 뽑지 않는 영문학과를 지원하겠다니 이건 보통 좁은 문을 통과하는 일이 아니다. 그가 생각해도 "고만고만한 비슷한 실력의 수많은 경쟁자를 이기고 그 좁은 관문을 통과한다는 것에는 실력 이외에도 운이라고 표현되는 어떤 축복이 있어야만 할 것 같았다." 그런 아버지가 오랜 고심 끝에 마침내 찾아낸 방법은 이런 것이었다.

> 결국 그가 찾아낸 길은 자신의 진실한 마음을 담은 소박하고 순수한 방법이었다. 정수는 그해 1년 동안 한 번도 버스의 뒷좌석에 앉아본 적이 없었다. 앞에서부터 35번째 안에 자신이 있어야만 딸도 그 좁은 35의 관문을 통과할 것 같아서였다. 아무리 피곤하고 뒤쪽의 좌석이 비어 있어도 그는 전체 승객의 35번째 안에 들지 않으면 안쪽에 서 있기를 고집했다.
>
> 출근길의 지하철에서도 마찬가지였다. 열차가 도착하고 그 열차에서 함께 하차하는 모든 이들 중 35번째 안에 개찰구를 빠져나와 그 열차에서 함께 하차하는 모든 이들 중 35번째 안에 개찰구를 빠져나와야만 할 것 같았다. 그래서 그는 계단과 가장 가까운 곳에 정차하는 객차만을 고집했다. 그리곤 항상 출입문 앞에서 대기했다. 열차가 도착하기 직전에는 스타트 라인의 육상선수처럼 호흡을 가다듬었다. 그리고 문이 열리면 뜀박질을 시작했다. 에스컬레이터의 편리함보다는 호흡이 가쁘고 땀에 젖더라도 계단을 이용해 두었다
>
> —김정현/'아버지'에서

이처럼 그가 찾아낸 소박하고 순수한 방법이란 것은 다름 아닌 동종주술적 행위다. 아버지가 딸의 입학정원과 동일한 숫자인 35등 안으로 출구를 빠져나오는 일을 하면 딸에게서도 35등 안에 드는 일이 생기게 되리라는 사고, 유사법칙에 따른 행위의 절묘한 표현이다. 평소에 아무리 실력이 좋더라도 학운이 없으면 제 실력을 발휘하지 못해 낭패를 보는 것이 입시에서는 흔히 일어날 수 있는 일이기에, 그리고 인간이란 어떤 면에서 매우 약한 존재이기

에 인간이 주술에 매달리는 것은 지극히 자연스런 욕구라고 볼 때, 우리는 이 아버지의 행위에서 간단히 웃어넘길 수 없는 리얼한 모습을 보는 듯하다.

그리고 이 아버지가 35란 숫자에 목표를 두고 매달린 주술적 행위에의 집착은 대단히 집요했음은 다음과 같은 사실에서 알 수 있다.

> 그뿐이 아니었다. 직장에서는 그해 내내 35번째 안으로 출근했고, 심지어는 1번부터 35번까지의 버스가 아닌 36번 이후의 버스는 이용도 하지 않았으며, 택시를 타거나 동료들의 승용차에 편승을 할 때도 번호판의 끝 두 자리가 35 내의 숫자가 아니면 절대 타지 않았다. 35. 그 꿈을 지키기 위해 그는 그해 내내 35의 강박에 시달렸다. 그래도 힘든 줄 몰랐고 그것을 지켜내는 하루하루가 더없이 행복했다.
>
> 그리고 정수는 매주 토요일이면 어김없이 관악캠퍼스를 찾았다. 해가 질 때까지 이듬해에 이곳을 걷게 될 지원의 모습을 상상해 보았고, 정문을 나설 때는 그 캠퍼스를 바라보며 간절히 빌었다. 「부디 내 딸을 당신의 학생으로 받아주소서」라고. 스스로 가 생각해도 조금은 우스꽝스럽고 부질없을 것 같은 그런 행동을 하면서도 정수는 한 번도 건성으로 하거나 소홀히 하지 않았다.

5) 박정란의 「틈새」7)

이 소설의 제목인 '틈새'라는 말은 주인공 '여자'의 입장에서 볼 때 크게 두 기지 시실을 가리키고 있다고 볼 수 있다. 첫째는 가깝게 지내온 그녀와 그이와의 사이에 벌어진 틈새를 가리킨다. 그녀는 완구점 야간 판매원으로 일하던 여자였다. 그녀는 그이(총지배인)의 도움으로 단칸 지하방에서 3층 전세방으로, 지금은 오피스텔에서 살고 있고, 야간대학 공부를 마친 뒤에는 생활용품 매장 부지배인으로 승진하여, 감시용 카메라가 설치된 1층 사무실에서 편히 근무하고 있다. 이 모두를 얻게 되기까지는 그이가 보이지 않게

7) 1999년 대한매일신분 신춘분예 낭선삭.

베푼 도움 덕이었다.

그이는 그녀의 구원자와 같은 존재다. 그런데 거기에는 숨은 비밀이 있었다. 그녀는 20대의 대부분을 그이의 '숨은 그림자'로 살아온 것이다. 그는 처자식이 있는 남자로서 이따금 여자의 집을 들리곤 했던 남자다. 그이는 그녀를 이따금 찾아온다. 주경야독하느라 바쁘게 살아올 때는 잘 몰랐지만, 이제 안정된 삶을 누리게 된 그녀는 "감동 없이 남자를 만나고, 의무적으로 섹스를 나누고, 헤어지는 일을 마냥 계속할 수는 없다"는 생각이 들기 시작한 것이다.

그녀에게 있어서 두 번째의 틈새는 괴전화사건과 관련이 있다. 그녀는 요즈음 얼굴 없는 남자로부터 감시당하고 있는 듯한 일로 불안에 떨고 있다. 그녀는 직장의 특성상 저녁에 출근하여 아침에 퇴근하여 오피스텔에 돌아온다. 그런데 저녁 출근 무렵이 되면 어김없이 전화를 걸어 잠을 깨울 뿐만 아니라 오늘밤에 비가 올 터이니 우산을 챙기도록 일러주기도 하고, 현관을 나설 때는 어찌 아는지 무슨 구두를 신고 나서는 것까지 알아맞히는 것이다. 이는 분명히 남편 없이 혼자 사는 여자임을 알아차리고 틈새를 노려 자신을 집요하게 접근하고 있는 남자의 수작임이 틀림없어 그녀를 불안 속에 몰아넣고 있다.

누구한테 말도 못하고 혼자 불안에 떨고 있는 여자는 오피스텔의 관리인을 의심해 보기도 하고, 어떤 때는 가구점의 손님까지도 내 뒤를 좇고 있는 수상쩍은 사람의 하나로 의심해 보기도 한다. 이 소설은 끝까지 그 정체가 누구인지는 밝혀지지 않는다. 그런데 이 소설에서 그 정체가 누구라는 것은 그리 중요한 문제가 아니다. 왜냐하면 혼자 사는 여자를 넘보는 남자라는 존재는 늘 있게 마련이고, 그런 일 때문에 겪는 고통은 혼자 사는 여자만이 아는 것이라는 진리를 말해주고 있기 때문이다.

그리고 이 소설을 읽는 독자가 놓쳐서는 안 될 것은 비둘기와 관련된 사건이다. 그녀가 살고 있는 오피스텔의 창가에는 아파트 쓰레기장에서 모이를 먹고 사는 비둘기가 있는데, 이들은 늘 창 밖에 앉아 방안을 들여다보고 있어 그녀의 신경을 쓰이게 하고 있다. 그런 나머지 그녀는 이 소설의 서두에서 보듯이 이 비둘기에 대하여 남달리 민감한 반응을 보인다. 말하자면 신경이 날카로워진 그녀는 전화가 또 울리자 그이가 사 준 귀한 시계를 비둘기에게 내던져 공연히 방안의 화분을 깨뜨리기까지 한다. 이에서 보듯 그녀는 지금 비둘기를 정체불명의 괴한과 동일시하여 비둘기에게 분노를 터뜨렸다고 볼 수 있다.

이러한 점은 이 소설의 결말에서 그녀가 비둘기에게 살충제를 섞은 빵부스러기를 비둘기들이 모여드는 곳에 뿌리는 행위의 동기를 이해하는데 큰 참고가 된다.

> 실내용 슬리퍼를 질질 끌며 복도로 나온 여자는 엘리베이터를 두고 비상계단으로 내려선다. 1층 현관의 경비는 모자를 깊숙이 눌러쓴 채 철제 의자의 등받이에 비스듬히 기대어 잠들어 있다. 여자는 홀의 뒷문을 열고 밖으로 나온다. 찬 새벽 공기가 가슴 섶을 들추며 파고들었다. 건물 벽을 따라 쓰레기통이 놓여 있는 곳에 이르자 인기척에 놀란 고양이가 시퍼런 인광을 흘리며 튀어 올랐다. 쓰레기통을 뒤지다 날아오른 비둘기 서너 마리가 멀찌감치 내려앉아 서성거렸다. 으슥한 골목 주변을 찬찬히 둘러본 여자가 손에 들고 있던 신문지를 펼쳐 식빵 부스러기를 쓰레기통 주변에 꼼꼼히 흩뿌렸다. 절뚝거리며 돌아서는 여자의 등뒤로 하나, 둘, 비둘기들이 모여들기 시작했다.
>
> ―박정란/'틈새'에서

이 소설은 결국 비둘기를 죽이는 행위로 결말짓고 있다. 이는 바로 괴전화의 정체를 찾아낼 수 없는 여자가 그 해결을 위해 취할 수밖에 없는 동종주술적 행위이다. 틈새를 노리는 정체불명의 틈입자를 죽이고 싶은 심정이 그와 동일시한 비둘기를 죽이면 실제로 그런 일이 벌어질 수 있다고 그녀는 믿고 있는 것이다.

한국 문학 속의 '꽃'과 '새'

1

여렸을 때 보면, 우리 할머니들은 심심할 때 화투를 갖고 하루의 재수풀이를 즐기셨다. 즉 화투 48장을 갖고, 가로로 12장을 늘어놓고 다시 처음으로 돌아가 또 12장을 늘어놓는 일을 계속하면 세로로 4장으로 된 12묶음이 나오게 되는데, 이때 신기하게도 빠찡고의 수박 4개가 겹치는 경우가 있듯이, 똑같은 화투패로만 모이게 되는 경우가 생긴다. 이런 일은 아주 우연히 발생한 일이겠지만, 그러나 우리 할머니는 결코 우연한 일로 넘기지 않고 거기에 특별한 의미를 부여한다. 예컨대 1월 송학이 떨어지면 오늘 기쁜 소식을 듣게 될 것이라고 생각하거나, 9월 국진이 떨어지면 오늘 술 먹을 일이 생길 것이라고, 그리고 12월 비(雨)가 떨어지면 오늘 손님이 올 것이라고 풀이하는 것을 볼 수 있다.

그런데 2월 매조(梅鳥)가 떨어지면 조금도 주저하지 않고 "오늘 님을 만날 일이 생기겠는 걸"하고 은근히 기분 좋아 하신다. 이는 필연코 그림 속의 '꽃(매화)'과 '새'를 한 쌍의 남녀의 모습으로 보고 있는 데서 나온 판단이다. 우리 할머니들은 <꽃과 새>가 앉아 있는 그림에다 언제부터 왜 그런 해석을 하게 되었을까? 아마도 그런 해석은 하나의 오랜 관습에서 비롯된 것이리라.

그런데 그런 의미의 해석을 가능케 하는 문학적 표현이 하나의 '객관적 상관물'로 끊임없이 나타나고 있어서, 이에 대한 고찰은 매우 우리를 흥미롭게 한다.

우리는 동양화, 특히 화조도(花鳥圖)에서 '꽃'이 핀 나뭇가지에 앉아 있는 '새'를 발견할 수 있다. 어디 그뿐인가. 꽃과 새는 춘향이가 이도령을 만나 사랑을 나누는 소설 속의 장면에서도 나타나고, 김소월의 「山有花」에, 그리고 고시조나 현대시조에서도 흔히 나타나 있는 것을 볼 수 있다. 이처럼 <꽃과 새>는 함께 짝을 이루어 아주 오래 전부터 현대에 이르기까지 시인이나 소설가가 즐겨 다룬 사물들 중의 하나이다. 그런데 본래 '꽃'과 잘 어울리는 것은 '나비'나 '벌'일 것이다. 거기서 사랑하는 연인의 모습을 떠올릴 수 있지 않은가? 그런 면에서 보면 <꽃과 새>는 어딘가 좀 잘 어울리지 않는 자연의 생물이기도 하다. 그런 점에서 그것들은 단지 아름다운 자연의 풍경으로서만이 아니라, 거기에는 남다른 이미지와 의미를 부여한 문학적 관습으로 쓰인 것이란 생각을 갖게 한다.

2

우리 문학에 나타난 '꽃'과 '새'가 어떤 일관된 이미지로 쓰이고 있는가를 이해하고자 할 때, 김동리의 「巫女圖」는 우리에게 흥미 있는 단서를 제공해 준다. 먼저 이 소설의 주인공이며 무당인 '모화'의 말을 들어보자.

> 모화의 말을 들으면, 낭이는 수국 꽃님의 화신(化身)으로, 그녀(모화)가 꿈에 용신님을 만나 복숭아 하나를 얻어먹고 꿈꾼 지 이레 만에 낭이를 낳은 것이라 했다. 그녀의 말에 의하면 수국 용신님은 따님이 열두 형제였다. 첫째는 달님이요, 둘째는 물님이요, 셋째는 구름님이요, ……이렇게 열두째는 꽃님이었는데, 산신님의 열 두 아드님과 혼인을 시키게 되어 달님은 해님에게, 물님은 나무님에게, 구름

> 님은 바람님에게 각각 차례대로 배혼을 정해 가려니까 막내 따님인 꽃님은 본시 연애를 좋아하시는 성미라, 자기 차례가 돌아오기를 미처 기다릴 수 없어 열한 째 형인 열매님의 낭군님이 되실 새님을 가로채어 버렸더니, 배필을 잃은 열매님과 나비님은 슬피 울며 제각기 용신님과 산신님께 호소한 결과 용신님이 크게 노하사 벌을 내려 꽃님의 귀를 멀게 하시고, 수국을 추방하시니 꽃님에게 그만 복사꽃이 되어 봄마다 강가로 기슭으로 붉게 피지만, 새님이 가지에 와 아무리 재잘거려도 지금까지 귀가 먹은 채 말없이 벙어리가 되어 있는 것이라 한다.
>
> —김동리/'무녀도'에서

이 에피소드에서 '꽃님'과 '새님'의 연애 사건과 추방이 갖는 의미에 대해서 주목해 보자. 기독교에서만 아니라 우리의 무속신앙에 따르면, 우리 인간은 모두 전생에서 어떤 죄를 짓고 이승으로 추방된 존재이다. 그런데 위에서 보는 것처럼 '낭이'라는 여자는 바로 전생에서 언니(열매님)의 애인을 가로챈 죄를 지은 '꽃님'의 화신이다. 소설 속의 낭이가 과일 중에서도 복숭아를 특히 좋아하는 것도 그녀가 '꽃님', 즉 여러 가지 꽃 중에서도 '복숭아꽃(桃花)'의 화신이기 때문이다.

이런 이야기의 연장선상에서 이 소설을 좀 더 읽어보면, '욱이'는 '새님'의 화신이라고 보아야 한다. 곧 '낭이=꽃님', '욱이=새님'으로 환치해 볼 수 있다. 왜냐하면 두 사람 사이에서 일어나는 일, 특히 오랜만에 욱이 오빠가 집에 돌아오자, 생기를 잃고 말을 못하던 낭이가 부엌에 나가 직접 밥상을 차려 오는 일을 하고, 조금씩 말도 하게 된다는 점이다. 더욱이 "낭이는 그 얼음같이 싸늘한 손과 입술로 욱이의 목덜미나 가슴패기로 뛰어들곤 했다. 욱이는 문득문득 목덜미로 가슴패기로 낭이의 차디찬 손과 입술을 느낄 적마다 깜짝깜짝 놀라곤 하였던" 것처럼 근친상간적인 일이 벌어졌던 것도 전생에서 죄를 지은 연인 사이었던 것과 관계가 있다.

결국 저 세상[水國]에서 '꽃님'과 '새님'은 금기의 사랑을 나눈 죄로 인간 세상으로 추방되었는데, 바로 이들은 씨(種) 다른 남매, 즉 낭이와 욱이가 된 것이다. 어느 가정에서나 오빠와 여동생은 아주 다정한 사이인 것을 볼 수 있다. 오빠가 결혼해도 아내보다 여동생을 더 좋아해 시누 올케 사이에 트러블이 생기는 경우도 흔히 볼 수 있다고 한다.

어부들은 바다에 나는 갈매기도 그냥 새로 보지 않는다. 옛날에 오빠, 아내, 여동생, 이렇게 세 사람이 고기잡이를 나갔는데, 그만 배가 풍랑에 뒤집히고 말았다. 제일 먼저 배에 오른 오빠가 나머지 두 사람 중 한 사람을 구조했는데, 그게 여동생이 아니고 아내를 먼저 구출했다. 누이동생은 그런 오빠가 너무나 야속했다. 그래서 죽은 여동생은 갈매기가 되어 끼룩 끼룩 소리내어 울며 배를 좇고 있는 것이다. 어부들은 갈매기를 볼 때마다 이런 생각을 아주 자연스럽게 갖고 있다.

우리는 주위에서 남다른 애정을 느끼지만 무슨 사연인지 화합을 이루지 못하고 헤어져 그리워하며 살아가는 불행한 운명을 타고난 연인들을 흔히 본다. 바로 이런 사람들은 낭이와 욱이와 같이 전생의 업보 때문에 그런 것이라고 상상해 볼 수 있다. 김동리가 「달」, 「역마(驛馬)」, 「까치소리」와 같은 여러 작품들에서 짝사랑과 첫눈에 반하기, 그리고 삼각관계의 연애 사건을 즐겨 다루었던 것은 바로 이와 같은 전생의 업(業) 때문에 이승에서 고통을 겪게 되는 것이라는 생각을 남달리 갖고 있었기 때문이다.

그런데 김동리의 이런 생각은 한국인의 오랜 생각들을 잘 반영하고 있는 것이기도 하다. 복숭아꽃은 매우 아름답다. 그렇지만 우리는 예나 지금이나 이 복숭아나무를 절대로 집안 정원에 심지 않는다. 그것을 집안에 심으면 '꽃님'처럼 바람을 피우는 여자가 집안에 생기게 된다고 믿고 있었기 때문이다. 바람을 필 팔자를 타고 난다는 도화살(桃花煞)이란 말이 생겨난 배경도 복숭아꽃의 상징적 의미가 남다르기 때문이다.

우리 할머니들은 오누이, 특히 쌍둥이 남매를 전생의 그렇고 그런 사이로 보는 속신을 갖고 있어서 장차 집안 망신시킬 일이 생길 것이므로 미연에 이를 막아야 한다는 강박 속에 살았다. 쌍둥이 남매라는 이유로 일찍이 딸아이를 해외로 입양시킨 어느 가정의 이야기를 들어보자.

뿌리찾은 해외 입양아들 또다시 눈물 쏟는다

해외 입양아들의 '낳은 부모 찾기'. 지난 한 해에만 줄잡아 5백여 명의 입양아들이 '낳아준 부모'를 찾기 위해 고국에 오거나 편지를 보내왔다. 하지만 정확한 출생지는 물론 이름조차 희미한 그들에게 낳은 부모를 찾는 일이란 쉽지 않다. 홀트아동복지회를 비롯한 국내 4개 입양단체들이 그 일을 도와주고 있지만 입양업무가 우선인지라 그리 적극적이지 못한 형편. 그래서 해외입양아들이 주로 의지하는 곳이 입양아 출신 조미희(30) 씨가 나서 입양아들과 낳은 부모를 연결시켜 주는 모임 코아(KOA:Korean Overseas Adoptees)다.

92년부터 활동을 시작한 코아는 지금까지 1백80여 입양아들의 연고가족을 찾았다. 그중 1백여 명은 연고가족을 찾았으면서도 만나지는 못했다. 상봉을 이루지 못한 이유의 대부분은 낳은 부모들의 거부. "이미 다른 가정을 이루고 있는데……", "이제 와서 만나 어쩌자구. 뭘 해 줄 수도 없는 형편인데", "이미 버린 자식이야"가 그 이유. 처음 버릴 때와 크게 다를 것 없는 핑계로 입양아들을 외면하고 있다.

남녀 쌍둥이로 태어나 5세 때 벨기에로 입양된 김선(31)씨도 그런 경우. 남녀 쌍둥이는 여자가 남자의 앞길을 막는다는 어처구니없는 편견 때문에 태어나자마자 고아원에 버려졌다. 그녀는 이런 사실조차 까맣게 모른 채 낳은 부모를 찾아 나선 것. 꼭 그리워서라기보다 도대체 누구인지, 아니 살아 있는지, 라도 확인하고 싶다는 마음이 끝내 사그라들지 않아서였다. 그래서 지난 해 조 씨에게 도움을 요청했고 수소문 끝에 낳은 부모를 찾았다. 하지만 그렇게 찾은 부모를 만날 수는 없었다. 끝내 오빠 앞길 막을 일이라며 부모가 만나기를 거부한 것. 두 번씩 버림받은 그녀는 "다시는 한국에 올 수 없을 것 같다"는 말을 남기고 침통한 표정으로 모국을 떠났다. (중앙일보, 1997.6.23)

위에서 보듯이 우리 어른들은 쌍둥이로 태어난 오누이 중에서 여자아이는 장차 남자 아이의 앞길을 가로막을 요망한 애라는 생각이 아주 강했다. 그래서 일찌감치 남의 집에 주어버렸다. 아닌 게 아니라 우리 주위에서 남매간의 사이가 남달리 돈독한 것을 흔히 볼 수 있는데, 그런 속신에 비추어 볼 때 "홍도야 울지 마라 오빠가 있다"는 흘러간 유행가의 구절이야말로 기막힌 한국적 정서를 잘 드러낸 표현이라고 보아야 한다.

3

<꽃과 새>가 짝이 되어, 서로 그리워하지만 만나볼 수 없는 불행한 연인의 관계로 유추하는 일은 멀리 고구려 유리왕의 「황조가(黃鳥歌)」를 거쳐, 고려 때 지은 고시조에서도 나타나고 있다. 이조년(李兆年)의 시조를 살펴보기로 하자.

> 이화(李花)는 월백(月白)하고 은한(銀漢)이 삼경(三更)인제
> 일지춘심(一枝春心)을 자규(子規)야 알랴마는
> 다정(多情)도 병(病)인 양하여 잠 못 들어 하노라.

이 시조는 분명히 돌아오지 않는 님을 애타게 그리워하는 화자(여인)의 마음을 잘 나타낸 것이다. 우리는 여기서 꽃과 새가 단순히 자연의 사물이 아니라 짝을 이룬 연인의 모습으로 투영되어 있음을 알 수 있다. 새[자규]는 활짝 핀 꽃[이화]을 찾아 어김없이 찾아오는데, 왜 우리 님은 기다리고 있는 나를 찾아오지 않는가. 내 마음을 이렇게도 몰라주는 님에 대한 원망의 감정이 넘치고 있다.

김소월의 대표작 「山有花」를 보자. 이 시의 주요 제재는 역시 <꽃과 새>이다. 김소월 같은 시인이 이런 제재를 이용해 단순히 자연의 경치를 노래했다고만 볼 수 있을까? 김소월은 우리 문학의 관습을 누구보다 잘 이해한 시인이었다. 물론 이 시에는 우주의 만물들이 한결같이 우주·자연의 순환 질서에 따라 나고 죽고 변화해 가는 것이 움직일 수 없는 법칙이라는 생각이

질게 깔려 있다. 그러나 시인이 말하고 싶은 것은 그런 사상이 아니다.

김소월의 시의 주조가 '님에 대한 정한(情恨)'이란 점에서 이 시의 해석도 그런 맥락과 연결 짓는 것이 가장 바람직한 해석이라고 본다. 그렇다면 이 시의 화자(여자)가 거리를 두고 바라본 자연 세계의 <꽃과 새>를 어떤 의미를 가진 사물로 보았을까는 쉽게 간파할 수 있으리라 본다. 화자가 산에 외롭게 피어 있는 꽃에 주목하게 된 것은 그 꽃이 자기의 외로운 모습과 동일시했기 때문이다. 그러나 이 꽃들에게는 항상 찾아 주는 님(새)이 있지만 꽃에 비유되는 나에게는 그런 님이 없음을 서러워한 것이라 보아야 소월 시다운 해석이 된다.

4

한국문학사의 첫 페이지를 장식하는 서정시로 「공후인」, 일명 「공무도하가」가 있다. 이 노래가 지어진 동기와 널리 불리어지게 된 배경을 알아보면 다음과 같다.

> 조선 땅의 뱃사공 곽리자고(藿里子高)가 새벽 일찍이 나루터에 가서 배를 손질하고 있었다. 그 때에 머리가 흰 미치광이(白首狂夫)가 머리를 풀어헤친 채 술병을 끼고 거센 물결 속으로 뛰어들어가는 것이었다. 그런데 그 뒤에는 미치광이의 아내가 쫓아오면서 그를 붙잡으려 했으나 결국 미치지 못해서 남편은 물에 빠져 죽고 말았다. 이때 아내는 갖고 있던 공후라는 악기를 튀기면서 '공무도하'의 노래를 불렀다. 그 노래 소리는 그지없이 구슬펐다. 노래를 마친 아내도 남편을 따라서 물에 몸을 던져 자결했다. 이러한 비극을 직접 본 뱃사공 자고(子高)는 이 사실과 그 노래를 아내인 여옥(麗玉)에게 전했더니, 여옥도 감격하여 공후를 끌어안고 그 노래를 불렀고, 뿐만 아니라 이웃에 사는 친구인 여용(麗容)에게도 가르쳐 주었다.

위에서 보는 것처럼 「공후인」을 감돌고 있는 이야기는 긴장과 연민을 느끼게 할 만큼 극적이다. 그러나 백수광부가 무슨 연고로 물에 빠져 죽고, 왜 공후를 튀기던 아내마저 그 뒤를 따랐는지에 관해서는 전혀 알 도리가 없다.

백수광부는 어떤 사람일까? 머리가 흰(나이가 꽤 든) 그는 왜 강물로 뛰어들었을까? 머리를 풀어헤친 채 술병을 끼고 강을 건너가려고 한 백수광부를 술의 신(酒神, Bacchus)과 같은 존재로 유추해 본 어느 교수의 해석은 흥미를 더해 주지만, "시인과 연인과 광인은 모두 공상으로 꽉 차 있다"는 셰익스피어의 말처럼, 백수광부야말로 현실에 절망을 느낀 나머지 강 건너 어딘가에 있을 낙원을 찾아가려는 열망에 가득 차 있는 사람이라 보는 것이 좋을 것이다. 이런 사람은 권태롭고 답답한 현실에 얽매어 살기보다는 죽음을 자초하더라도 모험의 길을 나설 수밖에 없다.

무모하게 강을 건너려는 백수광부를 만류하며 뒤를 좇는 아내는 바로 남편과는 반대로 멀리 떠나기보다 현실에 머물기를 바라는 여인이다. 비록 현재의 삶에 만족하지 못하더라도 위험한 모험을 감행하기보다는 현실에 순응해 살기를 원하는 것이다. 그런 점에서 우리는 「공후인」에서 '떠나려는 남편'과 '잡아 두려는 아내'의 대립 세계, 즉 불행한 연인의 모습을 볼 수 있다.

문학은 이처럼 대립하는 두 마음(갈등)에서 비롯된다고 볼 수 있다. 물론 이런 갈등은 비단 사랑하는 남자와 여자의 사이에서만 볼 수 있는 것이 아니다. 박목월의 '나그네'처럼 훨훨 어디론가 떠나고 싶지 않은 사람이 어디 있겠는가? 남자든 여자든 인간은 누구나 '떠나려는 것'과 '잡아 두려는 것'의 원심운동과 구심운동의 모순 속에서 살아간다고 볼 수 있다. 사람들은 현재의 질곡에서 벗어나 자유를 누리고 싶은 마음이 문득 떠오르더라도 현재의 삶이 또한 소중하기 때문에 선뜻 떨치고 나서지 못할 뿐이다. 그런 점에서 이 세상 사람들을 크게 두 개의 타입, 즉 현실에 안주하지 못하고 떠도는 '비극적 인물'과 현실에 안주하며 살려는 '평화적 인물'로 나누어 볼 수 있을 것이다.

이청준의 「새와 나무」는 그 제목에서 보듯이 인간의 이러한 두 유형을

<새와 나무(꽃)>에 비유하여 잘 드러낸 작품이다. 이 소설은 한 떠돌이 '나그네'가 해질 무렵 나무를 정성껏 돌보는 한 농가의 '주인'을 만나 하루를 묵게 되는 아주 우연한 기회를 갖는 것으로 시작된다. 그런데 이 나그네는 주인을 처음 대하는 순간부터 그가 '나무'처럼 보인다는 특이한 의식을 갖고 있다.

> 그 사내는 자기 집 앞 나무들 사이에 서 있었다. 그는 방금 낙엽이 끝나 가고 있는 늦가을 나무들에게 겨울 짚옷을 싸 입히다 쉬고 있는 중이었다. 오래 오래 하늘을 쳐다보고 서 있는 모습이 그 자신 한 그루의 나무처럼 보였다.
>
> —이청준/'새와 나무'에서

시간이 경과하면서 나그네는 주인 사내가 나무를 돌보는 데는 남다른 사연이 있음을 알게 된다. 주인 사내에 의하면, 자기 어머니는 남달리 나무를 심고 정성껏 돌보셨던 분이었는데, 그것은 빗새(죽은 큰아들과 동일시함)가 비를 피해 깃들 둥지를 마련해 주기 위해서다.

주인 사내는 어렸을 때 어머니로부터 "빗새는 원래 비가 와도 깃들 둥지가 없는 새짐승이어서 날씨가 궂으면 그렇게 젖은 몸을 쉴 의지를 찾아 빗속을 울며 헤매 다닌다"고 들어 왔는데, 사실 그의 어머니는 빗새에서 도회지로 돈벌이 나가 돌아오지 않는 큰아들(집주인의 형님이 됨)의 모습을 보고 있었던 것이다. 다시 말해서 엄마 품을 떠난 큰아들의 혼이 빗새가 되어 돌아온 것이라고 생각하고 정성껏 돌보아 주어야 한다는 생각을 가졌던 것이다.

빗새=큰아들이라고 생각해 온 그의 어머니는 이상하게도 그 빗새 울음소리가 떠도는 날이면 자신도 함께 알 수 없는 근심기로 얼굴빛이 어둡게 흐려지곤 하였고, 마침내 어머니는 집앞 텃밭에 나무를 심어 정성껏 돌보기 시작했던 것이다. 그러니까 지금 주인 사내가 나무를 정성껏 돌보는 일은 지금은 돌아가시고 안 계신 어머니의 일을 이어받아 계속해 오고 있는 것이다.

이러한 사연을 듣는 과정에서 나그네는 자신이 바로 안주할 곳을 찾지 못해 이 나무에서 저 나무로 떠도는 빗새와 동일한 모습임을 떠올리게 된다. 빗새=큰아들=자신(나그네)이라면, 나무=어머니=주인 사내가 되는 셈이다. 한편 어느 한 곳에 머물 곳을 찾지 못하고 떠도는 나그네(그는 시인이었다.)가 볼 때, 한 곳에 뿌리를 박고 흥겹게 풍년가를 부르며 살아가는 이곳의 농민들이 신기하게만 보일 뿐이다. 현실에 만족하지 못하고 늘 떠도는 시인인 나그네와, 똑같은 일을 매년 반복하며 한 곳에 살면서도 조금도 권태스럽게 여기지 않는 농부는 퍽 대조적이라 할 수 있다. 이러한 이야기 속에서 작가가 제시하고자 한 인간의 두 유형은 대체로 다음과 같은 도식으로 정리해 볼 수 있을 것이다.

새 · · · · · · 형 · · · · 나그네 · · · · 시인 (비극적 인물형)
| | | |
나무(꽃) · · · · 어머니 · · · 주인 사내 · · · · 농부 (평화적 인물형)

위에서 보는 것처럼 작가 이청준은 인간을 두 개의 타입으로 나누어, 안주할 곳을 찾지 못해 불행하게 떠도는 자를 '새'에 비유하고, 한 곳에 머물러 현실에 순응하며 사는 자를 '나무(꽃)'에 비유하여 그들 사이에 긴밀한 관계가 있음을 보여 주고 있다. 주인 사내가 저녁 무렵 자기 집에 찾아 든 '나그네'를 반가이 맞이한 것도 실은 나그네에서 수림에 깃들어야 할 '새'의 모습을 보았기 때문이다. 작가는 이제 주인과 나그네를 나무와 새의 관계로 귀결시키는데 만족하지 않고, 방랑벽이 있는 나그네의 정체를 불우한 일생을 마친 어느 한 '시인'과 동일시하는 한편, 풍년가를 흥겹게 부르며 일하는 '농부'들의 이미지와 대조시키고 있는 것이다.

이상에서 보듯이 우리는 오래 전부터 현실에 안주하지 못해 늘 어딘가를 향해 떠도는 자(남자)를 '새'에 비유하고, 가버린 님을 애타게 그리워하며 기다리는 여인을 '꽃(나무)'에 비유함으로써, 그 결과 꽃과 새는 비극적인 연인,

즉 서로 그리워하며 찾고 있거나 행복한 사랑을 나눌 수 없는 남녀의 관계를 드러내는 상관물로 쓰이고 있음을 알 수 있다. 이것을 좀더 확대 해석해 보면 인간의 두 타입, 즉 시인과 농부처럼 현실에 안주하지 못하고 떠도는 비극적 인간과 현실에 안주하며 사는 평화적 인간을 잘 드러내 주는 상관물이 되기도 한다.

이처럼 작품 속에 들어온 <나무(꽃)와 새>가 그냥 자연의 사물이 아니라, 사랑하지만 헤어져 그리워하는 연인, 또는 화합을 이루지 못하고 서로 떨어져 그리워하며 살아야 할 운명을 타고 난 부부 또는 연인의 어떤 모습을 보여주는 상관물로 잘 이용하고 있는데, 이런 경우는 오정희의 「불의 강」에서도 찾아볼 수 있다.

이 소설의 서두는 고된 일에 시달리는 직장에서 돌아오면 집에 머물러 있지 않고 자꾸 밖으로 뛰쳐나가려고만 하는 그(남편)를 바라보는 아내인 '나'의 이야기를 보여주고 있다. 아내인 '나'가 볼 때, "요즘 들어 그는 밤 외출이 부쩍 잦아졌다. 밤일을 하고 새벽에 들어온 날이면 영락없이 그는 해가 지기를 기다려 공연히 손마디를 뚝뚝 꺾거나 머리칼을 쓸어 보이며 머리가 많이 자랐어, 보기 흉하지? 혹은 목욕이나 갈까봐", 라고 무슨 핑계를 대서라도 집을 나갈 궁리를 한다. 그는 요즘 "실제로는 가능하지 않은 탈출의 욕망, 이탈의 시도에 대한 보상 심리" 때문인지 주머니에 성냥을 지니고 다니는 버릇이 있다. 그런데 이런 남편을 바라보며 나는 수(繡) 놓는 일에 열중하고 있다.

> 등이 써늘해지자 나는 벽에 걸린 그의 잠바를 떼어 어깨에 걸치고 다시 앉아 수틀을 집어 든다. 이내 손이 빨갛게 곱아들어왔다. 창을 닫아 달랄까 잠시 생각하다가도 나는 고개를 흔들고 손을 엉덩이 밑에 깔아 잠시 녹인 뒤 다시 바늘을 잡았다. 소나무 가지 위에 나래를 펴고 외다리로 선 학의 자세가 아무래도 불안하고 부자연스러웠다. 실을 풀고 다시 놓아야 할 것 같았다.
>
> —오정희/'불의 강'에서

여기서 우리는 열심히 수를 놓고 있는 것이 "소나무 가지 위에 나래를 펴고 외다리로 선 학"이라는 사실에 주목해야 한다. 나는 소나무에 불안하게 앉아 있는 학이 맘에 안 들어 다시 수를 놓고자 한다. 이는 곧 나무와 새를 끌어들여 아내(나무) 곁에 머물러 있는 남편(학)이 어딘가로 떠나려 하여 불안해하는 나(아내)의 내면을 기막히게 잘 드러낸 객관적 상관물로 보아야 한다. 그리고 수를 놓은 나의 행위는 불안에서 벗어나려고 가만히 있기보다 일상의 일에 열심히 매달리는 모습 그 자체이다.

박항률/'새벽'

우리나라 화가 중에 박항률은 지금까지 논의한 <꽃과 새>의 원형적 이미지를 누구보다 가장 잘 이해하고, 그것을 그림으로 그려온 화가이다. 최근에 발표한 '새벽'이란 그림만 보더라도 이 그림은 곁을 떠나 돌아오지 않는 님을 밤새워 기다리는 여자의 마음을 잘 드러낸 것이라고 볼 수 있다. 여인의 가슴에 활짝 핀 꽃이 그려져 있듯이 지금 그림 속의 주인공 여자는 새색시답게 사랑을 불태우고 있다. 그런데 그녀는 부러진 나무 가지 위에 앉은 새를 바라보고 있다. 이는 곧 사랑하는 님이 그녀 곁에 머물러 주지 않고 자꾸 어딘가를 향해 떠나려고 해서 상처를 받고 있음을 잘 드러내 준 표현이다. 그의 그림의 대부분은 이런 여인의 모습을 다양하게 변주시키고 있다는 것을 우리는 주목해 보아야 할 것이다.

지금까지 '새'는 떠나려는 남자의 모습으로, '나무(꽃)'는 한 곳에 머물러 기다리는 여인의 모습으로 이미지화하여 작품 속에 끌어들이는 관습이 있음에 대하여 살펴보았다. 그런데 최인호의 『他人의 房』은 그것이 뒤바뀌어져 있다. 즉 왠지 가정을 버리고 밖으로 벗어나려고만 하는 아내를 새에 비유하고, 떠난 아내를 기다리는 남편을 나무에 비유한 것이다. 남편은 아내가 한 가정의 보금자리를 지켜 주어 행복한 부부의 삶을 누릴 수 있기를 원하지만, 그가 멀리 출장을 떠났다 돌아오면 아내는 친정에 다녀온다는 핑계를 대고 며칠씩 가출을 일삼는 것이다.

> 여보, 오늘 아침 전보가 왔는데, 친정아버님이 위독하시다는 거예요. 잠깐 다녀오겠어요. 당신은 피로하실 테니 제가 출장 가신 것을 잘 말씀드리겠어요. 편히 쉬세요. 밥상은 부엌에 차려 놨어요. 당신의 아내가
>
> —최인호/'타인의 방'에서

아내는 무엇에 홀린 사람처럼 집을 나갈 때면 의례히 이런 말을 메모지에 남겨 놓았다. 남편은 본래 아내가 다른 여자와 다른 성기를 갖고 있다는 것을 알고 있다. 다시 말해서 아내는 남편과의 잠자리만으로 욕망을 다 충족할 수 없는 여자였던 것이다. 출장지에서 어렵게 돌아온 남편은 아내가 집을 버리고 외출하고 없음에 화가 나고 쓸쓸했지만, 계속되는 아내의 그런 행위를 자신의 힘으로는 어찌할 수 없는 일이기에 스스로 분노를 달래고 술을 한 잔 들고는 기분을 전환시켜 혼자 콧노래를 흥얼거려 보는데, 이때의 노랫말이 우리의 관심을 끌게 한다.

> 나뭇잎에 놀던 새여. 왜 그런지 알 수 없네.
> 낸들 그대를 어찌 하리. 내가 싫으면 떠나가야지

이 노래는 작품 속에서 두 번 되풀이해서 나온다. 그만큼 작가는 이 노래에 보다 큰 의미를 부여하고 있다고 볼 수 있다. 그런데 이 노래 속의 '나무'와 '새'는 분명히 남편과 아내를 비유한 것이다. 다만 앞에서의 경우와는 달리 나무=남자, 새=여자로 그 비유의 대상이 좀 바뀌었을 뿐이다. 여하튼 우리는 소설가 최인호가 새와 나무라는 자연의 사물을 '비련의 연인'의 모습으로 보는 우리 문학의 관습을 잘 파악하고 그것을 이용하고 있음에 주목하지 않을 수 없다.

작가는 과거로부터 계속되어 온 이런 문학적 관습들을 완전히 거부하고

작품을 창조해 낼 수 없다. 그는 지금까지 지속되어 온 이런 관습들을 따르며 어느 정도만 새로운 것을 창조해 낼 수 있을 뿐이다. 그런 점에서 문학은 변하는 요소만이 아니라 영구불변적인 요소를 내포하고 있다고 볼 수 있다. 독자는 물론 이런 사실들을 잘 모르고도 작품을 읽을 수 있다. 그러나 시인이 자신(화자)의 감정을 객관화하거나, 소설에 있어서 주인공의 모습을 드러내기 위해 이용하는 이와 같은 하나의 문학적 관습을 잘 모른다면 작품을 제대로 읽을 수 있는 길을 영영 놓치고 말 것이다.

왜 그 사람에만 올인하는가

나의 반쪽을 찾아서

태초에 인간은 암수가 한 몸을 이루고 있는 자웅동체여서 팔다리가 여덟이었고 머리는 두 개였다고 한다. 그리하여 지금보다 두 배나 힘이 세고 머리도 두 배로 좋아 신에게 자주 도전을 하였다고 한다. 결국 인간은 제우스신의 노여움을 산 나머지 번갯불에 의해 반으로 나뉘어 지금의 모습을 하게 됐는데, 이 때문에 인간은 잃어버린 내 짝을 찾아 본래의 모습으로 돌아가려는 욕망을 근원적으로 갖고 있는 존재라는 것이다. 이는 플라톤의 「향연」에 나오는 얘기로서, 남녀가 만나 결합을 이루는 결혼이 어떤 의미를 지니고 있는가에 대해 새삼 되새겨 보게 한다. 흔히 결혼은 내가 원하는 사람과 하는 것이 아니라 나와 잘 맞는 사람과 해야 한다고 말한다. 왜냐하면 두 사람은 기차의 선로처럼 같은 방향을 바라보고 같은 길을 걸어가는 인생의 동반자이기 때문이다.

인생을 살아가는데 내 맘에 꼭 드는 내 짝을 찾는다는 것은 그리 쉬운 일이 아니다. 여기에는 상당한 노력과 기술이 필요하다. 이러한 사실은 자기 짝을 제대로 찾지 못해 고통을 겪는 남녀의 사랑 이야기가 동서고금을 통해 끊임없이 소설 이야기로 다루어지고 있는 데서도 알 수 있다.

그런데 흔히 남자와 여자는 우연한 기회에 서로 만나 서로를 이해하는 과정에서 사랑이 싹 터 결혼이 이루어지는 것이 보통이지만, 경우에 따라서는 보자마자 첫눈에 반해 내 반쪽으로 간주하여 죽자 살자 매달리는 경우를 흔히 보게 된다. 우리에게 너무 잘 알려져 있는 괴테의 『젊은 베르테르의 슬픔』은 청년 '베르테르'가 약혼자가 있는 '로테'라는 여자를 보는 순간 마음이 끌려 열렬한 사랑을 하다가 끝내 자살하고 만 이야기를 다룬 작품으로 유명하다. 그런데 이런 목숨을 건 사랑이야기는 오늘날에도 TV 드라마를 비롯해 각종 신문에서 끊임없이 보게 되는 것이기도 하다.

짝사랑 청년이 무관심, 여고생 알몸 투신 자살

14일 오후 6시쯤 전북 상주군 장계면 장계리 C교회에서 교회신도 李모(17. 여고 2년)양이 평소 짝사랑하던 성경지도교사 姜모(19. 도정업)군이 자신을 거들떠보지도 않는 것을 비관, 알몸으로 높이 20m 종탑에서 투신 자살. 경찰에 따르면 李양은 이 달 초 친구 소개로 알게 된 강군을 짝사랑하던 중 이날 교회 기도실에서 마주 앉아 「하느님을 진심으로 믿는다면 내 모습을 이상히 여기지 않을 것」이라며, 스스로 옷을 모두 벗었으나 끝내 외면하자 종탑으로 올라가 투신했다는 것. (중앙일보, 1994.11.15)

이런 기사를 보고 독자들은 어떤 생각을 했을까? 혹시 사랑이 뭔지도 모르는 철부지들이 저지른 미친 짓이라고 여기거나, 세상에 희한한 일이 다 있다고 가볍게 생각하고 넘어갔을지도 모른다. 그러나 李 양의 마음을 좀 더 이해해 보는 입장에서, 얼마나 한 남자를 좋아했으면 그랬을까를 생각해 볼 때, 이루지 못한 그녀의 사랑에 동정이 가지 않을 수 없다.

李 양이 姜 군에게 매혹의 감정을 느꼈던 것은 당당한 체구에서 풍기는 성적 매력이나 어떤 정형화된 미남의 이미지로부터 생긴 것이 아니다. 제 삼자가 볼 때 강 군 같은 남자는 거들떠보지도 않을 평범한 사람일 수도 있다. 그런데 그런 사람을 죽자 살자 따라다니는 여자가 있으니, 이걸 두고 제 눈

에 안경이라느니 눈이 삐서 그렇다고 말할 수도 있을 것이다. 그런데 이런 일은 동소고금을 통해 흔히 있는 일이기도 하다.

사랑을 포기하느니 차라리 감옥에 가겠다

여자 테니스 스타 마르티나 힝기스(스위스)를 스토킹한 혐의를 받아온 듀브라브코 라이체비치(46. 호주)가 결국 2년 동안 감옥에서 썩게 됐다. 마이애미 법원은 13일 열린 항소재판에서 라이세비치에 대해 스토킹과 가택 무단침입 혐의로 2년형을 선고했다. 라이세비치는 향후 2년간 힝기스에게 접근하지 않는다면 형을 면해주겠다는 검찰 측의 유죄답변거래(plea bargain: 검찰의 증언 요구 등과 감형 등을 맞바꾸는 법제도) 제의를 거절, 사랑을 포기하지 않고 감옥을 선택했다.

이날 재판장과 배심원들은 라이세비치가 힝기스에게 위협을 하거나 무기를 소지하지 않았다는 것에 동의했지만 그의 행동에 악의적인 면이 있었고 꽃을 사들고 힝기스의 집에 찾아가거나 연애편지를 보내고 경기 도중 관중석에서 이름을 부르는 등 상당한 정신적인 고통을 준 것이 인정된다고 밝혔다. 힝기스는 이날 라이세비치와 개인적으로 만나거나 전화통화를 통해 수차례 만나고 싶지 않다는 뜻을 전했다고 증언했다.

라이체비치는 지난해 에릭스오픈에서 힝기스를 따라다니다 스토킹 혐의로 경찰에 체포돼 1천 달러의 보석금을 내고 풀려난 뒤에도 2차례나 더 접촉을 시도하다 다시 잡혀 들어간 뒤 현재까지 보호관찰을 받아왔다. (동아일보, 2001.4.13)

이 사건을 보면서 라이체비치라는 남자는 제 분수도 모르고 그 유명한 여자를 따라다니며 괴롭혔으니, 그런 미친놈은 감옥에 가도 백 번 마땅하다고 여길 수도 있다. 법은 냉혹하게 두 사람을 갈라놓았다. 그러나 힝기스라는 유명한 선수를 떠나 한 여자를 얼마나 사랑했으면 감옥에 가는 것도 불사했을까를 생각해 볼 때 그에게 동정이 또한 가지 않을 수 없다. 그는 그 운동선수가 돈이 많기 때문에, 아니면 세기의 미녀이기 때문이 아니라 첫눈에 반한 한 자연인으로서의 힝기스를 누구보다 잊을 수 없어서 죽자 살자 따라다녔을 것이라는 점을 생각할 때 더욱 그런 마음이 들기도 한다. 우리는 한 여자에 목숨을 건 그 남자의 마음을 이해해 볼 필요가 있다.

첫눈에 반하는 일은 국경도 신분을 초월해서 일어난다는 사실을 『삼국유사』에 실려 있는 지귀(志鬼)의 사랑에서도 느껴 볼 수 있다.

> 신라 선덕여왕 때에 지귀(志鬼)라는 젊은이가 있었다. 지귀는 활리역(活里驛) 사람인데 하루는 서라벌에 나왔다가 지나가는 성덕여왕을 보았다. 그런데 여왕이 어찌나 아름다웠던지 그는 단번에 여왕을 사모하게 되었다.
>
> 선덕여왕은 진평왕의 맏딸로 그 성품이 인자하고 지혜로울 뿐만 아니라 용모가 아름다워서 모든 백성들로부터 칭송과 찬사를 다 받았다. 그래서 여왕이 한번 행차를 하면 모든 사람들이 여왕을 보려고 거리를 온통 메꾸었다. 지귀도 그러한 사람들 틈에서 여왕을 한번 본 뒤에는 여왕이 너무 아름다워서 혼자 여왕을 사모하게 되었다. 그뿐만 아니라 그는 잠도 자지 않고 밥도 먹지 않으며 정신이 나간 사람처럼 선덕여왕을 부르다가 그만 미쳐 버리고 말았다.
>
> "아름다운 여왕이여, 나의 사랑하는 선덕여왕이여!"
>
> 지귀는 거리로 뛰어다니며 이렇게 외쳐댔다.
>
> 이를 본 관리들은 지귀가 지껄이는 소리를 여왕이 들을까봐 걱정이었다. 그래서 관리들은 지귀를 붙잡았다가 매질을 하며 야단을 쳤지만 아무 소용이 없었다.
>
> 어느 날 여왕이 행차를 하게 되었다. 그 때 어느 골목에서 지귀가 선덕여왕을 부르면서 나오다가 사람들에게 붙들렸다. 그래서 사람들은 웅성거리기 시작했고 떠들썩했다. 이를 본 여왕은 뒤에 있는 관리에게 물었다.
>
> "대체 무슨 일이냐"
>
> "미친 사람이 여왕님 앞으로 뛰어나오다가 다른 사람들에게 붙들려서 그렇니다."
>
> "왜 나한테 온다는데 붙잡았느냐"
>
> "아뢰옵기 황송합니다만 저 사람은 지귀라는 미친 사람인데 여왕님을 사모하고 있다고 합니다."

관리는 큰 죄나 진 사람처럼 머리를 숙이며 말했다.

"고마운 일이로구나!"

여왕은 혼잣말처럼 이렇게 말하고는, 지귀에게 자기를 따라 오도록 관리에게 말한 다음 절을 향하여 발걸음을 떼어놓았다.

한편 여왕의 명령을 전해들은 사람들은 모두 깜짝 놀랐다. 그러나 지귀는 너무나 기뻐서 춤을 덩실덩실 추며 여왕의 행렬을 뒤따랐다.

선덕여왕은 절에 이르러 부처에게 기도를 올렸다. 그러는 동안 지귀는 절 앞에 있는 탑 아래에 앉아서 여왕이 나오기를 기다렸다. 그러나 여왕은 좀처럼 나오지 않았다. 지귀는 지루했다. 그리고 시간이 흐를수록 안타깝고 초조했다. 그러다가 심신이 쇠약해질 대로 쇠약해진 지귀는 그 자리에서 그만 잠이 들고 말았다.

여왕은 기도를 마치고 나오다가 탑 아래에 잠들고 있는 지귀를 보았다. 여왕은 그가 가엾다는 듯이 물끄러미 바라보고는 팔목에 감았던 금팔찌를 뽑아서 지귀의 가슴 위에 놓은 다음 발길을 옮기었다.

여왕이 지나간 뒤에 비로소 잠이 깬 지귀는 가슴 위에 놓인 여왕의 금팔찌를 보고는 놀랐다. 그는 여왕의 금팔찌를 가슴에 꼭 껴안고 기뻐서 어찌할 줄을 몰랐다. 그러자 그 기쁨은 다시 불씨가 되어 가슴 속에서 활활 타오르고 있었다. 그러다가 온 몸이 불덩어리가 되는가 싶더니 이내 숨이 막히는 것 같았다. 그런가 했더니 가슴 속에 있는 불길은 몸 밖으로 터져 나와 지귀는 어느 새 새빨간 불덩어리로 만들고 말았다. 처음에는 가슴이 타더니 다음에는 머리와 팔다리로 옮아져서 마치 기름이 묻은 솜뭉치처럼 활활 타올랐다. 지귀는 있는 힘을 다하여 탑을 잡고 일어서는데 불길은 탑으로 옮겨져서 이내 탑도 불기둥에 휩싸였다. 지귀는 꺼져 가는 숨을 내쉬며 멀리 사라지고 있는 여왕을 따라가려고 허위적허위적 걸어가는데 지귀 몸에 있던 불기운이 거리에까지 퍼져서 온 거리가 불바다를 이루었다. 이런 일이 있은 뒤부터 지귀는 불귀신으로 변하여 온 세상을 떠돌아다니게 되었다.[1)]

1) 한상수, 한국인의 신화(서울 : 문음사, 1980), p.211.

지귀는 제 분수도 모르는 미친놈일까? 지귀 설화는 오랫동안 우리 선조들의 입에서 입으로 전해 내려오던 이야기인데, 일연(一然)이라는 스님은 이런 첫눈에 반하는 사랑 이야기의 진실성을 누구보다 잘 알았기에 『삼국유사』에의 수록을 결행한 사람이라고 보아야 한다. 그리고 선덕여왕은 지귀를 발칙한 놈이라고 보고 감옥에 가두어 버리지 않았다. 그녀는 한 나라의 왕이란 신분을 떠나 역시 지귀라는 미천한 사람의 마음을 누구보다 깊이 헤아려 볼 줄 알았다는 점에서, 선덕여왕이란 칭호답게 백성의 마음을 깊이 헤아려 볼 줄 안 성군(聖君)이었음을 이 이야기를 통해 짐작해 볼 수 있게 한다.

인간은 양성적 존재

이제까지 살펴본 것처럼, 남녀 간에는 어떤 사람이 유독 그 사람만 보면 가슴이 뛰고, 거들떠보지도 않는 상대자 때문에 상사병에 걸려 미치고 마는 일이 흔히 발생할 수 있는 일이란 것을 알 수 있다. 그렇다면 이런 일은 왜 생길까?

동양철학에 상당히 심취했던 칼 융(C. Jung)은 이런 운명적인 만남처럼 보이는 이 '첫눈에 반한다'는 일이 왜 일어나게 되는가에 대해 꽤 관심을 둔 심리학자이다. 인간이 타고 나는 성질, 즉 인간의 본성이란 것도 우주 자연의 모습을 닮았다고 볼 수 있는데, 융은 동양철학의 음양설에 비길 수 있는 것으로, 남성의 무의식 속에 있는 여성적 요소를 '아니마(anima)', 여성의 무의식 속에 있는 남성적 요소를 '아니무스(animus)'라 부르고 있다. 아마도 다음과 같은 그림이 인간이 양성적 존재임을 잘 설명해 준다고 볼 수 있다.

<아니마와 아니무스>

남자의 무의식 속에 있는 '아니마'라는 여성성이나, 여자의 무의식 속에 존재하는 '아니무스'라는 남성성은 그것이 투사되어 경험될 때 잘 인지할 수 있다. 이성(異性) 간의 사랑에서 남달리 서로 두 사람이 강렬한 황홀감을 느끼거나, 상대방이 이 세상에서 둘도 없는 선녀 또는 영웅으로 느끼게 되는 것은 아니마, 아니무스 원형이 일방적으로 또는 상호 투사되고 있기 때문이다. 남성은 그녀에게서 현실적인 여성을 보고 있는 것이 아니라 자기의 무의식에서 투사된 여신상을 보고 있고, 여성은 그에게서 자기의 아니무스와 닮은 영웅상을 보고 있는 것이다. 융은 문학 속에 나타나는 트로이의 헬렌, 단테의 베아트리체, 밀턴의 이브와 같은 인물들을 아니마의 화신으로 간주한다.

이런 아니마의 투사에 의한 짝사랑 이야기는 그리스의 '나르시스' 신화에서도 찾아볼 수 있다.

> 나르시스는 물을 마시려고 몸을 구부리다가 수면에 비친 제 모습을 보았다. 그는 수면에 비친 제 모습을 샘 안에서 사는 아름다운 요정 곧 수선(水仙)의 모습이라고 생각했다. 나르시스는 그만 그 모습에 반해 버려 그 곳을 떠날 수 없었다. 그러다 그는 수선에게 하소연했다.
>
> "아름다운 이여, 어째서 나를 피하는 것이지요? 내 얼굴이 그대를 물러서게 할 만큼 못 생긴 것은 아닐 텐데요. 요정이란 요정은 모두 나를 사랑하고, 그대 역시 내게 무관심한 것은 아닌 것 같은데, 내가 손을 내밀면 그대도 손을 내밀고, 내가 웃으면 그대도 웃으며 내가 하는 대로 따라 하지 않았나요." 나르시스의 눈물이 수면 위로 떨어져 그림자를 출렁이게 했다. 이윽고 그 그림자가 수면을 떠나자 그가 부르짖었다. "그대로 있어 주어요. 부탁이니 그대로 있어 주어요. 손을 대어서는 안 된다면, 그대를 바라보고 있게라도 해 주어요."

위 대목은 내용상으로 볼 때 그 이해가 잘 안 가는 이야기다. 그 이유는 이 이야기가 본질적으로 어떤 사실을 이야기한 것이 아니라 어떤 의미를 비유적으로 전달하고 있기 때문이다. 그렇다면 나르시스는 수면에 비친 자신의 모습이 왜 수선의 모습으로 보였고, 그는 수선의 모습을 띤 요정이 왜 그토록 자기를 버리고 떠날까봐 애를 태웠는가?

이를 이해하기 위해서는 융의 아니마, 아니무스 원형 이론에 귀를 기울여 볼 때 그 의미를 금방 알아챌 수 있다. 먼저 물속에 비쳐 있는 자신의 그림자는 남자의 무의식 속에 있는 여성적 요소인 아니마(anima)를 가리키는 것이다. 융은 일찍이 "모든 남자는 자기 안에 자기 자신의 이브를 갖고 있다"는 독일 속담처럼, 남성의 정신 속에 있는 여성적 요소를 아니마라고 부르고, 남자의 아니마 이미지가 여자에게 투사될 때 남자는 그 여자에게 남다른 매력을 느끼게 된다고 설명했다. 다시 말해서 모든 남자는 자기 자신의 내적 특징을 비추는 여성들에게 특별한 매력을 느끼게 된다는 것이다.

이 같은 융의 아니마 이론에 따라 해석해 볼 때, 나르시스는 샘물 속에서 자신의 무의식 속에 있는 아니마의 화신, 즉 자기 자신의 내적 특징을 지닌 그림자(수선)를 보게 된 것이다. 그렇기 때문에 나르시스는 구원의 여인상을 발견하자 첫눈에 반해버려 그 요정과의 사랑을 누구보다 갈망하게 된 것이다.

예술품에 투사된 아니나, 아니무스

한편 융에 따르면 이 아니마·아니무스는 어떤 인물에만 투사되는 것이 아니다. 예술가·시인은 자기의 아니마, 아니무스를 화폭이나 작품 속에 형상화한다. 사람만이 아니라 이름 모를 새, 비둘기, 학, 혹은 태양과 달 속에 아니마, 아니무스 원형을 그려내어 그것이 그들 작품의 독특한 특질을 이루게 된다. 이런 관점은 회화 및 조각과 같은 예술 활동의 저변에 기본적으로 성적 욕망에서 발생된 무의식적 동기가 있다고 보는 프로이트(Freud)의 주장과 맥락을 같이 한다고 볼 수 있다. 레오나르도 다빈치의 '모나리자'는 그의 어머니에 대한 사랑의 승화이고, 차이코프스키 음악은 동성애적 욕구가 승화된 것이며, 『神曲』의 '베아트리체'는 단테의 사랑하는 여인의 승화된 모습이라고 보는 것이다.

김동리의 「달」에 등장하는 주인공 '달이'는 나이 열다섯이 되어 글방에 다니게 되는데, 사장(師丈)님의 딸인 '정국'이란 처녀는 달이를 보자 첫눈에 반해 버리고 만다.

> 글방의 사장님에게는 그 해 열일곱 살 나던 정국(貞菊)이란 딸이 있었다. 그 해 설에 달이가 흰 두루마기를 입고 사장님께 세배를 마치고 나오려니까, 뜰 앞의 짚 둥우리 사이에 숨어 있던 그녀가 그의 두루마기 소매를 잡아 당겼다. 놀라서 돌아다보니 정국은 부끄러운 듯이 두 눈을 반쯤 내리 감으며, 웃는 얼굴로, 새하얀 창호지로 조그맣게 싼 것을 달이의 손에 쥐키어 주었다. "가져가서 펴 봐라" 달이는 가슴이 와들 떨리어 얼른 집으로 돌아와 그 종이에 싸인 것을 펴 보았다. 속에는 조그만 꽃주머니 하나가 나오고, 꽃주머니 속에는 다시 첩첩이 접은 종이쪽지가 나왔다. 종이쪽지에는 다음 같은 글귀가 적혀 있었다.
>
> "仙桃山月半輪秋　影入兄山江水流　日夕貞兒向書冊　思君不見使人愁"(선도산에 걸린 달은 반만 둥근데, 그림자는 형상강 물에 들어 흐른다. 정국은 날마다 책을 펴놓고 앉아 있지만 머릿속엔 그대 생각만 가득하여 애달플 뿐이다.)

이 편지를 읽는 순간 달이는 왈칵 정국이가 그리워졌다. 그 후 정국이와의 약속에 따라 달이는 밤에 몰래 글방에서 나와 정국을 대하게 되었다. 그런데 둘이는 마주 쳐다보는 순간 자기도 모르게 서로 입술이 맞닿게 되었고, 간이 얼어붙는 것같이 시려 왔다. 정국은 눈을 사르르 내리 감으며 반듯하게 드러누워 버렸다. 달이는 정국의 가슴 위에 손을 얹었다. 그는 숨이 차서 가슴이 터질 것만 같았다. 달이의 손이 들썩들썩하도록 정국의 가슴도 뛰고 있었다.

구효서의 「낯선 여름」도 첫눈에 반해 끌리고 만 사랑이야기를 다룬 소설이다. 상처를 한 후 여자에게 늘 무관심했던 김효섭, 행복한 결혼 생활을 하고 있는 강보경, 이 두 사람은 어느 날 페스트후드 점에서 운명적으로 재회하게 되는데, 그 순간부터 자석에 이끌리듯 서로 사랑에 빠져들어 급기야 밀월여행을 떠나게 된다. 강보경은 남편과 아이로부터 자신이 이탈되어 간다는 것을 두려워하지만 운명의 힘에 이끌려 남편과 아이의 곁을 떠나고 만다.

이처럼 인간은 자기 자신의 내적 특징을 잘 드러내 주는 이성(異性)에게 매력을 느끼게 된다. 앞에 인용해 보인 신문기사에서 보듯이, 청년 姜 군은 짝사랑하고 있는 李 양을 끝까지 못 본 체하며 외면해 버렸다. 이는 그 청년이 그녀의 무의식 속의 아니무스와 모순되는 성질을 갖고 있었기 때문이라 볼 수 있다. 어떤 남자도 자신의 아니마와 모순되는 성질을 가진 여자와는 아무리 좋은 관계를 갖고자 애를 쓴다고 해도 어쩔 수 없이 파탄에 이를 수밖에 없다. 부모가 좋아 맺어준 짝들 간에서, 그리고 서로를 잘 모른 채 결혼한 남자와 여자가 왜 그런지 정이 안 가고 멀어지기만 해서 끝내 못 살겠다고 호소하는 사람들이 의외로 우리 주위에 많은 것도 이 때문이리라.

이와 같은 존재론적 비극을 잘 드러낸 소설은 아마도 1998년 이상문학상 수상작인 은희경의 「아내의 상자」라고 본다. 이 소설의 주인공인 '아내'는 한 번 유산이 있은 후 잉태가 이루어지지 않고 있다. 남편 된 나는 아내를 불임클리닉에 데려가 치료를 받도록 애쓰지만, 정작 그녀는 치료 받는 일에 적극성을 보이지 않는다. 그녀는 스스로 자기는 열성인자를 갖고 있는 존재여서 애를 낳지 못하도록 거세당한 여자라는 빈곤망상에 사로잡혀 있는가 하면, 아내는 남편과의 부부생활에 언제나 닫혀 있었다. "당신에게 잘 해 주고 싶어"라고 말하는 아내였지만, 그녀의 몸은 항상 차가웠고 좀처럼 열리지 않았다.

그런데 남편은 평소 이런 태도를 보인 아내가 놀랍게도 어느 모텔에서 알몸으로 편안히 잠들어 있는 광경을 목격하게 된다. 남편은 이런 아내의 모습에 충격을 받아, 급기야 아내야말로 구제불능의 정신질환자로 판단하여 기도원에 보내버리고 여자와 결별하기로 결심하기에 이른다. 그러나 그녀는 결코 바람난 여자도 미친 여자도 아니다. 필연코 그녀는 성적으로 남편과 정반대의 성질을 갖고 있는 여자로서, 이들이야말로 우리 선조들이 그렇게 중요시한 속궁합이 근본적으로 안 맞는 부부였음을 알 수 있다.

이념에 투사된 아니마, 아니무스

또한 인간이 무의식 속에 갖고 있는 아니마, 아니무스는 이념에 투사되기도 하는데, 계몽사상 · 공산주의 · 기독교 사상 · 낭만주의 등이 그의 아니마 또는 그녀의 아니무스 투사 대상이 되면, 그 이념들은 그들의 사랑의 대상이 된다. 다시 말해서 열병 환자처럼 사람에 따라서는 어떤 주의와 사상에 광신적으로 집착하게 되는 것이다.

김원일의 「어둠의 혼」을 보면, 주인공 나(갑해)의 아버지는 해방 후 남로당 폭동에 연루되어 숨어 다니다가 끝내 처형당하고 마는 이야기가 나온다. 어린 나는 꽃이 피고 지는 내력을 알 수 없듯이, 아무리 생각해도 아버지가 남들한테 왜 그토록 손가락질을 받는 빨갱이 짓을 하는지 그 이유를 몰라 궁금해 한다.

> 아버지는 왜 여태껏 도망만 다녀야 했을까. 빨갱이란 얼마만큼 나쁜 사람들이기에 잡기만 하면 총살을 시킬까. 재작년 밀양의 「조선모직회사」에서 번진 방화사건, 그때부터 순사들이 눈에 불을 켜고 아버지를 찾기 시작했었지. 사람들은 말했다. 빨갱이 짓을 하면 천벌을 받게 된다고. 빨갱이 짓을 하려면 숫제 삼팔선을 넘어가서 해야 마음 놓고 할 수 있다고. 그런 말을 사람들은 쉬쉬 하면서 낮게 소곤소곤 말한다. 그런데 아버지는 왜 그런 짓을 하게 되었을까. 거기에 대해서는 아무도 말해 주지 않는다.

갑해의 아버지가 빨갱이 짓에 몰두한 이유는, 자신의 아니마가 신분의 차

별 없이 똑같이 일하고 평등하게 살 수 있는 세상을 이룩한다는 사회주의 이념에 남달리 투사되었기 때문이다. 자본주의가 모든 사람을 행복하게 해 줄 수 없다고 볼 때, 한 남자가 한 여자에게 첫눈에 반하듯이, 사람에 따라서는 얼마든지 공산주의에 매력을 느낄 수 있는 것이다.

이광수는 계몽주의 사상에, 카프문학의 선봉에 섰던 김팔봉, 박영희 등은 프롤레타리아 계급주의 이념에 전념했던 작가들이었으며, 6.25동란의 비극을 다룬 소설에서 우리는 빨치산 운동에 전념한 사람, 곧 사회주의 이데올로기를 사랑한 사람들을 본다. 자유민주주의 국가에서 사회주의 운동에 가담한다는 것은 몰래 숨어서 하는 일이고 남들로부터 손가락질을 받는 아주 나쁜 짓이란 것은 어린아이들도 잘 안다. 그런데도 그런 일에 죽자 살자 매달리는 행위를 우리는 어떻게 받아들여야 할까. 융의 말을 빌면 이들은 공산주의가 그들이 갖고 있는 아니마 또는 아니무스의 투사 대상이 되었기 때문이라고 밖에 설명할 수 없는 것이다.

그리고 임금이나 민족도 아니마, 아니무스의 투사 대상이 될 수 있다. '임'이라는 우리나라 말은 상당히 강한 종교적 신성성과 열정을 함축하고 있는 말이다. 정몽주의 '임 향한 일편단심', 한용운의 '임은 갔습니다. 아아 님은 갔습니다. 할 때의 '임'이나 그 밖의 여러 시가에 반영된 '임'은 모두 그 말에 내포되는 개인적인 감정의 성질과 척도는 다르다 하더라도 단순한 애인의 의미를 넘어선 종교적 의미를 내포하고 '마음의 상(像)'과 관련된 것이라 볼 수 있다.

나르시스의 후예

물속에서 찾은 나의 아니마

그리스 신화 중에 '나르시스(Narsciss)'와 '에코(Echo)'와의 사이에 있었던 애틋한 사랑 이야기가 있다. 나르시스는 원래 미모가 아주 뛰어난 청년으로 그를 따르는 요정들이 많았다. 어느 날 에코는 사냥을 하고 있는 나르시스를 보자 첫눈에 반해 버려 프러포즈를 하였지만 거절을 당하고 말았다. 나르시스가 에코에게 냉정하게 대했듯이, 또한 그는 다른 모든 여성(요정)들의 추파에도 흔들림 없이 끝내 모른 척했다. 이로 인해서 그는 무시를 당한 뭍 요정들로부터 질시의 대상이 되었다. 그녀들은 복수의 여신(네메시스)에게 나르시스로 하여금 사랑이 무엇인지를 알게 하고, 사랑의 보답을 알지 못하는 것이 얼마나 불행한 일인가를 알게 해달라고 간청하였다. 이러한 요청에 따라 나르시스는 불행한 처지로 전락하고 말았다.

이 이야기에서 '에코'라는 여자가 볼 때 자기의 뜨거운 열정을 끝까지 외면한 '나르시스'는 왜 그랬을까? 사랑이 크면 미움도 크다고 했듯이, 에코는 미운 남자를 용서하지 못하고 복수를 해 죽게 만들었다. 그런데 이런 남녀간의 미움과 복수극은 예나 지금이나 변함이 없는 것 같다.

나쁜 남자-퇴짜 놓은 여성들에 앙심

"두고 보자. 복수하고 말 거야."

지난 해 8월 말 윤모(29) 씨는 이를 깨물었다. 평소 좋아했던 박모(여) 씨에게 용기를 내 사귀자고 했지만 거절당한 것. 집으로 돌아온 윤씨, 박씨의 싸이월드 미니홈피를 뒤져 20여 장의 사진을 다운로드했다. '창녀 박××'라는 제목을 단 뒤, 주소와 전화번호, 직업 등의 개인정보를 적은 파일을 만들었다. "한 번 빠지면 헤어 나오지 못할 정도……, 처음에 잘 꼬셔둠. 화끈하게 즐길 수 있음"이라는 설명도 달았다. 그리곤 한 온라인 파일 공유 싸이트에 파일을 올렸다. 좋아했던 여자를 하루아침에 온라인 성매매 여성으로 만들었다. 윤씨의 복수는 여기서 끝나지 않았다. 박씨 이외에도 자신을 퇴짜 놓은 35명 여성들의 개인정보도 함께 올렸다. "남자관계가 복잡함. 많이 밝힘" 등의 설명도 붙었다.

그러나 윤씨의 어이없는 복수극은 곧 막을 내렸다. 남성들의 성매매 전화에 시달리던 여성들이 경찰에 신고한 것. 서울남부지법 형사6단독 박성규(朴晟圭) 판사는 2일 윤씨에게 이례적으로 징역 1년 6개월의 실형을 선고했다. 재판부는 판결문에서 "윤씨가 인터넷에 적은 내용이 매우 악의적이고 불량해 피해자들에게 회복하기 힘든 손해를 입힐 수 있다"며 "정보화 사회에서 익명성을 이용해 이런 손해를 가하는 범죄에 대해 예방의 차원에서 엄벌할 필요성이 있는 점 등을 참작해 실형을 선고한다"고 밝혔다. (조선일보, 2006.8.3)

위의 내용만으로는 짐작할 수는 없지만 윤모씨라는 남자는 맨 처음엔 에코처럼 순수하게 박모씨라는 여자를 첫눈에 반해 무척 사랑했다고 볼 수 있다. 아니면 윤모씨는 극심한 마더 콤플렉스에 빠져 어머니 같은 여자의 이미지를 찾아 끝없이 떠돈 사람이라고도 볼 수 있다. 그런 점에서 윤모씨는 전형적인 나르시스의 후예로서, 맨 처음에는 나쁜 마음으로 여자를 사랑한 것만이 아닐 수 있다. 이제 나르시스에 대한 다음 이야기에 귀 기울여보자.

나르시스는 물을 마시려고 몸을 구부리다가 수면에 비친 제 모습을 보았다. 그

> 는 수면에 비친 제 모습을 샘 안에서 사는 아름다운 요정, 곧 수선(水仙)의 모습이라고 생각했다. 나르시스는 그만 그 모습에 반해 버려 그 곳을 떠날 수 없었다. 그러다 그는 수선에게 하소연했다.
>
> "아름다운 이여, 어째서 나를 피하는 것이지요? 내 얼굴이 그대를 물러서게 할 만큼 못 생긴 것은 아닐 텐데요. 요정이란 요정은 모두 나를 사랑하고, 그대 역시 내게 무관심한 것은 아닌 것 같은데, 내가 손을 내밀면 그대도 손을 내밀고, 내가 웃으면 그대도 웃으며 내가 하는 대로 따라 하지 않았나요." 나르시스의 눈물이 수면 위로 떨어져 그림자를 출렁이게 했다. 이윽고 그 그림자가 수면을 떠나자 그가 부르짖었다. "그대로 있어 주어요. 부탁이니 그대로 있어 주어요. 손을 대어서는 안 된다면, 그대를 바라보고 있게라도 해 주어요."
>
> 이런 식으로 가슴을 불태우다 나르시스는 마침내 죽고 말았다.

나르시스가 본 물 속의 그림자란 무엇인가? 그것은 나르시스가 처음 접한 구체화된 자신의 여성적 요소인 '아니마'를 가리킨다. 나르시스는 이런 자신의 아니마를 본 후부터 자기의 아니마와 일치하는 여자, 어쩌면 어머니의 모습을 닮은 여자만을 찾고 있었던 것이라고 볼 수 있다. 고로 그는 아무리 예쁜 '에코'라 하더라도 그의 눈에 들어올 리가 없는 것이다. 오로지 나르시스는 물속에서 찾은 아니마적 영상을 향해 앞만 보고 살아간 사람이다. 그러나 나르시스의 그런 행동은 남으로부터 오해를 사 복수를 당하고 말았다. 이를 보면 사랑은 상당한 기술을 요하는 것으로 예나 지금이나 아무나 하는 것이 아닌 듯하다.

나르시스는 '에코'를 위시하여 여러 요정들로부터의 프로포즈를 다 물리치고 오로지 물속에 비친 자신의 그림자만 잡으려다가 수선화가 되는 비극을 맞았다. 이는 곧 자기 생각에만 젖어 타인의 말에 조금도 귀 기울이지 않음으로써 자신의 삶을 실패로 이끌고 만 비극의 주인공을 보여주는 이야기로도 볼 수 있다.

본래 신화는 내용에 대하여 관심을 갖는 경우와 형식에 대하여 관심을 갖게 되는 경우로 나누어 볼 수 있는데, 근대의 신화론자들은 이러한 이야기 속에 어떤 진리가 감추어져 있는가를 알아내려고 노력했다. 이러할 때 자연히 신화는 우의적(寓意的) 해석의 대상이 된다. 그리하여 뭍 요정들의 사랑을 모두 마다하였고, 그 결과 후일 수선화가 되었다는 이 이야기는 나르시스처럼 자기 자신만을 사랑하고 남을 사랑할 줄 모르는 자기애(自己愛)에 빠지거나, 남의 말에 귀를 기울이지 않고 앞만 보고 달려가는 자아도취에 빠지면 자신을 파멸로 이끌게 된다는 도덕적 진리를 전하는 이야기라고 볼 수 있다.

비극의 주인공, 성격의 결함이 있다

우리 주변에는 세상 살아가는 일에 대해 두루 두루 폭넓게 생각하지 못하고, 마치 터널 저쪽 끝만을 보고 돌진해 가는 사람처럼 외곬으로만 살아가는 사람을 볼 수 있다. 특히 전문직을 가진 사람들은 자기가 생각하는 바가 가장 올바르고 확실한 것이라 믿고 있기 때문에 다른 어떤 것에 의해 흔들리기를 바라지 않는 심리가 강하게 작용하기 쉽다. 이런 사람은 어떤 일에 대한 집중력이나 추진력은 대단하나 남을 생각하는 면이 부족하여 내인관계를 원만히 이루어내지 못한다는 흠이 있다. 우리는 이런 사람을 가리켜 나르시즘에 빠진 사람(나르시스트)라고 부른다. 한마디로 말해서 나르시스트는 자기중심적 생각에만 잠겨 앞만 보고 가는 사람, 남의 의견을 전혀 듣지 않는 사람이다. 어떤 경우엔 기본 상식이 모자라는 사람이 아닌가 하는 의심이 들 정도로 너무 고지식해 답답한 사람으로 보이기까지 한다. 그런데 이런 나르시스트를 소설 속에서 자주 볼 수 있다.

이청준의 「과녁」에는 석주호라는 검사가 주인공으로 등장한다. 그는 그의 신분에 어울리게 머리가 명석하고, 갖가지 취미와 교양을 착실하게 쌓아 왔으며, 누구에게든 지고서는 못 배길 만큼 출세의 야심을 갖고 있으면서도 사회생활에 필요한 겸손을 조심스럽게 몸에 익혀 온 정말 빈틈이 없는 사람이다.

이 소설의 핵심은 이런 교양을 갖춘 인물이 그답지 않은 행동을 보여 주는 데 있다. 수녀가 착한 일을 하거나 호스테스가 바람이 난다는 얘기는 소설 거리가 될 수 없다. 그러므로 이론적으로도 석주호와 같은 사람이 교만하여 교양인답지 않은 행위를 어디선가 보여 주게 되어야 소설다운 소설이 되는 것이다. 이제 그런 이야기에 귀 기울여 보자.

석주호는 지방 검찰청의 검사로 부임한 지 한 달쯤 되어 활터를 우연히 찾아내게 된다. 그리고 활쏘기를 배우려고 맘먹는다. 그것은 고상한 취미를 즐기는 사람이라는 인상을 남에게 줄 수 있는 동시에, 돈내기 바둑밖에 할 줄 모르는 그 지방 유지들 앞에서 자신의 멋진 실력을 과시하여 위신을 세워 보겠다는 야심이 있었기 때문이다. 그러나 이러한 목적을 갖고 시작한 일이 쉽게 이루어지지 않는다. 즉 활을 배우려는 석주호 검사와 활터의 주인인 황노인 사이에 갈등이 야기되는데, 바로 이 문제를 우리는 주목해야 한다. 우선 석주호가 맨 처음에 활터를 찾아갔을 때 주인 노인과의 사이에 어떤 대화가 오갔는가를 예의주시해 볼 필요가 있다.

> 다음번도 마찬가지였다. 다음 두 개의 화살은 과녁판의 오른쪽과 왼쪽으로 각각 흘렀다. 그 때마다 소년의 판정 동작은 화살을 앞지르고 있는 듯했다. 꼭 열 번째 화살로 노인은 다시 과녁을 때렸다. 그리고는 활을 부려 들었다. "이렇게 잔풍한 날은 바람을 잡지 않으니까 한결 쉽습니다." 노인은 무슨 변명처럼 말하고 나서 할 일을 다 한 듯 돌아서려고 했다.
>
> "제가 한 번 쏘아볼까요?"
>
> 주호는 약간 긴장하며 물었다. 노인이 걱정스러운 듯 그를 쳐다보았다.
>
> "너무 쉽게 활을 잡는 게 아닙니다."
>
> 못마땅한 어조였다. 그러나 내친김이다.
>
> "잘 쏠 수 있을 것 같습니다. 당수를 해서 팔 힘이 좀 있어요."

주호는 한 번 더 청해 보았다. 그리고는 자신도 모르게 팔을 쓰다듬었다. 노인이 그것을 힐끗 스쳐보았다.

"당수가 뭔진 잘 모르지만 장작 빠개는 힘으로 활을 쏘는 건 아니라오."

퉁명스러운 목소리였다. 그러나 노인은 주호에게 활을 건네주었다.

—이청준/'과녁'에서

이 장면을 보면 금방 우리는 인격을 도야하는 법도로서의 활쏘기를 중시하는 황 노인과 활이란 그저 약간의 요령과 팔 힘으로 쏘는 것 정도로 알고 있는 석주호와의 사이에 큰 대립이 있음을 볼 수 있다. 이 장면이 활 쏘는 사람의 자질을 테스트하는 첫 면접시험에 해당하는 것이었다면, 석주호는 분명히 벌써 불합격되고 말았을 것이다. 활이란 이론으로 배우는 것이 아니고 오직 반복되는 실제의 훈련에 의해 터득되는 것임에도 석주호는 활에 대한 지식에 더 관심을 쏟는 태도를 보여 황 노인을 못마땅하게 했다. 이 소설은 석주호와 황 노인 간의 갈등을 겪는 모습을 세밀히 다룬 전형적인 플롯형 소설이다.

석주호는 황 노인의 말이 옳은 듯하여 마음을 일단 먹지만, 그러나 일주일이 지나도, 그리고 그 지방 유지급의 동료를 네 사람이나 새로이 끌어들여 자기의 신분을 은근히 과시하기까지 했으나, 노인의 태도는 여전히 변화가 없는 것이다. 참다못한 그는 마침내 개를 풀어놓아 활터를 어지럽히는 행패를 부렸다.

여기서 우리는 높은 사회적 지위를 차지하고 있는 사람으로서의 그의 겸손은 사라지고 감추어져 있던 '교만'이 되살아남을 볼 수 있다. 할 수 없이 황 노인은 석주호의 강압에 못 이겨 고전동을 과녁 앞에 세우기로 한다. 석주호처럼 아직 숙련이 되지 못한 상태에서 사실 이것은 여간 위험한 일이 아니다. 결국 석주호가 쏜 화살은 빗나가 고전동을 쓰러뜨리는 엄청난 불행을 자초하고 만다. 이는 세상을 너무 자신만만하게만 살아온 석주호가 겸허하게 노인의 무언의 충고를 슬기롭게 받아들이지 못한 데서 비롯된 것이다.

이문열의 「금시조」는 자아도취에 빠져 실패하고 만, 다시 말해서 재주는 있지만 도(道)를 깨닫지 못한 한 예술가의 생애를 다룬 소설이다. 석담(石潭) 선생은 비인부전(非人不傳)의 철학을 갖고 詩·書·畵를 가르치는 분이다. 그가 어린 아이 고죽(孤竹)을 자기 제자로 맞아들이기를 꺼려했던 것은 재주가 너무 뛰어나 오히려 득도할 수 없는 인물이 될 가능성이 많다는 것을 익히 간파했기 때문이다.

어린 고죽은 이런 석담 선생의 마음을 전혀 헤아려 보질 못하는 데 비극의 싹이 움튼다. 그러나 그의 재주를 아끼는 석담은 어느 날 '지개를 벗고 사랑'에 들게 한다. 하지만 예상한 대로 체본(體本)을 조금 익힌 고죽은 선생에 대하여 사모와 아울러 격렬한 미움의 감정을 갖기 시작한다. 석담 선생의 예술관을 비판하고 나선 예도(藝道)의 논쟁은 그런 고죽의 모습을 잘 드러낸 한 보기가 된다.

스승인 석담 선생이 힘과 氣와 品을 중시한 데 대하여 고죽은 아름다움과 情과 意를 중시했으며, 스승의 서권기(書卷氣)나 문자향(文字香)을 중시한 서도관(書道觀)에 대해 고죽은 미 본질을 중시하는 서예관을 갖고 있었다. 서화에 있어서도 스승의 심화(心畵)에 대하여 물화(物畵)를 중시하였다. 두 사람 사이에서 벌어진 이러한 논쟁에서, 우리는 고죽이 석담 선생의 가르침을 따르려 하기보다 그로부터 벗어나려는 야망이 얼마나 컸던가를 알 수 있다.

고죽이 석담 선생의 마음을 깨달은 것은 석담의 문하를 떠나 오랫동안 향락을 누리며 세상을 떠돈 뒤이다. 그가 오대산의 어느 산사에서 금시조(金翅鳥)의 벽화를 보게 된 후 비로소 "자기 글에서 일생에 단 한 번이라도 그런 광경을 보면 그것으로 그의 삶은 충분히 성취된 것이라던 스승을 이해하게 된" 것이다. 이러한 깨달음을 갖고 그가 다시 석담 선생의 집으로 돌아왔을 때는 이미 스승의 시신이 입관된 뒤였다.

고죽은 죽음을 생각해야 할 나이에 이르러 미적 성취를 상징하는 금시조가 자기의 서화에서 날고 있는 모습을 보고 싶었지만 끝내 그 새를 볼 수가 없었다. 결국 그는 선생의 가르침을 겸손하게 따르기보다는 그것을 능가하려는 '교만' 때문에 후세에 내놓아도 부끄러울 것이 없는 작품을 한 점도 남기지 못한 실패한 예술가가 되고 만 것이다.

위의 소설에 등장하는 인물들은 모두 잘나고 똑똑한데, 끝에 가서 비극을 맞고 있다. 이들은 자아도취, 다시 말해서 자기 고집대로 살아가는 성격적 결함을 지니고 있다. 이런 사람은 대개 남을 업신여기며, 남의 말에 귀를 기울이지 않아 세상살이를 그르치기 쉽게 된다. 예술가나 전문 직종에 종사하는 사람들에서 흔히 볼 수 있는 타입이다.

자아실현의 길

융의 표현을 빌려 말하면, 나르시스는 페르조나(persona)를 갖고 현실사회에서 건강한 자아를 실현해 나가지 못한 불행한 청년이라고 볼 수 있다. 융은 '아니마'를 자아와 무의식 또는 개인의 내면세계를 연결시키는 일종의 중계자라 보았다면, 페르조나는 자아와 외적 세계 사이를 연결시키는 중계자라고 본 것인데, 결국 아니마와 페르조나는 자아라는 동전의 앞면과 뒷면인 셈이다.

이 세상에 태어난 아이는 엄마만 제일 좋아하다가 차츰 차츰 다른 여자로 사랑의 대상을 옮겨간다. 어머니에의 집착에서 벗어날 때 진정한 자아를 성장시킬 수 있는 것이다. 칼 융이 어린아이의 아니마는 제일 먼저 어머니에게 투사된다고 말했듯이, 나르시스가 비극을 맞은 것은 바로 자기의 아니마를 투사시켰던 어머니를 닮은 여자만을 찾는데 너무 집착했기 때문이다. 첫사랑에 목을 매는 사람들을 오늘날에도 흔히 볼 수 있는데, 어디에도 존재하지 않는 내 눈에 꼭 드는 사람만 고집할 것은 아니다. 인간은 다양한 얼굴을 가진 다중적 자아로서 여러 여자와 어울리면서 그 중에서 나와 가장 잘 맞는다고 생각되는 여자 하나를 나의 반쪽으로 맞이하게 되는 것이다.

배우는 그 때 그 때마다 자신을 꾸며 악인도 되고 선인이 된다. 우리도 배우처럼 자신의 얼굴을 여러 모양으로 꾸미며 살아가고 있다. 융은 이처럼 여러 모습으로 자신을 바꾸게 하는 사회적 가면(mask)을 '페르조나'라고 불렀다. 인간은 누구나 자아실현을 위해 다양하게 꾸민 얼굴을 갖고 다양한 활동을 하면서 살아간다. 이런 나를 현실자아(ego)라 부르고, 사람마다 본래 타고나는 나를 순수자아(self)라고 불렀다. 인간이 심적으로 갈등을 겪게 되는 것도 이처럼 두 개의 나로 살아가는 존재이기 때문이다.

좀더 부연해서 설명하면, 페르조나를 갖고 다양한 얼굴로 나를 꾸며 잘 살아가다 보면 본의 아니게 '순수한 나', 즉 '내가 되려고 하는 나'와 거리가 멀어질 수가 있다. 말하자면 정치적 외부 압력, 자신의 능력 부족, 판단의 오류 등 여러 가지 장애 때문에 '나다운 나', '내가 되려고 하는 나'의 길을 걸을 수 없는 경우가 생기는 것이다. 이런 사람은 남들이 나를 두고 '배신자', '비겁한 자', '거짓말쟁이'라고 말할 것을 의식하게 되어, 이런 삶을 지속해 나갈 것인가, 아니면 태도를 바꾸어 본래의 나다운 삶으로 돌아갈까 결정을 지어야 한다.

현실자아(ego)로 살아가던 사람이 갈등과 고민 끝에 태도를 바꾸어 순수자아(self)로 돌아가 마음의 편안을 누리게 되는 것을 흔히 '자기 동일성 회복'이라고 부른다. 사람에 따라서는 「무진기행」의 '윤희중'처럼 순수자아의 길을 포기하고 현실자아의 길을 택할 수도 있다. 아마 이런 사람은 더 두꺼운 가면을 쓰지 않으면 안 될 것이다. 자기 동일성을 상실하게 되면, 양심의 가책이나 부끄러움을 느끼는 나로 전락하게 되어 우울증과 같은 신경성 장애의 원인이 된다.

이청준의 「가면의 꿈」에서 주인공 '명식'이란 법관이 자살하고 만 것은 자기 동일성의 상실로 인해 우울증에 빠졌기 때문이다. 그는 자신의 얼굴을 변장하고 외출하는 기벽을 갖고 있었는데, 그것은 내놓고 다닐 수 없는 자신의 거짓 얼굴을 가면으로 가려야만 마음이 편안해질 수 있었기 때문이다.

명식은 법관이란 점에서 누구보다 범죄 행위에 대해 옳고 그름을 정확히 분별해 내야 한다. 그것이 자기 동일성을 이루는 길이다. 그러나 그는 가장 정직한 판단을 내려야 하지만 정당한 진술을 방해하는 정치적 외부 압력을 많이 받을 수도 있다. 그는 어떠한 외부 압력을 받아도 주체성을 잃지 않고 정직한 판단을 내릴 수 있을 때 행복감을 느낄 수 있겠지만, 경우에 따라서는 외압에 의해 자기가 생각하는 대로 말하고 행동할 수가 없을 수 있다. 그는 누구보다 법을 지켜야 하는 공인이므로 주체성을 잃고 남들이 그리고 사회가 요구하는 대로 행동할 때 배신자, 비겁한 자라는 오명을 피할 수 없게 되므로, 자기가 가야 할 길에서 벗어나지 말아야 한다는 강박에서 자유로울 수가 없었을 것이다.

명준은 결국 상반된 두 개의 욕망, 즉 가면을 쓴 현실자아(ego)로 살아갈 것인가, 아니면 자기 길을 지켜 가는 순수자아(self)로 살 것인가의 기로에서 누구보다 고민을 했던 사람이다. 보통 사람은 둘 중에 하나를 포기하고 하나를 선택함으로써 고민에서 쉽게 벗어날 수 있겠지만, 명준이는 사회적 지위가 높은 법관이란 점에서 남들처럼 포기와 선택에서 자유로울 수가 없어서 고통을 더 겪을 수밖에 없었다. 다시 말해서 명준이는 현실자아(ego)와 순수자아(self)와의 분열을 통합시킬 수가 없어 심한 내적 갈등을 겪다가 끝내 자살하고 만 것이라고 볼 수 있다.

인간은 현실세계에서 자기 동일성을 이루지 못해 심한 심적 고통을 겪게 되는데, 그 해소의 길은 위의 설명을 통해서 알 수 있듯이 'ego'로서 나로 살 것인지, 아니면 'self'로서의 나로 살 것인지 결정을 지어야 하는 문제로 귀착된다. 이러한 결정은 두 사람 중 누구와 결혼을 해야 되는지를 몰라서 겪는 갈등(접근-접근 갈등)이나, 좋아하기는 하지만 한편 꺼려지는 점 때문에 결혼을 하느냐 마느냐와 같은 갈등(접근-회피 갈등), 두 사람 모두 싫지만 한 사람과 결혼해야 되기 때문에 겪는 갈등(회피-회피 갈등)이 수반되는 것이어서 그 결정을 내리기가 어렵다.

이런 내적 갈등을 겪는 주인공의 모습을 잘 보여주는 소설로 신경숙의

「풍금이 있던 자리」를 들 수 있다. 주인공 '나'는 시골서 자란 순결한 여자로서, 서울로 진출하여 간호사, 선생님, 은행원처럼 환한 여자가 되는 것이 꿈이었다. 그러나 그런 꿈을 이루지 못한 채 지금 한 스포츠센터에서 에어로빅 강사로 힘들게 살아가고 있다. 그런데 서른 살이 넘도록 결혼도 못하고 지쳐 가고 있는 나에게 꿈을 이룰 수 있는 구원자가 나타났다. 그 남자는 바로 스포츠센터의 원장으로, 모든 걸 정리하고 미국으로 가 함께 살자고 했다. 나는 너무나 황홀하여 부모님 허락도 없이 이 요구를 받아들여 남자와 함께 미국행을 결심했다.

그러나 나는 잠시 고향에 들려 다시 그 남자에 대해 곰곰이 생각하게 되었다. 그가 딸아이를 둔 유부남인데다 결혼 후 나를 끝까지 곁에서 지켜줄 그런 믿음이 가는 남자일까? 어찌 보면 그는 처자식을 둔 사람으로서 나를 언제 버릴지도 모는 일이 아닌가. 혼자 곰곰이 생각하게 되면서 어느 길을 택할 것인가를 놓고 심각한 갈등을 겪게 된다. 나는 고향에 내려오면 기차역의 수돗가에서 손을 씻는 남다른 버릇이 있었듯이, 의롭지 못한 물질적 부를 누리는 삶보다 정신적으로 깨끗하고 순결한 삶을 살고자 한 사람이었다. 그런 점에서 가면을 쓴 '자아(ego)'로서의 삶을 살 것인가, 순결한 나로 살아가는 '자기(self)'로서의 삶을 살 것인가의 기로에서 고민할 수밖에 없었다고 보아야 한다. 그와의 결혼은 자기 동일성을 이루는 삶, 다시 말해서 자기실현의 길이 아니라는 판단 아래, 나는 고민 끝에 그를 따라 미국행을 포기하고 시골에 남아 살기로, 정말 결정하기 어려운 길을 선택하였다.

줄거리만 보면 아주 통속적이지만, 이 이야기는 서간체 형식을 빌려 한 여자가 겪는 갈등의 발생과 그 해소 과정을 섬세한 문체로 드러내 줄 뿐만 아니라, 여러 삽화를 통해 여자의 내면세계를 잘 드러내 주고 있어서, 소설 읽는 재미를 높여 주는데 큰 성공을 거두고 있다.

왜 일탈적 성애에 빠지는가

고독과 권태로부터의 탈출

인간은 본능적으로 성적 욕구를 갖고 있다. 본래 인간의 성행위는 종족을 보존하기 위한 것이 주목적이었지만 시대에 따라 그 목적이 달라졌다. 농경사회를 형성하여 살 때는 농사일손을 늘리기 위해서, 권력이나 재력이 있는 지배층에서는 세력을 확장하려는 것이 목적이었다. 이런 성(sex) 개념 하에서 남성은 성적 쾌감을 경험하였겠지만 여성의 경우는 대부분 그렇지 못하였을 것이다.

원시사회에서는 성행위가 지금보다 훨씬 자유로웠으나, 문명의 발달과 함께 인간의 성본능은 억압되기 시작하였다. 결국 결혼에 의한 일부일처제 아래에서 성행위는 여러 가지의 변형된 모습으로 금기된 것이다. 그러나 죠르쥬 바따이유가 "위반을 불허하는 금기란 없다"고 말했듯이 성에 대한 한 금기는 위반을 늘 동반해 왔다. 오늘날 사람들은 종족보존을 위한 수단만이 아니라. 절대적인 외로움에서 벗어나기 위해 사랑이 없는 섹스, 비정상적 남녀간의 섹스, 동성 간의 섹스, 근친상간, 사이버 섹스 등 일탈적인 성애가 만연되어 있다. 그 결과 인간을 개인적인 자유와 행복을 추구하는 존재로 해석하기보다 성적인 존재(sexual being)로 재해석하려는 시각이 일어나고 있다.

인간은 자기 생명을 아는 이성적 존재다. 인간이란 자기의 의지와 상관없이 이 광활한 우주 속에 내던져진 아주 미소한 존재요 어느 누구와도 닮은 데가 없는 것처럼 인생관도 가치관도 모두 다르다. 자기 의지와 관계없이 태어나기도 했지만 원하지 않는데도 죽게 될 것이라는 것을, 그리고 인간은 자연과 사회의 힘 앞에서 무력하다는 것을 알고 있다. 이 같은 모든 인식은 자신이 타인과 분리되어 있는 존재라는 깨달음과 이 세상을 견딜 수 없는 고독의 감옥으로 느끼게 되었다.

사람들이 자기를 가장 이해해 줄 수 있는 짝을 찾는 것도 이 외로움에서 벗어나기 위해서다. 님 그리움이 성적 욕망의 승화이듯이, 사랑하는 사람들은 성적 결합을 갈망하는데, 이것도 에릭 프롬에 의하면 타인과의 분리, 고독의 고통에서 벗어나려는 욕구 때문이라는 것이다. 인간은 타인과의 분리를 우선적으로 신체적 분리에서 비롯된 것으로 의식하기 때문에 고독한 사람은 사랑하는 사람과 심정적으로, 또 육체적으로 합일을 이루고자 하는 욕구를 갖고 있는 것이다.

인간은 섹스를 나누며 상대방과 일체감을 느낀다. 다시 말해서 고독은 사랑의 감정을 불러일으키고, 성적 결합은 순간적으로 타인과의 합일에 이르는 환상에 빠져들게 한다. 「보바리 부인」, 「채털리 부인의 사랑」 등등, 명작에서 보는 것처럼 동서고금을 불문하고 육체적 사랑은 고독하고 권태로운 인물들 사이에서 일어나는 아주 자연스러운 행위로 간주된다. 고독한 사람들의 낭만적 사랑에는 신분이나 국경이 없다. 종족보존과 상관없는 일탈적 성행동을 외설적인 것으로만 보지 않는 이유도 여기에 있다.

오늘날 현대소설에서 성은 아주 다양하고 폭넓게 다루어지고 있는데, 일찍이 문학평론가 김미현은 신세대 소설에 나타난 성은 '그들의 환부를 보여주는 상처의 언어'라고 보았다. 그리고 성에 과도하게 탐닉하는 것은 음울한 시간을 견디어 내기 위해서고 사회적 억압에서 벗어나고자 하는 몸부림 같은 것이며, 비정상적 성 묘사는 정상적인 성에 대한 희구요, 단절적 성은 소통에 대한 갈망을 담고 있는 것이라고 말한 바 있다. 이제 이런 인간의 행동

양상을 작품 속에 어떻게 형상화하고 있는가를 알아보도록 하자.

오정희의 「저녁의 게임」은 파괴되어 가는 한 가족의 모습을 화투패를 붙들고 있는 아버지와 딸의 음화 속에 투영시킨 소설이다. 가정에서 '어머니'라는 존재는 가정의 행복과 아이들의 성장에 절대적인 영향을 미치는 존재다. 따라서 '어머니'의 부재(不在)는 한 가족의 구심점을 잃게 되는 근원적인 동인이 된다.

이 작품은 어머니가 부재했을 때 가족구성원들이 얼마나 메마르고 불안정한 삶을 살아가게 되는가를 잘 그려내고 있다. 철저한 가부장적 아버지의 억압에 억눌려 생활하던 어머니. 게다가 아버지의 문란한 생활 때문에 심적으로 고통이 심했던 어머니는 여러 번의 유산이 있던 끝에 '머리통이 물주머니처럼 무르고 크게 부풀어 오른, 연골체의 갓난 아이'를 출산하게 되었다. 아버지는 그런 아이를 쳐다보지도 않았다. 남편에 대한 이런 상실과 분노의 감정이 어머니를 미치게 했고, 끝내 그 미숙아를 없애버리는 광기적 행동을 하게 되었다.[1)]

가부장적 권위의 아버지는 아내가 왜 그런 광기적 행동을 했는가를 헤아려 볼 줄 모른다. 아내의 병은 아내의 욕구를 충족되도록 도와주는 일, 다시 말해서 남편의 따듯한 사랑에 의해서만 고처질 수 있는 것이다. 그러나 아버지는 아내가 모성에서 벗어난 일을 했으니까 정신이상자이고, 그러니까 요양기도원으로 보내 버리는 것은 당연한 일이라고 쉽게 단정해 버렸다고 볼 수 있다. 여성주의자들은 정신병원을 휴머니즘의 소산이라 보지 않는다. 그것은 남성들이 오직 여성을 길들이기 위해 만들어낸 감옥일 뿐이다.

결국 어머니는 감옥 같은 기도원에서 집에 가고 싶다는 말을 외치다가 죽고 말았다. 그 후 오빠는 가출한 채 소식이 없고, 아버지는 당뇨병을 앓으며 외롭게 살아간다. 그런 환경 속에서 나(딸)는 고독하고 우울하게 살아가고

---

1) 여성학자 필리스 체슬러(Phyllis Chesler)가 여성은 광기를 통해서만 여성의 의미를 드러낼 수 있다고 말한 것처럼, 어머니의 행동은 전통적인 가부장제 아래 묵인되어 왔던 아버지의 권위주의적 억압에 대한 철저한 거부적 행위라고 볼 수 있다.

있다. 나는 오빠처럼 아버지를 남겨 둔 채 쉽게 집을 떠나버릴 수도 없다. 이런 상황에서 주인공이 한 청년과 사랑 없이 육체적 쾌락을 즐겼던 것은 우울하고 고독한 삶을 견디기 위한 하나의 수단에 지나지 않는다.

나는 아버지와 화투놀이를 하다가도 밖에서 그의 휘파람소리가 들리면 몰래 집을 빠져 나와 주택공사장으로 간다. 반쯤 지어진 집의 곁, 머리 높이까지 쌓아진 시멘트 벽돌과 모랫더미 사이에 그가 서 있었다. 술 냄새를 풍기는 그는 '마른 꽃 냄새가 나는' 나를 공사 중인 집안으로 이끌었다.

> 그가 대패밥과 각목 토막들을 발로 지익지익 밀어 치워 자리를 내었다.
>
> 딱딱한 손이 스웨터 소매로 파고들었다. 그는 떨고 있었다. 그리고 흥분을 부끄러워하듯 몹시 성급하게 서둘렀다. 두 개째의 스웨터 단추를 벗기는 데 실패하자 그는 빌어먹을 하며 스웨터를 걷어올렸다. 나는 숨을 죽이고 있었지만 다리 안쪽으로 오스스 소름이 돋았다. 겨드랑이까지 드러난 맨살에 시멘트 바닥이 아프도록 차가워 등을 움츠렸다. 그가 작업복 윗도리를 벗어 등에 받쳤다. 뚫린 하늘에서 크고 맑은 별들이 눈 위로 내려앉았다.[2)]

주인공 나는 이처럼 목소리에 술기가 묻어 있고, 손의 안쪽 마디마다 박힌 못이 쇳조각처럼 딱딱한, 낮이라면 아마 대단히 더럽고 거칠게 보일 손을 가진 그이와 밤마다 금지된 정사를 나누고 아버지 몰래 집에 들어온다. 문학평론가 백지현이 "섹스는 권태로운 일상으로부터 구원하는 순간적인 마약"이라고 논했듯이, 미칠 것 같은 정신적 고통을 겪는 자는 마약의 효과와 유사한 황홀경을 체험할 수 있게 해주는 일탈적 성애에 빠지고 싶은 유혹을 느끼지 않을 수 없는 것이다.

그러나 아버지 몰래 집을 나가 아무에게나 자기의 몸을 방기하는 나의 행위는 근본적으로 고독하고 우울한 삶에서 벗어나게 해 주는 것은 아니다. 그

---

2) 오정희소설집, 유년의 뜰(서울 : 문학과지성사, 1981), p.118.

것은 더 큰 고통과 허탈감을 더 안겨주게 될 것이다. 에릭 프롬이 지적했듯이, 이 같은 성적 도취감의 추구는 알코올 중독이나 마약 중독과 별로 다르지 않는 기능을 한다. 이는 소외 상태에서 일어나는 불안감에서 탈피하려는 절망적인 시도인 것이며, 결과적으로는 분리감을 더욱 증대시킨다. 왜냐하면 사랑 없는 성 행위는 그 순간을 제외하고는 두 사람 사이의 거리를 이어줄 수 없기 때문이다.

근친상간에의 욕망

자연 상태에서의 동물들은 성숙하자마자 양친의 집단을 떠나 살다가 발성기에 우연히 마주치는 암컷과 수컷이 닥치는 대로 짝을 이룬다. 동물의 경우, 근친상간에 아무런 생물학적 해악이 존재하지 않으며 도덕적 해악도 전혀 없다.

이와는 대조적으로 인간에게는 근친상간에 대하여 강력한 장벽과 가장 근본적인 금기가 존재하고 있는 것을 모든 사회에서 볼 수 있다. 흔히 가까운 친척끼리의 육체적 결합을 금하는 이유는 생물학적으로 미리 나쁜 바보나 병약한 아이가 탄생되는 것을 막기 위해서라고 믿고 있다. 그런데 이런 금기는 우생학적 이론에 대한 지식이 전혀 없었던 원시시대에도 있었다는 것을 주목해 보아야 한다. 이런 규정을 철저히 지키게 된 이유에 대해서는, 이웃 부족 간에 사돈을 맺어 전쟁을 막기 위한 수단이라는 설도 있고, 가족을 먹여 살리는 문제에서 경제적 이득을 얻기 위해서라는 설이 있는가 하면, 권력과 여자를 독차지하기 위해 아버지를 살해한 자식들이 갖게 마련인 죄의식 같은 정한에 뿌리를 두고 있다는 설도 있다.

프로이트에 따르면, 옛날의 아버지는 아들들이 자기가 거느리고 사는 부인이나 딸에게 절대로 손을 대지 못하도록 엄한 금기를 부과하고 그들을 마구 부렸다고 한다.[3] 잘 알고 있듯이 프로이트는 성(性) 이론을 확립하려는 목적에서 아이와 어머니 사이의 관계를 성(性)적이라는 것을 입증하려고 한 사람이었다. 그런데 인류학자 말리노프스키에 의하면 본래 인간 가족을 구성하는 메카니즘 하에서는 근친상간의 유혹은 언제든지 일어날 수 있고, 생물학자들도 동조하고 있듯이 근친교배는 종(種)에 아무런 해로운 영향을 가져오지 않는다고 한다. 근친교배의 심각한 결과는 생각보다 아주 천천히 나타나는 것이어서, 몇 백 세대 후가 되어서야 나타난다고 한다.[4)]

원칙적으로 우리는 한 지붕 밑에서 태어나 한 가족으로 사는 가족과 육체적 결합을 맺지는 않는다. 만일 그런 일이 있다면 그런 행위를 비인간적인 것으로 본다. 그런데 근친상간의 욕망은 집요한 감정 중의 하나이다. 우리나라에서는 민법이 제정된 이후, 사실혼 관계에 있는 동성동본 혼인을 구제하고자 3차에 걸쳐 혼인에 관한 특례법에 의해 77년 12월 31일에 4,577쌍, 87년 11월 28일 12,443쌍, 95년 12월 6일에 25,807쌍, 도합 42,827쌍을 구제한 사실이 있다(중앙일보, 1998.7.12). 이에서 보듯 사실 우리가 잘 몰라서 그렇지 사촌끼리의 결혼을 희망하는 사람도 의외로 많고, 실제로 많은 사회에서 근친결혼이 일어나고 있다고 한다.

모든 사회에서 근친상간을 금기시한 것은 아마도 가족의 핵심적 기초가 붕괴되고 말 위험을 어떻게든 막아보려는 의도에서 비롯된 것이라고 볼 수 있다. 그러나 일찍이 "인간은 타자의 욕망을 욕망하는 존재"라고 말했듯이, 아버지의 법이 정한 금기는 오히려 위반의 욕망을 더욱 불러일으키는 계기가 된다. 열정은 법이 금하는 순간 타오른다. 젊은 베르테르는 로테가 남의 약혼녀인 것을 알고 더욱 불타는 열정에 사로잡히고 말았다. 스탕달의 『적과 흑』을 비롯한 많은 문학 작품들의 주인공들이 금지된 사랑을 단념하지 못해 얼마나 애태웠던가. 로미오가 줄리엣을 보고 첫눈에 반한 것도 금지된 성에서 그녀를 만났기 때문이다.

옛 사람들이 얼마나 근친상간을 아주 금기시했는가는 이성쌍둥이를 대하

---

3) 죠르쥬 바따이유, 조한경 옮김, 에로티시즘(서울 : 민음사, 1998), p.225.
4) 말리노프스키, 한완상 역, 미개사회의 성과 억압(서울 : 삼성출판사, 1979), p.163.

는 다음과 같은 일에서 그 실상을 짐작해 볼 수 있다.

> **뿌리 찾은 해외 입양아들 또다시 눈물 쏟는다**
>
> "…남녀 쌍둥이로 태어나 5세 때 벨기에로 입양된 김선(31)씨도 그런 경우. 남녀 쌍둥이는 여자가 남자의 앞길을 막는다는 어처구니없는 편견 때문에 태어나자마자 고아원에 버려졌다. 그녀는 이런 사실조차 까맣게 모른 채 낳은 부모를 찾아 나선 것. 꼭 그리워서라기보다 도대체 누구인지, 아니 살아 있는지라도 확인하고 싶다는 마음이 끝내 사그라들지 않아서였다. 그래서 지난 해 조 씨에게 도움을 요청했고 수소문 끝에 낳은 부모를 찾았다. 하지만 그렇게 찾은 부모를 만날 수는 없었다. 끝내 오빠 앞길 막을 일이라며 부모가 만나기를 거부한 것. ……" (중앙일보, 1997.6.23)

서양의 경우 중세에는 이성 쌍둥이가 태어나면 모두 불에 태워 죽였다고 한다. 자궁 속에서 이미 근친상간을 했다고 믿었기 때문이다. 우리 선조들도 이성 쌍둥이 자매에 대해서는 그렇고 그런 사이로 보는 시각을 갖고 있을 뿐만 아니라 심지어 여자애는 장차 남자 아이의 앞길을 막는 요사스런 애라고 믿은 나머지 딸아이를 일찌감치 내다버리는 셈으로 양녀로 보내 분리시켜 버렸던 것이다. 이런 등등의 흥미로운 문제로 인해선지 마크 트웨인도 동성 쌍둥이를 즐겨 작품 속에 등장시켰으며, 도스토에프스키를 비롯하여 포크너, 나보코프 같은 작가들도 근친상간의 모티프를 강렬하게 문학 속에 끌어들였다.[5] 여하튼 근친상간의 문제는 부권(父權), 전통, 인습에 대한 반발 내지는 자기 방어의 수단, 그리고 동시에 형제자매 간의 단결과 결합으로 해석될 수도 있는 문제이기에 모든 작가의 매력 있는 소재가 될 수 있었다고 본다.

우리나라 작가 중에서 김동리는 우리가 금기로 삼고 있는 근친간의 사랑

---

5) 존 바스, "영원한 테마로서의 근친상간", 문학사상, 통권 112호(1982.2월), p.52.

을 자주 다루었음을 볼 수 있다. 「巫女圖」에서는 씨 다른 남매간이지만 여동생 '낭이'가 오빠인 '욱이'의 목을 자주 껴안는 행위를 저지르기도 하고, 「달」에는 주인공 '달이'를 짝사랑하는 사촌 여동생 '숙희'가 등장하고 있으며, 「역마」에서는 '계연'이와 '성기'와의 사랑을 다루고 있는데, 결혼을 목전에 두고서야 두 사람은 이모와 조카뻘이 되는 것을 알게 된다. 성기가 어머니 '옥화'의 간곡한 만류에도 불구하고 긴 방랑의 길을 떠나야 했던 것은 이 실연의 아픔을 가만히 앉아서는 도저히 달랠 수가 없었기 때문이다.

김동리가 근친상간의 문제에 관심을 두었던 것은 그들 사이에 그런 일이 벌어질 수밖에 없다는 필여적 이유, 다시 말해서 전생에서 지은 업보를 이승에서 받을 수밖에 없다는 불교적 인과응보관을 남달리 생각하고 있었기 때문이라고 본다. 민족이 다르고 문화가 다르더라도 고통의 원인을 찾아내고 의미를 부여하려는 현상은 어디서나 찾아볼 수 있는데, 대개 그 원인은 개인의 과오에서 유래하는 것으로 믿고 있다. 그 한 예로 인도인은 업(業, Karma)의 개념을 정교히 다듬어 왔는데, 인간이 현존하는 삶 속에서 당하는 고통은 실은 전생에서 범한 범죄나 과오의 치명적인 결과이기 때문이요, 그러므로 오히려 당연히 받아야 하는 것으로 인식한다는 것이다.

김동리의 「무녀도」에서 보듯이, 무당인 '모화(모화)'에 의하면, 자기 몸에서 태어난 '낭이'는 본래 전생에서 '꽃님'이었는데 언니의 짝이 될 남자인 '새님'을 가로챈 죄를 지었기에 인간 세상으로 추방된 여자다. 그녀가 귀가 멀고 말을 못하는 것은 바로 전생에서 바람을 핀 죄의 대가이다. 고로 그녀는 속죄하는 마음으로 고통을 당연한 것으로 받아들이고 이 세상을 살아가야 한다.

이 이야기는 우리 인간들이 죄를 짓고 에덴동산에서 추방된 아담과 이브의 후예라고 보는 기독교의 원죄사상과 맥을 같이 하고 있어서 별로 낯설지 않다. 게다가 금기를 어기고 사과를 따 먹어보라는 이브의 유혹에 넘어간 아담의 이야기는 꽃님과 새님의 연애 사건을 연상시켜 주기에 충분한 것이 된다.

동성 간의 사랑

근자에 이르러 많은 작가들은 불륜의 사랑, 친족간의 삼각관계 또는 근친상간적 사랑만이 아니라 동성 간의 육체적 성을 즐겨 다루고 있다. 이는 동성애에 대한 인식의 변화와 깊은 관련이 있다고 본다. 이성 간의 사랑을 정상이라고 보고 있는 세상에서 동성 간의 애정 표현이나 성관계는 흔히 자연스럽지 못한 변태적 성행위로 여겨지지만, 일찍이 오정희는 「완구점 여인」에서 동성애가 얼마든지 가능한 다양한 자연현상 가운데 한 형태로서 다루고 있다.

> 나는 완구점을 찾아갔다. 그때까지 불을 환하게 밝히고 거리를 내다보던 여인은 나를 잠자코 맞아 주었다. …(중략)… 시간이 너무 늦어서 집까지 갈 수가 없다고, 이곳에서 재워 줄 수 없겠느냐고 말했다. 여인이 비로소 빙긋이 웃었다. 나는 마음이 놓였다. 뭘 좀 먹겠어요? 라고 물었다. 나는 고개를 저였다. 빨리 쉬고 싶을 뿐이었다. 여인이 계집아이를 불러서 가게를 닫으라고 이르고 휠체어의 바퀴를 굴리면서 안으로 들어갔다. 여인은 마치 나를 맞기 위해 텅 빈 거리에 불을 요란스럽게 밝혀 놓고 있었으리라는 생각이 문득 들었다. 도와줘요, 여인이 나에게 손을 내밀었다. 나는 여인이 휠체어에서 내리는 것을, 다시 자리에 눕는 것을 도와주었다. 그리고 자기의 손을 나의 목에 돌렸다. 어느 새 여인과 나는 서로를 부둥켜안은 채 팔의 힘을 바짝바짝 조이고 있었다.
>
> 그리곤 누가 먼저랄 것두 없이 입술을 맞대었나. 차지도 덥지도 않은, 그저 미적지근한 감촉이었다. 여인이 몹시 허덕거렸다. 나의 목을 끌어안으며 중얼거렸다. 아기를 낳은 적도 있어, 돈을 많이 벌어서 층계가 없는 집을 짓고 사는 것이 소원이었는데, 그러나 나는 움직이지 않는 것들 틈에서 살아, 스스로 움직이는 건 아무것도 없어. 여인은 자꾸 내게 밀착되어 왔다.
>
> 나는 어둠 속에서 이불이 버석거리는 쇠와 내 몸 속에서 물살처럼 화안히 열리는 관능의 움직임을 듣고 있었다.

> 여인과 나는 서로의 가슴을 밀착시켜서 팔닥거리는 심장의 고통을 또렷이 느꼈다. 여인은 아주 성숙한 자세로 나의 팔 가득히 안겨 있었다.
>
> —오정희/'완구점 여인'6)에서

위에서 보듯이 완구점 여인은 가게를 찾아온 여자 아이 '나'를 침실로 끌어들여 정사를 나누었다. 사람들은 이런 성애(性愛)에 대해 놀라움과 불쾌감을 느낄지 모른다. 그러나 이 같은 행위는 옛날 궁궐에서 갇혀 지내는 궁녀들끼리 성적 접촉을 했듯이, 욕구충족을 위해 여자 아이를 성적 상대자로 삼는 행위(소녀애)는 얼마든지 가능한 일이라고 볼 수 있다. 더욱이 완구점 여인은 한 남자와 결혼하여 가게를 운영하며 아이 낳고 행복하게 산 적이 있는 자로서, 지금은 불의의 사고로 인해 남편과 자식을 잃은 채 신체불구자로 외롭게 살아가고 있는 여자라는 점에서 이 같은 일탈적 행위는 얼마든지 가능한 일이라고 볼 수 있다.

한편 어머니의 따듯한 사랑이 그리워 완구점여인이 이끄는 대로 품에 안긴 어린 '나' 역시 예상하지 못한 상황에서 여인의 요구를 받아들여 함께 성애를 즐긴 것으로 묘사되어 있다. 그러나 "그 후 나는 여인을 찾아 간 적이 없었다."라는 서술에서 보듯이, 성적 욕망의 충족을 위한 어른의 충동적인 행위 때문에 큰 상처를 받았다고 볼 수 있다. 그런데 이처럼 어린 시절에 자기보다 나이가 많은 사람의 유혹을 받았거나 이성에 대한 관심이 싹트기 전에 강제로 동성애를 경험한 적이 있는 경우 후에 동성애 성향으로 이어질 수 있는 경우가 많다고 한다.

위에서 보듯이 동성애자는 아직 성에 대한 관심이 싹트기 전의 어린 아이를 유혹의 대상으로 삼기도 하지만, 흔히 혼자 외롭게 살아가는 성인을 유혹의 대상으로 삼는 경우가 많다. 그런 예를 오정희는 「새벽별」에서 잘 보여주고 있다.

---

6) 오정희소설집, 불의 강(서울 : 문학과지성사, 1982), p.265.

그들이 현관문을 나서 통로를 지날 즈음 옆집 문이 열리고 가운 차림의 여자가 소리 없이 빠져나와 그들이 방금 나온 문을 열고 들어섰다.

"웬 패들이야?"

"옛날 친구들."

방석들과 상을 벽 한쪽으로 주섬주섬 치우던 경해가 입을 크게 벌리고 하품을 했다.

"지독한 사람들. 이제 다 갔지? 이 담배 연기 좀 봐."

경해는 창문을 열었다. 담배 연기가 운무처럼 뿌옇게 흘러나갔다.

"어서 들어오잖구 뭘 해? 잠도 안 오고 심란해서 목욕하고 머리 감고, 별짓 다 했어."

가운을 벗어 던지고 침대 속에 들어간 여자가 벌거벗은 상체를 일으키며 경해를 불렀다.

"아침 출근하는 대로 취재 떠나야 돼. 나 눈 좀 붙이게 해 줘."

"어서 들어오라니까."

성난 고양이처럼 가르릉 대는, 성마른 채근을 들으며 경해는 현관과 마루, 켜져 있는 목욕탕의 전등 스위치를 차례로 눌러 껐다.

— 오정희/'새벽별'에서

잡지사 기자로 일하며 서른 살이 넘도록 독신으로 아파트에 살고 있는 경혜는 지금 바로 아파트 옆집에 사는 여자와 동성애적 관계를 맺고 있다. 바람둥이 남편과 이혼하고 딸 둘과 살고 있는 그 여자는 남자라면 치를 떨고 있다. 그녀는 나랑 서로 의지하자며 접근해 왔고, 요즈음은 아예 살림을 자기가 할 테니 경혜더러는 재미 삼아 직장 다니고 용돈이나 벌라고 했다. 경혜가 그 여자의 접근을 거부하지 못했던 것은 주말이나 휴가 때 하루 종일 전화 한 통 걸려오지 않고 벨소리 한 번 안 울리는 어두운 집에서 혼자라는 참담한 외로움을 견딜 수 없었기 때문에, 다시 말해서 미치지 않기 위해 취한 행동이라고 볼 수 있다.

이청준의 「병신과 머저리」에는 오관모, 김일병, 형 세 사람이 포성이 들리는 산 속의 굴에서 낙오병으로 함께 지내게 되는데, 부족한 식량 때문에 더욱 불안하기만 한 오관모가 밤이 되면 김일병을 자신의 성적 파트너로 삼아 섹스를 나누는 행위를 보여주고 있다.

> 우리가 이 동굴로 온 첫날 밤, 막 잠이 든 뒤였다. 동굴의 어둠 속에서 나는 몸이 거북해서 다시 눈을 뜨고 말았다. 정신이 들고 보니 엉덩이 아래를 뭉툭한 것이 뿌듯이 치받고 있었다. 귀밑에서 후끈거리는 숨결을 의식하자 나는 울컥 기분이 역해져서 몸을 비틀었다. 그러나 놈은 가슴으로 나의 등을 굳게 싸고 있었다.
>
> "가만 있어……."
>
> 관모가 귀밑에서 황급히, 그러나 낮게 속삭였다. 나는 견딜 수가 없었다. 구렁이처럼 감겨드는 놈을 매섭게 밀쳐 버리고 바닥에 등을 꽉 붙이고 누웠다. 그는 한동안 숨을 죽이고 있더니 할 수 없었는지 가랑잎을 부스럭거리며 안쪽으로 굴러갔다. 나는 눈을 감았다. 그리고 희한하게도 관모가 김 일병에게서 낮에 말했던 <쓸모>를 찾아 낸 소리를 듣고 있었다.
>
> 아마 그것은 김 일병이 관모에게 뒤를 맡긴 최초의 일이었을 것이다.
>
> 다음 날, 김 일병의 표정은 별로 달라지질 않고 있었다. 오히려 얼마쯤 명랑해진 쪽이었다. 그 사이 김 일병에게서 의식하지 못했던 그 눈빛마저 되살아난 것 같았다.
>
> —이청준/'병신과 머저리'에서

적지의 낙오병으로 남은 세 사람 중에서 오관모는 식량을 구해 오는 일에 누구보다 적극적인 행동을 보였다. 죽지 않고 살아남아야 한다는 욕망이 큰 만큼 불안을 누구보다 많이 느끼고 있었던 사람이라고도 볼 수 있다. 이성애자의 틀에 익숙한 사람은 오관모의 이런 일탈적 남색을 성적 변태를 즐기는 사람이라고만 보려하겠지만, 불안에서 벗어나기 위한 욕망에서 나온 성적 접촉이라고 볼 수 있다. "김 일병에게서 의식하지 못했던 그 눈빛마저 되살아난 것 같았다"는 표현에서 보듯이, 김일병 역시 일탈적 섹스를 통해 일시적이나마 오관모에서 느껴왔던 분리감에서의 해방, 다시 말해서 매질을 가해옴으로써 늘 시달렸던 불안과 공포에서 벗어날 수 있었음을 짐작해 볼 수 있다.

이성애만을 정상적인 것으로 생각하는 사람은 위에서 본 동성애적 사랑에 대하여 혐오감을 갖게 될 것이다. 그러나 이제 오늘날 우리 사회에서도 동성애에 대한 이해가 넓어지면서 이 같은 금지된 사랑은 더 이상 금기시되는 담론의 대상이 아니다. 인간이 양성적 존재라는 것을 우리는 이해해 볼 때, 더욱이 고독과 불안의 공포를 갖고 있는 사람들이 그로부터 벗어나기 위해 일탈적 성애에 빠지는 일은 얼마든지 일어날 수 있는 또 하나의 성(sex)이라고 보아야 할 것이다.

비련의 연인 : 삼각관계와 사각관계

삼각관계의 사랑

춘향이와 이도령의 사랑은 누가 보아도 로맨틱하다. 이도령은 아주 먼발치에서 그네 뛰는 춘향이를 보는 순간 첫눈에 반해 버렸고, 춘향이 역시 이도령의 구애를 단번에 받아들였다. 이도령은 여인의 미모에 반했고, 춘향이는 높은 지체에 반했는데 알고 보면 그들은 그런 외적 요인만이 아니라 절개가 굳고 약속을 지킬 줄 아는 아름다운 정신을 소유한 자들이었다. 하여튼 두 사람은 하늘이 정해 준 짝을 만나 사랑이 넘치는 부부로서의 행복을 누린 사람들이다.

변사또는 한사코 싫다고 거부하는 춘향이를 권력을 이용해 손아귀에 넣으려다 실패한 사람이다. 그러니까 변사또는 한 여인을 일방적으로 짝사랑한 우리 문학의 대표적인 사람인 셈인데, 이처럼 우리의 고전 『춘향전』도 이른바 삼각관계와 짝사랑의 문제를 다룬 전형적인 애정소설이다.

요즈음의 TV 드라마치고 이런 남녀의 애절한 사랑 이야기가 아닌 것이 없다. 예전 같으면 이런 이야기는 소설 속에서만 만날 수 있었다. 인간에 대한 통찰력이 남다른 동서고금의 작가가 이런 이야기를 작품 속에 고스란히 담아놓는 일을 빼놓을 수가 없는 것이다. 첫눈에 반해 서로 좋아하지만 장애가 생겨 무수한 갈등과 피나는 고난을 겪어야 하는 운명적 사랑, 아니면 첫눈에 반한 그 사람이 이미 누군가와 결혼을 약속했거나 결혼한 몸일 때 치열한 삼각관계나 사각관계에 얽힌 연인들의 갈등 이야기가 발생하게 되는 것은 흔히 보는 일이다.

우리는 앞에서 「무녀도」를 통해 근친간의 사랑에 대해서 살펴 본 바 있다. 그런데 「무녀도」의 '낭이'와 '욱이' 사이에서 벌어진 일은 전생의 업보로 인한 오누이의 사이가 어떤 의미를 띠고 있는가에 대해서만 암시해 주는 것이 아니다. 그것은 삼각관계나 사각관계의 미묘한 사랑이 왜 발생하게 되는가를 알게 해 주는 기본 틀이 되고 있다고도 볼 수 있다. 사실 김동리는 이런 복잡한 사랑의 문제를 깊이 다룬 작가이기도 하다. 그는 이런 사랑의 문제를 재미있게 꾸민 사람은 아니다. 그보다는 남녀 간에 일어나는 삼각관계나 사각관계의 문제를 철학적으로 생각하고 이를 문학적 화두로 삼고 소설을 써왔다고 볼 수 있다.

이제 그의 대표작 「달」을 살펴보기로 하자. 거기서 일어나고 있는 일들을 실감 나게 받아들이기 위해서는 먼저 「무녀도」의 열매님-새님-꽃님의 관계를 염두에 두고, 새님 정국-달이-숙희의 관계를 살피는 것이 좋다.

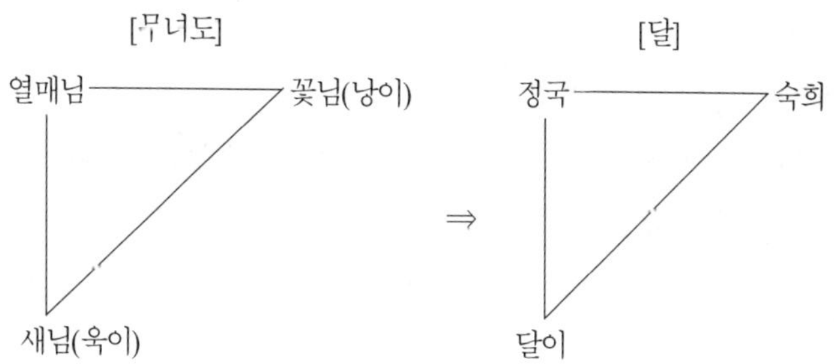

「달」에는 제일 먼저 '정국'이란 처녀가 총각 '달이'를 보자 첫눈에 반하는 이야기가 나온다. 17살 먹은 정국이란 처녀는, 열매님-새님의 관계처럼 본래 전생에서 자기의 짝이었던 것을 의식한 듯이, 자기 집 글방에 공부하러 온

'달이'를 보자 첫눈에 반해 버려 먼저 구애의 편지를 쓸 뿐만 아니라 달이와의 뜨거운 사랑을 갈망하는 등 적극적으로 구애의 행동을 보여 준다.

> 그해 설에 달이가 흰 두루마기를 입고 사장(師丈)님께 세배를 마치고 나오려니까, 뜰 앞의 천둥우리 사이에 숨어 있던 그녀가 그의 두루막 소매를 잡아 당겼다. 놀라서 돌아다보니 정국은 부끄러운 듯이 두 눈을 반쯤 내리 감으며, 웃는 얼굴로, 새하얀 창호지로 조그맣게 싼 것을 달이의 손에 쥐키어 주었다.
>
> "가져가서 펴 봐라."
>
> 달이는 가슴이 와들 떨리어 얼른 집으로 돌아와 그 종이에 싸인 것을 펴 보았다. 종이 속에는 조그만 꽃주머니 하나가 나오고, 꽃주머니 속에는 다시 첩첩이 접은 종이쪽지가 나왔다. 종이쪽지에는 다음과 같은 글귀가 적혀 있었다.
>
> 「仙桃山月半輪秋 影入兄山江水流 日夕貞兒向書冊 思君不見使人愁」(선도산에 걸린 달은 반만 둥근데, 그림자는 형산강 물에 들어 흐른다. 정국은 날마다 책을 펴 놓고 앉아 있지만 머리 속엔 그대 생각만 가득하여 애닯을 뿐이다.
>
> —김동리/'달'에서

왜 정국이는 달이를 보기만 하면 "숨이 차서 가슴이 터질 것 같았"을까. 그녀는 불타는 자기의 마음을 이해하지 못하는 달이를 안타까워할 뿐만 아니라 원망스러운 눈으로 바라보기까지 했다.

이런 행동을 보면서 이제 우리는 그 두 사람이 전생에서 '새님-열매님'의 사이처럼 남다른 인연이 있었던 사람들임을 생각해 볼 수 있을 것이다. 다시 말해서 전생에서 '정국'이란 여인은 본래 '달이'와 짝을 이루도록 돼 있는 사이였었다. 그렇게만 맺어졌다면 그들은 이승에서 춘향이와 이도령처럼 행복한 짝을 이루게 되었을 것이다. 그렇지만 전생의 짝이 될 사람(달이)이 그만 다른 여인(숙희)에게 한눈을 파는 바람에 짝을 잃어버린 가련한 여인이 된 것이다. 정국이가 달이를 보자 첫눈에 반한 것은 본래의 전생의 짝을 만났기 때문이요, 겁을 먹고 어쩔 줄 모르는 달이의 모습은 본래의 자기 짝을 외면

하고 바람을 피운 새님의 모습을 연상케 한다.

그러한 유추를 더욱 가능하게 하는 것은 달이와 정국이가 가까워지는 것을 몹시 시기하는 사촌 여동생 '숙희'의 존재가 나타나고 있기 때문이다. 간단히 말해서 달이-숙희 사이는 새님-꽃님의 사이, 다시 말해서 욱이-낭이의 관계를 그대로 옮겨 놓은 모습이다. 남매간의 사이가 사촌간으로 바뀌었을 뿐 오빠를 유독 좋아하고 따른다는 점에서 '숙희'의 운명적인 사랑은 '꽃님'의 운명을 통해서만 그 이해가 가능하다. 그리고 그런 운명을 이해할 때 그와 같은 일이 우리 주위에서 얼마든지 일어날 수 있는 일로 받아들일 수 있게 된다.

숙희는 유독 사촌 오빠뻘인 달이를 무척이나 사랑한다. 융의 설명을 따르자면 그녀의 아니무스 이미지를 오빠에게서 발견할 수 있었기 때문일 것이고, 김동리 식으로라면 전생의 업보로 인한 운명적 만남으로 돌릴 수밖에 없다.

이러한 전생의 업보와도 같은 운명을 타고난 사람의 삼각관계는 위에서 살펴 본 것처럼 비교적 토속적·신비적 분위기를 물신 풍기는 소설에서만 나타나는 것은 아니다. 김동리는 그것을 현대적 지식인으로서의 교양과 비판력을 갖춘 사람의 이야기인 「인간동의(人間動議)」(1950년)와 같은 작품에서도 다루고 있다.

주인공 '장익'은 전직 대학교수요 소설가이다. 그는 이미 결혼한 중년의 사나이다. 그런데 성격적으로나 생리적으로 아내와 뜻이 맞지 않는다. 이런 상황 속에 '지애'라는 여자가 나타난다. 장익에게 있어 그녀는 무슨 '마력을 가신 향수'처럼 느껴진다. 그의 마음은 자꾸 지애 쪽으로 기울어진다. 자식들이 가엽고 아내에게도 미안하다. 성격이 자기와 맞지 않을 뿐이지 아내는 근본적으로 성실한 사람이다. 그런 아내를 버린다는 것은 죄스럽고 염치가 없다. 그렇지만 지애를 향한 장익의 불꽃은 더욱 거세어져 이혼하는 수밖에 어쩔 도리가 없다.

그러나 장애에 부딪힌다. 아내는 별짓을 다 한다 해도 상관하지 않을 것이라며 이혼만은 안 된다는 것이다. 그는 정신적 고통의 단계를 거쳐 뇌가 쑤시는 생리적 고통을 겪는다. 견디다 못한 장익은 지애가 있는 일본으로 밀항하기로 결심하지만 그것도 뜻대로 되지 않는다. 마침내 그의 신경은 극도로 쇠약해지고, 통증은 극에 달해 결국 그는 면도칼로 동맥을 끊고 자살하고 만다.

우리는 이런 멜로드라마 같은 이야기가 바로 김동리가 이룩한 삼각관계의 고유한 패턴에서 이루어진 것임을 짐작해 볼 수 있다. 즉, 장익-아내-지애의 관계를 새님-열매님-꽃님의 관계로 볼 때, 왜 그는 아내와 불화를 겪고 죄의식을 느끼면서도 지애라는 여자에게 끌려야 하는지를 실감나게 이해할 수 있게 된다. 전생의 업보로 이런 고통을 겪어야 하는 일은 매우 잔인하지만 신이 설계한 이러한 운명을 따르며 사는 것이 인간의 또 하나의 모습이란 점에서 새삼 신비감을 느끼지 않을 수가 없다.

사각관계의 사랑

김동리의 또 다른 대표작 「까치소리」(1966년)는 사각관계와 짝사랑에 얽힌 이야기를 좀 더 복잡하고 현실감 있게 얽어 놓은 소설이다. 이 작품의 서두로 제시되고 있는 배경의 묘사부터가 작중인물들의 운명을 상징적으로 드러내 주고 있다.

> 마을 한복판에 우물이 있고, 우물 앞뒤엔 늙은 회나무 두 그루가 거인 같은 두 팔을 치켜든 채 마주 보고 서 있었다. …(중략)… 부러지지 않은 높은 가지는 거인의 어깨 위에 나부끼는 깃발과도 같이 무수한 잔가지와 잎새들을 하늘 높이 펼쳤는데, 까치들은 여기만 둥지를 치고 있었다. 앞 나무에 둘, 뒷나무에 하나, 까치 둥지는 셋이 쳐져 있었으나 까치들이 모두 몇 마리나 그 속에서 살고 있는지는 아무도 똑똑히 몰랐다. …(중략)… 아침 까치가 울면 손님이 오고, 저녁 가치가 울

면 초상이 나고……한다는 것도, 언제부터 전해오는 말인지, 누구하나 알 턱이 없었다.

—김동리/'까치소리'에서

이야기의 무대가 되는 마을 풍경의 묘사가 '까치'와 '회나무'에 초점을 두고 있는 점에서 「무녀도」의 새님과 꽃님의 운명적인 만남의 이야기가 여기서 되풀이될 조짐이 보인다. 우주의 배꼽을 상징하는 우물 옆에 서 있는 커다란 회나무 두 그루는 바로 이 소설에서 문제를 일으키고 있는 두 여인 즉, 정순이와 영숙이를 상징한다면, 그 중에서도 두 개의 까치집을 갖고 있는 나무는 정순이와 관련된 것으로, 그 나무에 있는 두 개의 까치집은 바로 그녀와 삼각관계를 이루는 '봉수'와 '상호'를 가리키고, 까치집을 하나 갖고 있는 나무는 자연히 '영숙'이와 '봉수'의 운명적인 만남을 가리키는 것이 되어 이들의 관계를 간단히 요약해 다음과 같이 정리해 볼 수 있다.

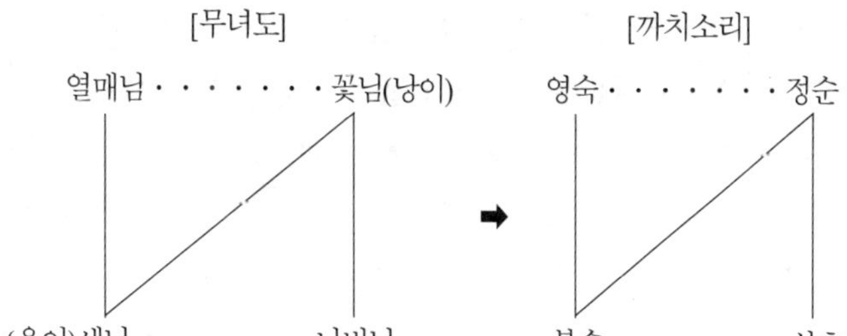

한 마을에서 태어나 자라온 '봉수'와 '정순이'는 서로 사랑하는 사이다. 그런데 문제의 발단은 봉수가 군대에 간 사이 마을 친구인 '상호'가 정순이를 가로챈 것이다. 전쟁터에 나가서도 봉수는 오직 정순이만 보고 싶었다. 그는 정순이를 만나야겠다는 생각에 식지와 장지를 자르는 자해도 서슴지 않았다. 그러나 고향에 돌아와 보니 이미 정순이는 상호의 아내가 되어 있는 것이다.

"숙이 오빠(상호)가 속였대, 오빠가 죽었다고……"

"뭐? 내가 주, 죽었다고?"

나는 떨리는 목소리로 이렇게 다짐해 물으면서도 일방, 아아, 그렇지, 그건 어쩌면 정말일 수도 있었다. 이렇게 속으로 자기 자신을 조롱하고 싶은 충동을 느끼기도 했다.

"오빠가 전사를 했다고, 무슨 통지서래나 그런 것까지 갖다 뵈더래나."

옥란이도 이미 분을 참지 못하는 목소리였다.

순간, 나는 눈 앞이 팽그르르 돌아감을 느꼈다. 그때 만약 상호가 내 앞에 있었다면 나는 틀림없이 당장에 달려들어 그의 목을 졸라 죽였을 것이다.

—김동리/'까치소리'에서

위에서 보듯이 이 소설은 봉수–정순–상호 간의 비극적 삼각관계에 얽힌 '봉수'의 아픔을 깊이 다루고 있는데, 고통을 겪는 그 모습은 「달」에 나타나 있는 짝 잃은 '달이'의 모습에 대비시켜 볼 수 있을 것이다.

그런데 정순이, 영숙이, 상호, 봉수 이들 네 사람이 이승에서 고통을 겪으며 살아야 했던 것은 엄밀히 말해서 전생에서 '봉수'가 저지른 죄 때문이다. 그것은 김동리의 원형적 사각구도에 비춰 볼 때 잘 알 수 있는데, 여기서 생긴 모든 문제는 상호가 봉수의 짝 정순이를 가로챈 것이 아니라, 봉수가 상호의 본래의 짝인 정순이를 욕심냈기 때문에 생긴 일이라고 보아야 한다. 그가 한 마리의 까치였다면 그는 영숙의 회나무에 둥지를 쳤어야 하는데 그만 정순이의 나무에 둥지를 치는, 다시 말해서 자기 짝이 아닌 딴 여자와 바람을 피우는 과오를 저질렀던 것이다.

그리고 영숙이(상호의 여동생)가 남달리 봉수를 애타게 따라 다니는 모습은 전생에서 잃은 짝을 찾고자 하는 여인의 모습이다. 그녀가 불행해진 이유는 자기 짝 봉수가 정순이에게 한눈을 팔고 있기 때문이다. 그렇다면 자기 애인을 유혹한 정순이에게 질투를 느끼고 복수를 감행할 수도 있을 것이다.

동서고금을 통해 사랑의 불꽃은 사람을 광란에 빠지게 만드는 수가 많다.

특히 삼각관계에 빠진 사람들 사이에서 볼 수 있는 질투로 인한 살인극은 흔히 볼 수 있는 일이다. 그래서 질투처럼 무서운 것은 없다고들 말한다. 질투는 인간의 추악한 본능을 잘 드러내 주기 때문에 소설가들이 즐겨 다루는 소재이기도 하다. 그러나 김동리는 삼각관계나 짝사랑을 철저히 운명의 장난으로 다루었기 때문에 질투로 인한 살인극을 전혀 찾아볼 수 없다.

특히 이 소설은 봉수가 까치소리를 듣는 순간 영숙이의 목을 졸라 죽이는 것으로 결말을 짓고 있는데, 작가는 이런 일의 발생을 전생의 업보와 관련지으면서 이런 일은 얼마든지 가능한 일로 추리하고 있다. 이 소설의 결말에 이르면서 봉수는 영숙이의 간절한 마음에 이끌려 미워하기는커녕 오히려 뒤늦게나마 사랑하는 마음이 생겼다. 그런데도 봉수는 그녀를 죽였다. 그것도 엉뚱하게도 때마침 울어온 '까치소리' 때문이다. 이에 대해 작가 김동리는 그것이 불교의 인과설에 바탕을 두고 있음을 "까치소리의 인과율"이라는 글[1]에서 소상히 밝히고 있어서 우리의 주목을 끈다.

불가에서는 '인과응보'와 '윤회전생'을 결부시켜서, 사람은 이승에서 가진 적행(積行)이 업인(業因)이 되어, 저승에 가서 갚음을 받되, 개 돼지가 될 만큼 적행을 했으면 개 돼지로 태어나고, 부자나 고승이 될 만큼 업인을 가졌으면 부자나 고승으로 태어난다는 믿음을 갖고 있다.

그러니까 나의 적행이 내 자손에게 간다고 보기보다 바로 내 자신에게 돌아올 뿐만 아니라 이승에서 내가 받는 업보는 바로 내 전생의 업일 뿐 아니라, 전전생 또는 그보다 더 먼 어느 전생의 것일 수도 있다는 인과관을 가질 수 있다는 것이다. 따라서 지금 내 곁을 지나가는 타인은 그냥 타인일 수 없을 뿐 아니라, 앞개울의 개구리나 뒷숲의 뻐꾸기도 결코 나와 무연한 자라고만 볼 수 없다는 예기가 된다.

이것을 좀 더 추구해 나가면, 지금 앞개울에서 뛰고 있는 개구리는 전생이나 혹은 어느 전전생의 김 서방이나 이서방일지도 모르며, 뒷숲에 우는 뻐꾸

1) 김동리, 명상의 늪가에서(서울 : 행림출판사, 1980), pp.169~175.

기는 그 어느 전전생의 김 서방이나 이 서방이 밟아 죽인 개구리였었는지도 모른다는 논리가 성립되는 것이다. 그러니까 뒷숲의 뻐꾸기 소리에 한번 팔짝 뛰다가 풀숲에 웅크리고 숨어 있던 뱀에게 먹힌 개구리는 그가 저지른 어느 전전생의 업보(개구리를 밟아 죽인)를 받는다는 얘기가 되며, 겉으론 아무런 관계도 없는 듯한 뒷숲의 뻐꾸기와 앞개울의 개구리 사이엔 이러한 생멸의 인과관계가 얽혀 있다는 것이다.

신경숙의 「그는 언제 오는가」에 등장하는 인물들은 하나같이 세상을 자신의 의지대로 살아갈 수 있는 것이 아니라 어찌할 수 없는 불가항력적인 힘, 즉 운명이라는 여신의 지배를 받을 수밖에 없다는 의식을 갖고 살아가는 사람들이다. 따라서 생을 송두리째 흔들어 놓는 불운이 언제 닥칠지 모르기 때문에 그들은 항상 불안 속에 살아가야 한다. 그리고 그들은 공통적으로 사랑하는 사람을 잃거나 찾지 못해 외롭게 살아가는 사람들이다. 한마디로 말해서 그들은 기독교 신화에서 말하는 원죄나 불교의 연기관(緣起觀)에서 말하는 전생에 지은 죄에 대한 업보 때문에 이승에서 고통을 겪는 인간의 모습들이라고 볼 수 있다. 그런 점에서 그들의 애절한 삶의 이야기는 어딘가 작가 김동리적인 전생의 운명을 타고난 사람, 즉 전생의 업보를 받아 이승에서 사랑하지만 떨어져 서로 그리워하며 살아야 하는 불행한 인간들의 전형적 모습을 보는 듯하다.

이 소설은 화자인 처형이 제부가 모는 차를 함께 타고 죽은 동생의 혼이 흐르고 있는 강원도 양양의 남대천을 찾아가는 중에 그 동안 있었던 사연 깊은 이야기를 회상형식에 따라 들려주고 있다. 1년 전까지만 해도 두 사람은 처형과 제부라는 관계 속에 한 집에 살았었는데, 그 고리의 주인공인 여동생이 죽게 됨으로써 이제는 서로 남이 되어 따로따로 살아가고 있어서 안타깝게 생각한다. 독자는 차 안에서 주고받는 처형과 제부 두 사람의 대화와 죽은 후 새로 발견된 일기록을 통해 젊은 나이에 폐암으로 일찍 죽은 여동생의 애절한 옛 이야기를 접하게 된다.

그런데 이 애절한 이야기 속에 깔려 있는 깊은 뜻을 제대로 파악하려고 할 때, 우리는 동생을 둘러싼 작중인물들의 콘텍스트를 좀더 새롭게 보아야 한다. 다시 말해서 아주 가까운 사이로 설정된 언니, 동생, 제부, 극작가 등의 주요 등장인물들이 실은 미묘한 사각관계의 얽힘으로 맥락 짓고 있음에 유의하지 않고는 작가가 들려주는 이야기의 의미심장함을 제대로 파악할 수가 없다.

이 소설의 언니와 동생은 친척 결혼식장에 갔다 돌아오는 버스의 추락 사고로 부모를 갑작스럽게 잃었다. 이 소설의 작중화자이기도 한 언니는 그 치명적인 상실의 체험 이후, 항상 삶 속에는 죽음의 그림자가 도사리고 있다고 느끼며 살아간다. 그래서 어느 날 갑자기 내 존재의 문틈으로 죽음이 침투해 들어올 것 같은 공포 속에서 살아간다. 즉 "문단속을 하지 않으면 어느 틈으론가 다시 그가 스며들어올 것만 같았다"라는 말에서 암시되는 것처럼, 그것은 불현듯 삶 속으로 침투해 들어와 사랑했던 사람을 빼앗아 가는 상실의 어두운 그림자로부터 도망치기 위해 자신의 밀폐된 내면속으로 더 깊숙이 몸을 숨기는 것, 상처 받지 않기 위해 이 세계와 될수록 관계를 맺지 않고 살아가는 것이다.

언니의 직업은 미용사. 그녀가 미장원 일에만 전념할 뿐 어느 누구와도 사랑을 나누지 않고 혼자 살아가는 것은 이 세상의 것들에 마음을 주면 마음을 준 그만큼 상처를 받으리라는 두려움을 항상 갖고 있었기 때문이다.

언니가 이처럼 타인들의 세계 속으로 뒤섞이는 어떠한 적극적인 행위를 거부하며 살아온 것에 반하여, 여동생은 언니와는 매우 다른 삶의 태도를 갖고 있다. 여동생은 "나는 냉소적이지도 않았고, 이 세상을 사랑하려고 무진 애를 썼어. 사람이 아니라 이 세상에 존재하는 것이면 무엇에게든 그 몫의 길이 있다고 생각해서 존중했어. ……단지 열심히 살려고 했단 말이야"라는 그 자신의 말처럼, 삶을 향해 자신을 활짝 열어젖히고 타인들의 세계 속으로 적극적으로 뛰어들려고 노력했던 인물이다.

부모의 죽음 이후, 여동생은 느닷없이 그들을 낯선 타인들의 세계 속으로 팽개쳐 버린 그 이해할 수 없는 삶의 폭력 앞에서 세상을 등지기보다는 그 세상 속에 적극적으로 자신의 삶을 개입시키는 방식으로 그 운명의 불가해함에 맞서려고 했고, 그러한 자세는 자신의 몸에 깃든 죽음을 대하는 태도에서도 그대로 나타난다. "가만히 앉아서 기다리고 있진 않을 거야. ……마지막 날까지 나는 내 할 일을 하고 내가 스스로 갈 거야. 그게 지금의 내 의지야"라는 말에서처럼, 그녀는 수동적으로 죽음이라는 운명 앞에 굴복하기보다는 그녀 자신의 의지로 그 죽음을 받아들이는 방법을 선택하여 음독자살을 기도하였다. 죽음은 예기치 않은 운명의 힘에 의해 그녀의 몸속으로 침투해 들어왔지만, 죽음을 최종적으로 수락하는 것은 운명의 의지가 아니라 바로 그녀 자신의 의지라고 생각한 것이다.

여동생이 자신의 죽음을 마무리 지을 마지막 장소로서 연어들이 마지막 장소로 찾아드는 남대천을 선택한 것에도 남다른 의미가 있다. 남대천이라는 곳은 연어들이 태어난 곳이면서 산란 이후의 죽음을 맞는, 죽음과 탄생이 동시에 이루어지는 장소이다. "태어나서 그토록 먼 곳까지 갔다가 다시 태어난 곳으로 돌아와 단 한 번 알을 낳고 마감되는 연어의 생", 결국 연어의 죽음은 동시에 새로운 탄생을 예비하는 죽음이다. 그러므로 남대천은 죽음을 통해 건너가는 새로운 삶의 출발지이기도 하다. 그런 의미에서 여동생이 자신의 뺏가루가 남대천에 뿌려지기를 원한 것은 자신의 의지로 택한 죽음과 연결되면서 새로운 삶을 살고 싶은 욕망의 강렬한 표현이라고 볼 수 있다.

본래 연극배우로 열심히 살아온 동생은 한 번도 주인공으로 출연해 본 적이 없다. 아주 미미한 역만을 맡아온 동생은 어느 날 이렇게 평범한 내가 어떻게 배우가 될 수 있단 말인가 하는 회의가 들어 극단에서 이탈해 출판사의 교정원으로 일하기 시작했다. 그 때 동생은 제부를 처음 만났다.

제부는 그의 회사 홍보 책자 때문에 동생은 자기 출판사의 일로 같은 인쇄소에 있다가 서로 알게 되었다. 그는 그때 식욕이 없어 거의 식사를 못하고 있었다. 동생은 이상스럽게도 그런 남자를 그냥 두고 보질 못했다.

> 안 되겠어요. 억지로라도 드세요. 안 먹으면 나도 안 먹을 테니. 그는 당신이 왜? 하는 표정을 지으면서도 설렁탕 국물을 떴다. 나도 모를 일이었다. 그 때, 안면이 있을 뿐 수많은 타인 중에 한 사람이었을 뿐이었던 그가 갑자기 내 삶 속으로 뚜벅뚜벅 걸어 들어왔다. 왜 갑자기 나는 그가 좋아졌는지.
>
> —신경숙/'그는 언제 오는가'에서

이처럼 동생은 직장일로 우연히 만난 그를 보게 되면서 자기도 모르게 그에게 다가가게 되었다. 두 사람은 뜨거운 사랑의 불꽃이 일어 가까워졌다기보다 마치 자식을 헌신적으로 돌보는 어머니처럼 상대방을 내가 돌보아야 할 사람으로 생각했던 것이다.

출판사의 교정원으로 들어가서 동생은 몇 달은 잘 지냈다. 그러나 동생은 저녁이 가까워오면 점차 팔꿈치가 간지럽고 뭔가 들썩거리는 오후 5시의 권태를 견디질 못해 극단으로 다시 돌아오고 말았다. 그런데 이처럼 권태를 이기지 못해 안달하던 동생이 왜 하필 결혼 상대자로는 극작가를 택하지 않고 조용한 그를 택하게 되었을까? 그 때 여동생은 잘 알고 지내던 극작가 한 사람이 있었다. 동생은 그와 함께 플루트를 배운 적이 있는데, 그는 지금도 동생이 왜 자기가 아니고 다른 사람과 결혼하게 되었는지 그 궁금증을 풀지 못하고 있다.

하여튼 동생은 극작가를 멀리하고 무슨 까닭인지 인쇄소에서 만난 남자의 청혼을 받아들여 연극과는 관계가 먼 그 사람을 자기의 짝으로 만들어 버렸다. 동생은 그이 의 청혼을 처음에 거절했었다. 언니가 반대했기 때문이다. 언니는 외롭게 혼자 자란 동생인만치 결혼 상대자는 무엇보다도 동생을 충분히 보호해 줄 충분한 영향력이 있는 남자여야 된다고 생각했는데 그(제부)는 그렇질 못했다.

그렇지만 동생은 언니의 반대에도 그의 청혼을 두 달이 지나서 운명처럼 받아들였다. 동생은 그의 사무실을 찾아가 그가 자기 곁에만 있어 주면 자기는 열심히 살아갈 수 있을 것 같다며 서럽게 울면서 결혼을 호소했던 것이다. 그는 갑작스런 동생의 이런 행동에 영문을 몰라 당황하지 않을 수 없었다.

동생은 결혼 후에도 남달리 남편을 보살폈다. 그의 말에 따르면 "매사가 다 심드렁한 게 별로 매달리고 싶은 것도 없고, 열심히 살고 싶은 생각도 없고 그랬어요. 그 사람은 나의 그런 마음을 늘 가슴아파했습니다. 한 번은 자다가 눈을 떴는데 언제부터 잠든 내 얼굴을 들여다보고 있었는지는 모르겠으나 바로 눈앞에 그 사람의 눈이 있었어요. 이 세상엔 처형과 나뿐이라고 했습니다. 갑자기 사라져서는 안 된다고 했습니다."

이상에서 보았듯이 이 소설에는 제부–동생–극작가로 이어지는 사랑, 즉 우리가 흔히 말하는 한 여자를 사이에 둔 두 남자의 삼각관계의 사랑을 다루고 있는 이야기가 밑바탕에 깔려 있다. 그런데 극단 활동에 몰두해 온 동생이 극작가를 자기 짝으로 선택하지 않고 엉뚱하게도 고아이며 병약한 사람과 결혼을 결심한 것은 상식에서 좀 벗어났다는 생각을 하지 않을 수 없다.

제부는 동생을 자기 사람으로 끌어들이는 데 있어서 어떤 적극적 행동을 보인 적이 없다. 그 역시 연탄가스로 인해 일찍이 부모님을 느닷없이 잃어버리는 불행을 당한 관계로 그의 마음 깊은 속에는 인생이 그의 뜻대로 풀리지 않을 것이라는 생각이 늘 도사리고 있어서 모든 일을 쉽게 포기하는 편이었다.

어쩌면 동생은 제부를 위해서 희생적 사랑을 나눈 사람으로 볼 수 있다. 그녀는 자신이 고아로 자랐기 때문에 고아로 외롭게 살아가는 그이를 내가 돌보아야 한다는 남다른 사명감을 갖고 결혼을 서둘렀을까? 언니도 제부에게 끌리는 동생의 마음을 끝내 막을 수는 없었다. 그이를 자식처럼 돌보아야 할 사람으로 생각하는 동생의 의식은 그녀가 죽음을 눈앞에 둔 순간에 더 절실하게 느껴진 듯하다. 동생이 죽기 얼마 전에 잠자던 제부가 눈을 떠보면 물끄러미 자기를 내려다보곤 했다고 한다. 어쩌면 동생은 자신이 돌보아야 할 남편을 두고 떠나게 될 자신의 운명을 누구보다 안타깝게 생각한 듯하다.

만약에 동생이 자기를 위해 살아줄 남자를 먼저 생각했더라면 그녀는 필연코 자기의 짝으로 극작가를 선택했을 것이다. 연극배우로서 꿈이 있다면 주연배우로 출연하는 일이다. 동생은 죽기 전까지 그 꿈을 한 번도 이루어 보지 못했다. 극작가는 결혼한 지 3년이 지나도 아직도 동생을 못 잊어 할 뿐만 아니라 자기 작품의 주인공으로 출연해 주기를 바라고 있다. 아무리 생각해도 그들 사이에는 뭔가 양복 단추를 잘못 맞추어 입은 듯한 운명의 어두운 그림자가 비춰지고 있음을 지울 수가 없다.

우리는 지금까지 고아가 된 언니와 동생, 그리고 동생-제부-극작가의 삼각관계를 살펴보면서, 인간은 태어날 때부터 어떤 운명을 지니고 그 운명대로 살아가는 것이 아닌가 하는 생각을 떨칠 수가 없었다. 동생은 열심히 살려고 노력한 사람이다. 그런데 뜻대로 이루어지지 않아 자신의 운명을 주관하는 '운명의 신'에 대하여 누구보다 불만을 강력히 토로한 사람이었다.

> 그 총이 내게 있다면 언니, 나는 이 세상의 생명을 만들었다는 그의 심장에 겨누고 쏘고 싶어. 그는 느닷없이 내 삶에 끼어들어 나를 흔들어 댔지. 느닷없이 부모님을 데려가고, 내 아이를 데려가고…… 그래도 나는 이 삶에 불 같은 열정을 느꼈어. 사랑만이 세상을 변화시킬 수 있다고 생각했어. 내가 뭘 잘못했지. 대체 뭘? 왜 뭣 때문에 내 목숨이 그렇다는 거야? 받아들일 수 없어.
>
> —신경숙/'그는 언제 오는가'에서

그렇다. 동생의 말대로 그녀는 자기가 선택한 길을 따라 최선을 다해 자기의 역을 해 내면서 열심히 살아왔던 사람이다. 그러나 운명의 신은 잔인하게도 그녀의 뜻을 마음껏 펼 수 있는 길을 열어주지 않았다.

어찌보면 모든 작가는 생의 한 순간 한 순간을 운명과 연관지어 다루는 일을 즐긴다고 볼 수 있는데, 신경숙은 「그는 언제 오는가」에서 예기치 않은 모든 일을 단순히 운명을 주관하는 신의 장난으로 보지 않고 김동리처럼 전생의 업보로 이뤄진 개인의 탓으로 돌려 볼 때 그 사건의 인과관계를 보다 명확히 이해할 수 있는 길이 열리게 된다고 볼 수 있다.

우리는 앞에서 김동리가 '낭이'와 '욱이'를 '꽃(나무)'과 '새'의 관계로 유추하여 서로 짝을 짓고, 인간과 자연계의 사물 사이의 동일성과 운명의 신비를 보여 준 작가임을 살펴 본 바 있다. 그런데 김동리가 추구한 이러한 운명적인 요소를 신경숙의 「그는 언제 오는가」에서 직감적으로 느낄 수 있는 모티프가 있다.

제일 먼저 유독히 제부가 흘러간 대중가요인 고대원이란 가수의 노래인 《산유화》를 좋아한다는 것이다. "산에 산에 꽃이 피네 들에 들에 꽃이 피네. 봄이 오면 새가 울면 임이 잠든 무덤 가에 다시 피련마는 임은 어이 못 오시는가. 산유화야 산유화야 너를 잡고 내가 운다." 제부는 요즘 이 노래를 매일 듣고 또 듣고 한다는 것이다. 이는 제부가 자기와 죽은 아내를 '새'와 '꽃'의 관계로 유추하고 있다는 증거로서, 두 사람은 서로 사랑하지만, 그러나 서로 헤어져 그리워하며 살아야 하는 운명을 타고난 부부였음을 암시해 주기에 충분하다. 이런 유추에 의한 비유는 우리 문학의 오랜 관습이기도 한데, 작가 신경숙은 이 소설에서 틈틈이 추수가 끝난 들판 위를 나는 새들에 대한 묘사를 여러 차례 반복적으로 이루어내고 있는 점도 간과해서는 안 될 것이다.

우리가 김동리처럼 동생과 제부를 꽃님과 새님의 화신으로 볼 때, 두 사람은 본래의 자기 짝을 고르지 못한 실수를 저지른 죄의 업보로 인해 이승에서 어느 누구와도 행복한 부부의 정을 누릴 수 없는 연인의 전형적 모습으로 나타난 것이 아닌가 한다. 그들의 결혼이 천생연분의 인연에 의한 것이 아니었음은 아이를 세 번이나 유산시켜 끝내 두 사람 사이에 아이가 없었다는 것만 보아도 알 수 있다.

동생에겐 그녀와 결혼하지 못해 외롭게 살아가는 극작가 한 사람이 있다. 그 남자는 자기를 버리고 다른 남자와 결혼한 지 3년이 되었는데도 아직도 동생을 사랑하고 있는 사람이다. 그가 쓴 작품의 '플루트 부는 여자'는 동생을 모델로 한 것이기에 특별히 동생에게 주인공으로 출연해 줄 것을 간청하기까지 했다. 어쩌면 극작가는 이 세상에서 결혼할 자기 짝을 찾지 못하고 혼자 살아갈 비운을 타고난 전형적 인물이라고 볼 수 있다.

그리고 이 작품을 들여다보면 '제부'와 '처형'과의 관계도 보통이 아니라는 느낌이 드는 수상쩍은 데가 여러 가지가 있다. 제부는 혼자 사는 처형에게 남달리 자상했다. 그는 저녁마다 미장원 셔터를 내려 주었고, 틈나는 대로 미용 가위에 오일을 발라 닦아 놓았고, 생일 때마다 장미 꽃다발을 안겨주었고, 휴일엔 모카커피를 타 내와 함께 마셨다. 이런 정황에 비추어 이들의 관계를 다음과 같이 비교・정리해 볼 수 있을 것이다.

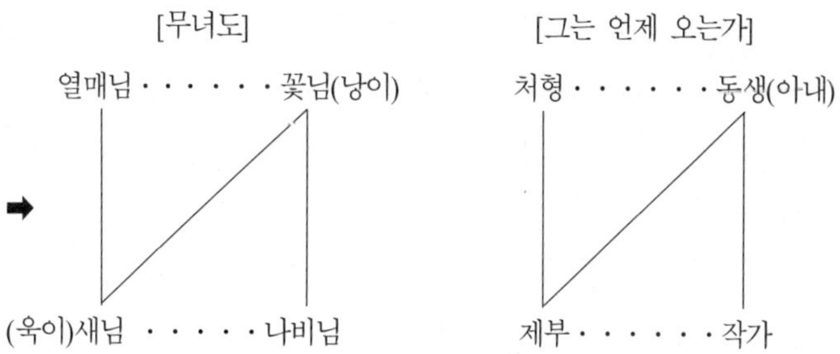

위와 같이 정리해 볼 때, 신경숙의 「그는 언제 오는가」는 동생-제부-작가로 이어지는 삼각관계와, 동생-제부-처형으로 이어지는 또 하나의 삼각관계의 구도를 이루고 있어서, 이런 인물들의 맥락은 이 소설의 스토리를 파악하는데, 더 정확히 말해서 서로 헤어져 그리워하며 살아야 하는 인물들의 풀길이 없는 신비한 사연을 파악하는 데 절대적인 도움이 된다.

이 소설의 등장인물들은 공통적으로 사랑하는 사람을 잃거나 찾지 못해 외롭게 살아가는 사람들이다. 한마디로 말해서 그들은 기독교 신화에서 말하는 원죄나 불교의 연기관(緣起觀)에서 말하는 전생에 지은 죄 때문에 이승에서 고통을 겪어야 하는 인간들의 모습이라고 볼 수 있다.

결론적으로 말해서 이 모든 불행의 씨앗은 동생이 자기의 짝을 잘못 택한 데 있다. 그것이야말로 동생 자신의 생과 그녀와 관련된 모든 사람의 운명을 바꾸어 놓은 중대한 사건이라 볼 수 있다. 동생이 극작가와 결혼을 이루었다면 그녀는 주연배우로서의 역할을 다 하며 보람 있는 생을 누렸을 것이고, 극작가는 한 여자를 짝사랑하며 외롭게 살아가지 않았을 것이다. 그러고 보면 동생이 언니와 남편을 이 세상에서 가장 소중하게 생각하고 두 사람에게 남달리 혈육의 정 이상으로 '사랑한다'는 말을 자주 말해 왔던 것은 바로 그들에게 알 수 없는 어떤 죄의식을 느꼈기 때문이 아니었나 하는 느낌을 갖게 된다.

이 소설 속에는 '사랑한다'는 말을 잃고 운명적으로 외롭게 살아가는 언니(처형)라는 존재가 있다. 제부가 만났어야 할 짝은 당연히 처형이 아니었을까 하는 생각이 드는데, 동생은 극작가는 멀리하고 무슨 오기인지 언니가 그토록 반대하는 남자(제부)의 청혼을 받아들여 연극과는 관계가 먼 그 사람을 자기의 짝으로 만들어 버렸다. 그로써 언니(처형)는 자기의 짝(제부)을 잃고만 처지가 된 것이다.

처형은 남대천에서 제부가 어렵게스리 "여자를 만났었어요, 처형"하고 예기했을 때 무슨 질투심이 있었던 것은 아니지만 그 예기를 못 들은 척 의도적으로 피하는 행동을 했다. 그리고 잠시 피로를 풀기 위해 여관에 들어간 제부가 처형의 어깨에 기대어 잠들었을 때 남다른 정이 흐르는 것을 볼 수 있었다. "내 어깨에 기대어 잠들어 있는 그는 동생의 남편도 나의 제부도 아니었다. ……나는 그가 내 존재감을 느끼며 가능한 한 깊은 잠에 빠질 수 있도록 몸을 움직이지 않고 그대로 있었다."

동생은 언니에게 내가 죽고 난 후에 그이를 잘 돌보아 줄 것을 당부하기도 했지만,언니와 제부는 동생이 죽고 난 후 서로 떨어져 남남처럼 살아가게 된 일을 마음속으로 몹시 서운해 했다. 처형이 옛날 아파트로 이사하던 날만이 아니라 그 후 거의 삼 개월을 두고 두 사람은 매일 밤 수화기를 붙들고 영문 모를 싸움을 벌였는데, 그 때 울면서 서로 수화기를 놓지 않았던 것은 "수화기를 놓고 나면 마치 우린 그렇게 영영 타인이 되고 말 것만 같아서. 그럴 수는 없는 일"이라고 생각했기 때문이다.

하여튼 처형은 모처럼 오랜만에 자기 곁에서 행복한 잠에 든 제부를 한동안 지켜보았다. 이제 제부에게 한 여자가 생겼으니 오늘 같은 행복한 순간을 누릴 날이 자기에게 언제 다시 올 것인가를 안타까이 혼자 생각했을 것이다. 처형은 이제 점점 자기와 남이 되어가는 제부를 그녀 곁에서 떠나보내야 하지만 그러나 옛 인연의 고리를 벗어나지 못해 서로 그리워하며 살아가게 될 것이 분명하다. 그것은 피할 수 없는 운명이다. 그래서 이 소설의 제목 「그는 언제 오는가」에서 '그'는 단순히 생에 상처를 안겨 주는 '운명의 신'만이 아니고 가깝게 느끼면서도 가까이 할 수 없는 '제부'를 가리키는 의미심장한 말로도 받아들일 수 있는 것이다.

제부는 남대천에 이르러 처형에게 새로 여자가 생겼다는 말을 비로소 하게 된다. 그런데 그는 이제 새 여자와 결혼하여 행복을 누릴 수 있게 될까? 새 여자는 우연찮게도 죽은 아내의 일기장을 처음 발견한 여자다. 그런데 오늘 새벽 잠자리를 같이 한 그 여자가 그에게 '사랑해요'라고 고백했을 때 이상하게도 두 사람 사이에 칼날 같은 바람이 휑하니 부는 것을 느꼈다. 그녀는 당황하여 스타킹도 안 신고 혼자 집으로 가야했고, 그런 일이 있은 후 제부는 처형과 함께 남대천을 가기로 결심한 것이다. 여기서 우리는 그들의 운명적인 만남을 또 한 번 보지만 한편 제 짝을 찾아 떠돌 수밖에 없는 제부의 모습을 보는 듯하다.

그리고 처형은 제부가 한 여자를 만났다는 말을 민감하게 받아들이고 처음 그 말을 들었을 때 옛날로 돌아갈 수 없는 현실 앞에서 남달리 가슴 아파하고 아쉬움에 잠기는 것을 볼 수 있다. 처형은 제부가 그 여자와 행복한 결혼이 이루어질 수 있기를 바라고 있다. 그러나 자기 곁을 떠나는 제부를 바라보면서 처형은 앞으로 전개될 그의 운명을 다 아는 듯하다. 처형은 이 소설의 표제가 암시해 주듯이, 제부가 어느 여자에게서도 행복을 찾지 못하고 떠돌다 어느 날 오늘처럼 또 다시 자기에게 전화를 걸어 찾아 올 것이라는 것을 잘 알고 있는 것이다.

이 소설의 등장인물들은 낙원을 상실한 실향민의 이미지다. 그들이 겪어야 하는 고통은 한 마디로 말해서 전생의 죄 때문에 겪어야 하는 운명이라고 보아야 할 것이다. 그것은 매우 잔인하지만 신이 설계한 이 운명을 아무도 거역할 수 없는 것이 우리의 삶이란 것을 이 소설은 새삼 깨닫게 해 준다.

어머니와 나눈 꿈속에서의 사랑

원초적 본능 : 오이디푸스 콤플렉스

김현영의 「냉장고」의 주인공 '나'는 애인과의 섹스를 나누는 장면에서 다음과 같은 특이한 행동을 보여준다.

> 서연이는 스스로 옷을 벗었고 나는 내 것이 드디어 바케트처럼 부풀어 오르는 것을 보았다.
>
> 나를 갖고 싶지?
>
> 아니.
>
> 왜지?
>
> 네가 나를 가져 줘.
>
> 그러자 서연이는 까르르 웃으며 내게로 달려들어 내 바케트의 속살을 카트린처럼 조금씩, 조금씩 먹기 시작했다. 엄마, 엄마, 엄마, 나는 참을 수가 없었다. 얼마를 주어도 풀 수 없는 수수께끼의 무게에 눌려 나는 거의 폭발할 지경이다.
>
> 엄마. 흑흑흑.
>
> 서연이가 바케트의 마지막 속살을 다 뜯어먹은 순간, 나는 속으로만 부르던 엄

마를 기어이 입 밖으로 쏟아 내고야 말았다.

—김현영/'냉장고'에서

엄마를 잃고 삼수생으로 힘들게 살아가는 '나'는 애인과 섹스를 나누면서 절정의 순간에 '서연'이가 아닌 '엄마'를 불렀다. 이는 매우 상징적인 의미를 띠고 있는 것으로, 한마디로 말해서 나는 한 여자와의 섹스를 엄마와의 관계로 생각하는 남다른 의식을 갖고 있다. 이는 곧 어머니와의 근친상간적 욕망이 나의 심연에 늘 잠재되어 있었음을 말해 준다.

그런데 이 같은 발칙한 욕망은, 소포클레스의 『오이디푸스 왕』이라는 희곡의 대사 중에 "지금까지 꿈에서 자기 어머니와 잠자리를 함께 한 사람은 셀 수 없이 많습니다"라는 말이 나오고 있어서, 2천 년 전에 작가는 벌써 프로이트가 체계화한 무의식 세계를 알고 있었구나 하는 생각을 갖게 한다.

프로이트는 성역할 정체성(gender identity)의 발달 과정에 대해 많은 관심을 기울였다. 모든 개인은 섹슈얼리티를 갖고 태어나며, 성장하면서 점차 남성성(masculinity)과 여성성(femininity)을 획득하게 되는데, 리비도가 구강에 집중되는 구강기(oral phase, 0~1세)에 이르면 갓난아기는 입을 통한 빨기에 의해 성적 만족을 추구하고 세상을 경험한다. 성적 발달의 두 번째 단계인 항문기(anal phase, 1~3세)에 이르면 유아는 대변을 보유하고 방출하는 일을 통해 기쁨을 느낀다. 그렇지만 구강기나 항문기에는 아직 성적 발달의 뚜렷한 징후가 나타나지 않는다. 프로이트는 이 두 단계를 전 오이디푸스 단계(pre-oedipal phase)라고 칭하였다.

성적 발달의 세 번째 단계인 성기기(genital phase, 4~5세) 에 이르면 리비도는 생식기에 모이고 개인의 성과 성차가 나타난다. 특히 이 단계에 이른 남아인 경우, 어머니는 이 세상에서 가장 부드러운 이성으로 느껴지고, 아버지는 어머니의 사랑을 독차지하고 하고 싶은 욕망을 가로막는 방해꾼으로 여겨진다. 프로이트는 이런 인간의 원초적 심리를 오이디푸스 콤플렉스(Oedipus complex)라고 불렀다. 사내아이가 어머니에게 애정을 느끼고 아버지에게 반감을 가지는 심리적 경향을 전경린은 「남자의 기원」에서 다음과 같이 보여 주고 있다.

> 아들은 경찰이라는 이름으로 장난감 칼을 나의 허리에 갖다 댄다. 아이는 명령하고, 협박하고, 강요하다가 마침내 어느 순간 나의 허리를 장난감 칼로 찌른다. 아무런 이유는 없다. 자신이 경찰 역할을 하고 있다는 것밖에는. 얼마 전 총을 가지게 된 뒤 나의 아들은 다시 자신의 잠자리를 쟁취했다. 태어나면서부터 자신의 자리였던 더블침대의 한쪽, 곧 엄마인 나의 옆자리이다. 그 아이는 출생 후 밤마다 이마에 피가 거꾸로 몰리고 새파란 핏줄이 서도록 울어대어 결국은 아기침대에서 들어 올려져 나의 옆자리로 왔었다. 대신 아빠는 옆방으로 내쫓겼다. 아이는 그 후 줄곧 더블침대에서 엄마와 엉켜서 잤다. 아이는 아주 깊은 밤에도, 잠시 침내에서 꺼내 옆방에다 눕혀 놓으면, 어김없이 잠이 깨어 아빠를 난처하게 만들곤 했다. 말을 하게 되자 "엄마는 내 것"이라고 완강하게 자기 소유를 주장했다. 그리고 아이는 이불을 푹 뒤집어쓰고 엄마의 허리께에서 속삭였다. "엄마, 난 아빠야." 그것은 심각한 증세들과 과격한 행동들을 수반하는 것이어서 실제로 아빠를 화나게 하곤 했다.
>
> —전경린/'남자의 기원'1)에서

위에서 보듯이, 아이는 아버지를 물리치고 어머니를 독차지하려는 근친상간적 욕망을 갖는 반면에, 이를 방해하는 아버지를 성적 라이벌로 느끼고 있다. 이 아들의 모습은 멀리 그리스 비극의 오이디푸스와 유사하다. 그는 자신도 모르게 아버지를 죽이고 어머니와 한 침대를 쓰게 되었다.

이중섭의 다음 그림은 현재 1억 원을 호가하는 그림이다. 작품 사인 아래 '1956.4.1 병원'이라고 적힌 것으로 보아 이중섭이 숨지기 5개월 전(1956.9.6 사망) 병원생활을 하면서 그린 최후의 작품으로 보인다. 이 그림은 자기 결

1) 전경린 창작집, 염소를 모는 여자(서울 : 문학동네, 1999)에 수록되어 있음.

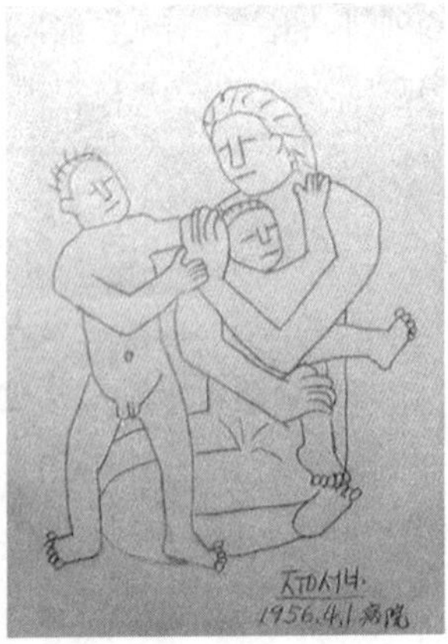

을 떠나 일본에서 아들과 살고 있는 아내를 그리워한 마음을 오이디푸스 콤플렉스에 비유하여 잘 드러낸 자화상이라고 볼 수 있어 소장 가치가 높다. 정신분열증으로 병원에 입원해 있을 때 이중섭은 "남덕(부인 이름)아, 네가 밉다"는 말을 자주 외쳐댔다고 한다.2)

대부분의 아이는 커 가면서 아버지가 자신의 성기를 거세할지도 모른다는 거세 불안(去勢不安)을 느끼면서, 그리고 자신을 아버지와 동일시(identification)하면서 이와 같은 오이디푸스 콤플렉스를 자연스럽게 극복해 나간다. 아이들은 무의식적으로는 이성의 부모에게 끌리지만, 행동은 동성 부모를 닮아가는 것이다. 소꿉놀이하는 어린애들이 엄마와 아빠의 말과 행동을 그대로 모방하며 노는 모습은 동일시에 의한 성장으로 나아가는 전형적인 모습이다. 최근에 '아이와 함께 놀아줄 아빠가 없다'는 연구보고서가 사회문제로 떠오른 것도 이런 맥락에서 이해되어야 한다.

한국 가정에는 아빠가 없다?

일본 국립여성교육회관이 한국, 일본, 미국, 프랑스, 태국, 스웨덴 6개국에서 12세 이하 자녀를 둔 부모 각 1,000명을 상대로 실시한 '가정교육에 관한 국제비교조사' 결과 한국 아빠들이 아이들과 지내는 시간은 평일 하루 2.8시간으로 꼴찌를 차지했다. 1994년 실시했던 같은 조사 때는 3.6시간으로 공동 3위였다.

이번 조사에서 일본은 3.1시간으로 한국을 약간 윗돌았으며, 프랑스 3.8시간, 미국과 스웨덴 4.6시간, 태국 5.9시간 순이었다. 이처럼 자녀와 같이 있는 시간이 줄어들고 있는 것을 고민하는 한국 아빠의 비중은 94년 24.7%에서 이번 조사에선

2) 이규동, 위대한 콤플렉스(서울 : 대학문화사, 1985), p.213.

49%로 늘었다. 이 역시 6개국 중 최고였다. 한마디로 '몸 따로 마음 따로'인 셈이다.

유치원의 학부모 행사에 참가하는 아빠의 비율도 한국 7.9%, 일본 11.9%로 미국 등에 크게 뒤졌다. 또 스웨덴 아빠들이 2명 중 1명꼴로 아이의 식사를 챙겨주는 데 비해 한국은 5명 중 1명, 일본은 10명 중 1명에 불과했다.

일본 국립여성회관 측은 "가정에 아빠가 '없는' 한국과 일본 아이들은 얌전하게 밥을 먹는 등의 예의범절을 배우거나 자립심을 기르는 게 다른 나라 아이들보다 늦어지는 경향이 있다"고 지적했다. (중앙일보, 2006.8.3)

이 보고서를 통해 요즘 저출산도 문제지만 아이와 같이 놀아줄 아빠의 시간이 줄어들고 있는 것도 큰 사회적 문제가 되고 있음을 알 수 있다. 아버지가 부재하거나 인격적 결함으로 동일시를 이루지 못한 채 자란 아이는 오이디푸스 콤플렉스를 잘 해소하지 못하여 사회적응을 잘 이루어내지 못하거나 성격이 난폭해지고 비행을 저지르는 아이가 되기가 쉽기 때문이다.

이청준의 「퇴원」에서 보듯이, 아이가 광 속의 은밀한 곳에서 엄마의 속옷 냄새를 즐겼던 일은 성장과정에서 과도한 오이디푸스 콤플렉스를 잘 극복해내지 못했기 때문이다. 게다가 이 아이는 불행하게도 아버지로부터 칭찬의 말 한 마디 들어보지 못하고, 늘 사람 구실 제대로 하지 못할 놈으로만 취급당하며 자랐다. 이런 아이는 성장해서도 자아실현에 대한 꿈과 용기를 갖지 못한 채 자책감 속에서 벗어날 수가 없게 된다. 그가 군대에서 뱀잡이를 즐겼던 것은 아버지에 대한 증오심 때문이다. 뱀이 남근의 상징, 다시 말해서 절대 타자로서의 '아버지'의 막강한 힘을 상징한다고 볼 때, 그의 의식 깊은 곳에는 항상 아버지를 죽여 버리고 싶은 증오심이 어느 누구보다 불타고 있었다고 볼 수 있다.

우리는 아버지의 부재로 인해 성격장애를 겪는 아이의 모습을 손창섭의 「신의 희작」에서 또한 볼 수 있다. 이 소설의 주인공 S는 어린 시절부터 아버지 없이 어머니와 함께 살았다. 그러니까 S는 초등학교 5, 6학년 때에도 아무런 장애 없이 어머니와 한 이불 속에서 잠을 잘 수 있었다. 이는 어머니에 대한 근친상간적 애정을 더욱 부추겨(융은 유아시절에 아니마는 흔히 어머니에게 투사된다고 말했다.) 어머니와 더 밀착된 삶을 살았다고 볼 수 있다. 다시 말해서 S는 거세불안 없이 어머니와 근친상간적 애정을 마음 속 깊이 향락하며 살 수 있었던 행복한 소년이었던 셈이다. 그러던 어느 날 S는 엄마가 힘이 센 한 남자와 한 이불 속에서 뒹굴고 있는 모습을 보았다.

> 학교에서 돌아와 보니 대문이 안으로 잠겨 있었다. …(중략)… 방문도 걸려 있었다. 부엌으로 가서 사잇문을 밀어 보니 그것도 꿈쩍 안 했다. 엄마 문 열어 하고 소리를 지르려는데 안에서 먼저 히들거리는 웃음소리가 났다. 이상해서 문틈으로 들여다보니, 대낮인데도 방바닥에는 이불이 펴 있었다. 그 속에서 꿈틀거리는 사람이 있었다. 어머니와 낯선 남자가 한 덩어리로 얽혀 있었던 것이다.
>
> S는 그 자리에 펄쩍 주저앉았다. 아무래도 이런 건 보통 일이 아니라고 생각되었기 때문이다. 그러나 그는 용감했다. 왜 그런지 이런 땐 잔뜩 골을 내야 한다고 깨닫고,
>
> "엄마, 문 열어."
>
> 볼멘소리로 외치고 사잇문을 덜컥덜컥 흔들었다.
>
> 낯선 사내가 황급히 옷을 주워 입고 도망치듯 달아나 버린 뒤, 모친은 S의 머리를 세차게 쥐어박았다.
>
> "칵, 뒈져라, 뒈져, 요 망종아."
>
> 그처럼 증오에 찬 어머니의 눈을 보기는 처음이었다.
>
> —손창섭/'신의 희작'에서

이처럼 어머니가 나 아닌 외간 남자와 한 이불 속에서 함께 뒹굴고 있는 장면을 보게 되었을 때, 그 순간 S는 어머니로부터의 버림받음, 열등감에 빠져 더욱 더 고통스러웠을 것이고, 멧돼지 같은 그 외간 남자에 대하여 질투와 증오의 감정은 말할 것도 없고 지금까지 자기와 밀착 관계에 있었던 엄마

를 영영 빼앗기고 말 것이라는 위기감을 느끼지 않을 수 없었을 것이다.

그런데 어머니는 아들의 그런 마음을 헤아려 주기는커녕 "칵, 뒈져라, 뒈져, 요 망종아."라고 구박만 가하니, 어린 S는 착잡한 갈등의 소용돌이에 휩싸일 수밖에 없었을 것이고, 그렇다고 어린 자기가 힘이 센 그 남자와 상대해서 싸울 수도 없는 처지여서 죽고 싶은 마음뿐이었을 것이다. 그러니 S는 "꼭 멧돼지같이 생긴 그 남자와 걸어가는 어머니를 발견"하면, "콱 뒈져라, 뒈져" 라고 자신을 저주하며 남의 집 뒷벽에 기대서서 두 주먹으로 자기 머리를 쥐어박을 수밖에 없는 것은 당연하다.

이런 남자아이의 오이디푸스 콤플렉스와는 대조적으로, 여자아이는 어머니가 그들의 최초의 애정 대상임에도 불구하고 자신은 물론 어머니도 거세되어 있다는 것을 발견하고 어머니를 원망하며 남성이 되고 싶은 '남근 선망(penis envy)'을 갖게 된다. 어머니에게 실망한 여자아이는 어머니에게서 아버지에게로 사랑의 방향을 바꾸어 엘렉트라 콤플렉스(Electra complex)를 갖게 된다. 남근 선망을 갖는 여자아이는 아버지로부터 사랑과 관심을 얻기 위한 노력으로 어머니와 동일시함으로써 엘렉트라 콤플렉스를 해결한다. 그러나 만일 여자아이가 어머니를 동일시하지 않거나 어머니가 역할 모델로서 적합하지 않다면, 여성성 역할을 발달시킬 수 없게 된다.

콤플렉스란 말은 고마운 아버지도 죽이고 싶은 때가 있듯이, 어떤 생각에 깊이 잠겨 있어서 다른 것을 도저히 생각할 수 없는 마음의 상태를 가리킨다. '오이디푸스 콤플렉스'라는 용어는 원래 테베(Thebes)라는 나라의 왕자인 오이디푸스가 그의 아버지를 자신이 죽이고 자기 어머니와 결혼하였다는 희랍신화의 이야기에서 유래한 것이다. 사실 이 신화가 세상에 널리 알려지게 된 것은 프로이트가 신화는 바로 꿈과 마찬가지로 무의식 속에 잠재해 있는 원망이 이야기로 표현된 것이라 보고 이를 인용한 데서 비롯되었다. 그러니까 프로이트에 의하면 그리스의 비극적인 오이디푸스 신화는, 토테미즘이 오이디푸스 콤플렉스에서 기원한 것처럼, 모친에 대한 성애와 이로 인해 생기는 부친에 대한 증오 및 살해 원망을 이야기로 나타낸 것에 지나지 않는다. 그리고 이 오이디푸스의 운명적인 이야기는 소포클레스에 의해 『오이디푸스 왕』이라는 희곡으로, 그리고 셰익스피어의 『햄릿』, 도스토에프스키의 『카라마조프가의 형제들』, 이청준의 「퇴원」, 전경린의 「남자의 기원」을 비롯하여, 김현영의 「냉장고」, 천운영의 「눈보라콘」, 박정규의 「에코르체 혹은 보이지 않는 남자」에 이르기까지 여러 작품에서 다양한 양상으로 끊임없이 재창조되고 있다.

상상계에서의 이자적 관계

주지하다시피 사회심리학자 에릭 프롬은 자식들의 어머니에의 집착을 프로이트처럼 단순히 성적인 문제로 환원하여 해석하지 않았다. 인간은 어머니의 자궁 속에 태어나 어머니의 보호와 보살핌 속에서 자랐기 때문에 어머니의 품속으로 돌아가고 싶은 것은 자연스러운 현상인 것이다. 그것은 낙원, 즉 절대적인 보호와 사랑을 받으며, 어떠한 책임도 질 필요가 없었던 행복한 시절에 대한 동경심이다.

한편 자크 라캉은 프로이트의 주장에 상당한 공감을 표하지만, 성(sex) 못지않게 언어가 주체(자아)의 형성에 결정적 영향을 미친다고 생각한 사람이다. 그는 오이디푸스 콤플렉스 대신에 언어를 습득하는 기점을 중심으로 상상계(the imagery)와 상징계(the symbolic)로 구분시켜 놓고, 상상계에서 상징계로 진입하면서 인간은 주체가 형성된다고 보았다.

라캉에 따르면, 주체(자아)는 나면서부터 존재하는 것이 아니고 발달해 가는 것이다. 어린아이가 자신과 타자를 어렴풋이 구별하는 때가 6~18개월쯤 되었을 때인데, 이 시기를 라캉은 거울단계(mirror-stage)라고 불렀다. 이때에 이르면 아이가 거울에 비친 자신의 영상을 통해 자신의 실존을 경험한다는 것이다. 본래 갓 태어난 유아는 자기 몸이 조각조각 분열되어 있다고 생각하다가 거울 속에 비친 자신의 모습을 보고 최초로 자신이 '조각난 몸'이 아니라 '통일된 전체'로 생각하고 기뻐한다고 한다.

그리고 거울단계에서 유아는 거울에 비친 자신의 영상을 실재하는 '나'라고 착각하거나 내가 바라보고 있는 같은 또래의 다른 아이도 '나'라고 착각한다고 한다. 옆에 아이가 야단맞고 울면 자기도 따라 우는 경우가 생기는 것도 바로 이 때문이라는 것이다. '보는 나'와 '보여지는 나' 사이에서 일어나는 이런 동일시 혹은 혼동을 라캉은 '이자적(二者的) 관계'라고 불렀다.

자기와 타자를 동일시 혹은 혼동하는 이런 이자적 관계는 아이와 자기를 돌보아 주는 어머니와의 사이에서도 일어난다. 모태에서 분리된 아이는 탄생할 때부터 엄마의 품에 안겨 하나가 되고자 하는 '욕망'을 갖게 되는데, 아이는 엄마 역시 자신과 동일한 합일에의 욕망을 갖고 있으리라고 상상한다. 상상계는 이처럼 주체와 타자를 구별하지 못하는 시기, 어머니라는 타자와의 완전한 동일시와 일체감을 느끼는 '상상적인 것'의 단계를 가리킨다.

가부장적 사회에서 우리 어머니들이 남아를 선호한 까닭은 무엇인가? 그것은 남근(phallus) 선망을 갖고 있는 어머니들이 아들을 남근과 동일시했기 때문이다. 사실 기죽어 살던 어머니도 아들만 낳으면 당당해지는 것을 흔히 볼 수 있다.

> 천신만고 끝에 아들을 낳고 나서부터 …(중략)… 나는 겁날 게 하나도 없었다. 내가 안하무인으로 굴수록 그들도 나를 함부로 대하지 못했다. 장손을 낳아 준 맏며느리가 아닌가. 아들을 낳음으로써 나는 내가 남자가 된 것처럼 당당해졌다. 정말이지 나는 그들 앞에서 더는 여자 노릇을 할 필요가 없었다. 아들 생각만 하면 나는 겁날 게 없었다. 아들은 나에게 있어서 후천적인 남성 성기였다.
>
> ―박완서/'꿈꾸는 인큐베이터'에서

이런 엄마를 보면서, 남자 아이는 어머니가 남근의 결핍을 메우고자 하는 욕망을 갖고 있다고 상상하고, 그런 엄마의 욕망(mother's desire)을 충족시켜 주기 위해 자신이 엄마의 전부가 되고자 하는 '엄마를 향한 욕망(the desire for the mother)'을 갖게 된다.

아이가 이처럼 자신의 욕망을 타자의 욕망에 종속시켜 어머니의 남근이 되기를 욕망하지만 근친상간의 금기 속에서, 아이는 영원히 어머니의 '상상적' 남근일 수밖에는 없다. 환언하면 오이디푸스의 비극에서 환기되듯 어머니는 결국 소유할 수 없는 욕망의 대상이다. 남자들 중에는 이 채워지지 않는 욕망 때문에 일생을 허비하게 되는 경우도 있다.

그런데 엄마 역시 어려서 어머니로부터의 분리와 아버지의 거부[3)]로 인해 상실감을 맛보았기 때문에 아들에게 상처를 주지 않기 위해 아이의 욕망을 거부하지 못한다. 엄마와 유아(남아)와의 남다른 밀착관계는 바로 이런 아이의 욕망과 결핍을 완화시켜 주려는 엄마의 남다른 욕망이 상호작용하기 때문이다.

타자의 욕망을 욕망하는 존재

아이는 성장과 더불어 이제 이 '상상계'에서 벗어나 언어를 사용하여 타인과의 관계를 정립하는 '상징계'로 진입하게 된다. 말하자면 서서히 사회적 자아를 확립하게 되는 것이다. 좀 더 구체적으로 말하자면 나는 이제 내 맘대로 살아가는 것이 아니라 사회제도나 법규, 규범, 그리고 세계 속의 온갖 기호작용 속에서 살아가는 존재가 되는 것이다. 그러나 상징계로 진입하였다고 해서 거울의 단계, 상상의 단계가 완전히 사라지는 것은 아니다. 완전함과 충족감으로 가득 찬 거울의 단계로 회귀하고자 하는 욕망은 계속 남아있다.

---

3) 아버지는 밖에서 늘 바쁘게 일을 해야 하므로 여자 아이는 아버지와 함께 할 시간을 충분히 갖지 못한다. 그리고 집에서 어린 딸과 인형놀이를 함께 해 줄 아빠는 그리 많지 않다. 한편 여자 아이가 아빠의 관심을 끌 때는 딸이 아닌 아들처럼 행동할 때다. 여자 동성애자를 많이 볼 수 있는 것도 이 때문이라고 한다.

아이는 상상계에서 아버지로 상징되는 세계 속으로 진입함으로써 사회 속에서 자신의 주체성을 형성하게 된다. 즉 아이는 상징계로 진입하는 과정에서 근친상간의 금기와 함께 '아버지의 법(the law of the father)'에 복종해야 한다는 것을 깨달으면서 자연스럽게 오이디푸스 콤플렉스와 거세 불안을 극복하게 된다. 다시 말해서 아이는, 어머니가 자식(아들)을 욕망하는 것이 아니라, 팰러스를 가진 '아버지'를 욕망한다는 사실을 깨달으면서 어머니와는 이제 '3자적 관계'를 형성한다. 여기서 남근(phallus)이란 아버지의 권위와 같은 상징적인 것을 뜻하는 것으로, 가족 내에서의 아이는 이제 아버지의 몇째 아들로 그 존재 위치가 정해지게 된다. 그리고 '거대한 타자'로서 아버지의 상징적인 위치는 아버지 이외의 어떤 남자도 차지할 수는 없다.

또한 주체는 항상 결핍을 느끼는데, 이 결핍은 타자와의 관계를 통해서 존재하는 것이다. 여기서 말하는 타자는 아버지와 어머니뿐만 아니라 금지와 명령, 허용과 제한 등을 설정하는 모든 계기를 포괄한다. 그러므로 결핍의 주체가 상징적 질서에 수용되려면 인간은 타인이 욕망하는 것을 욕망함으로써 타인한테서 인정을 받아야 한다. 그러려면 먼저 나는 타자가 나에게 욕망하는 것이 무엇인가를 알고 거기에 알맞은 것을 욕망해야 한다. 그러므로 나의 욕망은 타자에 의해 지시되고, 타자에게서 빌려 온 욕망이라고 볼 수 있다. 이런 의미에서 '인간은 타자의 욕망을 욕망하는 존재'이다.

우리가 흔히 말하는 모범생이라든가 효자라고 일컫는 자들을 보라. 교실에서의 모범생은 결국 장난치고 싶은 욕망을 억압하고 선생님의 요구를 잘 따른 자이다. 효자 역시 자기를 희생하며 부모를 위해 헌신한 사람이다. 그는 부모의 태도가 맘에 꼭 들지 않았지만 이를 참고 부모의 뜻을 받들어 잘 순종했기 때문에 효자라는 소리를 들을 수 있었다. 이처럼 우리 사회는 개인의 욕망을 포기하고 타자의 욕망을 욕망하도록 요구하고 있다.

박완서의 「지렁이 울음소리」에는 대학의 진로 선택을 놓고 아버지의 말에 순종하는 아들의 이야기가 나온다.

> 맏아들이 고등학교 2학년이 되자 차츰 대학 입시 준비를 시켜야겠다고 벼르는데 느닷없이 이 녀석이 미술 대학을 가겠노라고 하는 게 아닌가? 남편은 한 마디로 어처구니없어했다.
>
> 『너는 서울 상대를 가야 해. 그래야 은행이나 큰 기업체 취직을 바라보지. 뭐니 뭐니 해도 생활 안정이 제일이니라. 봐라. 지금의 네 애비를. 뭬 그릴 게 있나. 뭬 걱정인가. 장차 버둥다리치고 먹고 살려고 하는 고생인데 그래 그게 싫어. 뭐 미술 대학이나 가겠어? 이런 못난 놈.』
>
> 남편은 말끝마다 자기 스스로를 예로 들어가며 안정된 생활의 행복을 찬양하고 또 찬양하며 아들을 타일렀다.
>
> 『봐라. 지금의 네 애비를. 뭬 그릴 게 있나.』 이 말을 할 때마다 남편의 입가에 떠오르는 득의와 회심의 미소가 나는 싫고 징그러워, 남편의 그런 미소가 형편없이 구겨질 일이 일어나기를 나는 옆에서 간절히 바랐다. 그러나 끝내 부자간에는 아무 일도 일어나지 않았다. 아들은 다소곳이 아버지의 말을 경청하더니 열심히 과외 공부를 해 보겠다고 했다. 행복한 집답게 부자간의 언행도 해피엔드였다.
>
> —박완서/'지렁이 울음소리'에서

맏아들은 미술 대학에 진학하고 싶었지만 아버지의 요구에 따라 방향을 바꾸어 상과 대학으로 진로를 바꿨다. 아들은 자신의 욕망을 포기하고 아버지의 욕망을 따른 것이다. 이처럼 아버지의 욕망을 욕망한 아들이 과연 행복한 삶을 누리고 사는 자라고 말할 수 있을까?

주체가 상징계의 질서에 수용되려면 자기 욕망을 포기하고 항상 강력한 타자의 욕망을 욕망해야 한다. 그러나 진정한 윤리적 주체, 정상적인 주체란 '순응'을 목표로 하는 주체가 아니라 '자기 욕망을 포기하지 않는' 주체다.

정신병원의 환자 90프로가 여자들이라고 한다. 이것은 가부장적 사회 속에서 여자들이 남자들의 억압 속에서 자신의 욕망을 포기하며 살아야 했기 때문이다. 라캉이 말했듯이 인간의 모든 정신병은 자신의 고유한 욕망을 포기해야 했기 때문에 발생하는 것이다. 라캉이 정신분석학의 치료 목표는 순응이나 적응이 아니라 자기 욕망을 포기하지 않는 것이라고 말한 것도 이 때문이다.

오정희의 「저녁의 게임」은 남편이 아내를 기도원에 보내 죽게 한 사건을 화투를 치면서 나누는 부녀간의 대화로 제시해 주고 있다.

> 아가 우리 아가, 금자동아, 은자동아, 어머니는 꽃핀을 꽂고 노래를 불렀다. 네 엄마에게 다산(多産)은 무리였어. 아주 조그만 여자였거든. …(중략)…
>
> 아버지가 화투를 빼내며 희죽이 웃었다. 동자혼(董子魂)이 쓰인 거라더군. 말도 안 되는 소리예요. 그 엉터리 기도원에 두는 게 아니었어요. 전도사도 박수도 아닌 사내는 어머니를 복숭아 가지로 후려쳤다. 살려줘, 아가 날 살려줘, 집에 돌아와서도 어머니는 복숭아가지의 공포에서 헤어나지 못했다. …(중략)…
>
> 병원에서 호송차가 왔을 때 어머니는 식탁 아래로 기어들었다. 아가, 난 싫어. 좀 말려줘. 그리고는 호송인들에게 반짝 어깨를 들리워 나가며 내가 안 보일 때까지 고개를 비틀어 돌아보며 소리쳤다. 왜 웃어, 왜 웃니. 심한 짓을 했다고 생각지 않으세요? 모르는 소리야, 달리 무슨 수가 있었니. 넌 아직 어렸고 또 무슨 일을 저지를지 몰랐어. 갓난애도 그렇게 없애지 않았니? 넌 마치 네 엄마가 그렇게 된 게 모두 내 탓이라는 투로구나. 잘 보살펴 드릴 수도 있었이요. 외려 네 엄마에겐 그곳이 편한 곳이야. 친구들도 있고 가족이란 생각하듯 그렇게 대단한 건 아니야. 너부터도 내심 네 엄마를 가까이서 보지 않아도 된다는 걸 다행스럽게 생각하고 있지 않니? 그전에 번번이 네 혼담이 깨지던 것도 에미 탓이라고 원망했을 걸. 나는 이마를 찡그렸다.4)
>
> —오정희/'저녁의 게임'에서

어머니는 철저한 가부장적인 남편의 억압에 억눌려 생활해 온 여인이다. 게다가 아버지의 문란한 생활 때문에 심적으로 고통이 심했던 어머니는 여

4) 오정희소설집, 유년의 뜰(서울 : 문학과지성사, 1981), p.113.

러 번의 유산이 있던 끝에 '머리통이 물주머니처럼 무르고 크게 부풀어 오른, 연골체의 미숙아를 출산하였으나 죽고 말았다. 아이를 잃은 후 어머니가 광기적 행동을 보이자 아버지는 그런 아내를 기도원으로 보내버려 결국 거기서 죽게 만들었다.

여성학자 필리스 체슬러(Phyllis Chesler)가 여성은 가부장적 억압 속에서 광기를 통해서만 여성의 의미를 드러낼 수 있었다고 말한 것처럼,[5] 어머니의 광기는 전통적인 가부장제 아래 묵인되어 왔던 아버지의 권위주의적 억압에 대한 철저한 거부적 행위이다.

이런 아버지의 무모한 행동에 대하여 딸이 아버지에게 "심한 짓을 했다고 생각지 않으세요?"라고 말하자, 아버지는 "외려 네 엄마에겐 그곳이 편한 곳이야. 친구들도 있고 가족이란 생각하듯 그렇게 대단한 건 아니야. 너부터도 내심 네 엄마를 가까이서 보지 않아도 된다는 걸 다행스럽게 생각하고 있지 않니?"라고 말하였다. 그렇지만 아버지가 어머니를 기도원에 귀양 보내듯 쫓아내 죽게 한 일은, 일찍이 엘자베스 패커드가 정신병원 여자 입소자들을 '가부장제 아래에서 억압 받는 희생자'[6]라고 말했듯이, 결코 어머니나 자식들을 위해서 한 일이 아니요, 죄책감에서 벗어나려는 아버지의 합리화일 뿐이다.

이상에서 보았듯이 결핍의 주체가 상징적 질서에 수용되려면 타자가 욕망하는 것을 욕망함으로써 타자로부터 인정을 받아야 한다. 그러려면 먼저 나는 타자가 나에게 욕망하는 것이 무엇인가를 알아야 한다. 다시 말해서 인간은 자기의 가능성에 맞는 대상을 선택할 수 있어야 한다. 자기의 가능성에 어울리지 않는 대상을 선택할 때 불행해진다. 정신질환을 앓는 환자들은 대개 대상 선택에 오류를 범한 사람들이다.

전경린의 「고통」은 인간이 자기 욕망을 포기한 채 타자에 의해 지시된 욕

---

5) 필리스 체슬러, 임옥희 역, 여성과 광기(서울 : 여성신문사, 2001), p.?.
6) 위의 책, p.80.

망을 욕망해야 할 때, 미칠 것 같은 정신적 고통은 피할 수 없는 일임을 잘 보여주는 작품이다. 이 소설의 주인공 '가언'은 여교사로서 '박상희'라는 문제 있는 남자를 사랑하고 있다. 경찰 조사에서 드러났듯이 여자는 지금 불법 시위를 주도한 혐의로 29일의 구류형을 받고 있는 '불순분자'와 연애를 하고 있는 것이다. 이 사실을 알고 있는 교장으로부터 당장 헤어지라는 협박적인 명령을 받았을 때, 그녀의 가슴속에는 무엇보다도 우선 교사일을 천직으로 알라고 당부하신 고향의 아버지와 감방에 갇혀 있는 박상희라는 두 남자의 얼굴을 지울 수 없어 갈등을 겪지 않을 수 없었다. 결국 이 소설의 주인공 '가언'은 아버지의 반대, 교장의 반대로 사랑하는 남자와의 사랑을 꽃피우지 못하고, 아버지 맘에 드는 남자와 결혼하여 지방 도시에서 살아가게 되었다. 하지만 그녀는 골목길 담장을 넘어 피어 있는 장미꽃을 보는 순간 사신의 어두운 운명을 예감했듯이 행복을 상실한 채 미칠 것 같은 우울한 나날을 보내고 있다.

그런 점에서 이 소설이야말로 '꽃들의 운명'을 살고 있는 '가언'이라는 여자의 모습을 통해 인내와 희생을 통해 얻어지는 여성다움의 신화, 순종의 미덕이 어떻게 여성의 불행을 초래하게 되는가를 여실히 잘 보여준 작품이라고 말할 수 있다.

고독하고 불안한 일상으로부터의 탈출

각종 모임에의 참석

현대인은 사회 구성원의 한 사람으로서 바쁘게 살아가는 중에서도 각종 모임을 만들고 참석을 즐기며 산다. 이는 세상을 혼자 살아갈 수 없듯이 타인과의 어울림을 소홀히 할 수 없기 때문이다. 일찍이 헤세가 “사람들은 서로 모르고 산다. 모두가 혼자다”라고 말했듯이, 인간은 고독한 존재다. 타인과의 분리감을 느끼지 않기 위해서는 나와 잘 맞는 사람을 찾아 결혼을 하듯이 제일 먼저 나와 생각을 같이 할 수 있는 말 상대자를 찾아나서야 한다.

그런 점에서 이청준의 「떠도는 말들」은 우리에게 시사해 주는 의미가 아주 크다고 볼 수 있다. 이 소설의 주인공 ‘윤지욱’은 자서전 대필을 본업으로 삼고 있는 사람으로, 그는 근자에 한 가지 이상한 현상을 엿볼 수 있었다.

> 참으로 이상한 현상이었다. 사람들이 아끼기 시작한 것은 퍽 오래 전부터의 일이었다. 언제부턴가 사람들은 그들의 말을 극도로 아끼기 시작했다. 술집에 모인 사람들은 말없이 술만 마셨고 찻집에 모인 사람들은 찻잔을 들여다보며 말없이 차만 마셨다. 사무실 같은 데로 친구를 찾아가면 웃는 듯 만 듯 악수를 끝내고 나

> 서는 서로가 담배나 뻐끔뻐끔 피우고 앉았다 헤어지게 마련이었고, 어쩌다가 고향 사람을 만나고 나서도 고작 어른들 잘 계시냐는 문안 인사 정도로 이내 발길들을 돌려 버리곤 했다
>
> ―이청준/'떠도는 말들'1)에서

이처럼 사람들이 말을 아끼고 있었다는 것은 고독하고 우울하거나 불안을 느끼는 사람들이 늘어난 사회현상에서 비롯된 것이다. 무엇엔가 욕구불만에 차 있었기 때문에 사람들을 만나는 일도 귀찮아지고, 마음의 여유가 없다 보니 말할 기분이 생길 리가 없다. 이럴 때는 사람들이 안 보이는 곳에 떨어져 살고 싶어지는 것이 당연하다.

이런 사람들 속에서 이제 '윤지욱'은 외로워졌다. 그래서 "그는 말을 만나기 위해 거리를 나나니곤 했다. 친구들을 찾아다니고, 술집을 기어들어가고, 다방을 드나들었다. 그러나 언제나 낭패였다." 그래서 이젠 사람들이 아주 그리워졌다. 사람만이 아니라 '어떤 사건이나 소식 같은 것'을 기다리며 초조해하고 있었다. 그러던 어느 날 잘못 걸려온 한 여자의 전화를 받게 되었다. '요즘 와선 이상하게 잘못 걸려온 전화가 많았'기에 끊어 버리려 했지만, 집요하리만큼 전화를 끊지 못하게 하며 꼭 만나줄 것을 요구해 와 약속 장소까지 나가게 되었다.

> "어머, 좋아라. 그럼 선생님 이렇게 해요. 지금 곧 옷을 갈아입으시고 댁을 나오세요. 아직도 눈이 오고 있으니까 외투를 입으시는 게 좋을 거예요. 댁을 나오시면 택시를 타고 광화문 쪽으로 오세요. 그러면 댁이 신촌 쪽이시니까 서대문 육교를 지나 문화방송 앞을 지나시게 되실 거예요. 그럼 문화방송 앞에서 차를 내리세요. 거기서 건너편 쪽으로 관상대 올라가는 골목이 마주 바라보여요. 그쪽으로 길을 건너오세요. 길을 건너오시면 관상대 올라가는 골목 입구에 가로등이 하나 서 있

---

1) 이청준창작집, 가면의 꿈(서울 : 일지사,1975), p.181.

어요. 그리고 그 가로등 아랜 아가씨 하나가 눈을 맞으며 떨고 서 있을 거예요. ……"

—이청준/'떠도는 말들'에서

이처럼 굳게 약속을 한 아가씨가 정작 약속 장소에는 나오지 않았다. 그녀는 핑계를 대기 위해 또 전화를 걸어왔다. 그 후에도 이 아가씨는 며칠을 두고 일곱 차례나 전화를 걸어오면서, 자기는 아버지가 생일 선물로 사준 빨간 차를 타고 다니고 있으며, 어떻게 알았는지 윤 선생의 경력에 대해서 말하기도 하고, 와이셔츠는 누가 빨아주며, 지금 자기는 편도선이 부어 대학병원에 입원 중이라는 말을 늘어놓기도 했다. 진짜 아픈 줄 알고 꽃다발까지 사 들고 대학병원을 찾아 갔지만 그런 환자는 아무리 찾아보아도 병원에 없었다.

결론적으로 말해서 이 아가씨는 말할 상대를 찾지 못해 외로운 나머지 정처 없이 떠도는 '유령의 말'을 퍼뜨리고 살아가는 여자라고 볼 수 있다. 말이란 고독한 인간들을 서로 의미 있는 관계로 맺어줌으로써 고독을 해소하고 연대감을 누릴 수 있도록 해 주는 최선의 기능이다. 그래서 오정희의 「어둠의 집」에서 볼 수 있는 것처럼, 사람들이 여러 형태의 '모임'을 만들어 자주 만나 함께 수다를 떠는데, 이것도 알고 보면 고독과 불안에서 벗어나기 위해서다.

일주일 전 그 여자는 손님 치를 계획으로 그것들을 말끔히 지우고 새로 페인트를 입혔다.

열 명이나 초대를 하다니…… 괜한 짓이야. 게다가 여자들까지. 돌아가서는 쓸데없이 흉이나 잡고 까다롭게 굴겠지.

그 여자는 짐짓 귀찮고 부질없다는 표정으로 절레절레 고개를 흔들었다. 그러나 손님 치를 일에 대한 걱정이 그 여자에게 갑작스런 생기를 주었다.

그 여자는 자신이 손님을 치르는 일 따위의 번잡한 일을 벌이기 좋아하는 성미가 결코 아니라고 믿고 있었다. 그러나 손님을 청할 이유는 항상 있었고 잦은 손님 초대는 이미 그녀의 생활에서 빼지 못할 습관 중의 하나가 되었다.

—오정희/'어둠의 집'2)에서

위에서 보듯이 주인공 '그 여자'는 남편 생일날을 맞아 부부동반 손님 열 명을 초대할 계획을 세우고 있다. 그것은 힘들고 부질없는 짓이란 생각이 들지만, "손님 치를 일에 대한 걱정이 그 여자에게 갑작스런 생기를 주었다." 그 이유는 그 여자가 중년여성으로 요즈음 고독하고 우울한 삶을 살고 있기 때문이다. 그 여자는 잠시 지난 날 모여 여자들끼리 주고받았던 이야기들을 회상해 본다.

……애들이란 그렇게 크는 게 아니겠어요……. 나이는 속일 수 없나 봐요. 저는 요새 불면증이랍니다. 아니 술은 못해요.

그 여자는 가볍게 손을 내저으며 술을 한 잔 따라 단숨에 들이켰다…….

한 모금만 마시면 그냥 어지러운 걸요. 손님들이 돌아가시고 나면 설거지를 해야 할텐데, 그릇들을 다 깨라구요. 하긴 요즘에 술 담배 못하는 여자가 없다고는 하대요. 유명한 여자들 좌담회 때는 차 대신 맥주를 내놓는 다잖아요?

그 여자는 또 한 잔 술을 따라 마셨다.

……잠을 못 자면 머리가 아파서 견딜 수가 없어요. 갱년기 증상이라구요? 그럴 수도 있겠지요. 허지만 저는 평생 만성적인 두통에 시달려 왔는걸요. 의학 사전에는 두통이란 뇌신경의 경련이라고 써 있더군요. 생각해 보세요. 머리카락보다도 가는, 머리 속에 빽빽이 얽힌 줄들이 끊임없이 떨고 있다는 건 끔찍하지 않아요? 남편은 제 불면증이 자기 탓인 줄 알고 미안해해요. 허지만 뭐 이미 그런 걸 중요시 할 나이는 아니잖아요? 벌써 그러냐구요? 작은 애를 낳은 직후 남편이 디스크를 앓았고 그 뒤부터니까 꽤 여러 해 전부터지요. 바람을 피우는 게 아니냐구요? 호호, 그렇기라도 하다면…….

—오정희/'어둠의 집'에서

2) 오정희소설집, 유년의 뜰(서울 : 문학과지성사, 1981), p.208.

위에서 보듯이 한 자리에 모인 여자들은 아이들에 관한 이야기, 불면증에 시달리는 이야기, 바람 핀 남편 이야기 등등 시시콜콜한 이야기를 나누었을 뿐이다. 그런데 "사실 중년 나이에 이르면 이렇게 이해관계 없이 허심탄회하게 모여 속을 여는 것이 스트레스 해소에 좋다"고 어느 사회학자가 말했듯이, 현대인에게 모임은 빼놓을 수 없는 삶의 한 부분이라고 볼 수 있다.

오정희의 「야회(夜會)」는 소설가 '명혜'가 남편(길모)과 함께 외과병원 원장 집에서 마련한 저녁식사 자리에 참석했던 이야기를 들려주고 있다. 외과병원장은 남편(길모)의 '모교이기도 한 이 도시 유수의 고등학교 동창회장'이기도 하다. 연말도 아닌데 왜 이런 자리를 마련하여 부인까지 참석하도록 하는지 영문도 모른 채 명혜는 혼자 일하던 도배를 끝마치지도 못하고 서둘러 아이를 데리고 참석했다. 남편은 이미 그곳에 와 있었다.

이런 모임에 처음 참석해 보는 명혜는 모두가 낯설다. '탁자마다 다니며 혹 미비한 것이 없는가를 살피던 안주인은 소개해 드릴 분들이 있다'며 명혜를 한쪽 구석진 곳으로 안내했다.

> 명혜를 위해 까만 벨벳 투피스를 입은 뚱뚱한 여자가 자리를 만들어 주었다. 안주인이 소개하는 대로 명혜는 차례로 고개를 숙여 보였다.
>
> "한치과 원장 사모님, 임 교수 사모님, 공예연구가 남 여사, 화가 주 여사, 또 사모님, 사모님……"
>
> —오정희/'야회'3)에서

그 밖에 이 모임에 참석한 사람은 '구력(球力) 6년의' 테니스를 잘 하는 은행 지점장 부인, 길모와 같은 대학에 재직하는 정 교수도 있고, 젊은 검사도 있다. 말하자면 이 도시의 명사 축에 드는 사람은 다 초대된 것이다.

이곳에 초대된 사람들은 술을 취하도록 마시고 숯불구이와 게 요리를 배

---

3) 오정희소설집, 바람의 넋(서울 : 문학과지성사, 1986), p.20.

불리 먹으며 상대자에 따라 소재를 바꾸어가며 가급적 재미있게 이야기를 나누었다. 그러나 그들이 명혜에게 건넨 문학이야기는 교양과목 시간에 주어들은 정도의 지식수준을 넘지 못했으며, 그들은 술이 얼큰해지자 '즐겁고 또 즐겁게 잃어버린 청춘과 사라지는 꿈'을 아쉬워하듯 '아아 꿈은 사라지고, 꿈은 사라지고'를 함께 노래했다.4)

김 원장은 이처럼 즐거워하는 모습들을 즉석 사진으로 하나하나 찍어 나누어 주었다. 이런 모습을 지켜보면서 명혜는 부인들이 나누는 이야기를 통해 김 원장에 대한 새로운 정보를 알게 되었다. 김 원장은 남다른 야심을 갖고 있는 사람이기에 명년 봄 국회의원 선거를 앞두고 이런 모임을 누구보다 필요하게 생각한 사람이다. 그는 파면된 송 교수를 제외시켰듯이 자기 조직을 공고히 하기 위해서 각계각층의 유능한 사람들을 끌어들이는 일을 우선적으로 계획하고 있었던 것이다.

명혜가 이런 모습들을 볼 때 오늘의 가든파티는 '보잘 것 없는 사람들의 더러운 모임'처럼 보였다. 그러나 명혜가 한편으로 '즐거움과 환락에 가득 찬 그곳으로 되돌아가고 싶었듯이' 사람들은 취기를 통해 긴장도 풀 수도 있고 새로운 우의를 다질 수 있어서 각종 모임을 외면하지 못하고 살아가는 것이다.

인간이 불안을 느끼는 것은 아직 실현되지 않은 미래의 위험을 상상하고 있기 때문이다. 에릭 프롬이 현대인은 고독과 불안을 해소하여 완전한 자유를 누릴 수 있는 사회를 건설하려는 욕망을 갖게 되었다고 말했듯이,5) 사람

---

4) 이처럼 술을 마시고 고성방가하는 유아적 행위는 누적된 긴장을 해소하는 데에도 도움을 줄 뿐만 아니라, 도배를 새로 하는 일(「어둠의 집」, 「야회」)이나 호텔 나이트에 가는 일(「새벽별」)과 마찬가지로 시간을 역류시킴으로써 낡은 것을 새롭게 개선하려는 의지의 소산이라 볼 수 있다.

5) 에릭 프롬, 앞의 책, p.5 참조.
에릭 프롬은 '자유'에는 소극적 의미의 자유와 적극적 의미의 자유의 두 종류가 있다고 말했다. 전자는 「비어 있는 들」에서 볼 수 있는 것처럼 어떤 속박으로부터의 탈출을 의미하는 자유를 가리키고, 후자는 「야회(夜會)」에서 볼 수 있는 것처럼 건설적 또는 극복과 획득에 의한 자유를 가리킨다.

들은 이 조직사회의 일원으로 당당하게 살아나가기 위해서 많은 사람들과 잘 어울리며 대인 관계를 넓혀 가야 한다. 학연과 지연으로 얽힌 동창회나 향우회 등등, 놀이와 친목을 다지는 각종 모임을 갖는 것도 이 같은 목적을 달성하기 위한 일이라고 볼 수 있는데, 그런 점에서 오정희의 「야회(夜會)」는 우리에게 시사해 주는 의미가 아주 크다고 볼 수 있다.

오정희의 「새벽별」은 대학 시절에 학보사 기자로 함께 일하면서 남다른 우정을 다졌던 선후배 다섯 사람이 그 동안 뿔뿔이 흩어져 살아오다가 십 년 만에 처음 만나 나이트클럽에도 가보고, 혼자 사는 경해 아파트에 들러 하룻밤을 함께 보낸 뒤 헤어지는 모습을 보여주는 이야기다. 이들은 한때 시인, 교수, 사업가가 되겠다는 꿈을 갖고 열정을 가졌던 사람들이었다. 그러나 지금 그들은 "많은 사람들에게 인생은 이미 지나가 버렸다. 그들이 인생에 필요한 장비를 갖추는 사이에"라는 세네카의 말처럼, 하나도 제대로 이루어 낸 것 없이 고독과 불안한 나날을 살아가고 있다.

인간은 같은 강물에 두 번 발을 담글 수 없듯이 옛 시절로 되돌아가 다시 살 수 없다. 그렇지만 인간은 시간의 흐름 속에 묻혀 탄식만 하고 있어야만 하는가. 그렇지 않다. 인간은 의지적으로 자신의 삶을 개선하고자 부단히 노력하며 살아가는 존재다. 그런 단적인 예가 바로 그들이 나이트클럽에서 광란의 춤을 춘 일이다. 그것은 지루한 속(俗)의 시간에서 벗어나 성(聖)의 시간으로의 이행을 통해 일시적이나마 지친 삶에 활력을 불어넣어 주고 새 출발의 의지를 다질 수 있는 계기가 된다.

고향 친구를 만나 유년시절의 꿈에 젖어 보는 일은 자기 동일성을 이루는 계기가 될 뿐만 아니라 퇴색한 자신의 삶의 색깔을 회복시키는 청량제가 될 수 있다. 밤이 늦어 이제 돌아가야 할 시간이지만 그들이 쉽게 헤어지지 못하고 경해의 집으로 향했는데, 이는 지난 대학 시절에 경해의 자취방에서 함께 지낸 추억의 시간 속으로 되돌아가보고 싶었기 때문이다. 그들은 그 시절 그 때의 기분에 젖는 것만으로도 고독과 불안의 감정을 달랠 수 있는 것이다. 이런 유혹 때문에 인간은 갖가지의 특별한 기념식과 축제의 날을 정해 놓고 춤과 노래를 즐기며 살아간다고 볼 수 있다.

집 또는 도시 밖으로의 탈출

에릭 프롬의 『자유로부터의 도피(Escape from Freedom)』는 고도의 독점자본주의 사회에 접어들면서 사람들은 힘든 노동의 속박에서 '자유'를 획득하게 되었지만 그 반면에 고독과 불안의 공포에 사로잡히게 되었으며, 이 공포와 고뇌에서 탈출하는 방법이 무엇인가 하는 것을 중점적으로 다룬 책이다.

그에 따르면 중세 때는 많은 위협에도 불구하고 인간은 안정되고 안전한 자아를 누릴 수 있었다. 그러다가 점차 기계문명의 발달로 삶에 그리던 물질적 부(富)를 쌓아올리는 데 크게 성공하였다. 그렇지만 그 반면에 인간은 기계 속의 한 작은 톱니바퀴로 자신을 변화시키게 됨으로써 자유인이 아닌 자동인형으로 전락되고 말아 권태로운 일상을 살게 되었다.[6] 그렇기 때문에 주말이면 교외로 빠져나가는 차량의 물결을 보듯이, 오늘날 인간은 메카니즘적 사회와 전체주의의 압박에서 탈출하여 자유인이 되고자 하는 욕망이 절실해졌다.

오정희의 「불의 강」은 집에 머물러 있지 않고 자꾸 바깥세계로 나가려는 욕구를 가진 남편의 모습을 불안스럽게 지켜보는 나(아내)의 이야기를 잘 보여주는 소설이다. 재봉사로 일하고 있는 그(남편)는 일이 밀려 밤일을 해야 할 때가 많았다. 주름투성인 그의 얼굴은 지쳐 보이고, 나른한 표정 깊숙이에는 무엇인가 긴장이 담겨 있었다. 그런데 이상하게도 요즘 들어 그는 밤일을 하고 집에 들어오면 무슨 핑계를 대서라도 집을 나가 불구경을 즐기는 것이다.

그렇다면 그는 왜 그토록 바깥으로 나가려고만 할까. 그는 누구보다 '갇혀

---

6) 에릭 프롬, 이상두 역, 자유로부터의 도피(서울 : 범우사, 1975), pp.15~16 참조.

있다'는 생각을 갖고 있었기 때문이다. 그의 일터로 전화를 걸면 전화기 속에서도 재봉틀 돌아가는 소리가 쉴 새 없이 요란하게 들렸다.

> "오늘도 밤일이 있을 거야, 일이 밀려서 말이야…… 내 손으로 다 뽑아야 하니까."
>
> 그가 잠시 말을 끊고 숨을 들이쉬는 사이 내쉬는 사이로 재봉틀 소리는 재빨리 끼어들었다. 들들들, 달달달, 전화선을 타고 오는 그 소리는 마치 이를 가는 소리처럼 들렸다.
>
> "혼자 있기 무섭거든 영화 구경이라도 가라구."
>
> 토시를 낀 손으로 재봉틀을 돌리고 쉬지 않고 패달을 밟으며 실밥 투성이가 된 재봉공은 속삭이듯 말했다. …(중략)…
>
> "거기선 무슨 일을 하지요?"
>
> "종일 칫수를 재고 옷감을 마르고 솔기를 박고 단을 꿰매고 싱을 박지."
>
> "매일? 늘 그런 일을?"
>
> "그럼, 늘 같은 일이야. 매일 바지를 짓고 윗도리를 짓고 조끼를 짓지."
>
> 그는 자기의 일에 대해 장인(匠人)다운 자부심을 갖고 있었음에도 그것을 지긋지긋해 한다는 것에 나는 놀랐다
>
> —오정희/'불의 강'7)에서

이토록 단조로운 일 속에서 단조로운 소리를 들으며 매일 반복되는 생활에 묻혀 살아갈 때, 그는 누구보다 자신이 '갇혀 있다'는 생각을 갖지 않을 수 없었을 것이다. 그가 가끔 웃으며 "한참 패달을 밟으며 졸다간 자전거 여행을 하는 꿈을 꾼다구. 쉬지 않고 달려 어디까지 왔나 싶으면 그대로 재단실이야."라고 말했다. 이는 곧 매일 똑같은 일에 매달려 피곤하게 살아가는 직장 일로부터 벗어나고 싶은 충동을 남달리 갖고 있었음을 말해 준다.

---

7) 오정희소설집, 불의 강(서울 : 문학과지성사, 1982), p.16.

아닌 게 아니라 "요즘 들어 그는 밤 외출이 부쩍 잦아졌다." 이는 유랑(流浪) 심리에서 비롯된 것으로, 그가 즐겨 찾아간 곳은 강가의 발전소였다. 발전소는 지어진 지 오래된 곳이지만 발전소로서의 제 구실을 한 적이 한 번도 없다. 그는 영화촬영이 있어서 불이 환히 켜져 있을 때 그 곳을 즐겨 찾았던 적이 있다. 말하자면 불구경을 좋아하는 취미를 갖고 있었던 것이다. 그는 이런 취미 외에도 담배도 안 피우는데 주머니에 성냥을 갖고 다니는 취미, 시인의 꿈을 갖고 있지 않으면서 영수증 뒷면에 <아, 하동(河童)의 꿈은 어디로 갔는가>라는 영탄조의 글을 쓰는 취미가 있었다. 작가는 아내의 말을 빌려 남편의 이런 취미를 "실제로 가능하지 않은 탈출의 욕망, 이탈의 시도에 대한 보상 심리"에서 나온 행동이라 말하고 있다.

저녁 먹고 외출한 그는 새벽에서야 돌아왔다. 그는 발전소에 불이 나 소방차가 몰려오고 불꽃이 튀어 강물 위에 떨어지는 대형 화재 현장에서 탈출에 성공해 집에 돌아온 것이다. 굉장한 불구경, 다시 말해서 발전소에서의 탈출을 경험하고 돌아와서는 갇혀 사는 삶에서 벗어나는 데 성공함으로써 손상된 자아, 욕구의 실패에 대한 보상(補償)을 받은 듯 깊은 잠에 들었다.

이청준의 「잔인한 도시」는 제목 그대로 '잔인한 도시'에서 멀리 따뜻한 인간애가 넘치는 남쪽 고향으로 탈출을 시도하는 주인공 '노인'의 이야기를 들려주고 있다. 방금 감옥에서 풀려난 노인은 도시 한복판의 공원에 있는 '방생의 집'에서 새를 사서 날려 보내는 일을 한다. 그러던 중에 노인은 숲으로 날려 보낸 새들이 밤이 되면 다시 새장수에게 잡혀 오게 된다는 사실을 알게 된다. 새들은 속날개가 이미 모두 잘라져 버렸기 때문에 공원 숲을 벗어나지 못한 채 남아 있다가 밤이면 전짓불에 꼼짝 못하고 다시 잡혀 오는 것이다. 이 새 장수는 이런 잔인한 수법으로 새 장사를 하며 돈을 벌고 있는 것이다. 이를 목격한 노인은 이 새의 처지를 자신의 모습, 즉 전과자로 한 번 낙인됨으로써 사회에 발붙일 곳을 영원히 잃고 만 모습으로 본다.

방생의 집이 있는 공원 숲은 위선으로 가장된 현실의 허상이며, 거짓 자유를 파는 보이지 않는 감옥이다. 그래서 이 노인은 날개 잘린 새 한 마리를 가슴에 품고 새들의 낙원을 찾아 도시로부터 떨어진 먼 고향을 향해 떠나야 한다고 맘먹는다. 노인이 머릿속에 그리는 이상적인 자유의 공간은 탱자나무 울타리와 굴뚝이 높은 기와집, 텃밭이 넓고 푸른 대숲이 우거져 내린 집이 있는 동네, 남쪽 동네이다.

정작 돌아갈 고향을 잃은 사람이 새를 위해 고향을 찾아가는 이 아이러니칼한 노인의 모습은 내 이웃을 생각하지 못하고 무심히 살아가는 비정한 현대인의 모습을 되돌아보게 만들어 우리의 감회를 새롭게 해 준다. 이처럼 해방과 구속이라는 절망적 · 반복적인 조작에서 헤어나지 못하는 인간의 조건을 하나의 리얼리티로서 제시하고, 동시에 그러한 악순환의 끈을 끊어 버리고 따뜻한 고향으로 귀환하려는 죄수(노인)의 이야기를 통해, 어두운 현실에서의 인간의 꿈이 무엇인가를 생생하게 보여 주고 있는 것은 여간 놀라운 솜씨가 아니다.

오정희의 「옛우물」[8]에 등장하는 주인공 '나'는 한마디로 말해서 '함께 사는 고독'한 여자이다. 45세의 여성으로 작은 지방 도시에서 살고 있는 나는 고독에서 벗어나기 위해 '그'라는 남자와 종종 밀회를 나눈 적이 있었다. 그만큼 나에게 있어서 '그'는 절대적인 존재였다.

그런데 이제 '그'는 이 세상에 존재하지 않는다. 그는 죽었다. 신문의 부고란에서 예기치 않게 '그'의 죽음을 보았던 것이다. 그에 대한 그리움에 빠진 나는 장보러 나왔다가 옛날의 찻집을 들려 보지만 오로지 "텅 빈 공허"를 체험할 뿐이다. 뻔히 알면서도 나는 그의 생일 날 아침 습관적으로 '그'에게 전화를 걸어 본다. 생소한 여자 목소리만 들릴 뿐이다. 벌써 '그'가 오랫동안 소유했던 전화번호는 아주 다른 사람에게 넘어간 것이다. 세상의 모든 것은 변하고 사라진다는 것을 또 한 번 절감하지 않을 수 없었다. 그의 음성과 말버릇, 말 속에 담거나 숨겼던 무한히 복잡한 감정들을 영원히 기억할 수 없게 된 나는 이제 영원히 고독과 우울에 빠질 수밖에 없는 것이다.

---

8) 오정희소설집, 불꽃놀이(서울 : 문학과지성사, 1995), p.32.

이런 일이 생기고부터 '나'는 "아카시아 덤불과 잡목이 우거진 야산을 넘어가면 우리 가족이 편의상 '작은 집'이라고 부르는 예성 아파트"를 자주 찾곤 했다. 남편은 이 집을 벌써부터 팔자고 했다. 하지만 나는 재개발하면 큰 이익을 볼지도 모른다는 핑계를 대고 차일피일 미루어 왔다. 솔직히 말하자면 고독한 나는 나 혼자만의 아늑한 공간이 필요했기 때문이다.

나는 이 빈집의 잠긴 문을 열고 들어가면 이상하게 호젓하면서도 충만감을 느꼈고, 이 집에 혼자 있을 때 마음의 편안을 느꼈다. 그 까닭은 그만큼 나는 평소에 고층 아파트의 고독한 삶에서 벗어나고 싶은 욕망이 컸기 때문이리라. 이런 사실은 먼저 이 집에 세 살던 젊은 부부가 "오늘은 특히나 내가 참을 수 없이 싫어지고 우울하다. 비가 오기 때문일까. 어디론가 훌쩍 떠나고 싶은 마음뿐……"이라고 쓴 메모지를 보고선 웃음을 진 적이 있고, 그 메모지를 버리지 않고 찬장에 넣어두었던 모습에서도 엿볼 수 있다.

취미 활동 : 낚시와 활쏘기

현대인들은 등산, 낚시, 수영, 승마, 여행, 연극 관람 등 다양한 취미생활을 즐긴다. 이런 취미들은 크게 보면 우선 빡빡한 일정에 묶여 살거나 반복되는 권태로운 일상으로부터 벗어나게 해 준다. 그러나 좀 더 자세히 들여다보면 이런 취미활동들은 각기 다른 특징이 있어서 그 속에서 각기 다른 인간의 욕구를 충족시켜 가고 있다는 것을 눈여겨 볼 필요가 있다.

오정희의 「비어 있는 들」은 갇혀 있다는 의식을 갖고 살아가는 사람이 취미활동을 통한 외출의 시도를 잘 보여주는 소설이다. 주인공 '나'의 남편은 휴일만 되면 혼자 낚시 가방을 메고 집을 떠난다. 어젯밤에 많은 비가 내려 고기가 잡히지 않을 터이건만 역시 신새벽에 낚시 도구를 챙기고 있다. 이를 지켜본 나는 잠자는 아이를 깨워 동행을 결심하고 따라 나섰는데, 나는 이상한 광경을 목격하게 된다.

> 선착장에는 서너 명의 사람들이 배를 기다리고 있었다.
>
> "어디로 가십니까?"
>
> 무료히 강물을 내려다보던 남편이 담배를 피워 물며 곁의, 역시 낚시가방을 멘 중년 남자에게 말을 걸었다.
>
> "글쎄요. 금정리 쪽에 가볼까 하는데 물살이 세서 그 쪽으로는 배가 못 뜬다는군요. 댐의 수문(水門)을 열었다던가요. 금정리로 가려면 천상 신대리 가는 배를 타고 산을 넘어야 할 형편이군요. 어디로 가시게요?"
>
> "글쎄요. 이렇게 물이 흐르고 물살이 사나워서야 어디서나 별 재미를 보겠습니까? 허탕칠 게 뻔하지요. 허지만……."
>
> ―오정희/'비어 있는 들'9)에서

이 대화에서 보듯이, 지금 남편은 고기가 잡히지 않을 것을 이미 잘 알고 있으면서도 낚시에 나선 사람이다. 그런데 남편만이 아니라 많은 사람들이 비 온 뒤라 허탕 칠 것을 뻔히 알면서도 낚시터를 찾고 있다. 실제로 이날 남편은 고기를 한 마리도 잡지 못했다.

남편은 이처럼 고기가 한 마리도 잡히지 않는데도 지루한 기색 없이 하루 종일 낚싯대를 드리우고 있었다. 그렇다면 강태공이 세월을 낚기 위해 낚시를 드리우고 지냈듯이, 남편을 포함한 여러 낚시꾼들은 역시 고기를 잡기 위해 낚시를 즐긴 사람들이 아니다. 그리고 나는 낚시에 나섰다가 갑자기 불어난 물을 피하지 못해 사고를 당하는 낚시꾼을 보기도 했다. 그런 점에서 낚시는 퍽 위험한 일이기도 하다. 그렇다면 남자들은 왜 이런 위험한 낚시를 즐기는 것일까? 이 같은 이상한 낚시 취미는 한마디로 말해서 기계의 한 부속품이 되어 자동인형처럼 살아가는 일상에서 벗어나기 위한 행동이라고 볼 수 있다.

이처럼 오정희의 「비어 있는 들」에서 보여주는 남성들의 낚시는 '자유로

---

9) 오정희소설집, 유년의 뜰(서울 : 문학과지성사, 1981), p.138.

부터의 도피'가 아니라 자유를 얻기 위한 '속박으로부터의 도피', 즉 월요일에서 토요일까지, 아침부터 저녁까지 빡빡한 일정 속에 살아야 하는 인간, 특히 조직사회에서 무력감을 느껴야 하고 소외되지 않을까 불안의 공포에 떨어야 하는 남성들이 그 일상의 그물에서 벗어나려는 몸부림과 같은 취미활동이다. 이처럼 욕구불만을 일으킨 원인이나 환경으로부터 이탈하는 행동을 심리학에서는 유랑(流浪, nomadism)이라고 한다. 이 같은 유랑적 행동은 욕구불만 상태가 근본적으로 해소되지 않고 지속되고 있기 때문에 올바른 적응의 수단이 되지는 못한다. 지금 아내인 나는 낚시에 매달리는 이런 남편의 마음을 전혀 이해하지 못하고 있다. 그런 점에서 이 소설은 남편 때문에 고독한 아내를 통해 고독한 남편의 모습을 역설적으로 잘 드러낸 작품이라고 볼 수 있다.

에릭 프롬에 따르면 인간은 고도의 독점자본주의 사회에 접어들면서 힘든 육체적 노동으로부터 '자유'를 획득하게 되었지만 그 반면에 고독과 불안의 공포에 더욱 사로잡히게 되었다. 미국과 같이 공업이 발달한 나라에서는 의학의 발달로 인구는 늘어만 가는데 기계한테 일자리를 빼앗겨 실업의 불안을 느껴야 했고, 인간보다 더 정확하게 일을 처리하는 컴퓨터의 출현은 자기 자신의 왜소함과 무력감을 느끼게 했다. 현대인이 갖가지 개인적·집단적 취미활동을 즐기는 것도 이 때문이다.

이청준의 「과녁」 또한 이런 인간의 모습을 잘 보여주는 소설이다. 주인공 '석주호' 검사는 출세 욕망이 남달리 큰 사람이다. 그는 세무서장, 경찰서장 등, 지방 유지들과 저녁마다 어울려 바둑을 즐겼다. 그러나 그는 이런 취미활동은 자기 출세에 별로 도움이 되는 것이 아니라고 생각하고, 좀 더 고상한 취미생활을 즐기는 것으로 보이는 활쏘기에 매달린다.

그러나 이 활터(북호정)는 석주호의 출세욕망을 충족시켜 줄 수 있는 곳이 아니었다. 그는 이곳이 돈벌이를 위한 오락장으로만 생각하고 자기 목적 달성의 수단으로 이용하려 하지만 그런 그의 생각은 통하지 않는 곳이었다. 그는 이 사실을 끝까지 간파하지 못한다. 우선 이 활터가 세속적인 뜻을 갖고 있는 곳이 아니란 점은 서두의 묘사에서 짐작해 볼 수 있다.

> 초여름의 새벽 안개가 읍 공원을 덮고 있다. 안개는 서서히 위로 움직이면서 여자가 흰 치맛자락을 걷어 올리듯 공원을 벗겨 올라가고 있다. 나무가 없는 공원 풀 언덕이 아랫도리부터 드러났다. 비는 오지 않았지만 밤이슬에 젖은 풀빛이 생생하다.
>
> 시가는 아직 곤한 새벽잠에 잠겨 있다. 자동차도 달구지도 바쁘지 않고, 부근엔 기찻길이 지나지 않아서 먼 기적 소리 같은 것도 없다. 아직 한참 더 이 나른한 새벽잠은 계속될 것이다.
>
> 그러나 누가 벌써 이 조용한 잠에서 깨어나 있는 것일까.
>
> 소리가 전혀 없는 게 아니었다.
>
> 딱!
>
> ……
>
> 딱!
>
> ……
>
> 어디선가 꼭 그 한 가지 소리가 새벽 시간을 점찍어 헤아리듯 간간이 울려나오고 있는 것이다.
>
> ―이청준/'과녁'10)에서

이 같은 묘사에서 알 수 있듯이 우선 이 활터는 동네 한 가운데 있지 않고 깊은 산 속에 떨어져 있으며, 이 북호정의 주인 황노인은 활을 아무 때나 쏘지 않고 자동차, 달구지, 기차가 굴러가는 소리가 들리지 않는 이른 새벽에 쏘고 있다는 사실을 알려준다. 황노인은 신성한 공간, 신성한 시간에, 그리고 마음을 다스리듯 반드시 궁복을 단정히 입고 활을 쏜다.

자고로 활쏘기는 지체 높은 사람들이 즐긴 취미활동이다. 그들은 이 취미

---

10) 이청준창작집, 별을 보여드립니다(서울 : 일지사, 1978), p.191.

활동을 통해 체력 증진과 스트레스를 풀 수 있었지만, 무엇보다도 '활쏘기 정수(精髓)의 체득 과정 속에서 집념의 강도와 순도'를 높일 수 있었던 것이다.[11] 그러니까 활쏘기는 조직사회로부터의 도피가 아니라 그 속으로 뛰어들기 위한, 힘을 기르는 취미활동인 셈이다. 현대는 어떤 분야에서 일하든 그 분야의 최고를 요구한다. 따라서 한 분야에 정신을 집중하여 탐구해 나가는 자세가 매우 중요하다. 활쏘기가 남다른 취미활동 중의 하나로 각광을 받아온 이유는 바로 이 때문이다.

일에의 남다른 몰입

오정희의 「별사(別辭)」는 의식의 흐름에 의해 불안과 공포를 느끼는 여성의 의식을 보다 치밀하고 심도 있게 다룬 소설이다. 주인공 '정옥'은 모처럼 시간을 내어 서울 친정집에 다니러 왔다. 그녀는 아이를 업고 친정에 들어서자 "마루 앞에 놓인 안락의자에 웅크린 형체를 보고 아비지라는 것을 알면시도 괜스레 가슴이 섬뜩해지며 살갗을 차갑게 훑고 지나가는 친근하고 돌연한 느낌에 당황"하였는가 하면, 꼼싹 않고 앉아 있는 보습이 마치 "어둠 저편 결코 보이지 않는 곳을 향해 신호를 보내듯 동그라미 속에 네모꼴을, 그 안에 다시 세모꼴을 집요하게 가두어 의미 없는 도형을 만들며, 아버지는 더욱 두꺼워지는 어둠 속을 물처럼 풀려 고요히 흐르고 있음"을 의식한다.

이런 정옥의 내면의식은 그 동안 반체제 시인으로 지목 받고 있는 남편의 일로 남달리 불안과 공포 속에 살아온 일과 결코 무관하지 않다. 그녀는 "그는 전시처럼 떠났다"고 회상한 대목에서 알 수 있듯이, 낚시 가방을 메고 훌쩍 떠난 남편이 "보이지 않는 손, 보이지 않는 힘"에 의해 사고를 당해 죽게 되지 않을까 하는 불길한 생각에 늘 잠겨 살아온 여자다.

11) 김형국, 활을 쏘다(서울 : 효형출판사, 2006), p.244.

이처럼 우리는 오정희의 중년여성들에서 불안 속에 살아가는 모습을 흔히 볼 수 있다. 이들이 겪는 불안은 자신의 신변에 위험을 느끼는 데서 오는 것일 수도 있지만, 그보다 더 심각한 것은 남편과 자식의 뒷바라지, 그들의 신변을 걱정하는 데서 비롯된 간접적인 경우가 더 많다. 다시 말해서 오정희 소설에서 남편과 자식은 여성에게 고독이나 불안에서 벗어나게 하는데 전혀 도움을 주지 못하고, 오히려 고독과 불안을 더욱 느끼게 해 줄 뿐이다.

장자(莊子)의 말처럼 인간의 삶에는 즐거움과 슬픔이 끊임없이 넘나들기 때문에 언제 슬픔이나 불행한 일이 내 앞에 닥칠지 모른다. 그런 점에서 인간은 항상 불안 속에 살아야 하는 슬픈 존재다.[12] 그렇다면 인간은 이런 고독과 불안을 어떻게 극복할 수 있는가? 에릭 프롬이 언급한 바 있듯이 그 방법의 하나는 일상의 일에 매달리며 바쁘게 살아가는 것이다.[13] 사실 50년 전만 해도 우리 할머니, 할아버지들은 고독이나 권태를 느낄 사이가 없었다. "꿀벌은 슬퍼하지 않는다"는 영국 속담이 있듯이, 먹고 사는 일에 매달려 바쁘게 살아가는 사람은 슬픔이나 고독, 불안을 느낄 사이가 없다.

오정희의 「봄날」[14]의 주인공 '나(아내)'는 그동안 남편과 아무 일 없이 평화롭게 잘 살아왔다. 그런데 무슨 일이 생겼는지 남편은 '출근할 필요가 없는 일요일임에도 여느 때와 다름없이' 급히 외출을 했다. 그는 밤늦게 들어오는 일이 잦았는데 '몸을 가누지 못하게끔 술이 취해서 걸레처럼 구겨져 들어'오곤 했다. 더욱 괴이한 일은 남편 주머니에서 어린이 장난감이 쏟아져 나오기도 했다.

---

12) 이강수, 도가사상의 연구(서울 : 고려대학교 민족문화연구소, 1984), p.16 참조.

13) 에릭 프롬, 백문영 역, 사랑의 기술(서울 : 혜원출판사, 1998), p.29.

14) 오정희창작집, 불의 강(서울 : 문학과지성사), p.132.
이처럼 남편이 어린아이처럼 장난감을 사들고 온 것은 행복했던 어린시절의 행동 양식에 의지함으로써 지금 겪고 있는 위협이나 불안을 해소시키려는 심리 때문이다. 이런 행동을 심리학에서는 퇴행(退行, regression)이라 부른다. 이렇게 퇴행하는 이유는 성인이 무력감을 견뎌내지 못하기 때문인데, 이런 행동양식은 비록 유치하고 부적절하게 보이지만 불안을 줄이고 마음의 상처를 달래는 효과가 있는 것이다(서봉연 외 7인, 심리학개론, p.379 참조).

그가 때때로 술이 취해 들어오는 저녁이면 나는 그의 옷을 벗겨 걸다가 소리를 지르고 주저앉기도 여러 번이었다. 그의 주머니에서는 다람쥐나 태엽을 감아 주면 눈에 뿔을 달고 걸어다니는 로봇, 심지어는 실험용으로 쓰이는 모르모트 한 쌍이나 올빼미가 의안처럼 움직이지 않는 눈을 크게 뜨고 날개를 사리고 있기도 했다. 나는 그런 것이 그의 기벽인지 아니면 단순히 나를 기쁘게 하기 위한 장난인지 정확히 알 수 없었다.

—오정희/'봄날'에서

나는 왜 남편이 술이 취해 돌아오고 이런 기벽을 보이는지 그 이유를 전혀 알 수 없다. '그는 어쩌면 오늘밤에도 몸을 가누지 못하게끔 술이 취해서 걸레처럼 구겨져 들어올 것이다.' 이런 생각을 하며 나는 서둘러 아침 설거지를 마치고 나서 청소와 빨래일을 서둘렀다.

나는 청소를 시작했다. 창문을 확확 열어젖히고 총채로 천장의 거미줄을 걷었다. 커어튼을 갈아 끼우고, 쓸고 무릎이 빠지게끔 걸레질을 해도 아침은 길기만 했다.

승우의 이부자리를 볕바른 뒴징에 널고 돌돌 말린 양말과 손수건을 찾아 대야에 던져 넣었다. 다시 빨랫거리를 찾았으나 눈에 띄지 않았다. 종종걸음으로 마당에 나와 담장에 넣어 놓은, 갓 바래 놓은 듯 희게 반짝이는 홑청을 북북 뜯고 고운 때도 안 묻은 베갯잇도 뜯었다. 양복장을 뒤져 세탁소에서 다려 온 채로인 와이셔츠도 둘둘 뭉쳐 대야에 담그고 가루비누를 쏟아 부었다. 그리고 두 팔을 부르걷고 쭈그리고 앉아 부걱부걱 끓어오르는 거품을 바라보았다. 불안이 가슴께의 어느 부분에서 안개처럼 피어올라 신경부리를 톡톡 쪼아 대고 있었다. 무슨 일이 일어날 것인가, 아니면 병의 징후인가. 일어날 일은 아무것도 없었다.

—오정희/'봄날'에서

주인공 '나(아내)'는 지금 집안 청소를 하고, 빨지 않아도 될 옷이나 이불

홑청, 베갯잇들을 팔을 부르걷어 부치고 '부걱부걱 끓어오르는 거품'을 보며 빨고 있다. 이처럼 아내가 집안일에 매달렸던 이유는 봄을 맞아 집안 분위기를 쇄신하기 위해서가 아니다. 그것은 불안을 느껴야 하는 일로부터 이탈하기 위해서 스스로 일에 열중하는 모습이다. 다시 말해서 나는 불안한 사람이 담배를 피우고 술을 마시는 일을 즐기듯이[15] 일에 매달림으로써 '가슴께의 어느 부분에서 안개처럼 피어올라 신경부리를 톡톡 쪼아 대'는 불안을 잠시나마 망각함으로써 자기를 보호하기 위한 하나의 수단이다.

흔히 남자는 일의 성공, 다시 말해서 사회적으로 인정받는 자리에 오르는 일에 큰 의미를 두고 살아간다고 말하는데, 오정희의 「불의 강」에는 늘 고된 노동에 시달려 "재봉틀 소리에 묶인 생활을 질타하고 모욕하고 고통스러워하는" 남편이 등장하고 있다. 그의 주머니에서 발견되곤 하는 종이쪽지 뒷면에는 <아, 하동(河童)의 꿈은 어디로 갔는가>라는 영탄조의 글이 쓰여 있는 것이 발견되곤 한다. 그리고 "요즘 들어 그는 밤 외출이 부쩍 잦아졌다. 밤일을 하고 새벽에 들어온 날이면 영락없이 그는 해가 지기를 기다려 공연히 손마디를 뚝뚝 꺾거나 머리칼을 쓸어 보이며 머리가 많이 자랐어, 보기 흉하지? 혹은 목욕이나 갈까봐" 라고 무슨 핑계를 대서라도 집을 나갈 궁리를 한다. 그는 요즘 주머니에 성냥을 지니고 다니는 버릇이 있는데, 그것도 "실제로는 가능하지 않은 탈출의 욕망, 이탈의 시도에 대한 보상 심리" 때문이라고 볼 수 있다. 이런 남편을 지켜보기만 해야 하는 주인공 아내인 '나'는 안타깝고 불안하기만 하다.

> 그가 나간 뒤 성급한 발소리가 층계 아래로 사라지기를 기다려 나는 부리나케 부엌으로 나가 찬장 그릇들 뒤에 숨겨 놓은, 새벽에 피우다 만 반동강이의 담배를 꺼내 붙여 물었다. 그리곤 다시 방으로 들어와 비탈길을 내려가는 조그만 그의 모

---

15) 이 소설에는 남편이 외출하자 새벽에 피우다 만 담배를 찾아내어 피우는 주인공 '나'의 행위가 나온다. 담배를 통한 불안의 해소는 오정희의 「봄날」, 「바람의 넋」 등에서도 찾아볼 수 있다.

> 습을 내려다보았다.
>
> ―오정희/'불의 강'[16]에서

바깥은 위험한 곳이다. 남편이 즐겨 찾는 강가의 발전소는 살인, 태아 유기, 싸움 등이 벌어져 적의를 느끼게 하는 '유령의 섬'이다. 그러니 남편의 외출을 지켜볼 때 누구보다 나는 불안에 잠길 수밖에 없었다. 고독과 불안에 빠진 자가 마약에 의존하듯이, 그녀가 감춰둔 담배를 성급히 찾아내어 피웠던 것도 불안에서 벗어나기 위해서다.

이 소설의 주인공 '나'는 불안을 해소하기 위해 취하는 남다른 행동을 또 하나 찾아볼 수 있다. 즉 남편은 아파트 창문을 열고 "웅크린 채 창틀에 앉아 휘익휘익 휘파람을 불고 있을" 때엔 그 옆에서 수틀을 집어 들어 수를 놓는 일에 열중하였다.

> 등이 써늘해지자 나는 벽에 걸린 그의 잠바를 떼어 어깨에 걸치고 다시 앉아 수틀을 집어 든다. 이내 손이 빨갛게 곱아들어왔다. 창을 닫아 달랄까 잠시 생각하다가도 나는 고개를 흔들고 손을 엉덩이 밑에 깔아 잠시 녹인 뒤 다시 바늘을 잡았다. 소나무 가지 위에 나래를 펴고 외다리로 선 학의 자세가 아무래도 불안하고 부자연스러웠다. 실을 풀고 다시 놓아야 할 것 같았다.
>
> ―오정희/'불의 강'에서

나는 지금 열심히 수를 놓고 있다. 그것도 "소나무 가지 위에 나래를 펴고 외다리로 선 학"이다. 나는 소나무에 불안하게 앉아 있는 학이 맘에 안 들어 다시 수놓고자 한다. 이는 곧 남편이 어딘가로 떠나려 하여 불안해하는 자신의 모습을 객관적 상관물로 잘 드러낸 표현으로서,[17] 나는 불안에서 벗어나

---

16) 오정희소설집, 불의 강(서울 : 문학과지성사, 1982), p.15.

17) 한국의 문학작품이나 화조도(花鳥圖)에서 흔히 볼 수 있는 '나무'와 '새'는 그냥 자연의 사물이 아니다. 그것은 짝이 이루어 사랑하지만 헤어져 그리워하는 연인의 원형적 이

려고 가만히 있기보다 일상의 일에 열심히 매달리는 모습 그 자체이다.

오정희의 「지금은 고요할 때」도 불안 속에서 헤어나지 못하는 여인이 일에 매달리는 여자의 모습을 잘 보여주는 작품이다. 그녀의 불안은 자신이 힘약한 여성이기 때문이라기보다 가족의 문제로 인해 발생한 불안이다.

> 달아나는 아이의 덜미를, 채 불러 잡지 못한 것은 손에 들고 있는 비눗물을 잔뜩 머금은 스폰지 때문이었을까.
>
> 연희는 스폰지를 유리창에 대고 힘주어 문지른다. 끓어오르던 거품은 먼지를 씻어내며 뿌옇게 잦아들고 조바심을 숨긴 발소리는 층계를 한 단씩 내려가며 멀어진다. 하루 동안의 갇힘이, 오직 벗어나고자 하는 갈망이 발소리를 조심하는 지혜를 주었을 것이다.
>
> 봄의 긴 가뭄 끝에 여름이 시작되고 있다. 뜨겁고 건조한 바람은 달아오른 유리창에 끊임없이 불그레한 얼룩을 만든다.
>
> 층계를 다 내려가 아파트 출입문을 나선 아이는 하얗게 비어 있는 길의 가운데에서 정오를 가리키는 해시계의 막대처럼 한껏 짧아져 어쩔까 망설이듯 잠깐 멈춰 선다.
>
> "이젠 좀 조용해졌군."
>
> 한수의 목소리가 마루를 건너온다.
>
> "아, 네. 그래요, 기주가 나갔어요."
>
> 그가 자고 있다고 생각했기에 연희는 조금 당황한 기색으로 대꾸한다.
>
> —오정희/'지금은 고요할 때'[18]에서

위에서 보듯이 「지금은 고요할 때」의 주인공 '연희'는 남편과 아이와 더불어 살아가는 가정주부이다. 그런데 연희는 한 가지 남다른 의식을 갖고 있다. 인간은 자아실현을 위해서 바깥 세계로 나가야 하지만, 그녀의 남편이 중동

미지로서의 의미를 띠고 있다.

18) 오정희소설집, 바람의 넋(서울 : 문학과지성사, 1986), pp.121~122.

에 일하러 나갔다가 열병에 걸려 집에서 치료를 받으며 요양 중이듯이, 바깥 세계로 나가는 것은 어떤 불행을 가져올지도 모른다. 그래서 바깥 세계는 두려운 곳이다. 그런데 자폐아인 아들 '기주'는 집안에 머물기를 거부하고 한사코 밖으로만 나가려 한다. 지금 바깥에서는 아파트 공사를 위해 불도저로 산을 깎아 내리고 있다. 며칠 전에도 한 아이가 죽은 사고가 있었으며, 공사장에서 사람을 암매장한 관(棺)이 발견되기도 했다. 이 때문에 연희는 공사장의 불도저 소리가 죽음이라는 사건과 관련된 것으로 예감되기만 한다.

오정희의 중년여성이 겪는 불안은 이처럼 자신의 신변에 위험을 느끼는 데서 오는 것이 아니라 남편과 자식의 뒷바라지, 그들의 신변을 걱정하는 데서 비롯된 간접적인 것이다. 다시 말해서 남편과 자식은 여성에게 불안과 공포의 삶을 살게 해 주는 존재일 뿐이다.

그런 점에서 「지금은 고요할 때」의 주인공 '연희'가 창문을 창문 닦는 일에 열심히 매달렸던 것도 불안에서 벗어나기 위해서다. 슈펭글러는 일에 배달려 불안을 해소하려는 모습을 두고 '파우스트적 인간'의 특징이라고 지적했는데, 불안에서 벗어나기 위해 일에 매달리는 인간의 모습은 오정희의 「어둠의 집」에서 더욱 극명히 나타나고 있다.

> 여름 같으면 아직 박명이 머물 시간이건만 방안은 아주 어둡고 십 사인치 텔레비전의 텅 빈 화면이 검푸름 빛으로 불투명하게 떠 보였다. 거울은 더욱 검었다. 무릎걸음으로 다가가 다만 어둡고 깊을 뿐 아무 것도 되비치지 않는 거울 면을 바라보던 그 여자는 문이 열리는 듯한 기척에 뒤를 돌아보았다. 문바람에 커튼이 펄럭이는 듯했기 때문이었다. 착각이었을까. 커튼은 움직이지 않은 채 바깥 하늘빛의 반사로 어둠이 조금 엷을 뿐 문은 닫혀 있었다. 그런대도 어깨로 으쓱 한기가 느껴졌다. 나이 탓이다. 나이를 먹으면 신경도 약해지는 법이니까. 그 여자는 소리 내어 말했다. 그러나 누군가 방안으로 들어 온 듯한 느낌, 그 기분 나쁜 한기는 집요하게 등줄기로 파고들었다.
>
> ―오정희/'어둠의 집'19)에서

주인공 여자는 누군가 혼자 있는 집에 정체를 알 수 없는 틈입자가 있는 것 같은 생각이 들었다. 불안을 느낀 그 순간, 그녀는 방안의 화분을 끙끙대며 마루로 내놓는 일을 했다. 이것은 "저 화분들 때문에 방안 공기가 탁해진단 말야. 식물은 밤에는 탄산가스를 내뿜는다는데…… 저것들이 방안의 산소를 모조리 잡아먹기 때문에 숨도 못 쉬겠어."라고 변명 삼아 말했지만, 사실 "그 여자는 일거리를 찾은 것이 구원처럼 생각되었기" 때문이다.

> 똑, 똑, 똑……천장으로부터 작은 소리가 일정한 간격으로 들렸다. 그 여자는 낯을 찌푸렸다. 슬라브 지붕에 쌓인 눈이 미쳐 치우기 전에 녹아 천장으로 떨어지는 소리였다.
>
> 비나 눈이 오면 방수 처리가 허술한 낡은 슬라브 지붕으로 물기가 스몄다.
>
> 그 여자는 이 겨울 들어 벌써 몇 차례나 넉가래를 들고 지붕 위에 올라가 춤을 추듯 눈을 치웠다. 눈을 치우는 것은 늘 그녀의 몫이었다. (…중략…)
>
> 요즘 들어 누수는 부쩍 심해져 가끔 벽에서도, 남비나 숟가락 따위의 집기에서도 찌르르 전기가 통했다. 지붕으로 스민 물이 천장위로 얽혀 지나는 전깃줄을 적셔 누전이 되는 것이다. 전류는 결코 보이지는 않으나 물처럼 집안을 휘돌며 흐르고 있다.
>
> 오늘 아침에도 딸애는 세면기의 물을 틀다가, 전기가 와요, 자지러지는 비명을 질렀다. 온 집안이 흐르는 전류에 무방비 상태로 포위되어 있는 것이다.
>
> —오정희/'어둠의 집'에서

주인공 여자가 옥상의 눈을 치우고, 임시방편인 줄 알면서 "침수가 심한 곳을 찾아 그 부분의 하드보일 한 장을 뜯어낸 후 그곳에 흡수력 좋은 헝겊을 찬찬히 감은 긴 막대를 들이밀어 물기를 닦아"내는 일에 몰두했던 것은 자신이 고백했듯이 "자신이 살아있음으로 해서 싸워야 하는 알 수 없는 불안

19) 오정희소설집, 유년의 뜰(서울 : 문학과지성사, 1981), p.198.

따위에서 벗어나는 길은 노동에 매달리는 길뿐이라는 것 역시 오랜 세월 동안 스스로 터득한 깨달음이" 있었기 때문이다.

운명을 바꾸어 놓은 신성한 공간

인생을 조종하는 운명

우리 모두는 내 의지와 아무 상관없이 어떤 불가항력에 의해서 이 세상에 우연히 내어 던져진 존재다. 또한 우리는 무엇인가를 욕망하고 있지만 이를 저해하는 보이지 않는 막강한 세력에 눌려 고통을 겪으며 살아가고 있다. 이처럼 내 의지가 작용할 여지가 없이 인간을 지배하는 막강한 그 어떤 힘을 우리는 '운명(fate)'이라고 부른다.

우리가 흔히 쓰는 말 중에 "사람은 억지로 못 산다"는 말이 있다. 여기에는 사람이 제 분수에 맞게 살아야 하고, 제가 타고 난 팔자대로 살아야지 억지를 부리면 오히려 그 몇 배의 손해를 볼 뿐이라는 운명에 대한 강한 믿음이 담겨 있다. 그리스의 호메로스는 모든 인간사를 신의 뜻에 귀속시키는 비인격적 힘이 있다고 보고 이를 '모이라'라고 불렀다. 볼테르도 일찍이 "우리를 이끌어 나가는 것은 운명이며 그 운명이 우리를 조종한다"고 말했는데, 인간의 의지와 상관없이 초월적이고 필연적인 어떤 힘이 개개인의 삶을 좌우한다고 보는 운명론은 인류의 가장 오래된 관념 중 하나이다.

이런 운명에 대한 믿음은 이해가 불가능한 사건들과 마주쳤을 때 시작되는데, 이창동의 「운명에 관하여」[1)]는 그런 터무니없어 보이는 일들을 하나로 꿰어 보여준 소설이다. 흔히 사람들은 한평생 세 번 정도의 길운을 맞게 된다고 말을 한다. 그래서 희망을 걸고 오늘의 불행과 고통을 견디며 꿈을 갖고 살아간다. 그런데 이 소설의 주인공 '나'에게는 그런 행운이 번번이 빗겨나간다.

제일 먼저 주인공 '나'는 국민학교 5학년 때 《두꺼비가 된 왕자님》이란 연극의 주인공으로 출연할 기회가 있었는데, 제목 그대로 '두꺼비가 된 왕자'가 공주의 도움으로 다시 왕자로 태어날 수 있는 결정적인 순간에 정전으로 꿈을 이루지 못하게 된다. 그 연극의 줄거리는 이런 것이었다.

> 어느 못된 마술사의 저주를 받아 흉물스런 두꺼비로 변하고 만 왕자의 이야기였지요. 왕궁의 뒤뜰에서 징그러운 몰골로 꽥꽥 울어대는 두꺼비가 실은 미술에 걸린 이웃 나라의 왕자라는 사실을 아무도 알지 못한다는 겁니다. 불쌍한 왕자는 사람들의 발에 밟혀 죽거나 쫓겨나지 않기 위해서 언제나 사람들의 눈에 띄지 않는 어두운 곳으로 숨어 다니지 않으면 안 되는데, 그 불쌍한 왕자에게 어느 날 아름답고 착한 공주가 동정의 눈물을 흘리며 입맞춤을 해주는 겁니다. 그리고 공주의 입술이 닿는 순간 마술은 풀리고, 두꺼비는 잃었던 모습을 되찾게 되는 그런 이야기였어요.

고아원 출신인 내가 비록 연극 속이지만 그 동네에서 제일 돈 많은 선주(船主)의 딸아이로부터 입맞춤을 받는다는 것은 정말이지 꿈같은 일이었다. 드디어 오랜 연습 끝에 학예회 날이 왔다. 객석에 불이 꺼지고, 음악과 함께 드디어 연극이 시작되었다. 내가 얼룩덜룩한 껍질을 뒤집어쓰고 무대에 나가자 모두들 우습다고 난리였다. 특히 같은 고아원에서 함께 다니는 '성만'이란 놈의 웃음소리가 제일 크게 들렸다. 나는 왕자님으로 태어날 황홀한 순간을 위해 열심히 연기했다.

---

1) 1993년 중앙일보 신춘문예 당선작.

그런데 '공주의 입술이 마악 내 눈앞에 다가왔을 때' 정전이 되고 말았다. 연극은 더 이상 계속될 수가 없었다. 나는 영원히 마술의 사슬이 풀리지 않은 채 흉측한 두꺼비로 남아 있어야만 했다. 그 이후로 성만이는 나를 '두꺼비'라고 불렀다.

그 다음해에 내 운명을 시험해 볼 수 있는 기회가 다시 찾아왔다. 허름한 옷차림의 중년 부부가 입양할 아이를 데리러 고아원에 왔는데, 두 부부는 줄지어 앉아 있는 우리들 앞을 지나다가 갑자기 내 앞에 멈춰 섰다.

> "니 나이가 몇 살이고?"
>
> "여, 열 살입니다."
>
> 나는 너무나 긴장해서 눈물이 다 날 지경이었습니다. 남의 집에 양자로 들어간다는 것은 한편으로는 두려운 일이었지만, 그러나 고아원에서 자라는 아이라면 누구나 품고 있는 꿈이기도 했습니다. 그것은 굶주림과 냉대로 가득 찬 지긋지긋한 고아원 생활을 끝내고 미지의 세계를 향해 떠난다는 뜻이었고, 무엇보다 아버지와 어머니가 새로 생긴다는 뜻이었고, 무엇보다 아버지와 어머니가 새로 생긴다는 뜻이었던 것입니다. 그런데 내게도 바로 그 꿈이 실현될지도 모를 순간이 찾아온 것입니다.

나는 원장실로 불려 갔다. 그들은 나를 다시 꼼꼼히 뜯어보았다. 나는 씩씩하게 보이려고 허리를 꼿꼿하게 세우고 어금니를 힘주어 다물었다. 그렇건만 남자는 약질로 보인다며 나를 맘에 들어 하지 않았다. 그 순간 나는 이런 행운이 이토록 쉽게 나한테 찾아올 리가 없다는 불길한 생각이 들었다. 결국 운명의 화살은 엉뚱한 곳으로 빗나가 버리고 말았다. 나 대신에 건강하고 사나이답게 생긴 성만이가 선택된 것이다. 성만이 녀석이 양부모를 따라 고아원을 떠날 때, 나는 건물 한 구석에서 소리 없이 울었다. 그 다음날 나는 고아원을 도망쳐 나와 서울로 왔다.

서울에 올라온 뒤 나는 말로 다 할 수 없을 만큼 고생을 했다. 내가 깨달은 것은 뭐니 뭐니 해도 돈이 있어야 낯설고 각박한 세상에서 살아남을 수 있다는 것이었다. 나는 안 먹고 안 입으며 악착같이 돈을 모았다.

내 인생에 새로운 기회가 찾아온 듯한 것은 28살 때였다. 그때 나는 어느 여관 종업원으로 일할 때인데, 이층 구석방에 나이 지긋한 신사 한 분이 장기 투숙하고 있었다. 알고 보니 그는 미국에서 30년을 살다가 고국을 찾아온 교포라는 것이었다. 그는 밤이면 자주 나를 불러 이야기를 나누었다. 나는 그 사람에게 내가 얼마나 고생하며 살아왔는가를 털어놓기도 했다.

그러던 어느 날 그는 미국 생활을 청산하고 고국에서 사업을 하나 시작하기로 했다고 했다. 그런데 서류 절차가 늦어져 미국에서 부친 돈을 찾을 수가 없어서 사무실을 놓치게 됐다는 것이다. 그는 눈물까지 흘리며 나를 쳐다보았다.

가슴이 아픈 나는 3백만 원이 든 저금통장을 내놓았다. 그것은 그 동안 푼푼이 모은 나의 전 재산이었다. 그는 나의 호의에 감격하여 손을 덥석 잡으며 나를 아들로 생각하고 살겠다고 했다. 그런데 돈을 찾아간 다음날부터 그 사람의 모습은 눈에 띄지 않았다. 나는 깨끗이 속고 만 것이다.

2년 뒤 나는 그 남자를 어느 술집 골목에서 만났다. 그는 나를 알아보지 못했다. 화가 난 나는 칼로 그를 찔러 버렸고, 그 일로 감옥에 갇혀 버렸다. 그때 교통사고로 사람을 죽이고 감방에 들어온 성만이를 만났다. 그때 그는 운 좋게 남의 집 양자로 들어갔지만, 그것은 양자가 아니라 머슴살이였다고 했다. 그 남자는 철공소 주인이었는데, 허구 헌 날 짐승처럼 일만 시켜 그 집을 뛰쳐나오고 말았다는 것이다.

성만이 녀석은 세상 살 맛을 잃은 나에게 용기를 넣어 주려고 애를 썼다. 우리도 언젠가 한탕 해서 팔자 고칠 날이 오지 않겠느냐는 것이었다. 나는 그런 행운을 아예 꿈도 꾸지 않았다. 하는 일마다 잘 되지 않자, 언젠가 아내는 점쟁이를 한 번 찾아가 보자고 했다. 미아리의 어느 장님이 손금을 잘 본다기에 찾아갔다. 그 장님은 내 손바닥을 한참 만져 보더니 지금까지 고생 많이 했지만 부모를 잘 만나서 큰 부자가 되겠다는 말을 했다. 부모 얼굴도 모르는 고아더러 유산을 받게 된다니……. 그런데 얼마 안 가서 그게 사실로 나타났다.

그러니까 이산가족 찾기가 한창이던 때였다. 아주 중요한 일이 생겨 나를 급히 만나야겠다는 전화가 성만이로부터 왔다. 다방에서 만난 그는 나보고 발등에 있는 흉터가 아직도 붙어 있느냐고 물었다. 사실 나는 발만이 아니라 엉덩이에도 흉터가 있었다.

그때 성만이는 잘만 하면 팔자 고칠 일이 생길 것이라는 알 수 없는 말을 했다. 그는 수십억의 재산을 가진 어느 구두쇠 영감의 운전기사로 있었는데, 그 영감쟁이는 부모형제도 없고, 마누라는 피난길에서 죽었으며, 다섯 살 된 아들은 피난길에서 잃어버려 혼자 살고 있다는 것이다. 그런데 영감이 요새 이산가족 찾기를 보게 되면서 밤마다 잠을 못 잔다는 것이다. 어제 성만이는 영감으로부터 그 잃어버린 아들의 왼쪽 발등에 흉터가 있다는 말을 듣는 순간 내 발등의 흉터 생각이 떠올랐다며, 이 기회에 나보고 그 영감의 아들이 되라는 것이었다. 더욱 급한 일은 몇 년 전부터 식모 겸 간호원으로 일하던 과부가 영감을 어떻게 구워삶았는지 영감 호적에 자기 이름을 올려놓고, 이제 아주머니가 아니라 오 여사로 행세한다는 것이다.

나는 그런 연극에 선뜻 끼어들고 싶지 않았지만, 결국 성만이가 시키는 대로 다음날 아침 일찍 여의도 방송국으로 나갔다.

> 이름 모르는 부모를 찾습니다. 육이오 때 피난길에서 부모를 잃은 것 같음. 아들 김광일. 나이는 37세(?). 특징 : 왼쪽 발등에 흉터 자국이 있음.

성만이가 불러 준 대로 나는 그렇게 썼다. 성만이는 영감의 진짜 아들 이름이 김광일이라고 했다. 내가 텔레비전에 그 글을 들고 나가는 시각에 영감을 텔레비전 앞에 앉혀 둔다는 것이 성만이의 각본이었다.

영감에게서 연락이 온 것은 방송이 나간 다음날이었다. 영감은 직접 만나 자세한 것을 알아보자고 했다. 나는 성만이가 모는 차를 타고 약속 장소에

갔다. 영감은 흉터를 우선 확인하고 나서, 광일이란 이름이 어릴 때부터 기억하는 이름이냐고 나에게 물었다. 나는 그 순간 얼른 대답을 못했다. 내가 어찌할 바를 모르고 있을 때, 다시 영감이 말했습니다.

"광일이란 이름은 내 아들놈의 호적에 올라 있던 이름이야. 자네가 진짜 내 아들이라면 그 이름을 기억할 수는 없을 텐데. 그놈아가 어렸을 때 집에서 부르던 이름은 따로 있었지비. 내 월남을 하기 전에 살던 고향이 저 유명한 함경도 흥남 부두야. 그래서 그 이름을 따서 불렀지비."

영감의 그런 말을 듣자 나는 머리가 텅 빈 듯했고, 영감의 말소리가 귀에 잘 들리지 않았다.

"미안하지만 자네 바지를 좀 벗어 보게나. 내 아들놈이 두 살 때 화덕 위에 엉덩이를 크게 덴 적이 있었지비. 그러이 자네가 내 아들이라면 발등에만 흉터가 있는 게 앙이라. 필시 엉덩이에도 더 큰 흉터가 있을 텐데….

나는 너무나 흥분해 몸을 부들부들 떨 뿐 꼼짝도 못했다. 나는 흥남이가 내 진짜 이름이라고 했다. 내 주민등록증까지 보여 주었다. 그 영감도, 아니 내 아버지도 내 엉덩이의 흉터를 확인하고 나서 부들부들 떨기는 마찬가지였다. 그러던 중에 성만이가 말한 그 오 여사라는 여자가 들어왔다. 그러자 노인은 나와의 이야기를 더 하려고 하지 않았다. 나도 눈치를 채고 내일 만나기로 하고 헤어졌다.

그런데 나는 그 돈 많은 영감쟁이를 다시 만날 수 없었다. 간밤에 그는 심장마비로 죽어버린 것이다. 나는 영안실의 차가운 시멘트 바닥에 엎드려 울음을 터뜨렸다. 나는 다만 내 팔자가 원통하고 우리 아버지의 인생이 불쌍해서 울었던 것이다. 사람들은 나를 이상하게 생각했다. 그도 그럴 것이 내가 그의 단 하나밖에 없는 혈육이란 것은 죽은 사람과 나밖에는 아무도 모르는 비밀이었으니까.

이 이야기가 아무리 꾸민 이야기라지만, 주인공 '나'와 같은 인생을 살아온 사람이라면 누구나 자기가 운명의 조종을 받고 있다는 생각을 갖지 않을 수 없다. 작가는 생의 이모저모를 필연성이 있도록 엮어 소설을 만들지만 생의 한 순간 한 순간을 운명과 연관 지어 다루는 일을 즐긴다. 모든 비극의 주인공은 어딘가 운명의 아이러니, 다시 말하면 운명의 장난에 희생자가 되는 듯한 느낌을 주고 있다. 『햄릿』을 가리켜 성격의 비극이라 하지만, 그를 비극으로 몰아넣은 여러 가지 우연한 요소들은 결국 운명적이라고도 할 수 있다. 비극적 운명을 다룬 소설에서 주인공의 종말은 그가 의도했던 것과는 정반대로 되어 버린다. 이러한 '뒤바뀜'은 확실히 아이러니컬한 일로서, 그렇게 만든 것은 궁극적으로는 불가해한 운명이라고 할 수밖에 없다. 이러한 운명적인 사건을 다룬 소설을 읽고 감동하는 것은 바로 이러한 운명을 초극하려는 주인공들의 강인한 의지에서 삶의 또 다른 의미를 깨닫게 하기 때문이다.

조상의 음덕으로 바뀐 운명

세상일이 뜻대로 이루어지지 않고 노력해도 그에 상응하는 결과를 얻지 못할 때 사람들은 흔히 팔자 탓, 재수 탓, 조상 탓을 하곤 한다. 팔자 탓을 하는 사람은 일종의 운명론자인데, 이들은 자신이 불행을 당한 것은 어쩔 수 없는 운명이라 치부하고 체념해 버린다. 재수 운운하는 사람은 우연론자로, 그는 인간의 행과 불행을 그저 우연의 소치로 보기 때문에 합목적적인 노력을 기울이기보다 요행수를 바라며 산다. 또 조상 탓을 하는 이는 스스로의 책임은 불문에 부치고 그 책임을 모두 타인에게로 돌리려고 하는 사람이다. 그렇다면 인간은 태어날 때부터 어떤 운명을 지니고 그 운명대로 살아가는 것일까. 예기치 않은 일은 운명을 주관하는 신의 장난일까, 아니면 전생의 업보로 이뤄진 개인의 탓인가. 이에 대해 좀 더 진지하게 생각해 보게 하는 손석우의 《지리와 사주와 관상의 만남》2)이란 이야기가 있는데, 그 요지는 이런 것이다.

지금으로부터 30년 전쯤 되는 1960년 초반이었다. 풍수의 대가인 육관 선생은 평소 가깝게 지내던 사주풀이의 제1인자인 이석영 선생과 관상, 골상, 수상, 족상의 고수인 박해월 선생을 만나 양수리 근처의 매운탕 집에서 담소를 나누고 있었다. 이들은 저마다 자신의 체험을 이야기하고, 자신의 분야가 인간의 운명을 결정하는 가장 중요한 분야라고 주장했다. 그러나 실제 실험을 통해 그것을 증명할 방법이 없었다.

얼큰히 취해 술집을 나오는데 그때 마침 지나가는 웬 초라한 총각을 보고 마침 잘 됐다 싶어서 뒤를 밟았다. 그 청년은 강변 다리 밑의 조그만 움막집으로 들어갔는데 안에서 한숨소리와 신세를 한탄하는 소리, 곡소리가 연이어 들려왔다.

일행 셋은 그를 불러냈다. 그가 누구이며 무엇 하는 사람인지, 왜 울고 있는지 궁금했지만, 이야기를 들어보기 전에 사주와 관상을 먼저 보기로 작정하고 이 선생과 박 선생이 그 앞에 나섰다.

"우리들은 사주도 보고 관상도 보는 사람인데 어디 자네 관상을 한 번 봐주려고 하니 흔쾌히 허락해 주시게."

이렇게 하여 박해월 선생이 먼저 관상을 보게 되었다.

총각의 얼굴을 유심히 들여다본 박 선생 왈,

"천하에 둘도 없는 불쌍한 거지일세. 어허 이거 어쩌나. 태어나면서부터 거지고 지금도 거렁뱅이며 앞으로도 계속 걸인 신세를 못 면할 상이니 안타깝고나!"

이러는 것이었다. 그리고는 손바닥도 이리저리 보고 발바닥까지 보았지만 박

2) 손석우, 터-육관도사의 풍수, 명당 이야기, 하권(도서출판 답게, 1995), pp.57~65.

선생의 안색은 펴지지 않았다. 상이란 상은 다 보아도 영락없는 거지였던 것이다. 박해월 선생은 혀를 끌끌 차며 물러났다.

"정말 앞으로 운이 필 방도가 없을까?"

이석영 선생이 이렇게 말하며 그의 사주를 풀기 시작했다. 초년, 중년, 말년 운세를 다 보았건만 그가 내린 결론 또한 마찬가지였다. 원래 태어난 팔자가 걸인인데다가 관상까지 영락없는 비렁뱅이니 그야말로 완벽한 거지였던 것이다.

두 최고수에 의하면 이 총각은 앞으로 도저히 좋아질 수가 없는 팔자요 상을 타고난 사람이었다. 이 총각의 사정을 들어보니 딱하기가 그지없었다. 올해 열아홉 살로, 아버지는 그가 세상에 나오기도 전에 돌아가시고 어머니는 어렸을 때 도망을 가버려, 여기저기 친척집을 전전하다가 이제는 거렁뱅이 생활로 살아가고 있는 것이다. 이런 사정을 알게 된 육관 선생은 이 총각의 운명을 바꿔주기 위해 아버지의 묘를 옮겨 주기로 했다. 아버지의 체백을 트럭에 싣고 와 미리 정해 놓은 자리에 다시 묻고는 육관 선생은 총각에게 말했다.

"이보게. 예부터 인걸은 지령이라 했는데, 자네의 사주와 관상이 비록 거지이지만 이제 선친의 체백을 좋은 데 모셨으니 곧 발복이 있을 걸세. 만약에 이후로 이상한 조짐이 있으면 어디어디로 연락해 주게. 내가 그때 다시 한 번 와 봄세."

이석영 선생과 박해월 선생은 그저 빙그레 웃고만 있었다. 정말 총각의 운명이 지리에 의해서 달라질 수 있을까? 육관 선생도 명당에 비한다면 변변치 못한 남의 땅에다 이장을 한 것이어서 총각의 운명이 앞으로 어떻게 달라질지 궁금하기는 마찬가지였다. 그러나 이 궁금증은 오래 가지 않았다. 누구도 상상 못할 정도로 발복이 아주 빨리 찾아왔다.

묘를 옮기고 나서 바로 며칠 뒤였다. 그날도 여느 때처럼 총각은 밥을 얻어서 자신의 움막으로 돌아가는 중이었다. 그런데 난데없이 비명소리가 들리더니 다리 위에서 어떤 여인이 투신하는 것이었다. 총각은 급한 마음에 물가로 달려갔으나 구할 방도가 마땅치 않았다.

"아이쿠 새파란 아가씨가 어찌 해서 아까운 목숨을 버리려 한담. 큰일 났는데, 빨리 어떻게든 구해야 되겠는데……."

총각은 발을 동동 굴렀다. 아무리 거지 신세라지만 그래도 사람이, 그것도 아리따운 젊은 여인이 눈앞에서 죽어 가는데 다급하지 않을 사람이 어디 있겠는가? 게다가 더욱 안타까운 것은 자살을 하겠다고 뛰어내린 여인이 살아보겠다고 본능적으로 허우적거리고 있으니 애가 타는 쪽은 오히려 물 밖의 사람이었다.

총각은 두리번거리다가 기다란 막대기를 발견하고는 그것을 들고 물속으로 정신없이 달려갔다. 물이 가슴까지 차오르는 데까지 용감하게 전진해서는 막대기를 여인 쪽으로 던져 보았다. 연신 물을 먹으며 허우적대던 여인은 자살하려던 처음의 심정은 아랑곳없이 본능적으로 그것을 잡았다.

거지 총각의 도움으로 기사회생한 여인은 기진맥진 밖으로 나와 한동안 쓰러져 울기만 했다. 총각은 그저 그 여인이 자기보다 더 궁휼하고 애처로워 보였다. 생김새와 차림새로 보아 귀한 집 딸 같은데 무슨 곡절로 자살하려 했는지 궁금하기는 했으나, 워낙 자신의 처지가 처지인지라 말 한마디 제대로 붙여보지 못했다. 얼마 후에 여인은 말없이 떠났다. 어찌 되었든 자신의 기구한 목숨을 구해 주어서 고맙다고 머리 숙여 크게 절하고 총총히 사라져 간 것이다.

그로부터 며칠 후 여인은 부모님을 모시고 다시 찾아왔다. 일전에 물에 빠져 파리하게 떨고 있던 모습과는 판이하게, 눈부시도록 아름다운 자태로 그 총각 앞에 나서자 총각은 그저 눈이 휘둥그레질 뿐이었다. 그녀의 부모님은 다짜고짜로 총각의 손을 덥석 잡고 울먹이며 딸의 목숨을 구해 주어 고맙다며 연신 하례를 했다. 그리고 불쌍하게 사는 모습을 보고 전세방이나 얻으라고 돈을 뭉텅 쥐어주었다. 총각은 극구 사양했으나 그녀 부모님의 성화를 당해낼 재간이 없었다. 그는 난생 처음 만져본 엄청난 돈을 받아서는 어찌 할 줄을 몰랐다. 돈으로 뭘 사 본 적도, 다른 사람과 거래를 해 본 적이 없는 그로서는 돈이 생겨도 쓸 재간이 없어서 그냥 움막 밑에 독을 묻고는 그 속에 고스란히 넣어두었다.

알고 보니 그녀는 모 대학 약대 재학생이었다. 당시 아주 가깝게 지내던 애인이 있었는데, 이 사람이 어느 날 다른 처녀와 약혼을 하게 되었다며 통보를 해 온 것이다. 청천벽력 같은 소식을 접한 그녀는 며칠간이나 고뇌하고 방황하다가 그만 자살을 결심했던 것이다. 그러니 금지옥엽 귀한 딸의 목숨을 구해 준 총각이 그 부모로서는 얼마나 고마웠겠는가.

또 여러 날이 지났다. 그들은 거지 총각이 어떻게 살고 있는지 궁금해서 다시 한 번 그를 찾았다. 그러나 여전히 거렁뱅이 신세로 지내는 것을 보고 여간 의아해 하지 않았다. 자기는 거지 신세가 워낙 편하니 평생 그렇게 살겠노라는 대답을 듣고는 혀를 끌끌 찰 수밖에 없었다. 사주도 관상도 모두 거지 팔자였으니 그럴 수밖에 없었던 것이다. 그런데 그 후 기상천외한 일이 또 벌어졌다.

그녀의 아버지는 당시 재력이 대단한 부호였다. 아버지는 딸의 상처를 하루 빨리 낫게 해주기 위해 여기저기 혼처를 찾는데 여념이 없었다. 그런데 가문 좋고 장래성이 밝은 유망한 청년들을 그 딸은 한사코 거부하는 것이었다.

> "아버지, 저는 이미 죽은 목숨이나 다름없는 몸입니다. 이 세상에 없는 목숨이 어찌 결혼을 하겠습니까? 오직 결혼을 할 수 있다면 제 목숨을 구해준 그 총각밖에 없습니다."

딸의 말을 들은 부모는 망치로 머리를 얻어맞은 듯 얼떨떨할 뿐이었다. 아무리 생명의 은인이라도 그렇지 천애고아 무일푼 거지와 어떻게 혼사를 한단 말인가? 부모들은 어처구니가 없었다. 딸이 제 정신이 아닌가 의심도 해 보았다. 그러나 그녀의 결심은 확고하고 단호했다. 그녀의 부모는 온갖 수단을 동원하여 딸의 마음을 돌리려 애써 보았으나 허사였다. 그리하여 19세 천애고아 거지 청년과 23세의 미모의 여대생이자 부호의 딸이 결혼하는 전대미문의 사건이 벌어지게 되었다.

이 거지 청년의 운세는 욱일승천(旭日昇天)이요, 일취월장(日就月將) 발전해 나아가, 어여쁜 아내도 생기고 재물도 생겼으며, 또한 못한 공부까지 하여 어엿한 호남아가 되었다. 게다가 아버지의 묘가 있는 그 일대의 땅을 자기 소유로 사버렸다. 돈 없이 명당을 얻어 발복을 받은 다음에, 나중에 명당을 돈으로 산 경우이니, 억세게 운 좋은 사나이였던 것이다. 지금 이 거지 청년은 양수리 일대에서는 제법 명망 있는 인물이요 부자로 잘 살고 있다.

이들 부부는 해마다 한 번씩 육관을 찾아와서 인사를 하고 가는데, 누구보다 놀란 사람은 박해월 선생이다. 상이 모두 변해버린 것이다. 관상, 수상, 족상 모두가 거지상이었던 사람이 부귀겸전하는 상으로 바뀌어 있었던 것이다.

이런 이야기를 들으면 많은 생각을 하게 된다. 우선 사람 팔자란 시간 문제가 아닌가? 이 이야기는 스스로 거지 팔자를 타고 났다고 생각하고 살아가는 사람에게 꿈을 갖게 해 준다. 세상 살기가 어렵다 하지만 그러나 그렇지만도 않다. 사람 팔자란 알 수 없어서 미스코리아에 당선만 된다면, 잘 해서 '별들의 고향' 같은 소설 한 권만 쓰게 된다면, 주택복권 한 장만 당첨된다면, 백 년 묵은 산삼 열 뿌리만 캔다면 그런 대로 살 만하지 않은가. 그렇긴 한데 그게 어디 쉬운 거냐고 의문을 갖겠지만, 이제라도 마음을 곱게 먹고 좋은 일을 많이 하거나, 조상의 음덕을 받을 운만 따른다면 뭐 힘들 게 있는가. 나라고 꼭 죽으란 법이 없지 않은가. 신문에서 그런 행운을 누리는 사람들의 예기를 볼 때는 갑자기 세상 살 맛을 느끼게 되는 것이다.

인간은 피할 수 없는 운명을 타고 난다고는 하지만, 그러나 운명만 믿고 스스로의 노력을 포기한 채 절망만 하고 살 수만은 없다. 사람들은 예상치 않게 찾아 드는 어두운 불운 때문에 절망하지만, 고통 뒤에는 예상치 않은 성과나 보람을 맛볼 수 있는 일이 찾아오리라는 꿈을 꿀 수도 있다. 사람들이 절망만 하지 않고 최선을 다하며 사는 것도 이런 꿈을 갖고 있기 때문이다.

그리고 자기의 생명을 구해준 거지 총각과 결혼을 결심한 여자에게 정말 박수를 보내주고 싶다. 그녀야말로 누구보다 자기가 가야할 길을 잘 깨닫고 자기 삶을 택한 현명한 사람이라고 볼 수 있기 때문이다. 우리 주위에 체면 때문에, 재산이 많다는 이유 때문에 애정도 없는 결혼생활을 하고 있는 사람들이 얼마나 많은가? 진정한 행복이 조건이나 외모, 그리고 학식에서 나오는 것은 아니다. 정말 나에게 소중한 사람과 평생을 함께 할 때만큼 행복을 안겨주는 것은 없을 것이다.

흔히 사람들은 우연 뒤 내재한 필연을 발견할 때 그것을 운명이라고 표현하는데, 니이체는 일찍이 이 운명에 대해서 인간이 취하는 세 가지 태도가 있다고 말했다. 하나는 운명에 인종하는 것이다. 인간은 운명을 선택할 자유가 없다. 운명은 내가 원하건 원하지 않건 좋건 싫건 받아야 하는 것이요, 받을 수밖에 없는 것이다. 운명의 신은 어떤 이에게는 후한 몫을 주고 어떤 사람에게는 박한 몫을 준다. 내 몫이 남의 몫보다 적다고 또는 나쁘다고 불평할 수도 없다. 우리는 자기의 몫을 살펴보고 좋은 것이 있으면 고맙게 생각할 일이요, 나쁜 것이 있으면 꿋꿋한 정신으로 참고 견디는 도리밖에 없다. 그렇게 생각하고 사는 것이 인생의 지혜다.

운명을 대하는 또 하나의 태도는 운명에 반역하고 운명을 이기려고 몸부림치는 것이다. 델포이 신전 입구에는 “너 자신을 알라”는 유명한 말이 새겨져 있다. 이 말은 인간은 결코 인간 이상일 수 없음을 말한 것이다. 신은 인간의 운명을 환히 알고 있지만, 인간은 그것을 모르면서 살고 있다.

그러나 운명의 신이 조정하는 대로 살아가야 한다면 그 삶이란 무슨 의미가 있겠는가? 조상 탓을 하는 사람들은 인간 위에 군림하는 어떤 절대 신을 따르지 않았기에 불행을 당한다고 생각해서 그 절대자에게 자신의 의지를 맡겨 버림으로써 불행을 벗어날 수 있다고 생각하는 사람들이다. 그러나 그렇게 해서 노예적 안정감은 얻을 수는 있겠지만 그 순간부터 자기 주체성은 사라지고 꼭두각시만 남게 될 것이다. 그렇게 되면 이 세계는 준비된 시나리오에 따라 연출되는 연극이나 영화가 상영되는 무대가 될 뿐이다. 불가능하다고 여겨지는 것을 뛰어넘고자 도전할 때 욕망의 성취가 이루어지는 것이지 가만히 바라보기만 해서는 얻을 수 있는 것은 아무 것도 없지 않은가?

세 번째로 니이체는 운명을 사랑하는 태도를 들었다. 필연적인 것을 다만 견딜 뿐만 아니라 더구나 감출 것이 아니라 이것을 사랑하는 것이다. 이것이 바로 운명애(運命愛)인데, 김동리는 "운명은 완상(玩賞)할 예술이며 슬기로운 벗"이라고 생각하며 살았던 사람이다. 이건 운명에 대한 중용의 미덕이라고 해석해 보는 것이 좋을 것이다.

선량한 어린 학생들의 목숨을 앗은 성수대교의 붕괴, 강진(強震)으로 피해 극심한 일본의 고배시, 여객기 추락으로 삼백여 명 참사……. 이런 일들은 모두 예기치 않게 생긴 인재나 천재들이다. 이런 걸 보면 인간이란 자기 운명을 한 치도 내다보지 못하고 살아가는 존재임이 분명하다. 이런 일을 지켜보는 일은 우리를 우울하게 만든다. 그러나 너무 우울에만 잠겨 살 수만 없지 않은가. 왜냐하면 우리는 앞을 향해 나아가기 위해 해결해야 할 문제가 산적해 있기 때문이다. 지난 일에 너무 집착하는 것은 앞을 내다볼 여유를 상실하게 만들어 정말 자신의 삶을 그르치게 만드는 요인이 된다.

운명을 믿는 사람은 오히려 건강한 삶을 살 수 있다. 극단적 운명론자가 아닌 이상, 우리는 모든 것에 이유가 있고, 언뜻 불합리해 보이는 세계에 질서가 예비돼 있다고 믿는 것이 정신건강에 좋다. 각각의 우연에 의미를 부여할 수 있다면, 세계가 온통 불가해한 혼돈으로 가득 차 있다고 생각하는 사람에 비해서, 훨씬 더 적극적인 자세를 갖출 수 있는 것이다.

삶의 공간에 대한 믿음

한국인의 의식 속에는 풍수사상의 영향으로, 사람의 운세는 그가 살고 있는 마을의 지형에 큰 영향을 받을 뿐만 아니라 그 지형과 가장 닮은 사물의 성질에 따라 바뀌게 된다는 믿음이 깊이 뿌리박고 있다. 땅이 사람에게 미치는 힘은 그 유형, 예를 들어 금계포란(金鷄抱卵), 비룡상천(飛龍上天), 오룡상천(五龍上天) 등이 가지는 영력과 완전히 동일시된다는 전제 아래 좋은 것은 힘을 발휘하도록 도와주고 나쁜 것은 그 힘이 미치지 못하도록 적절히 바꾸어 주려 하였음을 볼 수 있는데, 이것도 알고 보면 "유사(類似)는 유사를 낳는다"는 주술원리의 또 다른 적용이라 볼 수 있다. 얼마 전 강원도 강릉 시민이 큰 인물이 다시 나오게 '모산봉 정상 되찾기' 운동을 벌였던 일을 상기해 보면, 21세기 첨단과학 문명시대를 사는 우리가 공간에 대한 믿음이 얼마나 강한가를 가히 짐작해 볼 수 있다.

산봉우리 3자 3치 높여라

'산 높이를 3자 3치(약 1m) 높여라.' 강원도 강릉시 강남동 주민들이 동네 뒷산인 모산봉(母山峰, 해발 104m)의 봉우리 높이기에 힘을 모았다. 16일 오전 동네 향우회, 새마을부녀회, 방위협의회, 바르게살기운동협의회, 자율방범대 등 10개 단체와 군장병 등 1,000여명이 '정상 복원' 운동을 펼쳤다. 산 아래서부터 산꼭대기까지 일렬로 늘어서 1,200여개의 자루에 흙을 담아 옮겨 부으며 봉우리를 높였다.

강릉 칠사당 남쪽에 위치한 모산봉은 강릉의 안산(案山)인 명산. 밥그릇을 엎어 놓은 모양이어서 '밥봉'이라고도 하고, 볏집을 쌓아 올린 것 같아 '노적봉'이라고도 했다. 또 강릉에서 인재가 많이 배출돼 '문필봉'이라고도 불렀다. 안산이란 명당에서 바라다 보이는 높지 않은 산으로 서울의 남산이 여기에 해당된다.

조선조 중종 때 강릉부사를 지낸 '한급'이라는 관리가 강릉에서 큰 인물이 나오는 것을 두려워해 이 봉우리 꼭대기를 세 자 세 치 깎아내렸다는 이야기가 전해져 내려오고 있다. 이날 펼쳐진 모산봉 높이기 운동은 잃어버린 세 자 세 치를 되살려 주민 간 화합을 더 공고히 하고 마을에서 걸출한 인재가 다시 배출될 수 있도록 터전을 만들자는 것이다.

강릉 태생인 최홍집 강릉시 부시장은 "강릉 김 씨 인재가 많이 배출되는 것을 시샘해서 이런 짓을 했다는 설도 있어 강릉에서는 한동안 김 씨와 한 씨가 혼인을 맺지 않아 왔다"며 "이번 일을 계기로 양가가 화친하기를 바라는 마음"이라고 말했다. (조선일보, 2005.6.17)

이처럼 풍수설에 바탕을 두고 자연 전체가 인간과 연관되어 하나의 체계를 이루게 될 때, 그러한 곳은 신성한 공간이 된다. 설화 속에서 흔히 찾아볼 수 있는 탄생이나 운명과 관련된 특수한 공간은 이 같은 한국인의 풍수사상에서 비롯된 것이다.

우리나라 문헌에서 풍수에 관한 기록은 『삼국유사』의 탈해왕 부분에 처음 등장한다. 왕이 등극하기 전 호공(瓠公)으로 있을 때 산에 올라 현월형(弦月形)의 택지를 발견하고 속임수를 써서 그 땅을 빼앗아 집을 지음으로써 후에 왕이 되었다는 얘기다. 또 백제가 반월형의 부여를 도성으로 삼은 것도, 고구려가 평양을 도읍으로 정한 것도, 이씨 왕조가 서울에 도읍을 정한 것 모두가 풍수에 의한 것이다.

소설 속의 신비한 공간

연극 대본의 첫머리에 등장인물과 무대(장소)가 소개되듯이, 소설에서도 어떤 지리적 공간에 대해 비교적 자세히 언급하고 있는 것을 종종 볼 수 있는데, 흔히 작가는 이야기 속에서 일어나고 있는 모든 행동과 사건을 어떤 장소와 관련짓고 있는 경우가 있다.

소설에 따라서는 다빈치 시대의 그림과 마찬가지로 배경(장소)이란 단지 등장하는 인물들이나 사건들을 보조하는 의미밖에 없을 수 있다. 그러나 공간에 대한 남다른 의식을 갖고 있는 작가는 배경 설정이 단순한 장소가 아니라 행동과 사건을 결정하는 어마어마한 존재가 되거나 공간적 미학의 구조를 통해 관념, 의식, 심리를 암시하고 반영하는 역할까지 하고 있다. 이것은 노스롭 프라이의 지적처럼 인간과 자연을 동일시하는 원시적 사고가 아직도 여전히 배경 설정에 남아 있는 현상이라고 보아야 한다.

김동리는 「까치소리」, 「역마」, 「황토기」, 「한내 마을 전설」 같은 소설에서 주인공의 운명이 태어나거나 뿌리박고 사는 장소와 밀접한 연관을 맺고 있는데, 우선 「까치소리」를 살펴보자.

> 마을 한복판에 우물이 있고, 우물 앞뒤엔 늙은 회나무 두 그루가 거인 같은 두 팔을 치켜든 채 마주보고 서 있었다. 몇 아름씩이나 될지 모르는 굵고 울퉁불퉁한 밑둥은 동굴처럼 속이 뚫린 채, 항용 천 년으로 헤아려지는 까마득한 세월을 새까만 침묵으로 하나 가득 메우고 있었다.
>
> 밑둥이에 견주어 가지와 잎새는 쓸쓸했다. 둘로 벌어진 큰 가지의 하나는 중둥이가 부러진 채, 그 부러진 언저리엔 새로 돋은 곁가지가 떨기를 이루었으나 그것도 죽죽 위로 뻗어 오른 것이 아니라 아래로 한두 대가 잎을 달고 드리워진 것이 고작이었다. 둘 중에서 부러지지 않은 높은 가지는 거인의 어깨 위에 나부끼는 깃발과도 같이 무수한 잔가지와 잎새들을 하늘 높이 펼쳤는데, 까치들은 여기만 둥지를 치고 있었다.
>
> 앞 나무에 둘, 뒷나무에 하나, 까치둥지는 셋이 쳐져 있었으나 까치들이 모두 몇 마리나 그 속에서 살고 있는지는 아무도 똑똑히 몰랐다. 언제부터 둥지를 치기 시작했는지도 역시 안다는 사람은 없었다. 나무와 함께 대체로 어느 까마득한 옛날부터 내려오는 것이거니 믿고 있을 뿐이었다.
>
> —김동리/'까치소리'에서

신화학자들은 마을 사람들이 젖줄로 하여 살아가고 있는 이 같은 우물을 흔히 '우주의 배꼽'에 비유한다. 말하자면 신성한 공간이다. 김동리가 우물이란 공간, 특히 이 우물가에 서 있는 두 그루의 회나무와 까치집에 대해 자세히 묘사한 것은 주인공에 얽힌 삼각관계와 짝사랑의 비극적 운명을 상징적으로 드러내려는 의도가 있었기 때문이다. 이 소설은 '정순이'를 둘러싼 '상호'와 '봉수'의 삼각관계와, 어렸을 때부터 봉수를 짝사랑하는 '영숙이'의 사랑 이야기를 다루고 있는 것을 염두에 두고 본다면, 두 개의 까치집을 갖고 있는 앞그루는 곧 정순이의 운명을, 그리고 뒷그루는 영숙이의 운명을 상징하고 있다고 볼 수 있다. 적어도 <꽃(나무)과 새>의 원형적 이미지에 대한 이해를 갖고 있는 사람은 이를 금방 이해할 수 있다.

김동리가 배경 설정에 남다른 고심을 한 흔적은 「역마」의 서두에서도 나타나고 있다.

> '화개장터'의 냇물은 길과 함께 흘러서 세 갈래로 나 있었다. 한 줄기는 전라도 땅 구례(求禮) 쪽에서 오고 한 줄기는 경상도 쪽 화개협(花開峽)에서 흘러내려 여기서 합쳐서, 푸른 산과 검은 고목 그림자를 거꾸로 비친 채, 호수같이 조용히 돌아, 경상 전라 양 도의 경계를 그어 주며 다시 남으로 흘러내리는 것이 섬진강(蟾津江) 본류였다. 하동, 구례, 쌍계사(雙磎寺)의 세 갈래 길목이라 오고 가는 나그네로 하여, '화개장터'엔 장날이 아니라도 언제나 흥얼거리는 날이 많았다.
>
> ―김동리/'역마'에서

이 소설의 중심 무대로 설정된 화개장터와 하동, 구례, 쌍계사로 가는 세 갈래의 길, 그리고 이 길과 함께 흐르는 냇물은 곧 할머니→어머니→아들로 이어지는 3대의 한 많은 삶을 상징적으로 드러내 준다.

'화개장터'는 화개(花開)라는 기호부터 주의해 보아야 한다. '화(花)'는 여성을 상징하는 것이므로, 꽃이 활짝 피었다는 '화개(花開)'는 난숙한 여자가 있는 장터란 말로 옮겨 볼 수 있다. '장터'는 본래 객주집과 주막이 있는 곳이요, 예나 지금이나 윤리적 행위가 이루어지는 곳이라기보다 남녀의 애정관계가 자유롭게 이루어지는 곳이므로 어떤 숨겨진 로맨스 이야기가 있을 것 같은 분위기를 자아낸다.

그리고 흐르는 냇물은 그 동적인 성격 때문에 '남성'의 이미지를 보여 준다. 또한 '길'은 유랑의 길, 나그네가 걷는 길을 연상할 수 있어서 멀리 떠나야 할 운명을 지닌 남자의 이미지를 부각시켜 준다. 그러니까 '화개장터'는 비정상적인 남녀 관계가 이루어질 수 있는 로맨틱한 곳이요, 만남과 이별이 이루어지는 비극적 삶이 잉태되어 있어서, 끝없이 흐르는 냇물처럼 늘 남자는 떠나고 여인은 한 많은 사연을 지닌 채 누군가를 기다리며 살아야 하는 비극이 전개되어 나타나리라는 암시가 짙게 깔려 있다고 볼 수 있다.

이청준의 「선학동 나그네」의 이야기도 남다른 지형 때문에 상서로운 일이 일어날 것이라는 믿음이 전해 오는 '학마을(선학동)'을 무대로 하고 있다.

> 선학동(仙鶴洞)—그곳엔 예로부터 기이한 이야기 한 가지가 전해 오고 있었다. 이야기는 포구 안쪽에 자리잡은 선학동의 뒷산 모습으로부터 연유된 것이다. 그 산세가 영락없는 법승의 자태를 닮고 있었기 때문이었다. 마을 뒷쪽으로 주봉을 이루고 있는 관음봉은 고깔처럼 뾰죽하게 하늘로 치솟아 오른 모습이 영락없는 법승의 머리통을 방불케 하였고, 그 정봉을 한참 내려와 좌우로 길게 펼쳐 내려간 양쪽 산줄기는 앉아 있는 법승의 장삼자락을 형상짓고 있었다. 선학동 마을은 이를테면 그 법승의 장삼자락에 안겨든 형국이었는데, 게다가 마을 앞 포구에 밀물이 차오르는 관음봉 쪽 산심의 어디선가로부터 둥둥둥둥 법승이 북을 울려대는 듯한 신기한 지령음(地靈音)이 물 건너 돌고개 일대까지 들려오곤 한다는 것이었다. …(중략)…
>
> 이 마을을 선학동이라 부르게 된 데에도 또 하나 깊은 내력이 있었다. 산의 이름이 관음봉이라 한다면 마을 이름도 마땅히 관음리 정도가 되는 게 상례였다. 그러나 마을은 옛부터 이름이 선학동이라 하였다. 까닭인즉, 마을 앞 포구에 밀물이 차오르면 관음봉이 문득 한 마리 학으로 그물 위를 날아오르기 때문이었다. 포구에 물이 들면 관음봉의 산 그림자가 거기에 떠올랐다. 그런데 그 물 위로 떠오르는 관음봉의 그림자가 영락없는 비상학의 형국을 지어냈다. 하늘로 치솟아 오른

> 고깔 모양의 주봉은 힘찬 비상을 시작하고 있는 학의 머리요, 길게 굽이쳐 내린 양쪽 산줄기는 그 날개의 형상이 완연했다.
>
> 포구에 물이 차오르면 관음봉은 그래 한 마리 학으로 물 위를 떠돌았다. 선학동은 그 날아오르는 학의 품안에 안겨진 마을인 셈이었다.
>
> —이청준/'선학동 나그네'에서

이처럼 '학마을(仙鶴洞)'은 상서로운 마을터로 알려진 곳이다. 이런 사실을 아는 사람은 결코 이 마을을 떠날 수 없다. 왜냐하면 그들은 지령음이 울려나오는 관음봉 산자락 어느 곳에 명당이 숨어 있어서 그 명당에 조상의 뼈를 묻게 되면 필히 관음봉의 음덕을 대대손손 누릴 수 있게 된다고 믿고 있기 때문이다.

신화는 어떤 이야기인가

자연과 인간의 친화

나는 어렸을 때 팔월 대보름날이면 동쪽 하늘에 떠오르는 달을 향해 절을 하며 소원을 비는 의식(儀式) 속에 자랐다. 아버지께서 만들어 주신 짚불을 들고 형들과 나란히 서서 큰소리로 "달님 달님 절합니다."라고 외치며 허리 굽혀 절하면서 마음속으로 키도 크고 공부도 잘 하게 해줍소사 간절한 소원을 빌었던 기억이 새롭다. 할머니와 함께 고모 집을 가려면 큰 고개를 하나 넘어야 했는데 그 중간쯤에 돌이 잔뜩 쌓여 있는 곳이 있다. 그냥 지나지 않고 의례히 미리 돌을 하나 주워 들고 와 던지는 일을 빼놓지 않았다. 무사히 다녀올 수 있기를 마음속으로 기원하면서.

정비석의 「성황당」에도 '순이'가 먼동이 트기 전에 일어나 돌을 주워 들고 성황당 앞으로 가 공손히 던지는 의식을 가졌는데, 그녀는 숯가마에 일하러 가는 '현보'에게도 열 개나 주면서 던지라고 당부했다. 그리고 우리 어머니들은 해마다 정월 대보름날이면 정성껏 만든 음식물을 하천이나 개울가에 가서 물속에 던져 넣는 일을 즐기셨다. 이 모두는 식물과 동물을 비롯하여 하천, 샘, 들, 달, 별, 즉 우주의 모든 사물들이 인간에게 선과 악을 행할 수 있는 의지를 가진 것들이라고 믿고 숭배했기 때문에 행해진 일들이다.

이와 같은 삶을 보면 옛날로 갈수록 우리 선조들은 무수한 신적 존재들과 더불어 살아왔음을 짐작해 볼 수 있어서, 그리스 신화에 등장하는 무수한 신들의 정체를 이해하는데 도움을 받을 수 있을 것 같은 생각을 갖게 한다. 사실 옛날로 돌아가면 동서양을 불문하고 그 시대의 사람들은 자연의 모든 사물을 인간처럼 보고 우리 삶 속에 가까이 끌어들여 친화를 이루며 살아갔다고 볼 수 있다. 남매가 하늘에 올라가 해와 달이 되고, 호랑이도 인간의 은혜를 갚을 줄 아는 동물로 이야기를 꾸밀 때 사물의 낯설음이나 맹수의 공포에서 벗어날 수 있다. 인간이 자신의 의지로 산다기보다 놀라운 힘을 가진 사물을 신적 존재로 받아들여 그들과 거리를 좁혀 심리적 안정을 이루도록 하는 것도 불안과 공포를 이겨내는 하나의 수단이다.

사실 그리스 신화에 등장하는 무수한 신들, 예컨대 태양신(sun-god), 달신(moon-god), 폭풍신(storm-god), 바다신(sea-god), 나무신(tree-god), 바위신(stone-god)들이 있는데, 이들은 모두 태양, 달, 폭풍, 바다, 나무, 바위 같은 사물을, 심지어는 자연현상을 인간의 어떤 모습으로 보고 의인화한 존재들이다. 서양의 신들 중에서 불 같은 열정을 갖고 있거나 폭풍처럼 난폭하게 굴기나 구름처럼 변덕이 심한 신들은 자연의 의인화에서 비롯된 것으로, 그들에서 인간적인 어떤 모습을 볼 수 있는 것도 이 때문이다. 그리스 신화에는 항상 너그럽고 성스러운 신만이 아니라 때로는 분노하고, 복수심에 불타고, 끝없이 질투하는 신들도 등장한다. 이렇게 그리스 신화에는 우리네 삶의 모습이 그대로 남겨 있다. 그리스 신화의 매력은 바로 이처럼 신화의 틀 속에서 우리네 삶의 현장을 진솔하게 보여줌으로써 인간의 본질에 대한 해답을 찾을 수 있는 길을 열어준다는 데 있다.

이야기를 좋아하는 인간

옛날이나 지금이나 이 세상에는 두 타입의 인간이 있다. 이야기하기를 좋아하는 사람과 이야기 듣기를 좋아하는 사람이다. 『삼국유사(三國遺事)』에 실려 있는 「임금님 귀는 당나귀 귀」라는 설화가 있다. 한 사나이가 임금님의 귀가 당나귀의 귀처럼 이상하게 생긴 것을 알고 있었다. 그는 이 엄청난 비밀을 알고 있지만 함부로 말할 수 없어서 미칠 지경이었다. 만일 이 사실이 세상에 알려지게 되면 자기는 물론 온 가족은 큰 벌을 받게 되어 있다. 참다 못한 그는 어느 날 남 몰래 대나무 숲에 들어가 이 사실을 큰소리로 외쳤더니 속이 아주 시원해졌다는 이야기이다.

이 설화를 통해 사람은 이야기를 하고 싶은 본능이 얼마나 강렬한가를 짐작해 볼 수 있다. 사람은 뭔가 절실하게 느끼고 생각한 것이나 자신만이 알고 있는 비밀스런 것을 다른 사람에게 말하고 싶은 원초적인 욕망을 갖고 있다고 볼 수 있는데, 바로 이야기꾼은 자기만이 알고 있는 것을 세상 밖으로 쏟아내 남에게 알리고 싶은 욕구가 남달리 강한 사람의 전형이다.

옛날에 이야기를 무척 좋아하는 왕이 있었다. 그는 책을 읽고 싶지만, 너무 바빠 읽을 수가 없었다. 그래서 신하에게 이 세상의 이야기를 모두 읽고 정리해 오도록 했다. 몇 년 걸려 정리한 것을 낙타 다섯 마리에 싣고 왔다. 그것을 보고 너무 많다며 더 줄여오도록 했다. 그래서 또 몇 년을 고심해서 낙타 한 마리에 실을 수 있는 분량으로 정리했다. 그 사이 왕은 건강이 나빠져 그 정도의 분량도 읽을 수가 없었다. 그래서 이번에는 다섯 권으로 줄였다. 이것도 읽기에 벅차 한 권으로 요약했는데, 이때 왕은 책 한 권조차 들 수 없을 만큼 너무 노쇠해 버렸다. 왕은 간청했다. 그 한 권의 책도 너무 길으니, 거기 담긴 내용을 한마디 말로 요약해 오라고 했다. 충직한 신하가 고심 끝에 “인간은 태어나 고민하다가 병들어 죽는다”라고 줄여 왔는데, 그 사이 왕은 숨을 거두고 말았다고 한다. 영국의 소설가 서머세트 모옴의 『썸밍 업(Summing up)』이라는 산문집에 실려 있는 이야기이다.

일찍이 소설가이며 문학이론가인 포스터(E. M. Forster)는 소설 이야기의 주요 제재는 탄생(birth), 죽음(death), 사랑(love), 수면(slipping), 음식(food)이라고 말한 바 있다. 이와 관련지어 생각해 보면 오늘날의 이야기꾼들은 궁극적으로 인간의 탄생과 죽음의 문제보다 사랑과 의식주(衣食住) 문제 때문에 고민하며 살아가는 갖가지 인간들의 모습을 줄기차게 이야기해 왔다고 볼 수 있다.

인간이 오래 전부터 이런 이야기를 보고 듣기를 좋아한 것은 사실 우리가 사람이지만 사람에 대해서 모르는 것이 너무 많기 때문이다. 인간은 스스로 살아온 경험과 관찰을 통해 인간에 대해 아는 것이 많지만 그것만으로 만족하지 못하고 다른 사람이 관찰한 것을 들여다보고 싶어 한다. 그리고 자기 삶이 올바른 것인지, 가치 있는 삶을 사는 것인지를 알기 위해서도 남들의 삶을 알 필요가 있다. 어쩌면 자기만이 이 세상에서 제일 불행해 보이기도 하고, 자기만이 재수 없게 고통을 겪는 것이 아닌가 하는 생각을 가질 수도 있다. 한편 남들은 뭘 생각하고 있고, 인간은 왜 고통을 겪어야 하는지, 그리고 인간은 어디서 와서 어디로 가는 것인지, 알고 싶은 것이 아주 많다. 이 세상의 모든 이야기는 바로 사람들의 이런 호기심을 충족시켜 주고 자신의 삶을 되돌아 볼 수 있게 하는 것들이라 볼 수 있다.

영웅시대의 이야기

인류의 역사에 수렵 채집 시대가 있었는데, 이때의 인간들은 먹이를 얻고자 늘 떠돌아 다녀야 하는 아주 고달픈 삶을 살았다고 볼 수 있다. 운 좋게 먹을 것을 구할 수 있으면 살아남을 수 있었지만, 물도 없는 사막을 만나거나 천재지변에 맹수를 만나면 그냥 죽어야 했다. 그런 점에서 지금으로부터 약 1만 년 전 신석기 혁명(neolithic revolution)이라 할 수 있는 농사법의 발견은 우선 음식물의 획득을 위해서 방랑하던 생활 형태에서 벗어나 일정한 취락을 형성하여 생활할 수 있는 터전을 마련해 주었을 것이며, 생활에 여유가 생기면서 인간은 왜 비가 오는지, 천둥은 왜 치는지, 우리 마을에 큰 연못은 왜 있게 됐는지, 비가 오려고 하면 청개구리는 왜 개골개골

우는지 등등 궁금한 일들에 대한 해답을 갖고 싶은 욕구를 느끼게 되었다고 볼 수 있다.

그런데 그 중에서도 옛날은 영웅을 중심으로 뭉쳐 사는 시대인 만큼 뭐니 뭐니 해도 우리 부족의 우두머리는 맨 처음 누구였고, 그는 어떤 업적을 이루어 이 땅에 모여 살게 되었는가, 다시 말해서 이 나라를 건국한 시조에 대한 정보를 담은 이야기가 절실히 요구되었다고 볼 수 있다. 그것을 아는 것은 자신의 뿌리를 아는 일이 되어 같은 핏줄로서의 단결심을 더욱 고양시킬 수 있었기 때문이다. 그래서 자연히 신이한 탄생담이 생기고, 영웅적 모험 이야기가 여러 입을 통해 전해 내려오기 시작했다고 볼 수 있다.

인류가 지니고 있는 가장 오래된 이야기로 신화(myth)가 있다. 가장 소박하게 말해서 '신화는 신(god)에 관한 이야기'이다. 영웅신화는 신적 존재인 영웅의 탄생-성장-위업-죽음에 이르는 일생에 대한 이야기다. 신화의 주인공은 하늘을 날아다니고 인간이 이룰 수 없는 일을 거뜬히 해내는 신적 존재들로 가득 차 있다. 몽테뉴가 "인간은 실로 미친 존재다. 벌레 한 마리조차 만들 수 없는 주제에 신들은 몇 타스고 만들어내고 있다"고 말했듯이, 우리 민족 역시 그 숫자가 많지는 않지만 「단군신화」, 「주몽신화」, 「혁거세신화」, 「탈해왕신화」와 같은 건국시조에 대한 이야기를 갖고 있다.

세계의 많은 신화를 검토해 볼 때, 신화는 크게 ① 우주의 창조, 생명의 기원 등을 다룬 창조 이야기, ② 각종의 제의, 종교의 풍습, 사회생활 및 인간관계, 인간 행위의 도덕적 규제 등을 다룬 규범 이야기, ③ 여러 신과 영웅들의 모험 이야기로 나누어 볼 수 있다.[1)] 우리 민족의 신화들도 이런 신화의 파편들이라고 볼 수 있다.

그런데 얼핏 보아 믿어지지 않는 우리의 건국시조의 이야기는 어떻게 만들어진 것일까? 혹자는 이런 이야기를 한낱 유치한 공상에서 생긴 이야기로만 여길지도 모른다. 그러나 이런 이야기를 만들어낸 우리 조상은 아무 근거

1) 이환, "신화와 문학 창조", 세계의 문학, 통권 7호, p.127.

가 없이 만들어낸 것은 결코 아니라고 본다. 뭔가 그 시대 사람들이 관찰하고 경험한 최대의 지식을 갖고 그러한 이야기를 만들어낸 것이라고 보아야 한다. 그런 점에서 우리가 신화를 이해하려 할 때 표면에 나타난 신이한 요소에만 얽매이지 말고, 이런 거짓말 같은 이야기의 기본 구상이 어디에 근거를 두고 그렇게 꾸미게 되었는가를 먼저 알아보는 것은 신화의 본질을 이해하는데 큰 도움이 된다고 본다.

생명 탄생의 경험

문화인류학자들은 자연 환경이 생업에 영향을 주고, 생업의 형태가 인간 사고에 어떤 영향을 주었는가 하는 문제에 일찍이 관심을 두어 왔다. 인간은 살아가면서 하늘 · 땅 · 별 · 동물 · 나무와 같은 우주나 자연에 대해서 끊임없이 관찰하고 사유해 왔다고 볼 수 있는데, 그것은 수렵 채집 시대의 방랑 생활을 지양하고 정착 생활을 이룬 농경 시대부터였고 한다.

요즘 백화점에 가 보면 가장 북적대는 곳이 있다. 그것은 바로 식품부가 있는 층이다. 이를 보면 어느 시대나 인간의 최대 관심사는 역시 먹거리를 찾는 일이다. 우선 농사에 종사하는 사람들이 씨를 뿌려 많은 수확을 이루어내기 위해서는 자연 현상들에 대하여 깊이 관찰해야 한다. 달의 모양만 보아도 비가 많이 올 것인지 가뭄이 들 것인지를 알 만큼 그들은 자연의 변화에 민감했다. 아무리 좋은 땅이라도 뿌린 씨앗이 싹트기 위해서는 하늘에서 비가 내려야 하고, 곡식이 여물기에 충분한 태양이 비쳐야 한다. 그러기에 씨를 뿌리고 거두는 사람은 무엇보다도 기후의 변화와 천체의 움직임을 깊이 응시해 왔다고 볼 수 있다.

이런 모든 경험들은 고조선을 세운 '단군'이란 시조의 탄생담을 만들어내는 데 아주 기본적인 상상의 틀이 될 수 있었을 것이다. 엘리아데의 말을 들어보더라도 농사를 짓는다는 것은 단순히 먹을 것을 얻는 노동의 의미만이 있는 것은 아니다. 이와 같은 오랜 경험은, 홉즈(T. Hobbes)의 말처럼, 기억을 낳고 한편 기억은 판단력과 상상력을 낳기 때문에,[2] 신화와 같은 원시문학을 창조해 내는데 깊은 연관을 맺게 된다고 볼 수 있다.

노스롭 프라이가 "신화는 자연 현상을 설명하기 위하여 말하여진 이야기라기보다는 그러한 현상과 관련되어 말하여진 이야기이다"[3]라고 말했듯이, 인간은 자신의 근원적인 문제, 즉 단군이나 주몽과 같은 신적 영웅의 탄생담만이 아니라, 인간은 어디서 와서 어디로 가는지, 그리고 인간은 왜 고통을 겪어야 하는지 경험적으로 확인할 수 없는 것까지도 알기를 원한다. 만일 이러한 문제에 대한 해답을 구하지 못하면, 인간은 삶의 보람이나 인생의 의미를 찾을 수 없게 된다.

『삼국유사』에는 여러 가지 신이한 일들에 관한 기록이 전해지고 있다. 그것은 합리적 사고를 갖고 있는 우리가 그 의미를 이해하지 못해서 그렇지, 따지고 보면 그 당시 사람에게는 매우 중요한 일들에 대한 이야기라고 보아야 한다. 그 중에서도 고조선을 건국한 단군의 탄생담이나 고구려를 건국한 '주몽의 탄생담'은 우리에게 널리 알려진 이야기인데, 이 이야기에 대한 해석이 구구각색이어서 신화 속에 담긴 참뜻을 더 이해하지 못하게 만든다.

주몽신화의 기본 구상

주몽(朱蒙)의 탄생에 대한 이야기는 삼국유사, 삼국사기, 제왕운기, 동국이상국집, 세종실록지리지 등에 전하는데, 삼국유사의 기록을 참고하면 다음과 같다.

---

2) 브레뜨, 공상과 상상력, 심명호 역(서울 : 서울대학교출판부, 1982), p.13.

3) Northrop Frye, "Literature and Myth", James Thorpe (ed.), *Relation of Literature Study*(N. Y. : Modern Language Association of America, 1967), p.29.

> 금와왕(金蛙王)이 태백산 남쪽 우발수에서 한 여자를 얻었다. 그녀에게 금와가 물었다. 대답하기를 "나는 본시 하백(河伯)의 딸입니다. 이름은 유화(柳花)라고 합니다. 여러 아우들과 나와 놀고 있을 때, 한 남자가 자기는 천제의 아들 해모수(解慕漱)라 하면서 저를 태백산 밑 압록강 가에 있는 집 속으로 유인해 가서, 몰래 정을 통해 놓고 가서는 되돌아오지 않았습니다. 부모는 내가 중매 없이 혼인한 것을 꾸짖어, 드디어 이 곳으로 귀양 보냈습니다."
>
> 금와는 그녀를 이상히 여겨 방 속에 가두어 두었더니, 햇빛이 비쳐 왔다. 그녀가 몸을 피해 가니, 햇빛이 또 따라가 비치었다. 그로 인하여 태기가 있어 알 하나를 낳으니, 크기가 닷되들이만 했다. 왕은 그것을 버리어 개와 돼지에게 주었더니 모두 먹지 않았다. 또 길에 버렸더니 소와 말이 피해 가고, 들판에 버렸더니 새와 짐승이 이것을 덮어 주었다. 왕이 그것을 쪼개려 하였으나 쪼갤 수 없어서 그 어머니에게 돌려주었다. 그 어머니는 쌀 것으로 알을 싸서 따뜻한 곳에 두었더니 한 아이가 껍질을 부수고 나왔다. 골격과 외양이 영특하고 기이했다. 나이 겨우 일곱 살에 기골이 준수하여 범인과 달랐다. 스스로 활을 만들어 백 번 쏘면 백 번 다 맞추었다. 그 나라의 풍속에 활을 잘 쏨을 주몽이라 하여 이름을 주몽이라 지었다.4)

위의 이야기는 주몽의 아버지가 '해모수'이고, 어머니는 '유화'임을 보여주는데, 그 혈통이 아버지는 하늘의 신과, 어머니는 땅(물) 속의 신과 연관되어 있다. 또한 조부모→부모→아들의 3대에 걸친 주몽의 탄생담은 곧 신적 존재→반신반인(半神半人)→인간으로 변전하는 과정을 보여 준다. 이를 아래와 같이 도시해 볼 때, 그 관계 양상이 보다 잘 드러난다.

4) 일연, 삼국유사, 이재호 역(서울 : 명지대학교출판부, 1975), pp.110~111

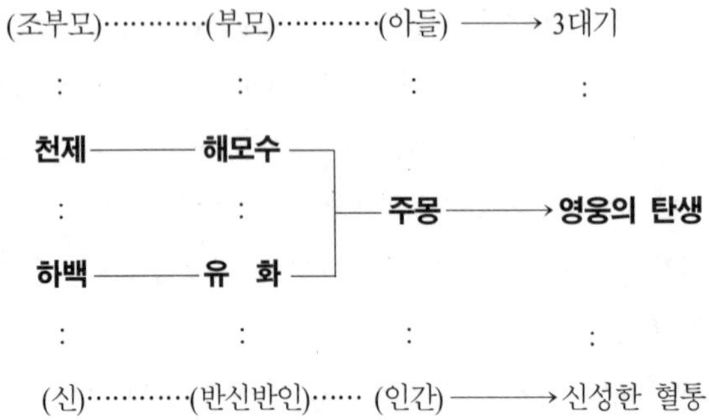

그런데 고조선을 건국한 거룩한 시조라 하지만 무엇을 근거로, 한 인간의 탄생을 이토록 복잡하게 꾸밀 수 있었을까? 이에 대한 실마리는 우선 이야기 속에 나타나 있는 하늘의 '천제', 하늘과 지하계를 자유로이 내왕할 수 있는 '해모수', 그리고 땅(물) 속의 '하백', 물 속 세계에서 죄를 짓고 인간계에 추방된 여인인 '유화'가 어떤 존재들인가를 신화의 전체 구상 속에서 밝혀 볼 필요가 있다.

먼저 이들의 명명(命名)을 살펴 볼 때, '解慕漱(해모수)'의 '解'는 해(태양)을 음사(音寫)한 것이고, '慕'는 '맏(長)'을, 그리고 '漱'는 남성의 수(雄)를 뜻하므로,[5] 이를 한마디로 요약하면 '해모수'는 '해의 맏아들'이란 뜻이다. 다시 말해서 '천제'는 '태양'을, 그의 아들 '해모수'는 '햇빛(日光)'을 의인화한 존재였던 것이다. 그를 태양신(sun-god)이라 불러도 될 것이다. 이와 같은 사실은 일찍이 자연신화학파들이 고대 사회의 모든 신(god)은 자연의 사물이나 현상을 의인화한 것이라고 본 견해와 일치한다고 볼 수 있다.

자연신화학파의 대표자는 독일의 막스 뮐러(M. Mŭller)인데, 이들의 명제는 고대의 여러 신들, 즉 언제 어디서나 존재해 온 신(神)이란 자연 현상, 즉 해, 달, 별, 새벽, 소생하는 봄, 힘차게 흐르는 강 등의 의인화에 불과하다는 것이다. 한 가지 예를 들면, 아폴로(Appolo)가 다프네(Daphne)를 사랑했으나,

5) 서정범, "신화와 언어", 예술논문집, 제9집(1970), p.71.

그녀는 산으로 도망가 사랑에 응하지 않았다. 아폴로가 그녀를 좇아가자 그녀의 아버지인 페네이오스(Peneios)에게 자기의 모습을 바꾸어 달라고 요구했다. 아버지는 그녀를 월계수로 바꾸어 주었다. 이리하여 월계수는 특히 아폴로에게 바쳐지는 나무가 되었다. 그런데 원래 아폴로는 태양신(sun-god)이었고, 월계수의 그리스말인 다프네가 새벽을 표시하는 말이란 것을 알게 됨으로써, 신화의 신들이 바로 태양이 새벽의 뒤를 따라 나타나는 자연 현상에서 기원한 것임을 알게 해 준다.6)

'해모수'가 '햇빛'을 의인화한 존재라는 사실은 그에 대한 여러 가지 묘사를 종합해 볼 때 더욱 분명해진다. 그런데 '해모수'에의 정체를 살피는 데는 『삼국유사』의 기록만을 가지고 논하기보다 이규보의 『동국이상국집』에 수록되어 있는 「동명왕편(東明王篇)」을 참고할 때 큰 도움을 받을 수 있어서 한 가지 예를 들어 보겠다.

> 한(漢) 신작 3년 임술년에 천제가 태자를 보내어 부여왕의 고도에 내려가 놀게 했는데, 해모수라고 이름했다. 하늘에서 내려오는데, 다섯 용이 끄는 수레를 탔고, 종자 백여 인은 모두가 흰 고니를 탔다. 채운이 그들 위에 떴고, 음악 소리가 구름 속에서 울려 나왔다. 웅심산에 머물었다가 십여 일이 지나서야 비로소 내려왔다. 머리에는 조우(鳥羽)의 관을 쓰고 허리에는 용광(龍光)의 칼을 찼다.

위에서 보듯이 해모수는 오룡거, 즉 구름을 타고 높은 산을 거쳐 지상에 내려 온 것으로 돼 있다. 이 대목은 단군신화의 '환웅'의 하강과 매우 유사한 것이기도 한데, 일반적으로 하늘의 신은 하늘→산→나무→지상의 순서를 밟아 하강한다. 이것은 아침 해가 맨 먼저 산봉우리에 떠올라 나뭇가지 사이를 거쳐 지상에 이르는 광경을 연상해서 꾸민 이야기임을 단적으로 보여 주는 예가 된다. 해모수, 환웅만이 아니라 혁거세, 수로와 같은 하늘의 신적 존

6) 에반스 프리처드, 원시종교론, 김두진 역(서울 : 탐구당, 1980), pp.38~42.

재가 모두 산정(山頂)이나 나무(숲)와 관련돼 있는 것도 바로 이러한 자연 현상에 대한 경험을 토대로 했기 때문이다.

해모수가 허리에 찼다고 하는 '용광지검(龍光之劍)'이란 것도 화살의 이미지를 지닌 일광을 연상케 한다. 그리고 「동명왕편」의 또 다른 대목에서는 해모수가 "아침이면 정사를 보살피고 저녁이면 하늘에 올라갔는데, 대낮에 하늘에서 내리는 일은 없었다"고 서술하고 있다. 이러한 해모수의 움직임은 곧 태양의 일출과 일몰과 같은 운행을 본뜬 것이다.

이재수 교수는 일찍이 해모수가 일광을 의미하고, 그의 하강에 대한 묘사가 일출 광경을 그린 것이라고 언급한 바 있어서, 필자의 견해를 뒷받침해 주고 있다.[7] 그러나 그의 이러한 견해는 단지 추측이지 타당한 근거를 제시하지 못하고 있다. 우리가 이에 대한 확증을 찾으려면, 탄생담의 전체적 구상이 식물의 생명 현상에서 유추된 것이라는 사실을 알 때 분명해질 수 있다. 이재수 교수는 이 사실을 염두에 두지 못했기 때문에 해모수와 결혼하여 알(주몽)을 낳은 '유화'의 존재에 대해서는 제대로 설명하지 못하고 말았다.

이제 '유화(柳花)'에 대하여 살펴보기로 하자. 기록에 의하면 유화는 본래 땅속(물)의 세계에서 살았는데, 그곳에서 죄를 짓고 인간계로 추방된 여인이다. 특히 그녀는 햇빛을 받아 잉태하게 된 것으로 나타나 있어서 우리의 관심을 끈다. 신화학자의 설명에 따르면, 이처럼 땅속 혹은 동굴로부터 인류가 기원했다는 이야기는 세계적으로, 특히 수렵채집이나 미개농경민 사이에 널리 분포되어 있는 것으로, 이러한 지중인간기원신화(地中人間起源神話)는 아마도 인간의 탄생을 식물의 생명 현상으로부터 유추한 데서 발생한 것이라고 한다.[8] 북미의 푸에블로(Puebulo) 족의 경우, 그들은 인간 생명의 기원을 식물의 생명 현상에 비추어, 즉 대지에서 출현한 것으로 생각하는데, 그런 믿음은 그리스인들과도 일치한다.[9] 유화의 탄생과 잉태도 바로 이와 같은

7) 이재수, 한국소설연구(서울 : 형설출판사, 1973), p.27 참조.
8) 왕빈, 신화학입문(서울 : 금란출판사, 1980), p.88.
9) Levi-Strauss, *Structural Anthropology*(Penguin University Books, 1972), pp.220～1.

상상과 궤를 같이 하는 것이라 볼 수 있다. 원시시대로 갈수록 세계는 공통적이란 점에서 신화체계(mythology)는 동서양 간에 큰 경계 없이 서로 상통하는 점이 있다고도 볼 수 있다.

원래 '하백(河伯)'은 중국의 수신(水神, ocean-god)의 이름과 동일한 것으로 '물'을 의인화한 존재이고, '유화(柳花)'는 그 명명 자체가 '버드나무'의 이미지를 보여 주고 있어서 식물(나무)과 동일시된다. 그녀를 나무신(tree-god)이라 부를 수 있을 것이다.[10] 이처럼 '유화'를 식물과 동일시할 때, 땅(물) 속에서 자라난 식물이 햇빛을 받아 열매를 맺듯이, 햇빛이 그녀의 몸에 비쳐 온 일이 있은 후에 태기가 있게 되었다는 이야기는 하나도 이상한 일이 아닌 것이다. 이제 우리는 열매를 맺는 식물의 생명 현상과 동일한 행위를 이룬 모든 과정의 서술을 다음과 같이 대비시켜 볼 수 있을 것이다.

햇빛　　　　　　해모수
↓　　　　　　　↓
나무 → 열매 ·············· 유화 → 알(주몽)
↑　　　　　　　↑
땅속(물)　　　　　하백

이규보의 『동명왕편』에는 "유화가 처음 주몽을 낳을 때 왼쪽 옆구리에서 닷되들이만한 큰 알 하나를 낳았다"고 서술되어 있다. 이는 나무 가지에 매달린 '열매'를 유추한 것이라 볼 수 있으며, 사실 따지고 보면 인간이란 새가 알에서 태어나듯이 열 달간 알집(子宮) 속에 머물러 있다가 태어나는 것이라

"The Pueblo understand the origin of human life in terms of the model of plant life(emergence from the earth). They share that belief with the ancient Greeks."

10) Northrop Frye, *Fables of Identity*(N.Y. : Harcourt, Brace & World, 1963), p.15.

The myth is typically the story of the god whose form and character are human, but who is also a sun-god or tree-god or ocean-god. It identifies the human with the nonhuman world, an identification which is also one of the major function of poetry itself.

볼 수 있다. 우리는 유화가 물속에서 나온 여인이라는 점에서 바다의 거품 속에서 태어났다고 하는 비너스(아프로디테) 여신과 연관시켜 볼 수 있을 뿐더러, 결혼하지 않고도 하늘의 성령을 받아 잉태하여 예수를 낳았다는 동정녀 마리아의 이야기와 어떤 연관이 있을 것 같은 생각이 든다.

또한 김동리의 「무녀도」에 나오는 '낭이'는 고구려의 시조 '주몽'을 낳은 '유화(柳花)'를 연상케 하는 여자이기도 하다. 유화는 본시 수국 용왕인 하백(河伯)의 딸로서 부모의 허락도 없이 외간 남자인 '해모수(解慕漱)'와 정을 통한 죄로 인간계로 추방된 여자였다. 특히 유화는 그 명명에서 보듯 버드나무의 속성을 지닌 '나무(꽃)님' 인 셈이다. 고로 김동리의 낭이 이야기는 무속적 · 민속적이기 전에 신화적 상상력에 상당히 가까운 발상이라고도 볼 수 있다. 서양 사람들은 '나무님'을 '나무신(tree-god)'이라 부르는데, 로마의 미모의 여신 '비너스(Venus)' 역시 물속에서 나온 것으로 보아 한국의 '꽃님'이나 '유화'를 아주 빼닮은 여인이다. 서양에 바다신(ocean-god)을 어머니로 갖고 있는 거대하고 힘센 아킬레스(Achilles)가 있는 것처럼, 우리 신화에는 바다신인 '하백'의 외손자이며 '해모수'라는 태양신(sun-god)의 아들인 주몽이 있다. 주몽이 커서 동쪽 세상을 환히 밝힌 동명왕(東明王)이 되는데, 고구려의 시조 동명왕은 가히 태양신의 아들답다. 성급한 단정으로 보일지 모르지만 가히 신화의 세계로 돌아가면 그 이야기가 세계 공통적인 요소가 있다는 것을 실감하게 된다.

우리에게는 「주몽신화」보다 「단군신화」가 더 잘 알려져 있는데, 그것은 「단군신화」가 더 오래된 이야기여서가 아니라 시조의 탄생 이야기가 더 인간적인 이야기로 꾸며져 있어서 더 친근감을 느낄 수 있기 때문이다. 그러나 「주몽신화」는 서양의 영웅신화의 모험담에 가까운 형태를 지니고 있어서 신화 연구자에게는 더 값진 것이 된다고 볼 수 있다.

「단군신화」에서 보듯이 '환인'의 아들 '환웅'의 하강 이야기는 아래와 같이 「주몽신화」 와 대비시켜 볼 때, 그것이 '해모수'의 하강 이야기와 아주 흡사함을 볼 수 있다.

환인…………환웅……………태백산……………나무(신단수)…………땅(신시)
: : : : :
천제…………해모수…………웅심산……………물(압록강)……………땅(움막집)

그렇다면 단군신화의 신들은 어떤 존재일까? 이들의 정체를 살피고자 할 때, 잠시 북애노인(北崖老人)이 지은 『규원사화(揆園史話)』를 참고하는 것이 좋다.

> 상계에는 마침 한 큰 주신이 있었으니 환인이라 하였다. 온 세상을 다스리는 헤아릴 수 없는 지혜와 능력을 가지고 있었으나 그 형체는 나타내지 아니하고 가장 높은 하늘에 자리 잡고 있었다. 그 있는 곳은 수만리나 떨어진 곳이지만 늘 환하게 빛나고 그 아래에는 다시 수많은 소신들을 거느리고 있었다. 환(桓)이란 광명, 곧 환하게 빛나는 것으로 그 형체를 말함이요, 인(因)이란 본원이니, 곧 근본으로 만물이 이로 말미암아 나는 것을 뜻함이라.[11]

위의 기록에 따르면, '환인'은 밝은 빛의 근원을 가리키는 것이니까 태양을 의인화한 존재임을 곧바로 알게 해 준다. 그를 태양신이라 부를 수 있다. 따라서 '환웅'과 '해모수'는 이름이 다를 뿐이지 모두 '일광'을 의인화한 이명동인(異名同人)인 셈이다.[12]

'단군'을 낳은 '웅녀'에 대한 이야기는 '주몽'을 낳은 '유화'와 별로 닮은 데가 없는 것처럼 보이지만, 웅녀도 땅속(굴)에서 나왔다는 점, 아이 배기를

---

11) 북애노인, 규원사화, 신학균 역(서울 : 명지대학교출판부, 1978), p.18.
12) 북애는 『규원사화』가 고려 때 이명(李茗)이란 사람이 지은 『진역유기(震域遺記)』 3권에 근거를 두고 있음을 말하고, 『진역유기』에 실려 있는 우리나라의 역사가 일연이 지은 『삼국유사』와 현저한 차이가 있다고 밝히고 있다. 『삼국유사』의 이야기만 하더라도 입에서 입으로 전해 내려오는 동안 많이 변형되었을 것이라 본다면, 『규원사화』의 기록은 원초적인 모습을 어느 정도 유지한 이야기가 될 것이란 점에서, '환인'에 대한 북애의 설명은 믿을 만한 근거가 있다고 볼 수 있다.

나무(신단수) 밑에 가서 빌었다는 점에서[13] '나무'와 어떤 관련을 맺고 있는 '유화'를 닮고 있다. 땅에 묻힌 '씨앗'이 썩어서 '새싹'이 돋아 나오는 모습에서 변신의 이야기를 상정할 수 있고, 여기에 겨울이 되면 굴속에 들어가 모습을 감추었다가 봄에 다시 모습을 드러내는 곰을 끌어들여 여자로 변신하는 이야기를 만들 수 있었다고 볼 수 있다. 웅녀의 출현 이야기는 누군가가 상당한 상상력을 발휘하여 재미있고 그럴듯하게 꾸민 이야기라고 보아야 한다. 여기에 웅녀가 자연스럽게 한 남자(환웅)와 결혼하여 아이를 낳게 되어, 우리는 단군신화를 어느 신화 이야기보다 거짓말 같은 이야기가 아닌 것으로 받아들이게 된 셈이다.

영웅 탄생의 신성한 공간

건국시조인 '혁거세'의 탄생 이야기는 그 모형을 주몽신화에 두되 상당한 변형을 이룬다. 단군신화나 주몽신화가 하늘에서 내려 온 신적 존재와 땅 속(물)의 세계에서 나온 신적 존재와의 결합에서 태어나는 합리적인 과정을 서술하고 있다면, 혁거세신화는 직접 하늘에서 하강하는 인물로 나타나 있는 것이다. 이제 그러한 양상을 살피기 전에 먼저 신라 6촌의 시조 탄생 이야기를 검토해 보기로 한다.

진한(辰韓)의 땅에는 6촌이 있었다. 1촌은 알천(閼川)의 양산촌(梁山村)이니 남

13) '웅녀'가 신단수 밑에 가 아이 배기를 빌었던 것은 나무 숭배의 신앙이 반영된 것으로 간주할 수 있다. 고대인들이 수목을 신성시했던 것은 한 마디로 말해서 나무가 생명의 탄생을 집약해 보여 주기 때문이다. 나무는 인간과 동일한 존재로 간주되면서, 성스러운 나무의 정령은 농작물을 잘 자라게 하여 마을의 풍요를 가져 오고 여자에게 아이를 밸 수 있게 하는 신령한 힘을 갖고 있다는 생각으로까지 발전한 것이다. 이 같은 관념이 세계적으로 널리 퍼져 있음을 프레이저는 여러 사례를 들어 보여 주고 있는데, 여기서 우리는 풍요, 또는 잉태와 관련이 있는 한국의 '성황목(城隍木)'을 생각해 볼 수 있다.

> 쪽은 지금의 담엄사(曇嚴寺)이다. 촌장은 알평(謁平)이었다. 처음 하늘에서 표암봉(瓢巖峰)에 내려오니 이가 급량부(及梁部) 이(李)씨의 시조가 되었다.[14)]

이 기록은 부족의 시조가 하늘에서 산봉우리를 거쳐 지상에 직접 내려왔음을 보여 주고 있다. 이 점은 "이상 6촌에 관한 기록을 살펴보면 그들 6부의 조상이 모두 하늘로부터 내려 온 것 같다"라고 말하고 있듯이 나머지 5촌장의 탄생도 마찬가지다. 시조가 하늘에서 산봉우리에 하강하였다는 이 같은 이야기는 주몽신화에서 찾아 볼 수 있는 3대기를 거치지 않고 있다. 이는 기록자의 축약에 의한 것일 수도 있지만, 육조(六祖)의 천강(天降) 모티프가 혁거세신화에 그대로 나타나고 있어서 시조의 탄생담으로서는 하나의 변형으로 간주될 수 있다.

> (6부의 촌장들이) 높은 곳에 올라 남쪽을 바라보니, 양산(楊山)의 나정(蘿井) 곁에 이상한 기운이 전광(電光)처럼 땅에 비치는데, 흰 말 한 마리가 꿇어앉아 절하는 형상을 하고 있었다. 그곳을 찾아가 살펴보니 붉은 알 한 개가 있는데, 말은 사람을 보고는 길다랗게 올라가 하늘로 올라가 버렸다. 그 알을 깨어 보니 사내아이가 나왔는데, 모양이 단정하고 아름다웠다. 놀라고 이상히 여겨 그 아이를 동천(東泉)에서 목욕시켰다. 몸에서 광채가 나고 새와 짐승이 따라 춤추며 천지가 진동하고 해와 달이 청명해지므로, 그 일로 인하여 그를 혁거세왕이라 이름했다.[15)]

6부의 조상들이 모두 하늘에서 내려 온 것처럼, 신라의 시조 혁거세가 하늘에서 내려 온 거룩한 왕임을 말하고 있다. 혁거세신화가 주몽신화나 단군신화보다 이야기다운 흥미 요소를 잃고 있는 이유는, 바로 하늘에서 직접 내려 온 알에서 태어난 것으로 되어 있기 때문이다. 그러나 한편으로는 신화의 기본 구상이 식물의 생명 현상에 바탕을 두고 있다는 것을 보다 분명히 보여

14) 일연, *op.cit.*, p.119.
15) 일연, *Ibid.*, pp.121 - 2.

주는 한 예로 삼을 수 있다. 즉 해모수와 같이 일광을 의인화한 인물이 등장하지 않고, 직접 '전광(電光)'과 같은 이상한 기운이 비친 곳에 알이 있었다고 서술함으로써, 전광(電光)=일광=해모수=환웅임을 더욱 분명히 밝혀 주고, 인간이 식물처럼 '일광'을 생명력으로 하여 태어난다는 상상력을 가지고 있었음을 직접적으로 드러내 주고 있다.

해모수와 환웅 그리고 6부의 조상들이 하강한 곳이 모두 '산'을 거쳐 그 아래 땅으로 되어 있는데, 이는 인간 탄생과 관련시켜 공간에 대한 특별한 의미를 부여하려 했음을 보여 준다. 혁거세신화의 경우, 일광이 비친 곳은 '양산 밑 나정'으로, 이곳에서 알이 발견된다. 퍽 기이한 일이지만 그러나 여기에는 중요한 의미가 있다. "산을 여성의 품으로 보면, 그 밑의 나정(蘿井, 덩굴나무가 있는 우물)은 곧 여성의 음모와 음부를 상징"[16]하는 곳이 되므로, 우주론적으로 볼 때 혁거세의 알은 '여인의 몸'에서 나온 것이 된다. 따라서 우리는 주몽신화가 생명의 원리를 '나무'에서 찾았다면, 혁거세신화는 여체와 동일시되는 신성한 공간에서 찾고 있음을 볼 수 있다. 이는 하늘과 땅이 서로 감응하여 만물이 탄생한다고 보는 역(易) 원리를 빌어 주몽신화, 단군신화가 형성된 것처럼, 인간의 탄생을 풍수설에 입각해 신성한 공간과 연결시켜 꾸며낸 신화의 한 보기가 될 것이다.

---

16) 장병길, "제천 · 祭政에 대한 사상", 한국사상의 심층연구(서울 : 우석출판사, 1982), p.27.

인연 아닌 것이 없는 세상살이

인연은 우연의 집적

한수산의 「타인의 얼굴」에 이런 대목이 나온다. "사람들의 관계란 대개 일반적이고 우연한 만남으로 시작된다. 일반적이란 거기에 특별한 의미, 그 만남을 위한 어떤 의식적인 자아도 끼어 있지 않았다는 뜻이다. 학생과 선생으로 이루어지는 학교라는 공간에서 학생인 내가 그곳에서 학생들을 가르치는 직업을 가지고 있던 그를 만났다는 데에는 아무런 특수성이 없다."

그렇다. 모든 만남은 우연이다. 그런데 우리는 우연한 만남이 인연이 되어 친구가 되기도 하고 사랑에 빠지기도 한다. 인연은 곧 남다른 만남을 두고 이르는 말인데, 어떤 만남을 피할 수 없는 운명이라고 생각할수록 인연의 끈은 쉽게 끊을 수 없다. 그래서 필연을 가장한 우연의 집적(集積)이 인연이라고 말하는 이도 있다.

우리는 이 세상에 태어나서 죽을 때까지 무수한 만남을 이루게 된다. 그 만남의 대상은 인간을 비롯하여 개나 말 같은 생명체일 수도 있고, 자동차와 같은 무생물일 수도 있으며, 행운이나 불행 같은 어떤 처지나 상황일 수도 있다. 인간은 이런 것들과 끊임없이 만남을 이루면서 세상을 살아간다. 춘향이가 이도령을 만난 일은 그녀의 삶을 행복하게 한 아주 소중한 것이지만,

변사또와의 만남은 두 번 다시 있어서는 안 될 악몽 같은 인연이다. 서로 미워하고 시기하고 폭력을 행사하고 죽이고 하는 나쁜 인연들. 이처럼 제아무리 만남을 끊으려 해도 마음대로 되지 않고, 제 아무리 특정한 그 어떤 것을 만나려 해도 뜻대로 되지 않는 게 인생이다.

그런 점에서 이 세상의 소설들은 바로 이런 모든 피치 못할 인간들의 만남으로 인해 벌어지는 갈등과 화해를 이루어 가는 모습을 보여주고 있다는 점에서 인연의 의미를 남달리 되새겨 보게 하는 글이다. 그 중에서도 윤대녕의 「천지간(天地間)」은 구원의 손길로 이어지는 인연의 고리를 보여주고 있어서 세상 사람들 사이에서 일어나는 모든 일들이 결코 '우연히' 이루어지는 것이 아니라는 것을 다시 생각해 보게 하는 소설이다.

이 소설의 주인공인 '나'는 외숙모의 문상을 가던 중 광주역에서 우연히 스친 한 여자를 본 순간 그녀에게서 죽음의 그림자를 발견하게 되자 완도의 구계동까지 따라가 그녀를 살려내고 돌아오게 된다. 그렇다면 나와 그녀 사이에 무슨 인연이 있기에 그런 엉뚱한 일이 벌어지게 되었나? 내가 외숙모의 문상을 가게 된 것부터가 우연이 아니다. 평소 그 분은 무슨 때마다 나에게 하얀 쌀을 보내 주신 고마운 분이니까 문상을 꼭 가야 한다는 생각을 갖게 되었고, 내가 미색(米色)에 대해 특별한 의미를 갖게 된 것부터가 미색을 가지고 그림을 그리기를 고집하신 외숙모가 흰색의 병원에 누워 계셨기 때문이다.

오늘 외숙모의 돌아가심도 우연이 아니다. 그 분은 벌써부터 돌아가실 만큼 위중했으나 자식 입학시험이 끝나고 나서야 이루어졌다. 지극한 모성애가 깊이 작용했다고 볼 수 있다.

죽으려고 가는 한 여자를 내가 뒤따라가 마음을 돌이키는 일에 관여하게 된 것도 우연이 아니다. 나는 어린 시절 강에 빠져 죽을 뻔한 일이 있었다. 친구의 죽음 덕분에 구제된 나는 흰색의 환상을 지닌 채 늘 마음속에 빚을 지고 살아왔다. 고로 이젠 한 여자를 죽음에서 구제하는 일은 지극한 나의 사명처럼 생각하지 않을 수 없는 것이다. 그런 점에서 나와 그녀의 만남은 운명적이다. 이 작품은 이런 빚 갚기 식의 고리로 이어져 있는데, 이어령은 이처럼 '생의 한 순간을 운명의 사슬에 꿰어 보는 것이야말로 가장 소설적 접근법'이라고 했다.

한 맺힌 사람들이 생명의 '바다'에 뛰어드는 것은 다시 근원의 세계인 모태로 돌아가 다시 새로운 모습으로 태어나고 싶은 무의식적 충동의 표현이다. 동백꽃 한 송이가 한을 푸는 사람들의 일, 즉 소리꾼의 득음과 연관을 짓는 것도 작가의 놀라운 상상력이지만, 한 소리꾼의 죽음을 그녀를 대신한 죽음으로 연관 짓고 있어 거기에도 뭔가 인연의 끈을 공고히 다져 가는 작가의 솜씨가 빛나고 있다.

실연의 아픔을 안고 구계동에 혼자 찾아 온 그녀가 죽음을 쉽게 결행할 수 없었던 것은 자신의 뱃속에 있는 새 생명을 죽일 수 없었기 때문일 것이다. 그러니까 '나'는 모성애가 남달리 강했던 외숙모의 문상길에서 또 하나의 모성애가 지극한 여인을 만난 것이다.

그녀는 한 남자의 아내로서의 삶을 포기하기는 쉬웠겠지만, 한 아이의 어머니로서의 삶을 포기하기는 쉽지 않았을 것이다. 그리고 버림받고 죽음을 결행하고자 집을 나선 고독한 여자지만, 이 넓은 세상에 자기를 알아보고 뒤를 따라 주는 한 남자가 있었다는 사실에 대해서도 그녀는 많은 생각을 했을 것이다. 그녀는 죽기를 단념하고 다시 살아가리라 결심을 굳힌 순간, 자기 뒤를 따라 준 남자에게 고마움을 느끼고 또 하나의 인연의 끈을 만들고 말없이 떠났다. 우리 삶 속에 내재돼 있는 이 같은 인연들 속에 우리 삶이 펼쳐지고 있다는 것을 생각해 보면 세상 삶이 신비롭기만 하여 세상을 비관적으로만 볼 수 없게 한다.

인연이 모두 아름다운 것만은 아니다. 인생은 새옹지마란 말도 있지만 오정희의 「구부러진 길 저편」, 전경린의 「고통」, 신경숙의 「그는 언제 오는가」에서 보듯이 한 번의 잘못된 인연이 돌이킬 수 없는 불행의 단초가 되는 경우가 얼마든지 있을 수 있다. 불행을 원하는 사람이 이 세상 어디에 있겠는가. 그렇지만 온갖 일로 불행을 겪는 사람들을 수없이 볼 수 있고, 또 그런 처지에 자신이 언제 속하게 될지 모른 채 우리는 살아간다. 인생사는 마음대로 되는 게 아니다. IMF를 당하여 막대한 재산의 손해를 보는 사람이 있는가 하면, 그런 와중에서도 오히려 이익을 얻어 더 잘 사는 사람도 있다.

인연성기(因緣成起)

인간은 오래 전부터 이 세상의 모든 일은 우연히 생기는 것도, 누구의 탓으로 인한 것이 아니고, 우리가 잘 알 수는 없지만 무슨 원인이 있어서 그런 결과를 가져온 오묘한 섭리의 세상을 살아간다고 생각해 왔다. 불교든 유교든 세상 모든 일은 여러 개의 인(因)과 연(緣)이 모여서 하나의 새로운 결과를 창출하는 인연성기(因緣成起)에 따라 이루어지는 것이라 보는 점에서는 공통적이다. 재산이 모아지고 없어지는 것, 역사의 발전과 퇴보, 인간이 태어나고 죽는 것, 천지의 온갖 변화와 현상들은 모두 연기 법칙에 따른 것이다.

불교의 인과응보관에 따르면, 사람의 생명이란 전생의 인연에 따라 윤회전생하는 것이므로, 전생에 자기가 지은 대로(業) 이승에서 받는다(報). 다시 말하자면 이승에 있어서의 화복은 전생에서 지은 원인(선악)에 따른 결과라는 것이다.

그렇다면 뜻하지 않게 사랑하는 사람과 헤어지는 슬픔을 당하고, 미운 자를 만나며, 얻고자 하는 바를 얻지 못하는 이유는 다른 데 있는 것이 아니라 바로 자기 자신에게 그 책임이 있다. 이승에서의 행·불행은 모두 전생에서의 지은 그 대가를 받아 일어난 일이다. 성경에 따르면 인간은 에덴동산에서 선악과를 몰래 따먹은 죄를 지어 이 세상에 추방되었을 뿐 아니라 그에 따른 고통을 겪어야 하는 존재다. 결국 인간이 겪는 세상 모든 일은 인간 각자의 책임일 뿐이니까 '네 탓'이 아닌 곧 자업자득이라고 보아야 한다.

이처럼 '내 탓'에 의해서 이루어진다고 생각해 봤을 때 불행한 일을 만났을 때는 참회를 통한 업의 소멸을 기원해야 하고, 기쁜 결과를 이루는 행운을 누리게 됐을 때는 착한 일을 한 결과임을 알고 더욱 선업을 쌓아 가도록 노력을 경주해 나가야 할 것이다.

이렇게 볼 때 이 무한한 시간의 흐름과 광활한 공간 속에서 같은 시간 같은 장소에서 만난 우리들, 그 우리들이 서로 미워하고 싸우며 싫어하고 배척해야 할 것이 아니라 모두가 인연이라 생각하고 서로 사랑하고 화합하고 좋은 관계를 유지해 가도록 노력해야 할 것이다.

불교에서는 부부가 되려면 500회 이상의 인연이 있어야 하고, 길을 가다가 한 번 만나는 사람도 전생에서 300번의 옷깃을 스친 인연이 있어야 이루어진다고 한다. 서정주 시인은 국화꽃이 피는 것과 소쩍새의 울음, 심지어는 천둥치는 것과도 모두 인연이 있다고 보았다. 이런 생각을 하면 삶은 신비하기만 하다. 우리는 인연의 소중함을 통하여 이 인연을 가장 좋은 상태로 이끌어 나가도록 노력해야 할 것이다.

그런데 인연, 즉 특별한 만남의 참의미는 그 만남이 진행 중일 때보다 헤어져 다시 만나볼 수 없어서 그 사람이 그리울 때, 그리고 남들이 알지 못하고 나만 알고 있는 비밀스런 것일수록 인연의 사건은 우리의 가슴을 울린다. 황순원의 「소나기」, 알퐁스 도데의 「별」, 권지예의 「꽃게무덤」에서 보듯이, 이 소설들의 주인공은 평생 잊지 못할 추억의 인연을 마음속에 지니고 있는 사람이다. 그런 이야기가 우리의 가슴을 적셔 주는 것도 따지고 보면 우리 모두가 이들처럼 남다른 사연을 비밀스럽게 지니고 있기 때문이 아닐까?

몇 년 전 한 인연의 주인공을 찾는 해외토픽 기사가 신문에 난 적이 있었다. 한 여자를 찾는 사람은 이탈리아의 한 재벌가이다. 그는 그해 여름 지중해에서 아름답기로 이름 난 카프리 섬 모래사장에서 우연히 그녀와 만나 함께 거닐며 담소를 나누고 헤어졌다고 한다. 서로는 이름도 모르고 어디 출신인지도 모른다. 그런데 이 재벌가는 죽으면서 그 여인을 찾아 자기 재산을 모두 물려주기를 원하는 유언장을 남긴 것이다. 그때 그 여인과 나눈 이야기는 광고를 낸 재산관리 책임자만이 알고 있다.

짧은 만남에서 두 사람은 어떤 이야기를 나누었기에 오랫동안 그 남자는 그 여인을 잊지 못했을까? 혹시 고독한 그 사람의 마음을 가장 잘 알고 위안의 말을 나누었기 때문일까, 아니면 그녀에서 어머니 같은 여성성을 발견했기 때문은 아닌지 궁금하기만 하다. 필시 문제의 주인공을 자처하는 많은 여인들이 줄을 섰을 것이고 따라서 실망을 안고 돌아서야 할 여자들의 모습이 눈에 보이는 듯한데, 행운의 여인은 분명히 전생에서 맺은 각별한 인연이 있었거나, 조상 대대로 어떤 선업을 많이 이루었기에 그런 복을 받을 수 있었으리라.

이런 인연을 생각할 때 이 세상은 천 번 만 번 다시 태어나 살아보고 싶을 만큼 아름답기만 하다. 아울러 그 가치를 더욱 느끼게 되어 함부로 허송할 수도, 욕되게 할 수도 없다는 생각을 갖게 한다. 그리고 이러한 인연을 소중히 생각할 때, 부부간에 작은 일로 서로 다투어야 하는지? 일가친척과 무관심하게 지내야 하는지? 스승을 아무렇게나 대해야 하는지? 학교 동기 동창을 소홀히 해야 하는지? 또 직장생활을 통해 사귄 동료들과의 관계를 잊어도 되는 것인지를 생각해 보게 한다.

인간은 앞만 보고 살아가는 것은 아니다. 보이지 않는 출구를 찾아 미로 속을 헤쳐 온 인간은 때로는 문득 지난 과거를 되돌아 볼 때가 있다. 그것은 자아를 발견하고 자아실현의 욕구가 강렬한 사람일수록 더욱 절실한 일이 될 것이다. 그럴 때 떠오르는 무수한 만남의 사건들은 자신의 삶을 되돌아보는 일이 될 것이기에 자연히 거기에는 보람과 아쉬움, 기쁨과 슬픔, 아픔과 보람, 환희와 탄식, 애정과 증오의 감정에 휩싸여 만감이 교차하게 될 것이다. 소설가 펄벅은 나이 먹은 자의 다리가 휘청거리는 것은 기력이 쇠진했기 때문이 아니라, 기억에 남는 아름다운 추억의 무게 때문이라고 했다. 만남의 인연을 소중하게 가꾸며 살아가는 사람은 노년의 생도 결코 외롭지 않을 것이다.

문제 많은 남자를 좋아하는 여자

몇 년 전에 명문대 여대생이 학교 정문 앞에서 붕어빵 장사를 하는 청년과 결혼을 하게 됐다는 사실이 신문에 보도되어 장안의 화제가 되었던 적이 있다. 부모나 친지들의 반대가 얼마나 컸을까를 생각하면 그 결혼이 순탄치 않았을 것은 뻔하다. 하지만 아무도 두 사람의 결심을 꺾지는 못했다.

이와 비슷한 일은 1995년 SBS에서 방영해서 큰 인기를 끌었던 드라마 《모래시계》에서도 볼 수 있었다. 이 드라마는 70년대부터 90년대 초까지의 광주항쟁, 삼청교육대, 정치깡패, 정보기관의 정치공작 등 암울했던 시대를 배경으로 하여, 한국의 정치와 경제를 운영하는 실세들과 주먹계에 대항하는 젊고 소신 있는 검사의 좌절과 승리, 그리고 암흑가의 한 청년이 해쳐나가는 인생의 역정을 바진감 있게 다루어 놀라우 시청률을 기록했었다. 그런데 이 드라마가 높은 인기를 끌었던 이유는 깡패 조직원이 된 박태수(최민수 역)와 사법고시를 패스해서 검사가 된 강우석(박상원 역), 그리고 카지노계의 대부인 아버지의 재산을 물려받은 윤혜린(고현정 역) 사이에서 펼쳐지는 우정과 운명적 사랑 이야기가 그 속에 펼쳐지고 있었기 때문이라고 볼 수 있다. 윤혜원은 자기 사업을 위해서나 자신의 신분으로 볼 때 젊은 검사를 배우자로 선택하는 것이 상식에 맞는 일이다. 그러나 그녀는 문제 많은 정치깡패 박태수를 더 사랑했다. 우리는 그녀의 사랑의 방식과 삶의 선택을 어떻게 이해해야 할까?

1968년 이상문학상 수상작 최인훈의 「웃음소리」에는 술집 호스테스가 건달 같은 남자를 사랑한 이야기가 나온다. 비록 그녀는 '바 하바나'에서 일하고 있는 술집여자지만, '1번 여자'답게 그 바닥에서는 평소 많은 단골손님을 갖고 있고, 최고참 언니답게 다른 종업원을 잘 통솔해 나가는 능력 있는 여자다. 그런 면모는 평소 거친 말과 행동을 보이기보다 "무료할 때, 또는 둘레가 시끄러울 때, 저쪽 말을 귀담아 듣고 싶지 않을 때, 또는 눈을 마주치기 싫을 때, 좋을 때, 또는 나쁜 때—어느 때건" 핸드백에서 줄칼을 꺼내 손톱을 다듬는 습성에서 잘 알 수 있다.

그런데 이 여자는 굳은 약속도 저버리고 돈을 몽땅 훔쳐 달아나버린 그 남자 때문에 자살을 결심하게 된다. 경솔한 행동을 할 여인 같지 않은 이런 여인이 어찌 직업도 변변치 못하고 검은 안경을 늘 쓰고 다니는 건달 비슷한 남자를 사랑하게 되었을까? 작가는 어떤 계기로 그 남자를 만나 사랑에 빠지게 되었는지, 그 남자는 어떤 수단으로 이 여인을 감쪽같이 속일 수 있었는지에 대하여는 전혀 언급이 없다.

그녀는 한마디로 말해서 문제의 남자를 평강공주처럼 모성으로 감싸주고 구원의 여신이 될 각오가 남달리 강했다고 볼 수밖에 없다. 『삼국사기』권45 열전5에는 고구려 25대 평원왕(平原王)의 딸인 평강공주가 '바보 온달'과 결혼하여 남편을 고구려의 훌륭한 장군으로 길러낸 이야기가 전한다. 본래 평강공주는 어릴 때 울기를 잘 해 아버지는 농담으로 이담에 크면 바보 온달에게 시집보내겠다고 자주 말했다고 한다. 그런데 아버지는 막상 공주가 성년이 되자 사대부 집안의 아들에게 시집보내려 했다. 공주는 이를 완강히 거절하고 궁궐을 나와 얼굴이 못 생기고 가난한 집의 온달과 결혼하여 부부가 된 것이다. 그녀는 갖고 있던 보물을 팔아 집과 논밭을 마련하고 온달에게 학문과 무예를 가르쳤는데, 그녀는 남편에게 "배우지 못하면 누구나 바보가 되고 쓸모없는 사람이 되지만 스스로를 갈고 닦으면 보석처럼 빛나는 사람으로 변하게 되지요. 온달님은 성실하고 효심이 깊은데다가 힘이 좋아 노력하면 장군이 될 수 있어요." 라고 격려의 말을 아끼지 않았다고 한다. 아내의 정성어린 보살핌에 힘입어 낮에는 활쏘기, 말타기를 배우고 밤에는 글을 익힌 온달은 신라군과의 싸움에서 큰 공훈을 세움으로써 왕은 노여움을 풀고 온달을 정식 사위로 맞아들이고 큰 벼슬을 하사하였다고 한다.

본래 남녀 간의 사랑은 놀라운 힘이 있다. J. F. 비얼레인의 말처럼, 사랑은 인간이 발전해 나가는 생성과정에서 촉매제로 작용하여 한 사람을 전혀 다른 사람으로 변화시킬 수 있는 원동력이 된다. 최근 생물학계의 연구 발표에 의하면 모성애가 유전자에 의해 결정된다는 사실이 밝혀졌는데, 본래 여성들 중에는 모성애 유전자를 남달리 많이 타고 난 사람이 있다. 여자라고 모두 모성애를 타고 나는 것은 아니다. 남자 중에도 자기 자식을 아내보다 더 극진히 돌보는 사람이 있는가 하면 제 자식 돌보지 않는 여자도 얼마든지 많이 볼 수 있다.

여성은 본래 목숨을 걸고 생명을 창조하는 위대한 존재다. 하늘은 생명을 잉태케 하는 아버지에 비유된다면 대지는 모든 생명체를 탄생하게 하고 자랄 수 있도록 하는 모태에 비유된다. 실제로 북아메리카의 인디안들은 대지를 '위대한 어머니(Great mother)'라고 부른다. 여자들 중에는 뭔가 문제가 있는 남자, 반사회적 인격장애자에게 마음이 끌리는 일이 있는데, 이것은 어느 정신과 의사의 말처럼 우리의 정신 속에 그림자로 내재해 있는 본능적인 충동과 무관하지 않다는 것이다. 특히 '위대한 어머니'의 태고유형(원형)을 지닌 여자들은 『신곡』의 베아트리체처럼 자신의 사랑으로 문제의 남자를 변화시키고 구원할 수 있으리라는 환상을 품고 그런 남자를 사랑의 대상자로 택하게 된다는 것이다. 자식을 가진 부모들은 내 자식을 덮어놓고 문제아로만 볼 것이 아니라, 나와 다른, 아니 어느 누구하고도 다른 사람으로 살아갈 수 있는 가능성을 지닌 존재라는 것을 한 번 생각해 볼 일이다.

영원히 소유할 수 없는 욕망의 대상
-어머니와 자식의 관계에 대하여

우주론적 생성

세계의 여러 우주창생 신화를 보면, 이 우주는 맨 처음 아무 것도 없는 제로(zero)의 상태, 즉 사물들이 제각기 자기 모습을 지니지 못한 채 캄캄한 혼돈의 상태였다고 묘사하고 있다. 중국의 천지개벽 신화에 의하면, 천지(天地)가 아직 분리되지 않았을 때 우주는 거대한 알 모양을 하고 있었고 암흑과 혼돈이 지배하고 있었다. 혼돈의 상태 그것은 코스모스 이전의 카오스와 다르지 않은데, 구약성서의 「창세기」에는 그러한 혼돈 · 미분의 상태를 "땅이 혼돈하고 공허하며 흑암이 깊음 위에 있고 하나님의 신은 수면에 운행하시니라"와 같이 묘사되어 있다.

우주 만물의 생성에 대해 논한 주역(周易)에 따르면, 우주의 시원은 태극(太極)이다. 태극은 아무것도 없는 무(無)의 상태, 다시 말해서 모든 물체가 생성되기 이전의 근원적 상태를 말한다. 이 태극에서 음(陰)과 양(陽)이 생기고, 이 양과 음에서 태양(太陽), 소양(小陽), 태음(太陰), 소음(小陰)이란 네 가지 성상(性象)이 생겼으며, 이에서 다시 건(乾), 곤(坤), 감(坎), 리(離), 태(兌), 손(巽), 진(震), 간(艮)이라는 여덟 개의 괘상[八卦]이 생기게 되었다.[1] 이를 통해 보면 사람을 비롯하여 이 세상의 모든 만물은 각기 다른 모양과 성질을 갖고 있지만, 그것들은 결국 음, 양 중 어느 한 쪽에 속하게 된다는 것을 알 수 있다.

이런 우주창생 이야기에 귀를 기울이는 이유는, 소우주로서의 인간의 탄생과 정신구조가 대우주의 생성원리를 그대로 닮고 있기 때문이다. 융심리학파들이 심리의 진화라는 차원에서 인류의 발달 과정과 개인의 발달 과정이 궤를 같이 한다고 보았듯이, 개인이 태어난 세계의 형태는 이미 잠재적 이미지로서 선천적으로 그에게 갖추어져 있다고 보고 있다.

그런 점에서 태극(太極)과 같은 무의 상태, 다시 말해서 음과 양이 아직 분리되지 않고 하나로 통합되어 있는 상태를 인간의 정신 구조에서 찾아본다면, 그것은 곧 우로보로스(Ouroboros)[2)]로 상징되는 상태를 가리킨다. 흔히 분석심리학에서는 의식과 무의식이 분리되지 않고 하나로 융합되어 있는 상태, 더 정확히 말하면 자아(自我)의 개념이 형성되기 이전의 원초적 무의식의 상태를 우로보로스로 상징한다.

그런데 이러한 태극과 같은 우주의 시초를 모성적 자질로 파악해 보면, 그것은 아이(자식)가 '어머니의 몸'의 일부로 자궁 속에 있을 때가 된다. 이 세상의 모든 자식들은 광막하고 깜깜한 대해(大海)와 같은 어머니의 자궁(子宮)에서 '어머니의 몸'의 일부로서 생성되어 자라나다가 어느 날 분리된 존재다.

어머니에게서 떨어져 나온 아이는, 음과 양의 결합처럼, 처음 본래의 상태로 돌아가고 싶은 욕망을 갖게 되는데, 이러한 마음의 움직임을 만다라(Mandala)라고 부른다. 다시 말해서 모든 생명체는 '우로보로스' 상태로 돌아

---

1) 易有太極 是生兩儀 兩儀生四象 四象生八卦 (周易 ; 繫辭傳)

2) W. L. Guerin, E. G. Labor, J. R. Willingham, *A Handbook of Critical Approaches to Litterature*(N.Y. : Harper & Row, Publishers, 1979), p.158. cf.
Ouroboros : the ancient symbol of the snake biting its own tail, signifying the eternal cycle of life, primordial unconsciousness, the unity of opposing forces(cf. Yang-Yim).
Mandala : (a geometric figure based upon the squaring of a circle around a unifying center) the desire for spiritual unity and psychic integration.

가려고 하는 '만다라'의 욕망을 갖고 살아간다고 볼 수 있다.

인간의 최초의 고향은 어머니의 자궁이다. 인간은 자궁에서 누렸던 행복한 삶의 기억을 무의식 속에 깊이 간직하고 있다. 우리가 꿈꾸는 유토피아의 청사진은 바로 이런 자궁의 이미지에서 형성된 것이다. 현실의 고통이 심하면 심할수록 인간들이 어머니의 자궁으로 회귀하고 싶은 욕망에 휩싸이게 되는 것도 이 때문이다.

여기서 우리는 어머니와 자식은 단순한 혈연적인 것을 넘어, 근원적으로 하나로 결합되기를 갈망하며 살아가는 존재로서의 특별한 관계임을 알 수 있는데, 사회심리학자 에릭 프롬도 자식의 '어머니에의 집착'을 프로이트처럼 단순히 성적인 문제로 환원하여 해석하지 않고, 인간은 '어머니의 몸'의 일부로서 모태 속에 있다가 이 세상에 태어나 어머니의 보호와 보살핌 속에서 자랐기 때문에 어머니의 품속으로 돌아가고 싶은 것은 자연스러운 현상이라고 보았다.

행복에 잠긴 모자상

많은 예술가들은 아기 예수를 안고 있는 성모 마리아상이나, 아이들의 젖줄이 되고 보살상을 연상케 하는 모자상(母子像)을 그림으로, 조각으로, 사진으로, 글로 표현하고자 노력하는 것을 볼 수 있다. 그들은 우리 모든 사람이 어머니의 분신으로서, 어머니와의 합일을 갈망하며 사는 것이 인간의 근원적인 모습이라는 것을 누구보다 잘 알고 있었기 때문이다.

두 사람이 하나가 됐을 때 어머니도 자식도 행복할 수 있다. 이런 사실에 대한 깊은 이해를 갖고 있는 어느 선생님에 대한 이야기가 신문에 보도된 적이 있다.

엄마를 안으니 행복해요-「엄마 30초 껴안기 운동」

충남 아산시 온양중앙초등학교 1학년 2반 학생들은 학교를 마치고 집으로 돌아가면 한결같이 엄마 품을 찾는다.

여리고 짧은 손으로 엄마 품을 파고들어 꼼짝 않기로 30초 동안, 담임 이용숙 선생님이 내준 숙제가 <엄마 30초 껴안기>이기 때문이다. 지난여름 초입 李교사가 내준 숙제로 시작된 <엄마 30초 껴안기>는 이제 저학년들 사이에서 <엄마 30초 껴안기 운동>으로 발전했다.

"요즘엔 초등학교 1학년밖에 안 된 애들에게도 부모들이 따뜻하게 감싸 안는 시간보다는 '공부해라', '학원 갈 시간이다'고 채근하는 시간이 더 많은 형편입니다. 부모 자식 간에 따뜻한 정서교류 없이는 아이들 교육이 올바로 될 수가 없습니다."

李교사는 "학부모님들께는 선생님이 시킨 일이라고 알리지 않고 껴안도록 시켰기 때문에 갑작스런 아이들 행동에 놀라 전화를 걸어온 어머니들도 적지 않았다"며 "그만큼 모자, 모녀간에 사랑 표현이 부족했던 것 아니겠느냐"고 했다.

엄마를 껴안을 때 엄마가 했던 말이나, 자기 느낌을 적도록 한 숙제에는 다양한 모자-모녀의 모습이 담겨 있다. "대문을 열자마자 뛰어가서 엄마를 안았다. 엄마 가슴이 푹신푹신한 침대 같았다." "아이고 더워라. 더운데 왜 이러니?", "기원이가 많이 컸구나. 숙제하고 놀면 좋겠고, 밥 좀 많이 먹었으면 좋겠다." "우리 애기 다 컸네.", "엄마를 안았을 때 기분이 좋았다. 엄마 가슴에 귀를 대니 엄마 숨소리가 들렸다. 엄마는 나를 사랑하신다.", "엄마를 안았더니 무릎에 나를 앉히시고 아무 말씀이 없었다." …….

학부모들은 李교사가 아이들 감상을 묶어 가정 통신문으로 돌리고서야 숙제였다는 것을 알았다. 통신문을 받은 부모들은 "그런 숙제를 내줘서 정말 고맙다.", "아이가 품으로 달려드니 그렇게 행복할 수가 없었다."는 전화를 걸어왔다고 한다. <엄마 30초 껴안기>의 높은 호응은 이 학교 저학년 학생 숙제를 훨씬 다양하게

> 만들었다. '아버지 발 닦아 드리기', '아버지 등 두드려 드리기', '부모님께 아침 인사하기'들이다.
>
> 이 학교 김종태 교장은 "이런 숙제를 내면서부터 아이들이 학교생활도 훨씬 재미있어 하는 것 같다"며 "아이들이 밝고 아름다운 마음시를 가지는 데 부모 역할이 그만큼 중요한 것"이라고 말했다. (조선일보, 1996.10.1)

우리는 이 사실을 통해 우로보로스로 돌아가려는 만다라의 욕망을 갖고 있지만 이를 억압하거나 숨긴 채 살아가고 있다는 것을 다시 한 번 느끼게 할 뿐만 아니라, 부모 자식 간에 따뜻한 정서 교류 없이는 아이들의 올바른 성장이 이루어질 수 없다는 것, 따라서 어머니로서의 존재가 아이에게 미치는 영향이 얼마나 큰 것인가를 새삼 깨닫게 된다.

그런데 아이를 사랑하는 마음이 도를 넘어, 일방적으로 베풀기만 하거나 잘잘못을 모르는 아이들의 행동을 묵인과 용서로서 끌어안으려고만 하는 사랑은 결코 아름다운 것만은 아니다. 유태인 여성들은 자식을 훌륭하게 키워내는 강한 어머니로 유명하다. 우리나라 어머니들도 자식에 대한 교육열이나 자식을 생각하는 지극한 모성애에 있어선 결코 유태인 어머니들에 뒤지지 않는다. 오히려 그 도가 지나쳐 자식에 대한 지나친 간섭과 집착, 소유욕, 병적인 근심 걱정에 빠지고 말아 결국 젊은이들이 자신을 스스로 책임지지 못하고 어머니에게 의존하는 '마마보이'가 되고 마는 경우를 흔히 보게 된다.

우리는 여기서 몇 해 전 KBS방송국에서 방영되었던 '우정의 무대'란 TV 프로그램을 상기해 볼 필요가 있다. 이 프로는 꽤 인기가 높았었다. 그것은 바로 어머니와 다 큰 아들이 극적으로 만나 끌어 안는 장면을 하이라이트로 하고 있기 때문이다. 이 프로야말로 어머니와 자식과 관계를 누구보다 잘 이해한 PD의 제작이라고 볼 수 있다.

그리고 엄마의 품으로 돌아가고 싶은 숨은 욕망의 발로를 가장 극명하게 잘 보여주는 것으로는 해외로 입양된 아이들이 생명의 뿌리인 생모를 찾아 돌아오는 일을 빼놓을 수 없다.

"친엄마 만나야 한다" 눈물의 발차기

잊고 지냈다. 아니 모른 척하고 싶었다. 그러나 피는 끈끈했고, 운명처럼 태권도가 그녀를 어머니에게로 인도해 주었다.

태어난 지 9개월 만에 노르웨이로 입양됐던 입양아가 태권도를 통해 어머니도 만나고, 고국에서 벌어진 세계태권도선수권에서 메달도 따냈다.

7일 끝난 제주 세계태권도대회 여자 웰터급에서 동메달을 딴 노르웨이의 니나 솔헤임(22). 지난 5일 웰터급 준결승에서 한국의 김혜미에게 아깝게 역전패한 후 눈물을 흘렸던 솔헤임은 "솔직히 메달을 따리라곤 꿈도 꾸지 않았다. 그러나 멀리서 어머니가 나를 지켜보고 있다는 사실이 큰 용기가 됐다"고 말했다.

솔헤임은 "지난 6월 춘천 국제태권도대회에 참가했을 때 21년 만에 친어머니를 만나 이틀간 함께 지냈다"고 털어놓았다. 니나는 쌍둥이다. 동생 모나와 함께 마산에서 태어난 니나는 생후 9개월째 동생과 함께 노르웨이로 입양됐다. 노란 얼굴색과 검은 머리, 그리고 검은 눈동자. 니나와 모나는 어린 시절 친구들 사이에서 '왕따'였다. '옐로'라는 아이들의 놀림을 받고 울면서 집으로 돌아와도 아버지는 그저 말없이 안아주기만 했다.

니나가 여덟 살이 됐을 때 고등학교 교사인 양아버지 에밀 솔헤임(62)과 간호사인 양어머니 글래디스(56)가 출생의 비밀을 털어놓았다.

"너희는 한국에서 태어났고, 한국에 친어머니가 살고 있다. 친어머니는 형편이 어려워 너희들을 키울 수 없었고, 우리가 대신 너희의 부모가 됐다. 자식이 없는 우리에게 너흰 하늘이 주신 가장 귀한 선물이다"

그땐 그게 무슨 말인지 가슴에 잘 와 닿지 않았다. 그러나 나이가 한두 살씩 먹어가면서 니나는 자신이 과연 누구인지, 자신을 낳은 부모는 누구인지 궁금했다. 그리고 흔들렸다.

열 살 때 양아버지는 니나를 태권도장에 데려갔다. "한국은 태권도의 나라다. 한국을 알고 싶다면 태권도를 배워야 한다"고 설명해 주었다. 힘들 때마다 때려치우고 싶었지만 문득 '태권도를 잘 하면 어머니를 만날 수 있지 않을까' 하는 생각이 들었다.

> 열여섯 살에 노르웨이 국가대표로 뽑힌 니나는 지난 6월 마침내 한국에 올 수 있게 됐다. 혹시나 하는 마음에 노르웨이 '입양아 센터'를 통해 친어머니를 수소문한 결과 친어머니가 생존해 있다는 소식을 접했다.
>
> 분명 그리움은 아니었다. 원망도 없었다. 다만 두 딸을 버린 게 늘 마음에 걸렸을지도 모를 어머니에게 '걱정 마세요. 이렇게 잘 컸어요'라는 걸 보여주고 싶었다. 그리고 춘천에서 친어머니를 만났다. 어머니는 니나를 붙잡고 눈물을 흘렸지만 니나는 울지 않았다.
>
> "그저 멍했어요. 실감이 나질 않았어요. 다만 내가 왜 이토록 태권도에 집착했는지 그 이유를 조금 알 것 같았어요."
>
> 말은 안 통했지만 21년 만에 상봉한 모녀는 그렇게 춘천에서 이틀을 보냈다. 그리고 이번 제주 세계선수권대회를 앞두고 니나가 e-메일로 어머니께 연락을 하자 답장이 왔다. "엄마는 네가 누구보다 자랑스럽구나. 열심히 하렴." (중앙일보, 2001.11.7)

위에서 보듯 해외 입양아 '니나'는 어딘가 살아 있을 생모를 몹시 그리워했다. 그녀는 해외에 입양되어 좋은 환경에서 잘 살고 있었지만, 얼굴 모양과 피부색이 다른 그녀로서는 양모가 있지만 내 존재의 뿌리가 되는 어머니, 나와 하나가 되어 완전한 상태를 이루어야 할 어머니의 자리를 백 프로 대신할 수가 없었기에 생모에 대한 그리움이 남달리 컸다고 볼 수 있다. 또 하나의 어머니를 만나기 위해 태권도에 그토록 집착했던 '니나'의 모습에서 어머니의 존재가 어떤 의미를 지니는가를 새삼 느껴본다.

아이의 모험 : 엄마로부터의 이탈

아이는 어머니의 극진한 사랑과 보살핌 속에 자라지만, 그러나 엄마 품에서 자라난 아이가 항상 그곳에만 머물러 있을 수는 없다. 아이는 신기하고 더 재미나는 일들이 많은 바깥세상으로 나아가야 한다.

어머니와 아버지를 중심으로 집안에서 자라난 아이가 볼 때 우리 엄마는 이 세상에서 제일 미인이고 우리 아빠는 가장 힘세고 잘난 사람이다. 그러나 이제 어머니와 아버지는 자기의 호기심을 더 이상 충족시켜 줄 존재가 아니다. 그리하여 아이들은 부모의 곁을 떠나 자신들을 반갑게 손짓하는 같은 또래의 친구들을 찾아 더 큰 바깥의 세상으로 조심스럽게 모험을 떠날 수밖에 없다. 만일 어머니가 이런 자식들을 이해하지 못하고 자기 곁에 계속 잡아두려고만 한다면, 그들이 볼 때 어머니라는 존재는 지독한 악마, '무서운 어머니(Terrible mother)'로밖에는 보이지 않을 것이다.

황순원의 「소나기」는 그런 성장기 모습의 한 단면을 잘 보여주는 소설이다. 소녀가 소학교 5학년이란 사실은 그녀가 이제 유년시절을 벗어날 때임을 말해 주고 있다. 그리고 소년과 소녀가 징검다리에 걸터앉아 개울물 속에 비친 자신의 그림자를 보고 있었던 것처럼 그들의 행동의 구심점은 '나르시즘'의 환영에서 출발하고 있다. 소녀가 들여다보고 있던 물속에서 건져낸 조약돌을 소년에게로 던지는 것은 자신이 물속에서 찾고 있던 아니무스적 영상을 소년에게서 찾은 것이라고 말할 수 있다. 또 소녀가 소년과의 대화를 열 때 사용한 비단조개의 이미지 역시 이것과 연결된다고 볼 수 있다. 왜냐하면 비단조개에 묻어 있는 아름다운 무늬는 곧 소녀의 가슴에 서리어 있는 사랑의 무늬에 대한 이미지가 될 수 있기 때문이다. 그래서 소년과 소녀가 황금빛 들판을 지닫고 산을 디는 움직임은 무엇인가 허전한 마음을 메우기 위한 것이며, 여러 가지 꽃을 꺾는 것은 서로의 가슴 속에 서리어 있는 분홍빛 무늬를 찾는 모습이다.

아이들은 바깥으로 나가 독립된 한 인간으로서 자신의 삶을 꾸려나가야 한다. 자기가 하고 싶은 일을 찾아 직업을 선택해야 하고, 고독에서 벗어나게 해줄 이성도 찾아야 한다. 성공은 선택이라는 말이 있듯이 이 모든 선택의 행위는 아이들이 겪는 모험의 전형적인 모습이다.

그런데 이처럼 엄마 품에서 벗어나는 아이들의 모습은 그 자체가 대견스런 성장의 모습이다. 하지만 어머니는 애들이 커 가면서 어머니로서의 역할이 줄어들면서 점점 내게서 멀어지고 있다는 것을 느낄 수밖에 없어 상실의 허무감에 빠질 수밖에 없다.

서영은의 「아름아, 돌아오라」는 그런 어머니의 모습을 가장 잘 보여주는 소설 중에 하나다. 주인공 '성자'는 남편과 아들 둘과 함께 살아가는 평범한 가정주부다. 큰아들이 입대하자 그녀는 매주 일요일마다 화려한 옷을 입고 면회를 갔다. 아들의 절도 있는 행동에서 성자는 젊은 날의 남편의 모습을 보는 듯했다. 그녀는 요즈음 아들 면회 가는 재미로 세상을 살아간다. 그런데 아들로부터 이제 그만 면회 오라는 말을 들었다.

> 어느 날 아들은 부대 앞 식당에서 단도직입적으로 말을 꺼냈다.
>
> "어머니, 이제 면회 안 오셔도 돼요."
>
> 식사 후 콤팩트를 꺼내 연지를 새로 칠하고 있던 성자는 콤팩트 뚜껑을 소리 나지 않게 가만히 닫고 아들을 지그시 건너다보았다. 아들은 잘 먹던 곰탕을 반 이상 남겨 놓고 있었다.
>
> "왜?"
>
> "찾아오는 여자 친구가 있어요. 면회 시간은 정해져 있는데 엄마가 다 써버리면, 우리 시간이 없어지잖아요."
>
> 큰아들은 그렇게 해서 성자의 품을 떠나 여자 친구에게로 날아갔다.
>
> —서영은/'아름아, 돌아오라'에서

우리는 이 장면에서 헌신의 보람이 한꺼번에 사라지는 듯한 허무감에 빠질 수밖에 없는 어머니의 모습을 실감하게 된다. 자식을 보살피고 자식을 위해 헌신하는 애정이 강하면 강할수록 허무감의 심도는 더욱 높을 수밖에 없다. 융이 지적했듯이 모성애의 이면에는 아이의 자유를 빼앗고, 구속하고, 독점하고 싶은 집착이 또한 도사리고 있기 때문이다. 그러나 새로운 세계로 나가려는 아이를 내 곁에 잡아두려고 해도 이젠 소용이 없다. 그러면 그럴수록 자식은 어머니를 증오하게 될 것이고, 어머니야말로 퇴치해야 할 무서운 괴물로밖에 보이지 않을 것이다.

바깥 세계는 두려운 곳

아이들은 어머니 곁을 떠나 바깥세상으로 나가 이제 독립된 한 인간으로서 자신의 삶을 꾸려 나가야 한다. 그런데 아이가 나아가야 하는 바깥 세계란 두려운 곳이다. 나보다 힘 센 또래들과 경쟁도 해야 하고, 생전 해 보지 않은 일에 도전해야 할 뿐만 아니라 매일 어려운 과제를 잘 풀어 성적도 올려야 한다. 한마디로 말해서 거친 세파를 헤쳐 나가야 한다. 어쩌면 그들은 성취의 만족을 느끼기보다 그 정반대의 결과로 인해 괴롭고 절망을 누리게 될 때가 더 많을 것이다. 그래서 아이들 중에는 어머니 품속에 머물던 때, 그 행복한 낙원에의 집착을 쉽게 떨치지 못하여 바깥 세계로 나가기를 두려워하고 퇴행적 행동을 보이는 경우를 볼 수 있다. 이런 모습의 한 전형을 이청준의 「퇴원」에서 볼 수 있다.

> 소학교 3학년 때 가을, 나는 그 즈음 남몰래 즐기고 있는 한 가지 비밀이 있었다. 광에 가득히 쌓아 올린 볏섬 사이에 내 몸이 들어가면 꼭 맞는 틈이 하나 있었다. 나는 거기다 몰래 어머니와 누이들의 속옷을 한 가지 두 가지씩 가져다 깔아 놓고, 학교에서 돌아오면 그 곳으로 들어가서 생쥐처럼 낮잠을 자는 것이었다. 속옷은 하나같이 부드럽고 기분 좋은 향수 냄새가 났다. 장에는 그런 옷이 얼마든지 쌓여 있어서 내가 한 두 가지씩 덜어내도 어머니와 누이들은 알아내지를 못했다. 어두컴컴한 그 광속 굴에 들어앉아 이것저것 부드러운 옷자락을 만지작거리며, 거기서 흘러나오는 냄새를 맡고 있노라면 그보다 더 기분 좋은 일이 없었다.
>
> —이청준/'퇴원'에서

광속에서 낮잠 자기를 즐기는 이런 행동이 퍽 기이하게 보일지 모르지만 우리도 역시 어렸을 때 다락이나 책상 밑 은밀한 곳에서 놀기를 즐겼던 기억을 상기해 본다면 하나도 이상한 일이 아니다. 이런 행동은 결국 자궁과 같은 아늑한 곳으로 돌아가고 싶은 잠재의식에서 비롯된 아주 자연스런 모습이다. 또한 잠자기를 즐기는 이런 행동은 고민이 있을 때 술을 마시고 취해 버리거나 꾸중을 들은 아이가 잠을 자 버리는 행위와 똑같은 원리로서 설명될 수 있다. 낮잠을 즐기는 행위를 작가는 이청준의 또 다른 소설 「소문의 벽」에서 더욱 괴이하게 나타나고 있다.

> '그'는 집안이나 학교에서 무슨 낭패스런 일만 당하고 나면 으레 자기의 어두컴컴한 골방으로 들어가 몇 시간이고 그런 가사상태를 지속하면서 휴식을 취하곤 했다. 기분이 너무 암담스러울 때도 그랬고, 흥분을 하거나 긴장이 될 때도 그랬다. 그는 이제 숨을 참을 수 있는 시간이 놀라울 만큼 길어져 있었고, 그렇게 숨을 참고 있는 동안은 자기가 정말 숨을 끊어버린 것인지 어쩐지도 잘 알 수 없을 만큼 불편을 느끼지 않게 되어 있었다. 하지만 그것은 '그'가 숨을 조금도 쉬지 않는 것이 아니라 가슴과 배를 들먹이지 않고 코끝으로만 조금씩 조금씩, 아주 은밀스럽게 공기를 들이마시는 연습에 그만큼 육신이 익숙해져 있는 까닭이었다. 헌데 이상한 것은 '그'가 그렇게 숨을 참고 누워서, 나는 정말로 죽은 사람이 되어 있는 것이다라고 생각하기 시작하면 그것처럼 마음이 편해질 수가 없는 것이었다.
>
> —이청준/'소문의 벽'에서

잠을 자거나 가사 상태로 든다는 것은 의식이 없는 상태로 남으려는 무의식적 욕망의 표시이다. 인간은 성장하면서 꿈을 잃어간다. 사람이 행복할 수 있었던 때는 어린 시절과 같은 순진무구의 상태이듯이, 의식이 발달한 성인의 삶은 갖가지 고통과 고민에 휩싸일 수밖에 없다. 의식의 발달, 사물에 대한 지식의 발달은 인간의 물질적 욕망을 충족시키기 위해 필요한 일이다. 그러나 한편 의식의 발달은 인간답지 않은 상태의 존재로의 이탈을 의미한다.

한마디로 말해서 인간은 의식에 의해서 지치고 피곤해지므로 근본적으로 인간에게는 반의식·반지식에의 욕망, 즉 죽음의 욕망을 갖고 있는 것이다.

「소문의 벽」의 박준이란 인물의 의식을 여실히 드러내고 있는 '그'가 대학생으로 성장하면서 죽음의 상태로 남으려는 기이한 행동이 더욱 심해졌던 것은 그만큼 현실을 감내하기가 힘들 만큼 갈등이 심했음을 의미한다. 행복을 추구하는 일이 오히려 불행을 초래하게 되는 이 모순된 욕망을 갖기 때문에, 사르트르의 말대로 모든 인간의 노력은 궁극적으로 '쓸데없는 고통'으로 귀착되게 마련인지도 모른다.

퇴행에 의한 고통 극복

인간의 궁극적인 욕망은 행복하게 사는 것이다. 물질적으로나 정신적으로나 부족을 느끼지 않는 삶, 그러나 그 실현이 얼마나 어려운가를 우리는 체험적으로 잘 알고 있다. 인간은 욕망을 이루기 위해 애를 쓰지만, 상실과 마멸의 상처 속에 고통만 더 느끼며 살아가기가 십상이다.

사실 지난날, 특히 유년시절이란 그 나름의 기쁨과 슬픔이 가득 들어찬 시간이었을 뿐이지 결코 황금시대는 아닌 것이다. 그런데도 우리들은 지난날을 아름답게 생각하고 다시 돌아갈 수 없음을 아쉬워하는 습성이 있다. 그때는 어머니의 도움 속에 책임과 의무로부터 자유로웠고, 순진무구한 아름다운 꿈을 마음대로 꿀 수 있었으며, 더욱이 힘든 일이나 고통까지도 시간이 지나면 아름다운 추억으로 기억되기 때문일 것이다.

인간의 성장과정에서 볼 때 유아기 때에는 어머니와 아버지를 중심으로 하는 가정이 평화롭고 살기 좋은 세상이었고, 또 그 세계는 완전한 것으로 보인다. 그래서 어른이 되어서도 욕구불만에 빠졌을 때, 특히 불안과 공포로 인해 현실을 감내하기가 어려울 때 그 해결을 위해 어렸을 때의 모습으로 돌아가는 퇴행적 행동을 취하여 적응해 나가기도 한다. 즉 자아가 현실을 지탱

할 수 있을 만큼 강하지 못하여 고통을 느낄 때, 그 욕구를 유아적인 방법으로 만족시키는 행동을 취하는 것이다. 이런 심리적 적응행동의 예는 소설 속에서 흔히 볼 수 있다.

오정희의 「완구점 여인」[3]의 주인공 '나'는 오뚜기 살 돈을 마련하기 위하여 어두운 교실에 몰래 들어가 학생들이 두고 간 책상을 뒤져 지갑에 들어있는 돈을 훔쳐 나오는 장면이 나온다.

> 인조 대리석의 복도에서 새어나오는 불빛으로 번들거렸다. 하늘이 새까맣다. 불빛에 검게 아른거리는 복도는 먼지 한 알 없이 청결해 보여서 위축감을 느꼈다. 무거운 가방을 멀찌감치 동댕이치고 그 위에서 딩굴고 싶다는 생각을 했다. 뻣뻣한 스커트를 허리께까지 훌쩍 걷어 올리고 그대로 선채 오줌을 누고 싶다는 충동을 느꼈다.
>
> -오정희/'완구점 여인'에서

위에서 보듯이 '나'는 누가 볼까 두려움 속에 복도를 걸어 나오면서 반들거리는 복도에 어린애처럼 딩굴고 싶어 하고, 어린애처럼 오줌을 싸고 싶다고 말한다. 이는 불안과 공포를 느낀 '나' 가 유아기의 행동을 함으로써 그로부터 벗어나려는 심리적 충동에서 비롯된 것이다. 이런 행동은 새로 동생이 태어났을 때 불안을 느낀 아이가 엄마의 사랑과 관심을 획득하기 위해 갑자기 잘 하던 말을 더듬거나 대소변을 함부로 본다든지, 물건을 집어던지며 유치한 행동을 하는 것과 그 궤를 같이 하는 것이라 볼 수 있다.

오정희의 「봄날」[4]에 등장하는 주인공 '나'의 남편은 요즘 사업이 잘 돌아가지 않아 고통을 겪고 있다. 그런데 그는 평소와는 달리 밤마다 "몸을 가누지 못하게끔 술에 취해 걸레처럼 구겨져 들어"와서는 "신도 벗기는 대로, 옷도 벗기는 대로 내게 얌전히 몸을 내맡겨 마치 슬픔에 지쳐서 착해진 어린애

---

3) 오정희창작집, 불의강(서울 : 문학과지성사, 1977), p.233.
4) 위의 책, p.120.

처럼, 용서를 받은 어린애처럼 시중을" 받는다. 그리고 그의 주머니에서는 어린애들이나 좋아할 장난감이 들어 있었다.

> 어쩌면 그의 윗옷 주머니에는 배꼽을 누르면 응애응애 울어대는 고무 인형이라도 들어 있을지 모른다. 그가 때때로 술에 취해 들어오는 저녁이면 나는 그의 옷을 벗겨 걸다가 소리를 지르고 주저앉기도 여러 번이었다. 그의 주머니에서는 다람쥐나 태엽을 감아주면 눈에 불을 달고 걸어다니는 로봇, 심지어는 실험용으로 쓰이는 모르모트 한 쌍이나 올빼미가 의안처럼 움직이지 않는 눈을 크게 뜨고 날개를 사리고 있기도 했다.
>
> —오정희/'봄날'에서

어렸을 때 우리는 엄마가 장난감만 사주면 어떤 긴장도 해소할 수 있었고, 모든 장애를 극복할 수 있었다. 고통을 겪는 남편의 주머니에서 장남감이 나온 것은 이처럼 어렸을 때 만족을 취했던 형태로 되돌아가려는 욕구에서 비롯된 것이다. 심리학자의 말에 따르면 이런 도피적 퇴행은 근본적으로 문제 해결책이 되지 못하고, 이런 행동이 반복되면 오히려 현실에 대한 적응 능력이 감소되어 부적응행동을 유발할 소지가 크다고 본다.

오정희의 소설에는 모임에 참석한 사람들이 술이 취해 함께 큰 소리로 노래를 부르는 장면이 나오는 경우가 많다.

> (1) 길모는 밥 늦어 허옇게 센 머리로 돌아올 것이다. 술 취해 들어오는 길모의 머리는 늘 허옇게 세어 있고, 명혜는 그것이 골목 가로등의 역광 때문이라는 것을 안 뒤에도 매양 섬뜩섬뜩 놀라곤 했다. 아아 꿈은 사라지고, 꿈은 사라지고. 그들은 즐겁고 또 즐겁게 잃어버린 청춘과 사라진 꿈, 취기가 맺어 준 새로운 우의를 노래했다. 노래도 즐거움도 밤새 이어질 듯했다. 멀리서 들리는 노래 소리는 얼마나 정답고 멀리서 보는 불빛은 얼마나 은성하고 그리운 것일까.
>
> —오정희/'야회'5)에서

(2) 손님들이 얼마나 취했던지……. 우린 그날 <과수원 길>이란 아이들 노래를 불렀죠. 남편은 엉망으로 취해서 노래를 부르다 울어 버렸지요. 나 역시 눈물이 나왔어요. 눈송이처럼 흰 사과꽃이 날리는 과수원 길, 어쩌면 머리카락에 이슬처럼 맺히는 봄비가 내리는 날인지도 모르죠. 짙은 대기 속에서 풍기는 엷은 사과꽃 향기, 그런 것들은 어저면 영원한 향수 같은 게 아닐까요?

그 여자는 술병을 들여다보다가 이미 비었음을 알고는 아쉬운 듯 내려놓았다.

이상하지요. 전 사과꽃 핀 과수원에 대한 추억은커녕 가까이 지나친 적도 없었는데 말이에요. 하도 좋아 레코드를 샀어요. 한 번 들어보시겠어요. 후렴의 고음 부분은 영원히 돌아갈 수 없는 시절을 암시하듯 정말 눈물이 난답니다. 네, 다음에 들으시겠다구요?

—오정희/'어둠의 집'[6]에서

이처럼 여러 사람이 함께 술을 마시고 옛날을 꿈꾸듯 고성방가 하는 것은 누적된 긴장을 해소하려는 마음에서 비롯된 퇴행적 행동이다. 이 같은 퇴행은 근본적으로 문제를 해결해 주는 것은 아니지만 긴장 해소를 위해 어느 정도까지는 필요하며 정당한 수단이라고 볼 수 있다.

사람들은 바다를 좋아한다

우리는 영화나 드라마에서 고독하고 우울한 사람들이 바다를 찾는 행위를 자주 볼 수 있다. 이별의 상처를 입고 행방불명된 사람이 나중에 발견되는 곳은 외딴 호숫가가 아니면 바닷가 외딴 집이다. 외로운 사람은 이처럼 왜 물이 있는 곳을 찾아갈까? 그것은 우리가 본래 자라난 곳이 물속 세계이기 때문이다.

---

5) 오정희소설집, 바람의 넋(서울 : 문학과지성사, 1986), p.33.
6) 위의 책, p.210.

모든 생명체의 근원 세계는 어머니의 자궁이다. 그곳은 양수(羊水)로 가득 차 있는데 그것은 바닷물 같은 액체로 된 유기물이다. 그러니까 생명의 씨앗이 싹터 자란 어머니의 자궁(子宮)은 바다의 표지를 고스란히 지닌 세계가 된다. 정신분석학자들이 바다를 어머니의 자궁으로, 바닷물을 양수와 같은 것으로 보고 있듯이, 모성은 흔히 '대지(大地)'와 '바다'로 상징된다.

그리고 우리는 그곳에 머물고 있을 때 어떤 위험도 배고픔도 느끼지 않고, 다시 말해서 가장 고통 없이 편안히 지낼 수 있었다. 그러니까 바다를 찾는 것은 근원적으로 바다에 대한 향수, 다시 말해서 어머니 뱃속에 있을 때의 행복한 상태로 되돌아가고 싶은 퇴행적 욕망, 즉 요나 콤플렉스(Jonah complex)를 무의식 속에 지니고 있기 때문이다.

생명의 뿌리와 같은 바다를 찾아가는 인간의 모습은 오정희의 「인어」에서도 잘 보여주고 있다. 이 소설의 화자인 '나'는 바닷가에 버려진 '순영'이란 딸아이를 입양하여 키우고 있는 엄마다. 엄마는 순영에게 언젠가는 아이에게 자신의 출생의 비밀을 알려주어야 한다고 생각하여 여행을 함께 떠나 말할 기회를 만들기로 했다. 여행지는 순영이의 제안에 따라 바다가 있는 곳으로 정했다. 순영이는 자신의 출생지를 알고나 있듯이 평소에도 물을 좋아한 아이였는데, 작가는 바다를 향해 달려가는 모습을 다음과 같이 보여주고 있다.

> 해변에 이르러 순영은 마구 달리기 시작했다. 바람에 폭넓은 옷자락은 풍선처럼 부풀었다. 그 애의 뒤 모래펄에는 맨발자국만이 새 발자국처럼 점점이 뿌린 듯 남았으나 곧 파도에 씻겨 흔적 없이 사라졌다. 나는 흰 파도와 해변을 따라 달리는 순영이의 흰 옷자락을 구별할 수 없었다. 점점이 멀어져 가는 순영을 보며 순영아, 순영아, 안타깝게 외쳤으나 그 소리는 외침이 되어 나오지 않았다.
>
> —오정희/'인어'7)에서

7) 오성희창작집, 바람의 넋(서울 : 문학과지성사, 1986), p.67.

엄마가 볼 때 지금 순영이는 한 가족으로서 식구들과 행복하게 살아가고 있다. 그렇지만, 딸아이가 하는 짓을 보면 엄마로서 여간 불안한 것이 아니다. 순영이는 평소에도 바다(물)를 좋아하는 습성이 있다. 어렸을 때부터 순영이는 욕탕 안에서 '초록빛 바닷물에 두 손을 담그면"하고 노래를 부르는 버릇이 있었고, 지금까지 11년 동안 바다에 대한 근접을 의도적으로 피해 왔건만 여행지를 자진해서 바다로 정했고, 바다가 가까워지자 "엄마, 너무 좋아. 생전 처음 바다에 오는데도 낯설지가 않아. 냄새도 그렇고"하는 것이 아닌가. 그리고 평소엔 물속으로 들어갈 아이처럼 브래지어를 끌러 달라고 하기 일쑤고 목욕하러 들어갈 때 함부로 옷을 벗어던지곤 했다. 어쩌면 순영이는 자신의 출생의 비밀을 이미 알고, 본능적으로 자신의 존재의 뿌리인 바다(물)를 남달리 좋아한 아이라고 볼 수 있다.

오정희의 「바람의 넋」에는 은행원으로 일하고 있는 남편이 아내 때문에 고통을 겪는 이야기를 들려주고 있다. 결혼 6개월밖에 안 된 어느 날 집에 귀가해 보니, 아내 '은수'는 보이지 않았다. 친정에 연락해 보아도 행방을 알 수 없었다. 일주일을 여기저기 찾아 헤매던 끝에 신혼여행지를 찾아가 보기로 했다. 신혼 여행지는 고속버스로 세 시간쯤 달려 다시 시외버스로 갈아타야 하는, 해수욕장으로 알려진 바닷가였다. 함께 머물었던 바닷가 호텔을 찾아갔더니, 아내는 뜻밖에도 거기에 머물고 있었던 것이다.

> 인적이 없는 모래펄에는 바닷가를 따라 마치 새의 자취처럼 발자국이 찍혀 있었다. 나는 굽이 선명한 하이힐 자국을 따라 바닷가를 걸었다. 그리고 내가 나온 호텔이 조그맣게 멀어져 보일 즈음, 바위로 가려진 만(灣)의 저쪽으로부터 하나의 점으로 나타나 느릿느릿 걸어오는 아내를 만났다.
>
> 아내는 눈에 익은 밤색 반코트의 깃을 한껏 올리고 맨 종아리를 드러낸 채 조그만 계집아이처럼 치마를 펄럭이며 걸어오고 있었다.
>
> 나는 다가가 따귀라도 올려 칠 심산이었다. 그러나 빨갛게 얼고 센 바람에 트실트실 갈라진 볼을 보는 순간 맥없이 손을 내려뜨렸다.

아내는 마치 낯선 사람을 보듯 눈을 깜박이더니 눈을 내리뜨고 비죽이 웃었다. 언제라도 울음으로 변해 버릴 웃음이었다. …(중략)…

아내의 언 손에는 하얗게 씻기고 바랜 몇 개인가의 조갑지가 쥐어져 있었다. 나는 그만 아내의 소녀 취미에 구역질이 치밀 듯했다.

—오정희/'바람의 넋'[8])에서

이런 아내를 찾아낸 남편으로서 누구보다 먼저 화가 치밀었던 것은 당연하다. 그런데 뒤에 가서 밝혀지지만 '은수'는 고아로 자라온 여자로서, 자신의 존재의 뿌리를 모른 채 살아오느라 누구보다 고독한 여자였고 결혼해서 남편과 살아도 외로움에서 벗어날 수가 없었던 것이다. 이런 은수가 신혼여행을 떠나 고아의 외로움에서 벗어날 수 있었던, 어머니의 태내처럼 행복한 곳으로 강렬히 기억되고 있는 바닷가 호텔을 찾아가 머물고 있었던 것은 아주 자연스런 행동이라고 볼 수 있다.

남자는 엄마 같은 여자를 좋아한다

인간은 근본적으로 모태회귀의 욕망을 갖고 있지만, 그러나 그 반대의 경향, 바깥으로 나아가 자아실현의 욕망을 또한 갖고 있다. 대부분의 사람은 어머니에서 벗어나 성장의 방향으로 나아가지만, 어떤 병리적인 요인을 갖고 있는 사람은 어릴 때 만족을 주었던 상태로 돌아가려는 퇴행적 경향이 아주 강하다. 에릭 프롬은 이것을 근친상간적 고착이라고 말했다. 근친상간적 고착이 심한 사람은 결혼 대상자도 어머니처럼 자기를 편안하게 대해 줄 여자, 어머니와 꼭 닮은 여자와 결혼하기를 원한다.

이 세상의 남자들 중에는 어머니에 대한 갖가지 추억담을 즐겨 말하고, 패

---

8) 오정희소설집, 바람의 넋(서울 : 문학과지성사, 1986), p.194.

스포드 속에 늘 어머니의 사진을 넣고 다니고 있으며, 지난 날 엄마가 만들어 준 음식 맛을 잊지 못하는가 하면, 노래방에서는 엄마의 십팔 번을 빼놓지 않고 부르는 습성을 갖고 있는 사람이 있다. 이처럼 엄마의 그림자 속에 묻혀 사는 남자들은 자기와 결합하여 완전한 하나가 될 반쪽의 여자도 어머니의 이미지와 꼭 닮은 여성이기를 바란다.

하지만 어머니처럼 나를 따뜻하게 감싸줄 여자, 내 맘을 잘 알고 챙겨주던 어머니를 똑 닮은 여자를 찾는다는 것은 영원히 불가능한 일일 것이다. "인간은 영원히 혼자다"라는 말은 니체도 키에르케르도 말했다. 그런데도 마더 콤플렉스에서 벗어나지 못한 남자는 이 세상 어딘가에 그런 여자가 있으리라는 환상을 쉽게 버리지 못하고 살아간다.

호스피스 병동의 의사에 따르면 남자들은 죽음의 순간에도 어머니를 찾는다고 한다. 아내도 자식도 아니고 '어머니'를 부르며 죽어가는 남자들이 대부분인 걸 보면, 역시 남자는 평생을 마더 콤플렉스에서 벗어나지 못하는 존재라고 볼 수 있다.

전경린은 「남자의 기원」에서 이처럼 마더 콤플렉스로 인해 나타날 수 있는 남자들의 다양한 행동 양상을 잘 보여주고 있다.

> 연어가 돌아온다. 텔레비전 뉴스를 보았어. 알래스카 언 소금 바다에서 연어가 다시 돌아오고 있다. 미아, 듣고 있니? D는 내가 그를 안 후로 사 년 동안 해마다 그렇게 말해왔다. 연어가 돌아온다고, 뉴스에서 보았다고. 그리고 더 나이 들기 전에 나를 갖고 싶다고 말한다. 연어가 돌아오는 것을 중요한 뉴스로 올리는, 텔레비전 보도국의 데스크 역시 남자일 것이다. 우연하게도, D가 전화한 그 날, 남편도 저녁에 돌아와 식탁에 앉으며 말했다. 연어가 돌아온다는군. 그렇게 말한 남편의 얼굴에는 잠시 낯선 동요가 일었다. 그러나 뭔가 말을 이을 듯하던 남편은, 딱딱한 갑각류의 등을 지고 한끼 밥을 기다리던, 원래의 무표정한 얼굴로 돌아가고 말았다. 나는 남편 앞에 수저를 놓으며 말했다.
>
> "연어가 돌아오는 것이 남자들의 감수성을 뒤흔드는 어떤 실마리라도 되나요?"

"왜 그렇게 묻지?"

남편은 지나치게 민감해진다.

"남자들이 연어의 회귀에 관심이 많은 것 같으니까."

"누가 또 연어의 회귀에 관심을 보였다는 거지?"

엿보는 듯한 남편의 눈에 불쾌한 의심이 어렸다. 나는 돌아서서 밥통을 열고 남편의 그릇에 밥을 담았다.

"……, 텔레비전 뉴스요. 며칠 전에 뉴스에 나왔어요."

"……"

"남자들이 정말로 원하는 것은 뭐죠? 가슴에 손을 얹고 생각해볼 때 말이에요. 자기가 무엇 때문에 움직이는지 남자들이 알기나 할까요?"

나는 그의 앞에 이제 막 불에서 내린 찌개 냄비를 놓았다. 남편이 숟가락을 들고 매운 국물을 떠올렸다.

"모든 남자들은 상실한 나라를 가진 고독한 존재들이지. 알렉산더 대왕, 칭기즈칸, 진시황제, 나폴레옹, 심지어 히틀러도 바로 그 나라에 가고 싶었던 것인지도 몰라. 남자들에겐 세계를 다 정복한다 해도 결코 갈 수 없는 나라가 있어."

—전경린/'남자의 기원'에서

이 장면에서 보듯이, 남자들(남편과 D)은 TV에서 보여주는 연어의 회귀 모습에 민감한 반응을 보였다. 그 이유는 무엇일까? 그것은 한마디로 말해서 이 세상의 남자들은 우로보로스로 돌아가려는 마다라의 욕망, 다시 말해서 '마더 콤플렉스' 속에 살아가고 있기 때문이다. 어쩌면 그들은 어려운 곤경에 처하거나 정신적 번민과 갈등에 휩싸일 때면 행복을 누렸던 어머니의 자궁의 세계로 다시 돌아가고 싶은 향수를 늘 지니고 살아왔다고 볼 수 있다. 따라서 마더 콤플렉스가 심한 남자가 망망대해를 헤쳐 나갔다가 때가 되면 예외 없이 자기가 태어난 모천(母川)으로 회귀하는 연어 떼의 광경을 보고 흥분하는 것은 아주 자연스런 모습이다.

그런데 이 소설은 전쟁을 일으킨 나폴레옹, 히틀러 같은 영웅들도 알고 보면 극심한 마더 콤플렉스에 빠져 있던 사람들이란 것을 말해 주고 있다. 그리스군의 '트로이' 전쟁에서 보듯 역사적으로 전쟁의 발단은 흔히 여자의 문제와 관련이 있다. 그런 모습은 여자를 빼앗기 위해 혈투를 벌리는 갱들의 영화에서도 볼 수 있다. 영웅들이 볼 때 적국의 공주를 손에 넣는 것은 내가 돌아가고 싶은 어머니의 자리를 쟁취하는 일이었기에 목숨을 걸고 전쟁의 화염에 뛰어들 수밖에 없었던 것이다. 오늘날 남자들이 특히 즐기는 서바이벌 게임도 알고 보면 모태로의 회귀 욕망을 충족하기 위해 벌렸던 전쟁의 상징적 의미를 띠고 있다.

이 소설의 'D'라는 남자는 남편 첫 직장의 선배 되는 사람이다. 그런데 그는 유부녀인 나(미아)를 알고부터 연어가 회귀하는 때가 오면 전화를 걸어 늘 한번 안아보고 싶다는 말을 한다. 이런 말을 서슴지 않는 D의 마음을 이해하기 위해서는, 백가흠의 「광어」라는 작품의 다음과 같은 섹스 장면을 참고하는 것이 좋으리라 본다.

> 내게 당신은 기억나지 않는 어머니와 같았다. ……당신의 젖가슴이 손에 닿았다. 젖꽃판에 돋아 있는 작은 유두들을 손끝으로 훑고 있었다. 나는 엄마의 자궁 속이 기억나는 것도 같았다. 얼굴 없는 어머니의 자궁 속이 말이다. 나는 그곳이 그리워 당신의 안으로 들어갔다.
>
> —백가흠/'광어'에서

한마디로 말해서 D는 모태회귀 욕망이 강한 사람으로서, 「광어」의 '나'처럼 한 여자와의 섹스를 '어머니의 자궁 속'으로 들어가는 일로 생각한 사람이다. D는 그가 네 살 때 어머니의 재가로 의붓아버지 밑에서 자랐다. 이처럼 일찍이 어머니를 남한테 빼앗긴 아픔이 있는 사람은 여자의 유혹에 잘 넘어가기도 하지만, 영원히 소유할 수 없는 어머니에 대한 욕망 때문에 아내 아닌 또 다른 많은 여자를 욕망하는 습성이 있다.

이런 맥락에서 이제 작가 전경린의 「남자의 기원」에 등장하는 주인공 나

(여자)가 엄마 품을 떠나야만 하는 내 아들이 장차 어떤 모습으로 살아갈 것인가를 예언하듯 중얼거리는 다음과 같은 독백을 귀담아 들어보자.

> 어린 남자아이는 누구나 한 때 엄마를 빙빙 맴돌며 자신이 다시 들어갈 수 있는 틈을 찾는 것 같다. 자신이 나와 버린 천국이 엄마의 몸속에 있다는 사실을 알고 있는 몸짓이다. 아이는 그것을 찾고 싶어 엄마의 몸을 뒤지지만 결국 찾지를 못한 채 아빠와의 싸움에서 지쳐간다. 그것은 영원히 닫혀버린 방이기 때문이다. 그리고 아이는 어느 날 깨닫게 될 것이다. 자신이 자신의 여자가 아닌 다른 남자, 요컨대 자기 아버지의 여자의 몸에서 태어난 존재라는 것을. 그러면 내 아들은 어떻게 될까. 분명한 것은 나를 떠난다는 사실이다. 나를 떠나면서 아들은 걷잡을 수 없이 자랄 것이고, 나는 달걀 속의 노른자위처럼 곱던 아들의 몸에 불꽃같이 거친 비늘이 돋는 것을 지켜보아야 할 것이다. 어미의 몸 안에서 누구나 한때는 고통 모르는 담수어였던 모든 아들들……
>
> —전경린/'남자의 기원'에

어머니를 사랑하는 마음은 보통 근친상간의 문화적 벽을 피해서 이모로 누나로, 특히 이성의 친구로 옮겨가지만, 사람들 중에는 어른이 된 뒤에도 어머니 품속에 머물던 때, 그 행복한 낙원에 대한 집착을 쉽게 떨치지 못하는 사람이 있다. 그러나 인간은 그 집착을 끊고 홀로 설 수 있을 때 비로소 진정한 의미의 어른이 될 수 있는 것이다.

애인 선택의 한 특수형 : 창부애적 사랑

몇 년 전 탤런트 서갑숙 씨가 《나도 때론 포르노그라피의 주인공이고 싶다》라는 성 체험서를 써서 장안의 화제가 된 적이 있다. 이 책이 '19세 미만 구독불가' 란 표시를 달고 성인에만 팔게 된 까닭은 겁탈과 강간에 대한 기억, 혼음, 동성애, 번개섹스, 명기(名器) 만드는 법, 아홉 시간의 정사 등등을 적나라하게 묘사하고 있기 때문이라고 한다. 이러한 내용은 성적으로 미숙한 청소년들에게 성윤리를 왜곡시키고 이를 흉내 낼 가능성이 커 사회적 문제가 될 수 있다.

그런데 이 책을 읽어본 사람들은 이 세상의 남자들이 정숙한 여자, 정절이 굳은 여자와 결혼을 원하면서 섹스만은 요조숙녀보다는 요부 같은 기질이 있는 여자와 나누기를 원하는 마음을 지니고 있음을 더 잘 알게 되지 않았을까 하는 생각이 든다. 여성도 성을 즐길 수 있는 권리가 있으므로 그런 면에서는 여자도 남자와 다를 바가 없을 것이지만, 남자가 특히 섹스 파트너에 대해서 남달리 집착하는 것은 앞에서 살펴보았듯이 심연에 간직하고 있는 어머니와의 원초적 결합 욕망 때문이다. 남자들이 미인을 소유하고자 하는 욕망도 성적 쾌락을 충족시켜 줄 대상을 찾는 데 있는 것이 아니라, 그 근본은 '완전한 자기'에 대한 결핍과 그리움에서 비롯된 것이라고 한다.

일찍이 프로이트가 말했듯이 남성중에는 순결하고 정조가 곧은 여성에게서는 성적 매력을 느끼지 못하고, 성실이나 신의를 의심 받고 성생활의 면에서 여러 소문이 많은 그러한 여성에게서 더 애정을 느끼는 그런 타이프의 남성이 있다. 이를 창부애(娼婦愛)라고 하는데, 그런 예를 이상의 「봉별기(逢別記)」에서 볼 수 있다.

> 나는 금홍이에게 놀음차를 주지 않았다. 왜? 날마다 밤마다 금홍이가 내 방에 있거나 내가 금홍이 방에 있거나 했기 때문에-
>
> 그 대신-
>
> 우(禹)라는 불란서 유학생의 유야랑(遊冶郞)을 나는 금홍이에게 권하였다. 금홍이는 내 말대로 우씨와 더불어 <독탕>에 들어갔다. 이 독탕이라는 것은 좀 음란한 설비였다. 나는 이 음란한 설비 문간에 나란히 벗어 놓은 우씨와 금홍이 신발을 보고 언짢아하지 않았다.
>
> 나는 또 내 곁방에 와 묵고 있는 C라는 변호사에게도 금홍이를 권하였다. C는

> 내 열성에 감동되어 하는 수 없이 금홍이 방을 범했다.
>
> 그러나 사랑하는 금홍이는 늘 내 곁에 있었다. 그리고 우, C 등등에게서 받은 십원 지폐를 여러 장 꺼내 놓고 어리광 섞어 자랑도 하는 것이었다.
>
> ―이상/'봉별기'에서

금홍이는 처음에도 작부였지만 '나'와의 삼 년여의 동거생활에서도 철저히 작부 기질을 발휘하는 여성이다. 그런데 이러한 작부 기질은 생활비를 벌기 위한 방편이긴 하더라도 남편인 '나'에 의해서 유발되고 조장되었다고 볼 수 있다.

프로이트에 의하면 자기 아내와 다름없는 여자에게 다른 남자와의 성행위를 권하는 이 같은 일은 마더 콤플렉스에 그 근원을 두고 있다. 즉, 근친상간적 욕망을 극복하지 못하고 고착 상태인 남자는 순결하고 정숙한 여자와의 섹스에서는 어머니를 범한다는 죄의식 때문에 성적 욕망을 느끼지 못한다는 것이다. 그보다는 성적으로 불순해 보이고 정조가 의심스러운 여성만이 매력적이고 소유욕을 자극할 수 있는 것이다. 이런 남성의 행동은 이상의 또 다른 대표작 「날개」에서, 그리고 김동인의 「감자」에서도 볼 수 있다.

예술로 승화된 불륜의 사랑

동서고금을 막론하고 소설가들이 가장 즐겨 다루어 온 테마는 남녀간의 '사랑'이다. 우리의 대표적인 고전 『춘향전』이 신분의 벽을 뛰어넘는 사랑에 관한 얘기고, 한때 베스트셀러의 자리에 올랐던 양귀자의 『천년의 사랑』도 시공을 뛰어 넘는 지고지순한 사랑에 관한 얘기다. 프로이트가 인간의 모든 행위는 궁극적으로 성적 욕망에서 비롯된 것이라고 말했듯이, 섹스와 관련된 사랑은 인간의 최대의 관심사가 되기에 충분하다. 인간이란 사랑에 의해 태어나 사랑 때문에 고민하다가 더 아름다운 사랑을 누릴 세상에서 다시 태어나기를 바라며 죽는다고 볼 때, 지금까지 사랑을 다룬 방대한 분량의 문학작품이 쏟아져 나왔다는 것은 어찌 보면 당연한 일인지도 모른다.

사랑은 성적 욕망을 수반하고, 그로 인해 여러 가지 문제가 발생할 수 있으므로 자연히 거기에는 사회적 제약이 따른다. 흔히 사랑은 국경도, 연령의 경계도 없다고 말하지만, 그것은 어디까지나 사회적 · 윤리적 제약에서 벗어날 수 없는 일종의 감정의 세계로서, 우리의 전통적 윤리관을 벗어난 비윤리적 사랑은 마땅히 배제되어야 한다. 그러나 죠르쥬 바따이유(Georges Bataille)의 말처럼 인간은 단절과 소외와 허무의 감정에 사로잡혀 살 수밖에 없고, 이 외로움에서 벗어나기 위해 사랑의 금기를 깨야만 할 운명을 타고난 존재라는 데 문제가 있다.

인간은 왜 불륜의 사랑에 빠지게 되는가에 대한 해답을 찾기 위해서 아주 오래된 사랑의 여신 '아프로디테'에 관한 이야기를 한 번 귀 기울여 보자.

> 헤파이스토스는 아프로디테를 위해 황금과 보석으로 만든 마술 벨트를 하나 만들어 주었는데, 그 벨트를 차면 누구도 저항할 수 없는 매력을 발산할 수 있었다. 이 황홀한 선물에 대한 감사의 표시로 아프로디테는 헤파이스토스의 모든 청을 들어주겠다는 약속을 해버렸다. 헤파이스토스는 즉각 "내 아내가 되어 달라"고 했고 아프로디테는 거절할 수가 없었다. …(중략)…
>
> 헤파이스토스는 즉각 성대한 결혼식을 올렸고, 신혼부부는 호화로운 궁전에 자리를 잡았다. 호화로운 궁전뿐만 아니라 무엇이든 거절하지 않고 온갖 선물을 해주는 남편에도 불구하고 그녀는 금세 헤파이스토스에게 싫증이 났다. 억척스런 일꾼이던 헤파이스토스는 아침 다섯 시면 일어나 대장간으로 나갔고 수없이 밀려들어오는 신들의 주문품을 만들어내느라, 그리고 다급한 고장과 수리를 처리하느라 온종일을 공장에서 보냈다.
>
> 그리고 피곤에 지친 더러운 몸으로, 게다가 과로로 기분까지 나빠져 가지고 자정이 넘어서야 집으로 돌아오곤 했다. 이것은 아프로디테처럼 아름다운 여자에게 어울리는 삶이 아니었다. 더욱이 그녀는 고독을 좋아하지도 않았다. 일어날 일은 일어나게 마련이었고, 그녀는 애인들을 갖게 되었다.

신(神)들 사이에서 일어난 이런 일들은, 왜 결혼이 실패로 끝나게 되고 또한 결혼한 여자가 또 다른 남자와 불륜의 관계를 맺게 되는가를 요약적으로 잘 보여주는 예가 된다고 본다. 우선 그들은 물질적 유혹에 이끌렸을 뿐 절실한 내적 동기에 의한 결혼이 아니었고, 무엇보다 대상의 선택에만 관심이 있었지 아름다운 사랑을 이루어가는 기술에 대해서는 무지했다고 볼 수 있다. 그리고 사랑이 남성에게는 인생의 일부일지 모르지만 여성에게는 인생의 모두가 된다는 것, 게다가 사랑은 남성이 주도하고 여성이 따른다는 원리를 너무 간과했던 점도 우리는 유의해야 할 일이다.

흔히 인간은 고독해서 결혼한다고 말한다. 본질적으로 이성에 대한 그리움, 혹은 결혼의 꿈은 신경숙의 「배드민턴 치는 여자」의 여주인공처럼 외롭기 때문에, 그리고 권태로운 삶에서 벗어나게 해 줄 수 있을 것이라는 환상 때문에 누구나 마음속에 품게 된다. 화원에서 곱게만 살아온 그녀가 설레는 마음으로, 그러나 요즘같이 험악한 세상에서 아주 조심스럽게 한 남자를 찾아 나설 수밖에 없는 모습은 여간 눈물겨운 것이 아니다. 그 모습은 물질에 유혹되어 경박한 결정을 내리고 만 아프로디테와는 사뭇 다른 모습이다.

서양의 고전 플로베르의 『보바리 부인』은 아프로디테와 같은 운명적인 비극 이야기를 시대감각에 맞는 소재를 선택하여 사건을 조금 복잡하게 하고 디테일을 세련시켜 놓은 것이다. 이 소설은 주지하다시피 일상의 단조롭고 무의미한 삶에서 벗어나 행복과 환희를 추구하려다, 불륜의 사랑에 빠지게 되고 끝내 파탄에 이르고 만 '엠마'라는 한 여인의 기구한 삶을 다룬 소설로 유명하다.

남다른 신념을 갖고 살아가는 사람들은 혹시 불륜의 사랑이란 상상도 할 수 없는 추악한 일이요, 따라서 남들의 일이지 나와 전혀 상관이 없는 일이라고 말할지 모른다. 그렇지만 윤정선의 「기차의 별」에 등장하는 여주인공의 독백처럼, 많은 사람들은 그것이 남자이든 여자이든 '행복이 지겨울 때, 불행이 서러울 때, 현재가 소중할 때나 괴로울 때 마음 한 구석에 어떤 이성의 그림자를 간직하고 싶어' 하는 것이다. 사실 아무리 똑똑하고 현숙한 여자라도 결혼하여 살아가는 중에 남편 이외의 남자에게 마음이 끌릴 때가 한 번도 없었다고는 결코 말할 수 없을 것이다.

로맨틱한 사랑에 대한 향수 때문에 일어나는 외도 충동에 대한 한 연구보고서에 의하면, 여성 과반수가 외도 욕구를 갖고 있다고 밝히고 있다. 이근후 교수(이화여대 · 신경정신과)의 논문 『가족 해체와 부부간 성윤리』에 의하면, 기혼 여성 51명과 미혼 여성 11명을 조사한 결과 25명이 '외도하고 싶은 욕구는 있지만 참는다'고 말했고, 8명이 '기회가 닿으면 할 수도 있다', 1명은 '기회를 만들어서도 해 보겠다'고 답해 전체의 54.8%가 외도 욕구를 갖고 있었다고 밝힌 바 있다. 반면 '외도는 부도덕한 것으로 해서는 안 된다'는 답은 45.1%에 그쳤다.

불륜 또는 금지의 사랑은 단순한 흥미 거리가 아니다. 우리 문단에는 90년대에 들어 부쩍 불륜만이 아니라, 동성애, 근친상간 등 쾌락적 · 일탈적 사랑을 다룬 소설이 많이 등장하고 있다. 이런 현상에 대해 여러 가지 엇갈린 시각을 갖고 있는 것도 사실이다. 아마도 그것은 주인공의 존재론적 고뇌와 결부시켜 사랑과 결혼의 의미를 얼마만큼 되새겨 볼 수 있는 계기를 마련해 주었는가 그렇지 못한가를 살펴보는 일에서 판별되리라 본다.

그러면 사람들은 왜 불륜의 사랑에 빠지게 되는가? 인간은 자기 자신을 인식할 줄 아는 이성을 부여받은 생명체이기에 고독을 느끼며 산다. 인간이란 자기의 의지와 상관없이 이 광활한 우수 속에 내던져진 아주 미소한 존재요 어느 누구와도 닮은 데가 없는 아주 외로운 존재다. 고독은 곧 자기가 타인들과 세계로부터 분리되어 있다는 인식에서 비롯된다. 또한 인간은 자기가 인간다운 대접을 받지 못하는 무능한 존재로 전락하게 되지 않을까 하는 소외의 불안에서 벗어날 수 없으며, 자연과 사회의 힘 앞에 무력한 자신을 발견하고 때론 공허를 느끼며 살아가는 존재다. 그런 점에서 인간은 자신의 분리감을 극복하고 고독이라는 감옥에서 벗어나려는 절실한 욕구를 갖고 있고, 어떤 형태로든 다른 사람들과 또는 외부 세계와의 결합을 시도하며 살아갈 수밖에 없다.

인간은 고독해서 결혼하지만, 댄 카일리가 언급했듯이 결혼해도 고독하기는 마찬가지다. 인간의 고독은 마음 밑바닥에까지 이르는 독특한 체험이어서, '함께 사는 고독'이라는 이른바 현대병을 앓게 된다고 볼 수 있다. 오정희의 「비어 있는 들」, 「옛우물」, 「꿈꾸는 새」 등은 아마도 그런 인간의 마음을 잘 드러낸 작품들이라고 볼 수 있다. 오정희의 여주인공들은 결혼해서 아이 낳고 든든한 직업을 가진 남편과 살고 있지만, 한결같이 권태로우며 무의미한 일상적 삶에 몸서리치고 있다. 「비어 있는 들」의 여주인공 '나'는 남편과의 사이에 아들을 두고 있는, 외견상으로만 보면 아무 문제가 없는 중년부인이다. 그렇지만 낚시에만 몰두하는 남편, 엄마 품에서 점점 멀어져 가는 아들을 보며 살아간다는 것은 모든 것을 잃은 듯한 공허감을 안겨 주기에 충분하다. 그래서 나는 누군가 나를 찾아 올 것이란 환상에 빠져 매일 기차역 광장을 배회하기도 한다.

이런 여인의 모습은 아버지 몰래 금지된 사랑에 빠지는 「저녁의 게임」의 주인공 '나(딸)'의 모습에서, 그리고 이따금 전화가 오면 "지옥까지 가겠노라, 빛과 소리와 어둠의 끝까지 가보겠노라"라고 마음속으로 다짐하며 남편 모르게 한 남자를 만나곤 하는 「옛우물」의 주인공 '나'에서도 찾아 볼 수 있다. 공허함과 권태로움에서 벗어나고 싶은 욕망, 하지만 그녀들의 이러한 욕망들은 일상적인 삶 속에서 이루어지지 않는다. 오히려 일상적 삶을 더 나쁜 상황으로 몰고 간다. 이루어지지 않기 때문에 그 욕망의 열도는 더욱 커가고 욕망의 열도가 더욱 커감에 따라 일상적 삶은 더욱 진부하고 권태로워진다. 그런 행위들을 부질없는 부도덕한 것으로 간주하려 할지 모르지만, 미칠 것 같은 고독 때문에 사랑의 정열을 다시 불러일으킬 이성을 그리워하는 것은 자연스런 인간의 모습이다.

에릭 프롬이 일찍이 언급했듯이, 남녀간에 성애(性愛)가 발생하는 것은 신체적 결합이 고독에서 벗어나는 손쉬운 방법이기 때문이다. 사람들은 타인과의 분리를 우선적으로 신체적 분리인 것으로 경험하기 때문에 친밀감을 느끼게 하는 신체적 접촉, 다시 말해서 성적 결합은 곧 분리 상태를 극복하게 되는 것이란 의미를 지니게 된다. 예를 들어 은희경의 「그녀의 세 번째 남자」, 신경숙의 「풍금이 있던 자리」, 김승옥의 「무진기행」의 여주인공들이 불륜의 사랑에 이끌리게 된 것은 상대와의 장벽을 허물고 가까워지거나 계속 자기 곁에 붙들어 두고 싶은 욕망이 너무나 컸기 때문이다.

「무진기행」에서 무진에 내려온 윤희중은 하인숙이란 낯선 여인을 만난다. 그녀는 서울에서 성악을 전공했고, 졸업연주회에서는 '나비부인' 중에서 '어떤 갠 날'을 불렀던 일이 있으며, 지금은 중학교에서 음악을 가르치고 있다. 윤희중은 그녀와 함께 밤길을 걸으며 대화를 나누는 중에, 그녀가 무진의 권태로운 삶에서 벗어나고 싶은 욕망에 사로잡혀 있음을 알게 된다.

> "앞으로 오빠라고 부를 테니까 절 서울로 데려가 주시겠어요?" "서울에 가고 싶으신가요?" "네." "무진이 싫은가요?" "미칠 것 같아요. 금방 미칠 것 같아요. 서울엔 제 대학 동창들도 많고… 아이, 서울로 가고 싶어 죽겠어요."

이처럼 하인숙이 무진에서의 교사 생활을 그지없이 미칠 정도로 권태스럽게 생각하는 것은 지난 날 화려했던 대학 시절의 꿈을 잊지 못하고 있기 때문이다. 말하자면 하인숙은 과거에 대한 추억 때문에 미래가 이상화되어 현재란 끝없는 환멸과 고통의 연속이며 도피해야 할 세계로밖에는 인식되지 않는 이른바 전형적인 보바리즘 환자다.

하인숙과 헤어져 잠자리에 들은 나는 그녀에 대한 생각 때문에 밤새도록 잠을 이룰 수가 없었다. 서울에 가고 싶다는 하인숙의 안타까운 목소리를 생각하고 그녀를 껴안고 싶은 충동에 사로잡히기도 하고, 새벽 통금 해제를 알리는 사이렌 소리가 힘없이 꺾일 때는 어느 창부가 손님과 교합하리라는 생각을 했다.

그런데 이런 생각은 결코 엉뚱한 것이 아니었다. 바로 어젯밤 그 시삭에 한 술집 여자가 자살한 사건이 일어났고, 윤희중은 이 여인의 죽음을 지키듯이 잠을 이루지 못했다. 어찌 보면 이는 묘한 인연이다. 나는 이 여인에서 하인숙의 어떤 모습으로 연상히기도 하고, 고독과 권태로운 삶을 이기지 못해 자살한 이 여인을 구원하지 못한 것에 죄의식을 느끼기까지 할 만큼 남다른 애정을 느낀다. 이 여인의 시체를 보고 정욕이 끓어오름을 느끼기까지 한 것도 이 때문이다. 시체를 보고 성적인 충동을 느끼는 사람을 시체음란증환자(necrophilist)라고 부른다. 시체음란증은 조문객이 한동안 죽음이라는 사건을 받아들이기를 거부할 때 정상적인 애도가 병적으로 대치된 것이다.

이 모든 일은 윤희중 자신이 하인숙에게 구원의 손길을 뻗치지 않으면, 하인숙이란 여자는 필연코 광주의의 미친 여자처럼 미쳐버리거나, 술집 여자처럼 자살하고 말 것이란 생각을 갖게 만들었을 것이다. 나는 하인숙을 데리고 옛날 폐가 나빠 휴향차 1년간 머문 적이 있었던 바닷가의 집을 방문했다. 그리고 그가 쓰던 방에서 "그 여자의 조바심을, 마치 칼을 들고 달려드는 사람으로부터, 누군지가 자기의 손에서 칼을 빼앗듯이 그 여자의 조바심을 빼앗아 주었다." 두 사람의 육체적 결합이 이렇게 쉽고도 자연스럽게 이루어질 수 있었던 것은 서로가 외로움에서 벗어나고 싶었기 때문이다.

이와 같은 불륜의 사랑 이야기는 은희경의 「그녀의 세 번째 남자」나 신경숙의 「풍금이 있던 자리」 같은 소설에서도 찾아볼 수 있는데, 그렇다면 인간은 결혼만 하면 저절로 외로움에서 벗어날 수 있게 되는가? 그렇지 않다. 결혼 생활도 생활인 만큼, 애정과 정열이란 것이 처음 만났을 때처럼 늘 싱싱하고 향기로운 상태로 그냥 변치 않고 남아 있을 수는 없다. 이를 두고 흔히 사랑하지 않는 사람으로 변했다고 생각하는 것이다.

사실 결혼한 부부의 친밀함이란 것은 시간이 지날수록 점점 감소되기 마련이다. 그 결과로 사람들은 새로운 사람, 즉 새로운 타인과의 사랑을 찾게 된다. 다시금 이 타인은 '친밀한' 사람으로 변하게 되고 다시금 사랑에 빠지는 경험이 유쾌하게 강렬해지며, 그리고 다시금 그 강렬함은 점점 덜해지고, 그리고 마침내 새로운 정복, 새로운 사랑을 바라게 된다. 언제나 새로운 사랑은 이전의 사랑과 다를 것이라는 환상과 더불어 이 같은 환상은 성적 욕망의 기만적 성격으로부터 상당한 도움을 받고 있다고 보아야 한다.

「그녀의 세 번째 남자」의 여주인공에겐 지금으로부터 8년 전에 영추사 일주문 앞에서 '영원한 사랑'을 약속하며 자신에게 금반지를 끼워준 남자가 있었다. 그런 남자가 아홉 달 뒤에 다른 여자와 결혼해 버린 것이다. 그렇지만 그들은 여전히 깊은 사랑을 나누어 왔다. 말하자면 노처녀이며 커리어우먼인 그녀는 25살부터 무려 8년간이나 그의 숨겨진 여인으로 살아온 것이다.

그러던 어느 날 그녀는 직장도 버리고 서울을 떠나 영추사를 찾아간다. 그 남자와의 관계를 끊고 새 삶을 찾기 위해서다. 이런 비장한 각오를 하게 된 데는 근자에 이르러 그 남자와의 만남이 예전처럼 행복한 시간으로 이어지고 있지 않는 데 있었다. 그는 자기 앞에서 자기 인생을 자조적으로 볼 만큼 탄식하는 일이 잦았고, 자기와 보내는 시간이 처자식이 있는 가정을 위해 보내는 시간의 일부분에 지나지 않는다는 것을 보면서 그가 자신에게서 멀어지고 있구나 하는 느낌을 갖게 된 것이다. 한 마디로 말해서 그이와의 만남은 즐거움보다 견디기 힘든 권태의 늪에 빠져 있는 바로 그 상황이었다. 그녀는 이런 불행한 삶보다는 새 출발이라는 아주 어려운 결단을 내리게 된 것이다. 그러나 그녀는 열흘 가까이 영추사에 머물면서 새로운 깨달음을 얻게 되었다. 결코 두 사람의 사랑이 결코 변한 것이 아니라는 것을.

> '사랑이 식었다고 생각했었지.'
>
> 그녀는 가볍게 웃었다.
>
> '그것이 사랑의 본색일 뿐인데.'

이 같은 독백 속에는 여러 가지 의미가 있다. 사랑이 식었다고 본 그에 대한 오해가 이기적 · 자기 중심적 사고에서 비롯된 것이란 것, 이승에서의 모든 인연들에 대한 소중한 깨달음, 너무 한 사람에만 집착하며 살아온 자신의 삶에 대한 반성과 앞으로의 새로운 사랑을 찾아 나서겠다는 다짐들이 암시되어 있다고 볼 수 있다. 그와의 모든 관계를 청산하기로 맘먹고 비장한 각오로 먼 길을 떠났던 그녀. 그러나 그녀는 이제 사랑의 의미를 새로이 깨달을 수 있었기에 다시 서울로 돌아가 그를 포함하여 자기를 필요로 하는 모든 남자들과 자유롭게 소중한 인연을 맺으며 살아가기로 맘먹는다.

대부분의 사람들은 사랑이 자신의 노력에 의해서가 아니라 상대방에 의해 이루어진다고 믿고 있다. 이는 잘못된 생각이다. 사람들은 올바른 대상을 찾아내는 일만이 필요하고, 그렇게만 되면 모든 일은 그 뒤에 저절로 이루어질 것이라고 믿고 있다. 그러나 사랑은 나부터 노력해서 상대와의 정신적 합일을 이루었을 때에만 샘솟는 것이다.

이처럼 사랑의 본질이나 사랑을 이루어가는 기술을 모른 채 살아가는 사람에 대하여, 특히 남편에 대한 아내의 이야기를 설득력 있게 들려주는 소설이 있다. 윤정선의 「기차의 별」, 은희경의 「빈처」, 김형경의 「민둥산에서의 하룻밤」 같은 소설이 그 대표적인 예라고 볼 수 있는데, 「기차와 별」의 여주인공에 따르면 “여성들이 볼 때 애정 문제에 관한 한 남성들은 백치에 가깝다. 남자들은 흔히 마음 한 구석에 이성의 그림자를 간직하고 살면서, 결혼한 아내는 영원히 다른 남자와의 사랑을 꿈꾸어 볼 수 없는 것처럼 믿어버리고 아내에게 무관심하기가 일수다.” 그리고 「빈처」의 여주인공은 “이렇게 안쳐다보고 살 걸 남자들은 왜 그렇게들 예쁜 여자와 결혼하려고 안달”하는지 모르겠다는 푸념을 털어놓는다. 이들에서 우리는 미모의 여신 아프로디테의 신음 소리를 생생하게 듣는 듯하다.

대부분의 남성은 자기 아내가 다른 남성으로부터 유혹당할 턱이 없다고 생각하는 순진한 면이 있다. 이는 그만큼 아내를 신뢰하기 때문이라고도 볼 수 있지만 그러나 그 신뢰는 엔도 슈사쿠가 지적했듯이 존경에서가 아니라 경시에서 오는 경우가 많다는 데 문제가 있다. 김형경의 「민둥산에서의 하룻밤」에서는 아내를 위해 남편으로서의 역할을 다하지 못한 회한을 토로하는 목소리를 들을 수 있다. 지난날을 돌이켜 보니 남편된 자기는 “원만한 결혼생활을 위한 프로젝트, 그 일환으로서의 자잘한 이벤트, 결혼기념일 외식이나, 당신 생일에 선물한 꽃다발이나, 아이의 학교 행사에 참석하는 것, 그것들이 모두 내게는 의무 같았소. 피할 수 있다면 피하고 싶은 귀찮은 일거리”로만 생각했을 뿐이다. 그도 그럴 것이 자기는 논밭에서 일하고 집에 돌아오면 아무것도 하지 않는 우리 아버지들처럼 살면 되는 줄로만 알았던 것이다. 다시 말해서 아버지 세대처럼 살 수 없도록 세상은 복잡하게 변했고 따라서 사회가 변했으니까 가장의 역할이나 기능도 변해야 한다는 것을 미처 깨닫지 못하고 있었던 것이다. 이런 진술은 지금 헤어져 따로 살고 있고, 아내였던 사람이 암으로 죽어가고 있는 시점에서 이루어지고 있어서 더욱 행복한 사랑을 이루지 못한 아쉬움을 느끼게 하여 심금을 울린다.

일찍이 김동인은 불륜의 말로가 얼마나 비참한가를 「김연실전(金演實傳)」

을 통해 보여주었다. 주인공 '김연실'은 소실의 소생으로 부모의 사랑을 받지 못하고 자라 왔기 때문에 반항심만 키워온 여자였다. 그녀가 사랑의 환상을 좇아 이 남자 저 남자를 전전하는 비윤리적인 여성으로 변한 것도 이 때문이다. 그녀는 개화의 물결을 탄 선각자로서, 여류 문학자요 자유연애주의자를 자처하며 젊은이와 유부남을 가리지 않고 금지된 사랑에 탐닉하다가 종말에 이르러서는 모든 사람들로부터 버림을 받고 말았다. 이 소설은 신여성에 대하여 비판적인 태도를 갖고 있던 김동인이 김연실이란 인물을 통해 '블륜'의 대가가 얼마나 혹독하고, 무분별한 자유연애의 추구가 어떤 결과를 초래하게 되는가를 비판적으로 드러내고 있다.

해방 이전의 소설에 나타난 '불륜'은 주로 유부남과 처녀 사이에서 이루어지고 있고, 그들은 가정 파탄을 초래하지 않는 선에서 사랑을 실현하고 있다. 다시 말해서 이타적인 사랑을 하거나 결혼을 전제로 하지 않는 순애보적인 연애 이야기가 주류를 이루어 온 것인데, 이런 이야기는 예나 지금이나 은밀한 사랑을 나누고 싶은 인간들의 마음을 자극하기에 충분했을 것이다.

90년에 들어 요즘 우리 문단에는 불륜을 소재로 한 소설이 부척 늘었다. 이런 현상은 대중들의 흥미에 영합한 예라고 비판할 수도 있겠지만, 그것은 단순한 흥미적 요소보다 인간이란 존재에 대한 깊은 성찰과 맞물려 있다는 데서 그 의미를 찾아야 할 것이다. 김미현은 "섹스와의 섹스, 슬픈 누드"라는 글에서 90년대 문학에서 노골적으로 드러나는 성(sexuality)은 감성을 대변하는 요소가 아니라 왜곡된 사회에 대한 이성적 저항을 지향하는 것이라는 견해를 피력한 바 있다. 다시 말해서 신세대 소설에 나타난 성은 그들의 환부를 보여 주는 상처의 언어로, 비정상적 성 묘사는 정상적인 성에 대한 희구, 단절적 성은 소통에 대한 갈망을 담고 있다는 것이다.

세계 영화사상 10대 영화중의 한 작품으로 손꼽히는 《파리에서의 마지막 탱고》가 현대인의 고독과 소외를 섹스라는 매개를 통해, 다시 말해서 어느 날 우연히 만난 중년의 남자와 갓 스무 살의 젊은 여자가 변태적인 성행위를 통해서 처절하게 그려내고 있다. 이처럼 많은 소설이 사랑 없는 결혼의 무의

미성에 대한 성찰과 아울러, 사랑과 결혼의 의미를 주인공의 존재론적 고뇌와 결부시켰던 점은 특기할 만한 것이다. 사실 90년대의 작가들은 과거의 작가들이 미처 눈을 돌리지 못했던 성(性) 정체성, 육체적 욕망, 여성성 등에 대한 주제를 확장해 가며 인간 이해의 패러다임을 다양하게 발전시켜 나갔다고 볼 수 있다.

불륜의 사랑은 본래부터가 비정상적이란 점에서 격렬함과 혼란을 더 많이 수반하게 돼 있다. 아무리 정열적인 사랑이라고 하더라도 그것은 한 순간일 뿐이지 시간이 지날수록 그 강렬함은 점점 감소하게 되는 것이 사랑의 본질이다. 그 결과는 현재의 사랑에 만족하지 못하게 되고 또 다른 타인과의 사랑을 꿈꾸게 만든다. 언제나 새로운 사랑은 이전의 사랑과 다를 것이라는 환상을 인간은 갖고 있기 때문에 더욱 그럴 가능성이 커진다. 연인들에 대한 이야기가 만나서 행복을 누리기보다 떨어져 괴로움을 겪는 모습으로 가득 차게 되는 것도 이런 현상에서 비롯된 것이다.

그런데 불행을 겪게 되는 것은 본인 당사자에게만 국한되는 것이 아니다. 처자식들을 포함한 가족 전체에 미칠 수 있다. 오정희의 「저녁의 게임」은 아버지의 외도가 당사자를 포함한 가족 전체에 어떤 비극을 초래하게 되는가를 잘 보여 준 소설이다. 이 소설에서 어머니는 남편의 빈번한 외도로 “머리통이 물주머니처럼 무르고 크게 부풀어 오른, 연골체의 갓난 아이”가 태어나자 별 생각 없이 없애버린다. 이는 남편에 대한 적개심이나 증오의 감정이 파괴 충동으로 이어진 행위라고 볼 수 있다. 아버지는 이런 아내의 행동에 대해 그 원인을 잘 알고 적절한 치유의 길을 택하려 하기보다 미쳤다고 단정하고 가족으로부터 강제로 분리시켜 기도원에 보내버림으로써 끝내 죽게 만들었다. 너무 심한 짓을 한 것이 아니냐는 딸의 원망어린 물음에 아버지는 그 곳이 네 엄마에겐 더 편한 곳이었고, 나머지 우리 세 식구를 위해 잘 한 것이라고 말할 뿐이다. 가출한 오빠에 대한 아버지의 태도 역시 냉담하다. 아버지는 오빠 이야기를 꺼내지도 못하게 한다. 그 녀석 생기고부터 집안 일 모든 게 순조롭지 않았다는 것이다. 아버지는 가족의 개념을 망각한 지 이미

오래된 비윤리적이고 독선적인 망령으로 보인다. 그러나 엄마가 없는 가정이란 곧 사랑과 행복을 찾아볼 수 없는 삭막한 세계일 뿐이다. 심한 당뇨병을 앓으며 집에서 화투놀이나 하며 무료를 달래야 하는 아버지, 스릴과 낭만을 꿈꾸던 오빠의 가출, 무료와 고통에서 벗어나기 위해 아버지 몰래 밤마다 외출하여 남자친구와 즐기는 딸의 섹스 행위. 이 모든 음울한 흑백사진들은 모두가 어머니의 부재에서 비롯된 것으로, 더 근본적으로는 무지한 아버지의 외도에서 야기된 것이다. 어머니의 부재가 가정의 행복을 위해, 특히 자식들의 삶에 얼마나 중요한 것인가 하는 문제는 작가들이 관심을 두고 즐겨 다루는 테마 중에 하나로서, 강만진의 「앵무새의 죽음에 관하여」[1]에서 자식들이 병들고 일탈적 행동을 하게 된 것은 근본적으로 어머니의 부재 때문이다. 아버지라는 존재는 이 부문에 대해서 속수무책일 뿐이다.

신경숙의 「풍금이 있던 자리」는 여성 화자 '나'가 왜 '사랑하는 당신'을 떠날 수밖에 없는가를 편지 형식으로 보여주고 있는 작품이다. 서울에 올라와 에어로빅 강사로 일하고 있던 '나'는 비오는 날 우산을 씌워준 유부남 '당신'과 사랑에 빠지게 된다. 그런 그녀가 막상 고향 마을에 돌아와서는 이미 처자식이 있는 '당신'과의 관계를 곰곰 되돌아보게 된다. 그 이유는 그녀의 머릿속에 어린 시절 자기 집에 열흘을 머물다 간 아버지의 여자가 떠올랐기 때문이다. 그녀가 젖은 눈으로 "나처럼은 되지 마"라고 했던 말이 귓속에서 맴돌고, 서울에서 '나'는 남편에게 버림받은 여자들의 모습을 무수히 본 바 있다. 남편의 마음을 돌리려고 살을 빼기 위해 울면서 줄넘기를 했던 점촌댁과 에어로빅을 하다가 무너지듯 통곡했던 여자를 떠올리며 '나'는 당신을 따르지 않기로 결심하기에 이른 것이다. 그것은 자기의 행복이 다른 사람의 행복을 짓밟은 일이 되어서는 안 된다는 윤리적 자각 때문이기도 하지만, 새끼 모이를 열심히 물어다 먹이는 부부 까치처럼 불륜으로 맺어진 내가 '당신'과 부부가 되어 자식 낳아 키워갈 수 있을까에 대한 깊은 회의를 느꼈기 때문이

1) 1995년 조선일보 신춘문예 당선작.

다. 거기에는 사랑하지만 헤어져야 하는 애뜻한 사연이 있다. 정말로 독자가 볼 때 그것은 예술적으로 승화된 아름다운 사랑 이야기다.

'무엇'보다 '어떻게' 쓸 것인가를 고민하라

왜 아직 걸작을 못 썼는가

여러분이 아직 걸작을 못 썼다면 쓸 만한 '무엇'이 없어서인가, 아니면 어떻게 써야 되는지 그 형식(기법)을 몰라서일까? 아마도 전자보다 후자라고 말할 것이다.

좋은 소설은 의미 있는 주제를 담고 있다. 인생에 대한 이해를 넓혀주고, 자신의 삶을 되돌아보게 해 주는 주제를 담고 있는 소설은 기억에 오래 남는다. 많은 독자는 그런 주제를 잘 살린 소설을 찾고 있다. 그런데 알고 보면 그런 주제는 동서고금을 통해 늘 되풀이해서 다루어온 것들이다. 따라서 나도 빌려다 쓸 수 있는 것이다. 주요섭의 「사랑손님과 어머니」, 이청준의 「눈길」, 김원일의 「미망(未忘)」, 서영은의 「아름아, 돌아오라」, 오정희의 「동경(銅鏡)」, 김향숙의 「감이 익을 무렵」 등등, 세상에 '위대한 어머니(Great mother)'에 대한 이야기가 얼마나 많은가. 쓸 만한 이야기가 없다면 이제 이런 친숙한 주제부터 다루어보도록 하는 것도 창작의 한 요령이다.

소설을 쓰려면 소재가 있어야 한다. 집을 지으려면 돌, 모래, 벽돌, 흙, 시멘트, 기와, 목재 등 많은 재료가 필요하듯이 글의 소재를 많이 갖고 있어야 한다. 소재는 직접 경험한 것이 제일 좋지만, 거기에는 한계가 있을 것이니 간접 경험 속에서도 얼마든지 찾을 수 있다. 우리 할아버지들은 별 잡동사니를 주워 모으는 버릇이 있는데, 늘 도구를 수리해서 쓴 경험이 있어서 그것들이 다 어딘가에 요긴하게 쓰일 수 있는 것으로 보이기 때문에 버릴 수가 없는 것이다. 이처럼 소재는 평소 부지런히 손수 모아 두어야 한다. 작가가 써 놓은 글을 보면 이미 나도 보고 들은 것들로 가득 차 있는 경우를 볼 수 있는데, 소설을 써 본 사람은 뭐가 소재가 되는지 그걸 잘 알고 평소 잘 메모해 두었다가 적재적소에 잘 끌어다 쓴다. 남들이 다루지 않은 참신한 소재, 전문가답게 의학, 경제, 보험, 음악, 미술 분야에 많은 지식을 잘 이용해서 높은 평가를 받는 소설들을 많이 볼 수 있다.

소설 읽는 태도를 바꾸자

이 세상에 많은 소설은 동일한 주제를 다루되 자기가 갖고 있는 소재를 끌어들여 형식을 달리 해서 만들어진 것이다. 작가는 그 형식을 어떻게 달리 해서 재미있는 다른 소설을 만들까 무척 고민하는 사람이다. 그런 점에서 소설 창작에서 중요한 것은 무엇을 말하느냐가 아니라 어떻게 다른 방식으로 표현하느냐이다.

그럼 사건과 행동을 전개하는 소설 형식에 대한 식견은 어떻게 쌓아야 할까? 소설을 많이 읽어야 한다. 소설 형식은 소설 그 자체에서만 기원할 수 있기 때문이다. 소설 쓰고 싶은 욕구는 소설을 많이 읽은 경험자에게서만 생겨날 수 있다. 따라서 이제부터 여러분은 소설을 읽되 내용 중심으로 읽지 말고 어떻게 썼는가를 알아보는 데 초점을 두고 읽도록 해야 한다. 많은 사람이 형식보다 내용(줄거리)에만 관심을 두고 읽고 있는 경우를 보게 되는데, 그런 사람은 형식, 소설의 기법을 영영 터득할 수 없을 것이다. 소설가가 어떻게 쓸까 고심하여 쓴 작품을 내용에만 관심을 두는 것은 소설을 대하는 바른 태도가 아니다. 이제 소설 읽는 태도를 바꾸어야 한다. 그리고 소설 형식을 제대로 알아야 이 작품에서 진정 들려주고자 한 내용이 무엇인지를 잘 알 수 있다. 이제 소설 읽는 진정한 재미는 이야기를 이끌어 가는 여러 가지 전형적인 방법을 하나하나 알아보는 데서 느낄 수 있다는 것을 깊이 명심해 주길 바란다.

소설을 유형별로 읽자

우리는 그 어려운 '인수분해'에 대해서 배운 적이 있다. 인수분해 문제를 풀기 위해서 우리들은 아마도 기본 공식 다섯 가지를 먼저 배우고, 그 공식을 적용해서 문제의 답을 구할 수 있었을 것이다. 문제에 따라 3번 또는 5번 공식을 이용해서 풀기도 하고, 좀 복잡한 문제는 2번과 4번 공식을 동시에 사용해야만 답을 구할 수 있었다. 수학문제집에는 많은 문제가 있다. 그 중에 내가 풀어본 것이 나오면 답을 쉽게 쓸 수 있었지만, 생전 보지 못한 문제가 나오면 그만 손을 들어버렸던 기억이 생생할 것이다.

그러나 지금 생각해 보면 우리는 너무 요령이 없었다. 인수분해 문제는 수백 개가 있는 것 같지만, 그 문제들은 어떻든 간에 5개의 공식을 잘 적용만 하면 다 풀리는 문제들이다. 그러므로 모든 문제를 다 다르다고만 보지 말고 5개 공식에 따라 풀릴 수 있으므로 이 세상에는 수백 개가 있는 것이 아니라 5가지 유형의 인수분해 문제가 있다고 볼 수 있다. 5가지 유형의 문제를 익히는 방식으로 문제에 접근했더라면 훨씬 문제를 잘 풀 수 있었을 것이다. 문제를 잘 푼 학생은 이 요령을 잘 터득한 학생이라고 보면 된다.

소설을 읽는 데에도 이런 요령이 필요하다. 소설을 따로 따로 다른 것으로만 보고 읽어서는 소설의 지식을 넓혀 갈 수 없다. 소설을 읽는 데에도 어떤 기준에 따라 유형별로 읽을 때 소설의 이해, 관습적인 원리를 더 잘 터득할 수 있는 것이다.

소설을 덮어놓고 읽지 않고 좀 연구해 가면서 읽는 사람은 소설에서 만나는 인물(character), 주제(theme), 서두나 결말의 방식, 이야기 전개 패턴(pattern) 들이 서로 많이 닮아 있는 것을 발견할 수 있다. 이청준의 「과녁」에 나오는 석주호, 정미경의 「밤이여, 나뉘어라」에 나오는 P라는 의사, 이문열의 「그해 겨울」의 주인공 '석주호' 같은 인물은 교만한 성격의 소유자라는 점에서 서로 아주 닮았다. 이청준의 「눈길」, 김원일의 「미망」, 오정희의 「동경」, 주요섭의 「사랑 손님과 어머니」에는 지극한 모성애를 갖고 있는 어머니들이 공통적으로 등장하고 있다. 김승옥의 「무진기행」, 박완서의 「엄마의 말뚝」, 황석영의 「삼포 가는 길」, 윤정선의 「기차와 별」 등은 주인공이 어딘가를 향해 떠나는 장면으로 서두가 장식되어 있다. 은희경의 「그녀의 세 번째 남자」, 김형경의 「금강교」, 최인훈의 「웃음소리」 등은 분리(seperation)-변화(transformation)-귀환(retern)의 세 국면으로 구성된 유사한 전개 패턴을 갖고 있는 소설들이다.

이런 방식으로 서로 닮은 것들을 하나의 유형으로 보고 읽어 가면 전체로서의 소설(novel as a whole)에 대하여 배울 수 있고, 한 작품을 읽은 지식을 또 다른 작품을 공부하는데 적용할 수 있어서 소설의 지식을 체계적으로 넓혀갈 수 있게 된다. 이 세상에는 수백 개, 수천 개의 소설이 있는 것이 아니라 손으로 꼽을 수 있는 몇 개의 유형에 드는 소설이 있는 것이지 모두 다른 것이 아니다.

유기적 구조의 이야기

소설이 보여주는 세계는 우리가 보는 세계가 아니라 만들어낸 세계다. 다시 말해서 인간이 살고 있는 현실 세계를 그대로 옮겨 놓은 것이 아니라 인간이 지은 집과 같이 여러 가지 요소들을 적절히 결합시켜 만든 구조물과 같은 것이라고 볼 수 있다. 따라서 소설 창작을 위해서는 이야기 전개의 패턴에 대한 이해와 아울러 각각의 패턴에는 어떤 요소들이 들어와야 되는가를 잘 알아야 한다. 창작에 임하는 학생들이 늘 어려움을 겪고 있는 것도 바로 이 점에 대한 종합적이고도 체계적인 지식을 터득하고 있지 못하고 있기 때문이다.

오늘날 여러 학문에서 '구조(structure)'라는 용어를 널리 쓰고 있는데, 좋은 작품은 필요한 요소를 다 구비하고 있고, 그 요소들이 서로서로 유기적으로 연결되어 있어서 마치 발달된 생명체의 조직처럼 구성되어 있다고 봄으로써, 우리는 소설을 꼭 필요한 요소들로 구성된 하나의 완전한 전체, 즉 여러 요소들이 통일성 있게 결합되어 있는 구조물로 보려는 것은 이제 일반적 통념처럼 되어 있다.

이처럼 하나의 작품이 복합적인 통일체로서 그 속에 서로 대비되는 요소, 반대되는 요소, 심지어는 명백히 모순되는 요소 등 여러 긴장의 요소를 지니고 있다고 생각할 때, 여러 부분들이 어떻게 전체적인 의미 형성에 이바지하는가를 하나하나 이해하지 않으면 안 된다. 그리고 소설이야말로 쓸데없는 부분이 하나도 없다고 보는 사람은 자기 취향에 따라 일부분만 보고 그것이 전체인 양 말하는 어리석음에서 벗어나게 될 것이고, 그리고 전체의 맥락 속에서만 어떤 요소가 진정으로 무슨 의미로 씌어졌는가를 제대로 파악할 수 있게 된다.

좋은 소설은 복잡성과 통일성을 이루고 있다. 이 말은 곧 단순한 사건의 전개만이 아니라 부수적인 여러 요소를 끌어들여, 러시아 형식주의자들의 말을 빌리면 한정 모티프만이 아니라 자유 모티프를 적절히 끌어들여 되도록 이야기를 낯설게 만들어 놓은 것이다. 사실 소설의 역사는 간단한 형태에서 복잡한 형태로 발전되어 왔고, 좋은 작품일수록 요소들의 결합 상태는 복잡다단해서 그 원리에 대한 이해가 그리 쉽지가 않다.

또한 모든 작품은 치밀한 내부조직에 의해서 하나의 완결된 의미를 형성하는 만치, 적어도 소설에 있어서 형식은 내용을 취한 다음에 버려도 되는 그런 수단적 요소가 아니다. 형식은 단지 내용을 담기 위한 그릇이 아니라, 오히려 소설을 소설답게 하고 내용을 좌우하게 되므로, 작품 평가의 기준은 작품 자체의 형식 내지 구조에서 찾아야 한다고 볼 수 있다.

우리는 이제 몇 줄로 요약할 수 있는 줄거리나 주제만을 알아보기 위해 소설을 읽지 않는다. 그것을 효과적으로 나타내기 위한 여러 형식적인 장치를 놓쳐서는 안 된다. 우리가 항상 무용과 무용가를 구분할 수 있는 것이 아니듯이, 사실 형식이 좋으니까 내용이 잘 살아나고 내용에 맞는 적절한 형식을 취한 작품이 곧 좋은 소설이다. 그러므로 하나의 작품은 내용과 형식을 분리해서 볼 것이 아니라 함께 포괄해서 입체적으로 볼 수 있어야 한다.

설명하지 말고 행동을 보여줘라

연쇄적 서사 전개

「소나기」는 잘 쓴 소설이다. 나는 소설 창작교실에서 이 작품처럼 소설을 쓰라고 말한다. 그런데 학생들 중에는 그렇게 소설 써서 신춘문예에 당선이 되겠습니까, 하고 의문을 제기하는 경우가 있다.

이 학생은 소설에 대해서 좀 알기는 아는데 좀 성격이 급하거나 순진한 학생이다. 소재가 진부하다라든가 형식이 단순하다는 점은 인정해야겠지만, 소설의 짜임이 험 잡을 데 없다는 점에서, 이야기 서술 요령을 터득하는 데는 이 작품은 얼마든지 창작의 본보기로 삼을 수 있다. 창작 공부는 단순한 형태에서 복잡한 형태의 이야기로 나아가는 것이 순서상 옳은 일이란 점도 명심해 두어야 한다.

소설은 왜 읽는가? 재미있는 이야기를 만나기 위해서다. 그런데 그 재미라는 것을 느끼게 하기 위해서 작가(화자)는 주인공과 그를 둘러싼 인물들 사이에서 벌어지는 행동과 사건을 제일 먼저 잘 이어 가야 한다. 작가가 보여주는 행동과 사건이 그럴듯하지 못하면, 다시 말해서 리얼리티를 느낄 수 없으면 재미가 없다. 「소나기」에서 그런 예들을 보자.

[1] 갈림길에 왔다. 여기서 소녀는 아래편으로 한 3마장쯤, 소년은 우대로 한 십 리 가까잇길을 가야 한다.

소녀가 걸음을 멈추며,

"너 저 산 너머에 가 본 일 있니?"

벌 끝을 가리켰다.

"없다."

"우리 가 보지 않을래? 시골 오니까 혼자서 심심해 못 견디겠다."

"저래 뵈두 멀다."

"멀믄 얼마나 멀갔게? 서울 있을 땐 사뭇 먼 데까지 소풍갔었다."

소녀의 눈이 금새 바보, 바보, 할 것만 같았다.

논 사잇길로 들어섰다. 벼 가을걷이하는 곁을 지났다.

허수아비가 서 있었다. 소년이 새끼줄을 흔들었다. 참새가 몇 마리 날아간다. 참 오늘은 일찍 집으로 돌아가, 텃논의 참새를 봐야 할 걸 하는 생각이 든다.

주인공인 '소년'이 소녀로부터 저 멀리 떨어진 산에 함께 올라가보자는 제안을 받은 것은 그에겐 하나의 커다란 사건이다. 소년은 집에 빨리 가서 '텃논의 참새를 봐야' 한다. 그래서 "저래 뵈두 멀다"고 말했다. 그렇지만 소녀의 제안을 받아들이지 않으면 또 '바보'라는 소리를 듣게 된다. 가야 하나 가지 말아야 하나, 중대한 결정을 내려야 할 순간이다. 이 장면은 이와 같이 갈등을 겪는 모습, 갈등 끝에 산에 오르기로 결정을 내린 후, 소녀와 함께 가을들길을 달리는 소년의 행동을 정말 리얼하게 잘 보여주고 있다. 그 다음 장면을 보자.

[2] 수숫단을 세워 놓은 밭머리를 지났다.

"저게 뭐니?"

"원두막."

"여기 차미 맛있니?"

"그럼, 차미 맛두 좋지만 수박 맛은 더 좋다."

"하나 먹어 봤으면."

소년이 참외 그루에 심은 무우 밭으로 들어가 무우 두 밑을 뽑아왔다. 아직 밑이 덜 들어 있었다. 잎을 비틀어 팽개친 후, 소녀에게 한 밑 건넨다. 그리고는 이렇게 먹어야 한다는 듯이 먼저 대강이를 한 입 베물어 낸 다음, 손톱으로 한 돌이 껍질을 벗겨 우적 깨문다.

소녀도 따라 했다. 그러나 세 입도 못 먹고,

"아, 맵고 지려."

하며 집어던지고 만다.

"참 맛 없어 못 먹겠다."

소년이 더 멀리 팽개쳐 버렸다.

소녀가 참외와 수박을 먹고 싶어 하자 소년은 대신 무우를 뽑아 주었다. 그런데 또 사건이 생겼다. 그 무우를 먹지 않고 "세 입도 못 먹고, 맵고 지리"다며 던져 버린 것이다. 그 순간 소년은 자기도 무우를 계속 먹어야 되나, 버려야 되나 갈등을 겪지 않을 수 없었을 것이다. 소년은 더 멀리 버렸다. 그것은 바보 소리를 듣지 않기 위한 심리가 작용했기 때문이다.

「소나기」는 서로 친해지고 싶은 소년과 소녀의 일련의 행동과 사건을 처음부터 끝까지 세밀히 잘 보여주고 있는 소설인데, 이상에서 보듯이 친해지고 싶지만 두 사람 사이를 가로막는 사건들이 발생하여 가슴을 졸이는 모습을 잘 보여주고 있다. 소설의 서사가 있을 수 있는 행동과 사건들로 이루어질 때, 이야기의 처음-중간-끝이 인과관계가 있도록 구성되어 그 이야기는 진짜처럼 보인다.

여기서 한 가지 유의해야 할 점이 있다. 「소나기」에서 보듯이 소년은 망설이다가 소녀와 산에도 오르고, 소녀가 먹던 무우를 버리자 소녀보다 더 멀리 던져버리고, 벼랑에 피어 있는 꽃도 꺾어주고, 소의 잔등에 올라타는 행동을 하였다. 그것들은 소녀한테 바보 소리를 듣지 않기 위해, 다시 말해서 겁쟁이가 아니라 용감하고 씩씩한 사나이라는 것을 보여주기 위해서다. 본래 사람의 행동은 그 사람의 심리(욕망, 성격이나 인격)와 긴밀히 연관돼 있다. 그런데 작가는 이에 대한 언급을 일체 하지 않았다. 이처럼 작가는 왜 그런 행동을 하게 됐는가를 직접 설명하지 말고 행동만을 보여주어야 한다. 작가가 설명하려들면 그 소설은 자꾸 나빠진다. 소설을 '극적'이라고 말하는 것도 이 때문이다.

요약적 서술과 장면식 서술

작가는 시간의 경과에 따라 일어난 일들을 서술해 나간다. 그런데 작가는 이야기를 전개할 때, 필히 이야기의 완급을 조절해야 한다. 말하자면 일어난 일들을 자세히 사실 대로 보여주되 의미 없는 행동, 즉 사건을 유발하는 것과 거리가 먼 행동은 생략 또는 요약해 버려야 한다. 다시 말해서 서술의 양식(mode of narration)에는 장면식과 요약식이 있는 것이다.

> [3] 그 다음날은 소녀의 모양이 뵈지 않았다. 다음날도, 다음날도, 매일같이 개울가로 달려와 봐도 뵈지 않았다. 학교에서 쉬는 시간에 운동장을 살피기도 했다. 남몰래 5학년 여자 반을 엿보기도 했다. 그러나 뵈지 않았다.
>
> 그날도 소년은 주머니 속 흰 조약돌만 만지작거리며 개울가로 나왔다. 그랬더니 이쪽 개울둑에 소녀가 앉아 있는 게 아닌가.

위 대목은 소녀가 보이지 않는 며칠 동안 소년에게 있었던 일을 과감하게 생략한 요약식 서술이다. 의미 있는 일들인 경우, 작가는 그것을 위의 [1]과 [2]처럼 연극 무대의 장면처럼 실감나게 보여주어야 한다. 직접화법 형식으로 된 대화를 그대로 옮겨 놓는 것도 사건을 생생하게 보여주기 위해서다. 어떤 행동이 독자의 눈앞에서 벌어지고 있는 듯한 인상을 주는 이런 이야기

방식을 '장면식 서술'이라고 말한다.

이야기 서술은 장면식 서술을 최우선으로 하지만, 그러나 모든 일을 항상 장면식으로 서술해 나갈 수는 없다. 그럴 경우 시간이 많이 소요되어 사건의 진행이 느려져 재미를 잃게 된다. 다음과 같은 예를 보자.

> [4] 쩍, 아버지가 나무젓가락을 가른다. 깔끔하게 나눠진 나무젓가락을 내려다보며 흡족한 표정을 짓는다. 아버지는 비닐봉지 안에서 삼겹살 한 점을 꺼내 팬 위에 올려놓는다. 살점이 요란한 소리를 내며 팬에 들러붙는다. 불의 세기를 조절하려고 허리를 구부린 아버지 너머로 나는 창밖을 바라본다. 가스버너의 불처럼 햇살이 드세다. 가운데가 봉긋 솟은 둥근 팬 위에 본격적으로 삼겹살이 올려진다. 언뜻, 붉은 반점처럼 보인다.
>
> 아버지가 쥐고 있는 나무젓가락 끝에 연한 핏물이 묻어 있다. 펼쳐 놓은 신문지 위로 기름이 튄다. 아버지가 바싹 익은 삼겹살 두 점을 그의 앞에 놓인 접시에 놓는다. 아. 예. 그는 고개를 끄덕이고는 나무젓가락을 든다. 그러나 선뜻 입에 대지 않는다. 아버지는 병마개를 비틀어 그의 잔에 술을 따라준다. 아. 예. 잔을 들고 그는 또다시 망설인다. 아버지가 그를 바라본다. 그는 마지못해 술을 입 안에 털어 넣는다. 그가 잔뜩 얼굴을 찌푸리며 재빨리 삼겹살 한 점을 입안에 넣고 우물거린다.
>
> "조카라는 놈이 사돈의 팔촌보다 보기 힘들구나. 대체 이게 얼마만이냐."
>
> 그는 대꾸도 없이 고기를 씹고 있다. 아버지의 말이 반갑다는 인사말로 들리지 않는 것이 분명하다.
>
> —김애현/'빠삐루파, 빠삐루파'1)에서

이 대목은 제 1부의 서두로서, 주인공 '나'의 아버지가 그(조카)를 불러 놓고 고기와 술을 나누는 첫 장면이다. 그런데 말씨로 보아 알 수 있듯이 지금

---

1) 2006년 강원일보 신춘문예 당선작.

아버지는 화가 나 있다. 조카는 그런 큰아버지 앞에서 겁을 잔뜩 먹고 앉아 있다. 이런 상황에서 두 사람의 대화가 잘 이루어질 리가 없다. 그래서 작가는 두 사람의 대화를 나누는 행동의 전개보다 나무젓가락을 들고 삼겹살을 굽는 아버지의 동작과 가스버너에 올려놓은 팬 위에서 기름이 튀며 익어가는 고기 살점의 모습을 독자의 눈에 선히 보이도록 자세히 묘사하는 데 초점이 모아져 있다. 이는 장차 어떤 사건을 유발할 행동의 전개보다 아버지의 동작 묘사에 치중되어 있다. 이런 세밀한 묘사는 괜히 들어온 것이 아니라 화가 나 있는 아버지와 잘 어울리는 동작의 묘사로 들어오게 된 것이지만, 너무 장황할 뿐만 아니라 작품 전체의 균형을 깨뜨려 어색하게 느껴지고 있다.

김애련의 「빠삐루파, 빠삐루파」는 과도한 아버지의 동작 묘사에 비해 서사가 빈약하여 작가가 들려주려는 이야기가 잘 살아나지 못하여 읽는 재미를 잃고 있다. 소설의 재미는 소재의 희귀성이나 재치 있는 말솜씨에서 나오는 것이 아니다. 코미디 같은 사건에서 재미를 느끼는 것은 더더욱 아니다. 「소나기」는 슬픈 내용이다. 그것을 읽고 재미있다고 하는 것은 있을 수 있는 행동과 사건을 유기적으로 실감나게 잘 얽어 짜 놓은 그 솜씨가 살아나 있기 때문이다. 요즈음 각광을 받고 있는 젊은 신인들 중에는 이 점을 망각하고 설익은 작품을 마구 써내고 있어 안타깝다. 모험 속에 갈등을 겪는 과정, 내적 갈등의 발생과 해소 과정, 고통의 심화로 정신분열에 이르는 과정, 새로운 사실을 인식하는 과정, 비밀스런 세상일을 체험하는 과정 등을 서사의 축으로 삼을 때 그 이야기는 아주 재미를 더한다는 것을 명심해 두어야 한다.

처음 소설 쓰는 사람에서 장면식과 요약식 서술을 제대로 해내지 못하는 경우를 흔히 본다. 즉 요약할 것을 장면으로, 장면으로 표현해야 할 것을 요약해 버리는 실수를 흔히 범하는 것이다. 장면 또는 요약의 양식을 쓰는 경우를 요약해 보면,

- 장면을 사용하게 되는 경우

첫째, 흥미 있고 호기심을 자극하는 일이 발생하였을 때

둘째, 대립 세력이 마주칠 때 이 부분을 대화 장면으로 극화한다.

셋째, 보이지 않는 작중인물에 대한 정보를 독자에게 전달하고자 할 때 대화 장면을 이용한다.

• 요약을 사용하는 경우

첫째, 별로 중요한 사건이 발생하지 않은 시간을 메꾸고자 할 때

둘째, 시간을 절약하여 인물에 대한 여러 가지 정보를 전달하고자 할 때

셋째, 연상에 의해 살아온 과거를 간단히 언급할 필요가 있을 때

소설의 전통적 기법은 요약과 장면을 교차시켜 이야기를 전개하는 것이었다. 장면식 처리는 일어난 사실에다가 단 하나뿐인 전형적이고 결정적인 것이라는 특성을 부여하게 되는데, 이 장면 속에서 어떤 중요한 행동이 이루어지고, 인물들의 인격이 드러나고, 지배적 감정이나 갈등이 폭발하는 것이다. 그렇지만 장면을 쓸데없이 과용하면, 이 방법이 꼭 필요한 경우에 그 효과를 감소시킨다. 따라서 이 방법을 아껴서 써야 하며, 오히려 그것은 중요한 사건을 위해 예비해 두고 간직해야 한다.

대화(對話)와 묘사의 기능

장면식 서술에서 흔히 대화(對話)를 나누는 행동을 자세히 보여주는 경우가 있다. 그런데 이 대화란 것은 작중인물의 속마음, 성격, 욕망, 심리 등 그 사람에 대한 여러 정보를 알게 해 주는 아주 긴요한 수단이 된다. 따라서 별로 중요하지도 않은 대화, 예컨대 "아침 먹었니?" "아니, 아직…" 같은 상투적인 말을 늘어놓는 것은 곧 이야기 창작의 서투름을 드러내는 일이 된다. 대화는 그 속에 뭔가 중대한 의미를 지니고 있어야 한다.

[4] "어어, 밀담들은 그만 하시고, 하(河) 선생, 인사해요. 내 중학 동창인 윤희중이라는 친굽니다. 서울에 있는 큰 제약회사의 간사님이시고 이쪽은 우리 모교에 와 계시는 음악선생님이시고. 하인숙씨라고, 작년에 서울에서 음악대학을 나오신 분이지." "아, 그러세요. 같은 학교에 계시는군요." 나는 박과 그 여선생을 번갈아 가리키며 여선생에게 말했다. "네." 여선생은 방긋 웃으며 대답했고 내 후배는 고개를 숙여버렸다. "고향이 무진이신가요?" "아네요. 발령이 이곳으로 났기 땜에 저 혼자 와 있는 거예요." 그 여자는 개성 있는 얼굴을 가지고 있었다. 윤곽은 갸름했고 눈이 컸고 얼굴색은 노리끼했다. 전체로 보아서 병약한 느낌을 주고 있었지만 그러나 좀 높은 콧날과 두꺼운 입술이 병약하다는 인상을 버리도록 요구하고 있었다. 그리고 카랑카랑한 목소리가 코와 입이 주는 인상을 더욱 강하게 하고 있었다. "전공이 무엇이었던가요?" "성악공부 좀 했어요." "그렇지만 하 선생님은 피아노도 아주 잘 치십니다." 박이 곁에서 조심스런 목소리로 끼어들었다. 조도 거들었다. "노래를 아주 잘 하시지. 소프라노가 굉장하시거든." "아, 소프라노를 맡으시는가요?" 내가 물었다. "네, 졸업연주회 땐 <나비부인> 중에서 <어떤 갠 날>을 불렀어요." 그 여자는 졸업연주회를 그리워하고 있는 듯한 음성으로 말했다.

—김승옥/'무진기행'에서

이 대화는 독자에게 많은 정보를 알려주고 있다는 점에서 평범한 대화가 아니다. 하인숙이란 여자는 본래 고향이 서울이고, 서울에서 대학을 다녔는데, 돈이 많이 드는 성악을 전공했고, 화려한 무대에서 '나비부인'에 나오는 아리아를 불렀던 경험이 있으며, 피아노도 잘 치는 여자다. 게다가 그녀는 얼굴이 섹시하게 잘 생겼다.

이러한 사실들은 하인숙이란 여자는 지금 무진에서 살기에는 아까운 여자, 무진의 삶에 권태를 느끼며 살아갈 여자, 무진보다 서울 가서 살고 싶어하는 여자라는 것을 독자가 상상해서 알 수 있게 해 준다. 윤희중은 이 사실을 직감적으로 깨달은 사람이다. 작가는 하인숙에 대한 정보나 앞으로 일어날 사건의 징조까지도 짐작할 수 있도록 직접 설명하지 않고 서로 나누는 대화로 드러냈다.

위 장면에서 하인숙의 외모에 대한 '묘사'가 나오는데, 사실 소설 속에는 작중인물의 동작 묘사, 외양 묘사, 공간 묘사, 날씨 묘사, 사물 묘사 등등 여러 묘사가 들어온다. 그런 예를 보자.

> [5] 무진에 명산물이 없는 게 아니다. 나는 그것이 무엇인지 알고 있다. 그것은 안개다. 아침에 잠자리에서 일어나서 밖으로 나오면, 밤사이에 진주해 온 적군들처럼 안개가 무진을 뻥 둘러싸고 있는 것이었다. 무진을 둘러싸고 있던 산들도 안개에 의하여 보이지 않는 먼 곳으로 유배당해버리고 없었다. 안개는 마치 이승에 한(恨)이 있어서 매일 밤 찾아오는 여귀(女鬼)가 뿜어내놓은 입김과 같았다. 해가 떠오르고, 바람이 바다 쪽에서 방향을 바꾸어 불어오기 전에는 사람들의 힘으로써는 그것을 헤쳐 버릴 수가 없었다. 손으로 잡을 수 없으면서도 그것은 뚜렷이 존재했고 사람들을 둘러쌌고 먼 곳에 있는 것으로부터 사람들을 떼어놓았다. 안개, 무진의 안개, 무진의 아침에 사람들이 만나는 안개, 사람들로 하여금 해를, 바람을 간절히 부르게 하는 무진의 안개, 그것이 무진의 명산물이 아닐 수 있을까!
>
> —김승옥/'무진기행'에서

무진에 대하여 남다른 의식을 갖고 있는 사람은 안개에 대한 의식도 남다를 수 있다. 나는 무진이 사람 살 데가 못 되는 곳, 가난과 권태로운 삶이 펼쳐지는 곳이라 의식으로 가득 차 있기 때문에 '죽음과 공포'를 연상케 하는 흰색의 부정적 이미지와 관련하여 안개를 '진주해 온 점령군', '여귀가 뿜어낸 입김'처럼 보인다고 낯설게 묘사하게 된 것이다.

> [6] 오늘 이른 아침, 광주에서 기차를 내려서 역구내(驛構內)를 빠져나올 때 내가 본 한 미친 여자가 그 어두운 기억들을 홱 잡아 끌어당겨서 내 앞에 던져주었다. 그 미친 여자는 나일론의 치마저고리를 맵시 있게 입고 있었고 팔에는 시절에 맞추어 고른 듯한 핸드백도 걸치고 있었다. 얼굴도 예쁜 편이고 화장이 화려했다.

그 여자가 미친 사람이라는 것을 알 수 있는 것은 쉼 없이 굴리고 있는 눈동자와 그 여자를 에워싸고 선하품을 하며 그 여자를 놀려대고 있는 구두닦이 아이들 때문이었다. "공부를 많이 해서 돌아버렸대." "아냐, 남자한테서 채여서야." "저 여자 미국말도 참 잘한다. 물어볼까?" 아이들은 그런 얘기를 높은 목소리로 하고 있었다. 좀 나이가 든 여드름쟁이 구두닦이 하나는 그 여자의 젖가슴을 손가락으로 집적거렸고 그럴 때마다 그 여자는 여전히 무표정한 얼굴로 비명만 지르고 있었다. 그 여자의 비명이, 옛날 내가 무진의 골방 속에서 쓴 일기의 한 구절을 문득 생각나게 한 것이었다.

—김승옥/'무진기행'에서

주인공 '나(윤희중)'는 광주 역 광장을 걸어 나오면서 우연히 한 미친 여자를 보았다. 그런데 나는 그녀를 본 사실에 그치지 않고, 그 여자의 외모, 외양, 그리고 동작까지 자세히 묘사하고 있다. 그리고 구두닦이 아이들이 그 여자를 놓고 쑤군대고 귀찮게 건드리는 동작까지 보여주고 있다. 이런 자세한 묘사는 미친 여자를 본 일이 아주 중요한 사건이기 때문이다. 왜냐하면 뒤에 가서 밝혀지지만 나는 그 미친 여자를 보는 순간 지난 날 무진에서 미칠 것 같은 답답한 삶을 살았던 자신의 모습을 떠올렸고, 이 순간부터 나는 무진이란 가난한 삶을 사는 곳, 사람 살 데가 못 되는 곳, 그래서 미치거나 자살하는 사람이 많은 곳이란 의식에 사로잡히게 되었고, 이 의식은 그 이후의 모든 행동에 큰 영향을 미치게 된다. 그런 점에서 이 같은 묘사는 서술의 한 요소로서 소설에 들어와 이야기의 재미를 높여준다.

[7] 순경 곁을 지나면서 나는 물었다. "무슨 일입니까?" "자살 시체입니다." 순경은 흥미 없는 말투로 말했다. "누군데요?" "읍에 있는 술집 여잡니다. 초여름이 되면 반드시 몇 명씩 죽지요." "네에." "저 계집애는 아주 독살스러운 년이어서 안 죽을 줄 알았더니, 저것도 별수 없는 사람이었던 모양입니다." "네에" 나는 물가로 내려가서 학생들 틈에 끼었다. 시체의 얼굴은 냇물을 향하고 있었으므로 내게는

> 보이지 않았다. 머리는 파마였고 팔과 다리가 하얗고 굵었다. 붉은색의 얇은 쉐터를 입고 있었고 하얀 스커트를 입고 있었다. 지난밤의 새벽은 추웠던 모양이다. 아니면 그 옷이 그 여자의 맘에 든 옷이었던가 보다. 푸른 꽃무늬 있는 하얀 고무신을 머리에 베고 있었다. 무엇인가를 싼 하얀 손수건이 그 여자의 축 늘어진 손에서 좀 떨어진 곳에 굴러 있었다. 하얀 손수건은 비를 맞고 있었고 바람이 불어도 조금도 나부끼지 않았다.
>
> —김승옥/'무진기행'에서

화자인 나(윤희중)는 어머니 묘소에 갔다가 돌아오는 길에 자살한 술집 여자의 시체를 본 사건을 접했다. 그런데 이 소설은 여기에 그치지 않고 그녀의 외양, 다시 말해서 그녀는 붉은 스웨터에 하얀 스커트를 입었고, 하얀 고무신을 신고, 하얀 손수건을 갖고 있는 여자임을 자세히 묘사하고 있다. 이는 색채 이미지를 통해 그녀가 한 남자와 열정적이고 순결한 사랑을 꿈꾸었던 여자로서, 배신 때문에 자살을 기도한 여자라는 것을 설명하지 않고 묘사로서 잘 보여준 대목이다.

이런 소설을 보면, 이제 소설은 <직접 말하지 않고 행동으로만 보여준 것>이 아니라, <직접 전달하려 하지 말고 상상해서 알도록 서술을 바꾸어 놓은 글>이라고 보아야 한다. 다른 글보다 소설 쓰기가 어렵다고 느껴지는 것도 바로 이 때문이라고 일찍이 노스롭 프라이는 다음과 같이 지적한 바 있다.

> 문학인 경우 직접 전달은 없다. 문학에서 중요한 것은 무엇을 말하느냐가 아니라 어떻게 표현하느냐이다. 작가는 시, 소설, 희곡 등에서 주제나 자신의 심적 상태에 대한 정보를 제공하려는 것이 아니라, 말하려는 것을 그 독자적인 형식에 담으려고 노력한다. 여러분이 편지나 보고문을 쓰듯 마음대로 문학을 만들어 낼 수 없는 이유는 바로 이 때문이다. …(중략)…
>
> 모든 작가는 관습적이다. 왜냐하면 그들은 직접 말하지 않고 상상하도록 그들

의 언어를 바꾸어 놓아야 하는 문제를 모두 갖고 있기 때문이다.2)

이상에서 보았듯이, 이야기의 서술은 기본적으로 [1], [2], [3], [4]와 같은 사건을 촉발하는 작중인물의 행동의 전개와 [5], [6], [7]과 같은 여러 묘사로서 이루어진다. 다시 말해서 소설 이야기는 빨랫줄처럼 길게 뻗어가는 서사의 선에, 여러 가지 옷가지를 널어놓듯 아래로 뻗어가는 묘사의 선으로 짜여진다는 것을 알 수 있다. 구조주의자들은 전자처럼 횡적으로 뻗어가는 날줄의 서사를 통합축, 서사 사이에 끼어드는, 다시 말해서 종적으로 뻗어가는 씨줄의 묘사를 계열축으로 구분하여 소설 이야기의 구조를 논했던 것도 이 때문이다.

「소나기」는 위에서 말했듯이 간단한 형태의 이야기다. 청소년을 대상으로 쓰는 순진한 소년과 소년의 사랑 이야기를 굳이 복잡하게 쓸 필요도 없다. 소년과 소녀의 이야기답게 그들에서 일어날 수 있는 행동과 사건과 심리를 토대로 이야기를 잘 구성해 놓으면 좋은 소설이 된다.

「소나기」는 통합축을 이루는 사건이 단선(單線)인데다 시간 순서대로 펼쳐져 있고, 계열축을 이루는 복잡한 묘사가 많이 들어와 있지 않아, 이야기가 지루하게 느껴지지 않고 쉽게 읽혀지는 이야기다. 그런데 이런 단순한 이야기도 좋지만 독자는 좀 더 복잡한 사랑 이야기를 좋아할 수도 있다. 사랑이 얼마나 이루기 어려운가? 복잡하고 얽히고설킨 사랑의 문제를 다룰려면 그 형태도 자연 복잡해질 수밖에 없고, 그 방법도 다양할 수밖에 없어 소설은 점차 복잡성을 띠게 되었다.

「무진기행」에서 보듯이 현대소설은 그 구조가 아주 복잡해졌다. 그 이유는 한마디로 말해서 통합축을 달리 하고, 아울러 계열축을 이루는 기법을 다양하게 발전시켜 왔기 때문이다. 주지하듯이 구조주의자들은 사건의 진행을

---

2) 노스롭 프라이, 이상우 역, 문학의 원형(명지대학교출판부, 1998), p.30.

이루는 통합축만이 아니라, 사건의 진행을 지연시키거나 이야기를 낯설게 만드는 계열축에 대해서 남다른 관심을 기울여 현대소설의 복잡한 구조를 살피고자 노력했던 사람들이다.

관습적인 이야기의 전개 패턴

삶의 네 가지 패턴

소설들은 어떤 이야기를 들려주고 있을까? 흔히 소설은 인간이 살아가는 모습을 생생하게 보여준다고 말한다. 맞는 말이다. 그런데 '인간이 살아가는 모습'이란 것이 얼마나 추상적인가? 좀 소설 공부를 한 사람은 이렇게 말할 것이다. 소설은 어떤 욕망을 갖고 있는 인물(주인공)이 어떤 행동을 취했는데 장애가 생겨(사건) 뜻대로 이루어지지 않아 고민(갈등)을 하는 모습을 보여준다. 이는 인물의 행동과 사건에 초점을 둔 설명으로, 소설 창작을 꿈꾸는 사람은 꼭 알아두어야 할 지식이다.

그런데 한 가지 더 알아두어야 할 것이 있다. 그것은 소설이 '삶의 어떤 패턴'을 보여주고 있다는 사실이다. 낮과 밤, 또는 봄-여름-가을-겨울이 늘 교차되고 있듯이, 인생이란 것도 행에서 불행, 상실에서 회복, 만족에서 결핍, 기쁨에서 슬픔으로 나아가는 모습의 되풀이라고 볼 수 있다. 이 같은 사실은 만곡선으로 나타낸 사계의 순환체계에서 잘 유추해낼 수 있다.

많은 이론가가 이야기의 패턴을 제시하고자 많은 연구를 해 왔는데, 노스롭 프라이는 그 이야기 전개가 아무리 복잡하더라도 주인공이 욕망을 실현하기 위해 움직이는 행위의 처음, 중간, 결과에 초점을 두어 볼 때 다음과 같은 네 가지의 이야기 패턴이 있다고 말했다.

봄의 미토스 : 희극(comedy)

여름의 미토스 : 로망스(romance)

가을의 미토스 : 비극(tragedy)

겨울의 미토스 : 아이러니(irony) 또는 풍자(satire)

이 네 가지 패턴에 대하여 좀더 알기 쉽게 풀이하면, 줄거리의 처음, 중간, 끝을 상정했을 때, 주인공의 처지가 처음 좋았다가 나빠졌지만 다시 좋은 상태로 회복되는 이야기를 봄의 미토스(comedy),[1] 그 반대로 처음엔 나빴다가 좋아졌으나 다시 나쁜 상태로 떨어지는 이야기를 가을의 미토스(tragedy),[2] 처음도 중간도 끝도 다 좋으면 여름의 미토스(romance), 처음부터 계속 나쁜 상태에 빠지고 마는 이야기로 끝나면 겨울의 미토스(irony, satire)로 각각 나누어 본 것이다.

그런데 이러한 이야기의 기본 패턴을 잘 이해하기 위해서는 클로오드 브레몽(Claude Bremond)이 제시한 다음과 같은 요약적 제시[3])를 참고해 보는 것이 좋다.

(회복의 국면)		**(상실의 국면)**
이루어진 향상	=	예상되는 악화
↑		↓
향상의 과정		악화의 과정
↑		↓
예상되는 향상	=	발생된 악화

1) 이를 일명 U자형 플롯 구조라고 부른다.
2) 이를 일명 거꾸로 된 ∩자형 플롯 구조라고 부른다.
3) 클로오드 브레몽, 최상규 역, "이야기 가능성의 논리", 현대소설의 이론(서울 : 대방출판사, 1983), p.141 참조.

모든 소설은 위에서 보는 바와 같이 '상실의 국면'과 '회복의 국면'이라는 두 국면을 기본으로 하여, 이것이 다시 (A)연속적으로 결합하느냐 (B)불연속적으로 결합하느냐에 따라 크게 네 가지 이야기 패턴이 생기게 된다.

A. 연속적 결합의 예

① 김유정의 「동백꽃」: 봄의 미토스(U자형 플롯구조)

예상되는 악화 : 점순이는 순진하게 일만 하는 이웃집 총각에게 감자를 주어 환심을 사려고 했지만 거절당해 화가 났다.

악화 과정 : 그녀는 총각을 괴롭히기로 맘먹었다. 점순이는 닭싸움을 붙여 총각네 닭이 피를 흘리게 하는가 하면, 총각네 암탉의 궁둥이께를 팡팡 때려 주었다.

발생된 악화 = 예상되는 향상 : 이런 점순이의 행동에 화가 난 총각은 마침내 큰일을 저지르고 말았다. 닭싸움을 말리려고 휘두른 작대기에 맞아 점순이네 수탉 한 마리를 죽이고 만 것이다.

향상 과정 : 점순이는 자기 말을 잘 들으면 이 사건을 없었던 일로 무마해 주겠다는 조건을 제안했다. 총각은 그녀의 너그러운 처사에 눈물이 절로 흘러 나왔다.

이뤄진 향상 : 이로써 둘이는 급속도로 가까워져 감격적으로 얼싸안고 동백꽃이 피어 있는 숲속으로 뒹굴었다.

이상에서 보듯이 「동백꽃」은 봄을 시간적 배경으로 하여, 힘든 사랑싸움 끝에 욕망하는 일을 이루게 되는 과정을 보여주는 이야기, 이른바 봄의 미토스(U자형 패턴)의 한 전형이다. 김유정의 「봄봄」, 이효석의 「메밀꽃 필 무렵」을 비롯하여 내적 갈등의 변화과정을 다룬 김승옥의 「무진기행」, 이청준의 「그해 겨울」, 최인훈의 「웃음소리」, 이청준의 「퇴원」, 은희경의 「그녀의 세 번째 남자」 등은 표면적으로 볼 때 매우 복잡하지만 모두 이 같은 ∪자형 패턴에 따라 이야기를 새롭게 꾸민 소설들이다. 물론 이들 작품 중에는 상실 혹은 회복의 국면을 모두 다 보여주지 않거나, 있다 하더라도 요약적으로 처리해 버린 경우가 있다는 것을 염두에 두어야 한다.

② 황순원의 「소나기」: 가을의 미토스(∩자형 패턴)

***예상되는 향상** : 순진한 소년은 하교 길에서 한 소녀를 만난다. 소년은 소녀가 자기를 향해 던진 조약돌을 주워 갖는다.

***향상 과정** : 소년은 소녀로부터 바보 소리를 듣지 않으려고 함께 가을 들판을 지나 산에 오르며 꽃을 꺾어 주었다.

***이뤄진 향상＝예상되는 악화** : 즐거운 시간을 누리던 중, 소년과 소녀는 갑자기 소나기를 만나 비를 맞고 집에 돌아왔다.

***악화 과정** : 소년은 소녀네가 머지않아 딴 곳으로 이사 가게 된다는 소식을 듣고 마음이 아팠을 뿐만 아니라, 소녀가 병이 나서 한동안 만날 수도 없었다.

***발생된 악화** : 소년은 새벽 잠결에 부모님의 말씀을 통해 소녀가 병이 악화되어 죽었다는 사실을 알게 되었다.

이상에서 보듯이 「소나기」는 가을을 배경으로 하여, 두 사람이 행복했다가 불행을 맞게 된 이야기, 이른바 가을의 미토스(∩자형 패턴)의 한 전형이다. 주요섭의 「사랑손님과 어머니」, 이청준의 「과녁」, 공선옥의 「타관사람」, 신경숙의 「배드민턴 치는 여자」, 김형경의 「담배 피우는 여자」등은 이 같은 패턴에 바탕을 두고 그 이야기를 좀 더 복잡하게 만든 소설들이다.

B. 불연속적 결합의 예

③ 알퐁스 도데의 「별」: 여름의 미토스

***예상되는 향상**: 양치기 목동은 주인집 따님 스테파네트가 직접 식량을 갖고 목장을 찾아와 어쩔 줄을 몰랐다.

***향상 과정**: 스테파네트가 갑자기 내린 비로 인해 집에 돌아갈 수 없게 되자, 목동은 모닥불 가에 앉아 주인집 따님이 무섭지 않도록 하기 위해 밤새도록 별 이야기를 들려주었다.

***이루어진 향상**: 목동은 별같이 아름다운 스테파네트가 마음 편히 하룻밤을 지내고 집으로 돌아갈 수 있어서 마냥 기뻤다.

위에서 보듯이 알퐁스 도데의 「별」은 여름을 배경으로 하여, 아름다운 추억의 시간을 보냈던 일을 들려주는 이야기, 여름의 미토스의 한 전형이다. 목동은 자기 생애에 두 번 다시 이런 행복을 누려보지 못할 것이다. 따라서 이 소설은 처음도 중간도 끝도 다 좋은 상황의 이야기다. 아름다운 추억을 담고 있는 김용운의 「산행」, 홍성원의 「주말여행」 등은 이 같은 패턴에 바탕을 두고 꾸민 이야기들이다.

④ 전상국의 「외등」: 겨울의 미토스

***예상되는 악화**: 주인공 박종대는 독립투사였던 아버지의 명예를 회복하고 민중의 공복으로서의 소임을 다할 뜻을 품고 경찰에 투신하였지만 의지대로 일할 수만 없는 일들이 많다는 것을 점차 의식하게 되었다.

***악화 과정**: 파출소장으로 부임한 박종대는 지역구 국회의원과 연루된 벌목 밀반출 사건, 골 깊은 이웃마을 간의 불화, 미스터리한 살인사건의 발생, 선거 때마다 특정인을 위한 정보 수집 보고, 불법 벌목에 대한 상부로부터의 압력과 부정에의 유혹 등으로 인해 심한 위장병까지 앓고 있다.

***발생된 악화**: 파출소장 박종대는 벌목 밀반출을 상부에 고발하고 살인사

건을 해결하는 정의로운 길을 택한다. (그로 인해 엄청난 불이익을 당할 아이러닉한 상황이 펼쳐질 것은 불을 보듯 훤하다.)

이상에서 보듯이 전상국의 「외등」은 많은 사건들이 뒤엉켜 아주 복잡한 형태를 이루고 있지만, 처음도 중간도 끝이 악화된 상태에서 벗어나지 못한 주인공의 삶을 다룬, 이른바 겨울의 미토스의 한 전형이다. 현진건의 「운수 좋은 날」, 김동인의 「감자」, 황석영의 「한씨연대기」, 은희경의 「아내의 상자」, 신경숙의 「겨울 우화」, 오정희의 「불의 강」, 조경란의 「불란서 안경원」, 최인의 「비어 있는 방」 등은 이 같은 패턴에 바탕을 두고 그 이야기를 좀 더 복잡하게 세련시킨 소설의 본보기들이다.

패턴에 대한 지식의 이점

김유정의 「동백꽃」을 읽고, 우리는 흔히 "잘 썼다", "재미있다"라고 말하는데, 그런 평가를 내릴 수 있었던 근거는 무엇인가. 그것은 여러 '부분'들이 결합된 작품 '전체'를 잘 볼 수 있는 눈을 갖고 있기 때문이다.

소설을 대할 때, 시간에 따라 전개되는 사건들 하나하나를 눈여겨보는 일도 중요하지만, 펼쳐진 사건들을 고정시켜 놓고, 모든 부분을 가진 전체 전개 형상을 한눈으로 보는 일이 필요하다. 전체가 무슨 이야기인지, 그리고 작품 속의 여러 부분들이 무슨 기능을 띠고 있는지를 잘 모르면 작품을 제대로 평가할 수가 없다. 요즘 씌어진 소설은 그 이야기가 아주 복잡하여, 이야기는 있지만 정작 무슨 이야기를 들려주려고 했는지를 간파하기가 어려운 때가 많다. 그 구성이 복잡하여 전체 이야기가 무엇을 말하려고 했는지를 알기가 어려울 뿐만 아니라, 부분적으로 들어와 있는 사건들이나 삽화, 묘사 등이 왜 거기에 들어와 있는지를 알 수가 없는 것이다.

이럴 경우 한 작품이 위에서 제시한 네 가지 패턴 중 어디에 속하는가를 파악해 보는 것은 소설 이해에 큰 도움을 준다. 그것을 먼저 알게 될 때, 작품 전체의 모습을 알 수 있고, 그 속에 여러 부분들이 왜 거기에 들어와 있는지를 더 잘 알 수 있어서 유기적 구조를 이룬 모습도 알게 되고, 작가가 말하고자 하는 의미가 무엇인지를 제대로 알 수 있게 된다. 즉 이야기의 긴 줄거리가 어떤 패턴을 이루고 있는가를 알아야 작품의 의미(meaning)도 제대로 파악할 수 있는 것이다.

음악과 같은 예술은 시간상으로 움직이고, 그림과 같은 예술은 공간상으로 제시된다. 이 두 예술에 있어서 구성의 원리는 반복이다. 시간적 반복일 때 그것은 리듬이라 부르고, 공간적인 것일 때는 패턴이라 부른다. 우리는 흔히 음악의 리듬과 그림의 패턴에 대해서 말하게 되는데, 소설의 리듬을 이야기(narrative), 소설의 패턴을 의미(meaning)라고 부를 수 있다. 그러니까 소설에서 우리는 이야기를 듣거나 그것에 귀 기울이지만, 전체적 패턴을 파악할 때는 의미를 보는 것이다.

「동백꽃」은 점순이가 갈등 끝에 성공하는 이야기다. 이 작품은 사랑을 이루기 위해 갈등을 겪는 모습을 솜씨 있게 잘 얽어 짜 놓는 일에 초점을 두고 쓴 소설이다. 여기서 벌어진 사건, 다시 말해서 역설적인 사랑의 표시로 총각을 골탕 먹이는 일들은 우리도 누구나 한 번쯤 다 겪어 봄직한 보편성 있는 사건들이기에, 점순이 이야기는 우리들의 이야기로 더욱 가까이 다가오게 되고, 봄의 미토스에 따라 있을 수 있는 일을 세밀히 보여주었기 때문에 이야기가 재미있고 짜임새가 아주 좋아지게 되었다. 봄의 미토스에 대한 식견이 있는 사람은 작품의 전체적인 구도를 세워, 무엇을 써야 하는지, 어떤 요소로 부분들을 가득 채워 나가야 하는가를 알고 있기 때문에, 이야기의 방향을 잘 잡아 소설 창작을 성공적으로 이루어낼 수 있다.

풍부한 경험과 소설적 형상화

삶에 대한 풍부한 경험

소설 창작에 있어서 상상력 못지않게 중요한 것은 원자재로 삼는 삶의 경험이다. 하나의 집을 건축하려면 돌, 기둥, 흙, 모래, 벽돌, 석가래 등등이 마련되어야 되듯이 어떤 상황에 처한 사람에서 발생할 수 있는 행동과 사건을 실감나게 써 내기 위해서는 갖가지 경험들이 녹아 들어가야 한다.

인생에 대한 경험들이 충분하지 않으면 좋은 작품을 만들어 내기가 어렵다. 그런데 이러한 경험은 작가가 직접 몸소 겪은 경험, 곧 체험일수록 더욱 좋다. 체험이야말로 책을 통하여 얻은 경험이나 학교 교육을 통하여 배운 지식보다 훨씬 더 값지다. 일찍 신춘문예에 당선작을 낸 모범생이 작가로서 실패하는 경우를 가끔 본다. 이는 소재의 결여로 인해 삶의 경험을 구체적으로, 그리고 극적으로 실감나게 육화시키지 못하고 관념적이고 추상적으로 빠져버리고 말기 때문이다.

작가가 되려면 전문가 수준은 아니더라도 음악, 미술, 철학, 종교, 사회학, 심리학 등등 여러 분야에 걸친 지식도 어느 정도 갖추어야 한다. 그래야 개구리 내장에서 김이 모락모락 난다와 같은 실수를 저지르지 않을 것이다. 소설은 머리로 쓰는 것이 아니라 발로 쓰는 것이라고 말하는 것도 이 때문이다. 모차르트 같은 천재적인 음악 신동이나 이창훈 같은 바둑 신동이 있었다는 말은 들었어도 문학 신동이 있다는 말을 들어 본 적이 없다. 훌륭한 문학작품을 쓰기 위해서는 무엇보다도 풍부한 경험과 많은 지식이 반드시 밑바탕이 되어야 하는 것을 명심해 두어야 한다.

창조적 생산과정

현실 속에서의 삶이 소설보다 더 기이하고 착잡할 수가 있다. 나는 어려서부터 객지로 떠돌며 고생을 많이 했기 때문에 살아온 역정을 그대로 적으면 소설 몇 권으로도 모자란다고 말하는 사람들을 흔히 본다. 틀린 말이 아니다.

그러나 기구한 인생 역정을 겪었다고 해서 그것이 곧바로 소설이 되는 것이 아니다. 순진한 작가 지망자가 흔히 이 점을 착각하고 있다. 파란만장한 삶의 역정은 기껏 소재요 원자재일 뿐이다. 원자재가 소설로 바뀌려면 창조적 생산과정을 필히 거쳐야 하는데, 그래서 소설에 대한 이론적 지식을 필히 쌓아야 한다.

소설은 자기 마음대로 쓸 수 있는 글이 아니다. 말을 문법에 맞도록 해야 되듯이, 소설도 소설 문법을 따라야 하고, 소설을 써 본 사람만이 그 소중함을 알고, 그것을 알아야 요령껏 소설을 써낼 수 있다. 강의실에서 들은 소설에 대한 지식은 많은 데 정작 걸작을 써내지 못하는 학생을 흔히 본다. 소설은 그 쓰는 법을 좀 안다고 기계적으로 척척 써낼 수 있는 것이 아니다. 소설을 직접 써 보아야만 터득될 수 있고, 그래야 산 지식이 된다. 이론적 지식이 어렵다하여 멀리할 것이 아니라 소설 창작에 유용한 지식이라면 무엇이든지 귀 기울여야 한다.

소설을 잘 쓰기 위해서는 반드시 거쳐야 할 두 단계가 있다. 하나는 이론을 정통하는 것이고, 또 다른 하나는 실기를 숙달하는 것이다. 만일 내가 의학 기술을 쌓고자 한다면 나는 인간의 신체와 갖가지 질병에 대한 지식을 먼저 쌓아야 한다. 그러나 이론적 지식을 모두 터득했다 하더라도 아직은 의학 기술을 충분히 숙달했다고 볼 수는 없다. 상당한 임상실험과 실무를 거쳐야 비로소 의학 기술을 숙달하게 되고, 마침내 이론적 지식과 실무의 결과가 하나로 합쳐졌을 때 직관적 능력이 형성되어 전문의사로서의 명성을 얻을 수 있다. 소설에 대한 지식을 쌓지 않고 덮어놓고 쓰기만 하는 사람은 항로를 모른 채 바다를 항해하는 것과 같고, 연구만 하고 실제로 쓰는 일을 게을리 하는 사람은 항해 자체를 겁내는 사람과 같아 자기 발전을 이룰 수 없다.

"소설 쓰는 법은 소설 속에 있다." 이 말은 창작을 꿈꾸는 자가 제일 먼저 명심해 두어야 할 말이다. 따라서 본보기가 되는 소설을 많이 읽어야 한다. 소설 쓰고자 하는 사람은 결국 이 세상에 있는 어느 소설과 같은 소설을 쓰는 것이지 완전히 새로운 것을 쓰는 것이 아니다. 노스롭 프라이가 "소설은 소설가처럼 태어나는 것이지 맘대로 만들어내는 것이 아니다"라고 말했던 것도 이 때문이다.

소설을 써 보겠다는 생각도 실은 소설을 많이 읽은 경험과 지식을 갖고 있기 때문이다. 그런데 요즈음은 읽을거리가 너무 많을뿐더러 읽어도 이해하기가 어렵고, 그 종류의 다양함 때문에 어떤 것을 본보기로 해야 할지 알 수가 없다. 그럴수록 소설을 많이 읽어 소설에 대한 전체적 관점과 지식을 쌓도록 노력해야 한다. 그렇지 못하면 무수한 개별 작품들의 수풀 속에서 길을 잃고 그 풍요를 혼란으로 체험하면서 갈피를 잡지 못하기가 십상이다. 이를 극복하기 위해서 소설들을 따로 따로 별개로만 보지 말고 서로 닮은 점을 찾아 플롯의 유형에 대한 지식을 쌓아야 한다. 특히 줄거리 위주로만 읽지 말고 작품의 짜임새에 대해 관심을 갖고 읽도록 해야 한다. 소설은 근본적으로 '내용'보다는 '형식'에 의존하는 구조물이기 때문이다.

좋은 소설은 그 구성이 복잡하다. 이제 소설에 관한 이론을 모르고서 소설을 대할 수 없을 만큼 소설은 그 기법이 아주 복잡하고 다양해졌다. 하루가 다르게 세상이 변해 가고 있고, 학문의 세계 역시 전문화·세분화되어 가는 세상에 소설이라고 옛 모습 그대로 있을 수 없다. 소설이 복잡하고 낯선 형식을 취하게 된 그 취지를 올바로 이해하기 위해서, 그리고 우리 시대에 맞는 재미있는 이야기를 만들어 내기 위해서도 알아야 할 지식은 모두 갖추어야 한다.

언어 예술로서의 소설

소설은 언어를 매체로 삼는 예술이다. 따라서 작가는 언어를 함축적으로 다루는 솜씨를 발휘해야 언어예술에 값하는 좋은 소설을 만들어 낼 수 있다. 작가의 그런 솜씨가 잘 나타나 있는 것을 분야별로 나누어 살펴보기로 하자.

1) 인물의 성격 구성

작중인물의 '행동'은 성격과 밀접한 관련이 있다. 작가는 인물의 성격을 직접적으로 설명하지 않는다. 행동의 필연성을 알기 위해 독자는 작가가 보여주는 인물의 여러 면을 면밀히 관찰하여 판단해야 하는데, 성격 구성을 위해 작가가 흔히 쓰는 방법 중의 하나는 그 사람의 습성이나 버릇을 이용하는 경우가 있다.

정찬일의 「유령」은 집을 나간 지 석 달째 되는 아내를 기다리는 나(남편)의 이야기를 들려주는 소설이다. 그런데 작가는 왜 그녀가 집을 나가 돌아오지 않는지 그 이유를 직접 설명하지 않고 있다.

> 그녀는 자주 향초를 켜 놓거나 향을 태우곤 했다. 향을 피우는 이유는 향내만큼이나 다양했다. 어느 날은 다이어트를 위해, 어느 날은 마음을 차분하게 가라앉히기 위해. 심지어 잠이 오지 않거나 감기에 걸렸을 때에도 그녀는 향을 태웠다. 하지만 나는 향냄새를 싫어했다. …(중략)…
>
> 언제부터 그곳에 그림이 걸려 있었는지 기억이 가물가물하다. 나는 그림 가까

> 이 얼굴을 가져간다. 기다란 갈색 천 위에는 엽서 뒷면에 그린 다섯 장의 그림이 붙어 있다. 모두 바닷가 풍경을 그린 그림들이다. …(중략)… 그림들은 모두 바람이 지나가고 있는 순간을 포착한 것들이다. 몇 그루의 소나무는 마치 닳고 닳은 대빗자루를 거꾸로 세워놓은 것처럼 보인다. 한쪽 방향으로 가지들이 치우쳐 있어 마치 오래 전에 지나간 바람의 흔적을 되살려 놓은 듯한 느낌을 준다. 바닷바람 때문에 한쪽으로 쏠린 가지들이 영 불안하게 보인다. …(중략)…
>
> —정찬일/'유령'[1])에서

위에서 보듯이 작가는 "그녀는 자주 향초를 켜 놓거나 향을 태우곤 했다"라든가, 그녀는 평소 그림을 그려도 바람에 쏠린 앙상한 소나무가 서 있는 바닷가 풍경을 즐겨 그린 여자라는 것을 회상형식을 빌려 들려주고 있다. 독자는 이러한 정보를 통해 그녀가 남편과 함께 살고 있지만 무척 고독한 여자라는 것, 그래서 낙원을 찾아 집을 나갈 수밖에 없는 여자라는 것을 추측해 낼 수 있다. 화자인 '나'는 그것을 모르고 있다.

> 아내는 상자를 많이 갖고 있다. 어떤 상자에는 그녀가 한 계절 내내 손가락을 찔러 가며 십자수를 놓은 탁자보가 들어 있고 어떤 상자에는 편지 뭉치가 들어 있다. 편지는 모두 종이색이 누렇게 바래고 잉크가 번진 오래된 것들이다. 최근에 그녀에게 편지가 오는 것은 한 번도 본 일이 없다. 아내가 임신했다는 소식을 듣자마자 호들갑스러운 친구가 사 주었다는 하얀 배냇저고리가 든 상자도 있다. 그 아이가 삼 개월 만에 자연 유산된 후 아내는 또 다른 아이를 가지지 못했다. 그런데도 아내는 그런 물건을 간직했다. 아내의 상자에는 지난 시간 동안 그녀를 스쳐 지나간 상처들이 담겨 있었다. 사람들은 상처가 회복된 다음에도 몸에 남아 있는 흉터로써 그 상처를 기억한다. 그녀는 흉터를 지니듯이 방 귀퉁이에 상자를 쌓아갔다.
>
> —은희경/'아내의 상자'에서

---

1) 2005년 문화일보 신춘문예 당선작.

이 소설의 주인공 '아내'는 과거의 아름다운 추억이 얽혀 있는 물건들을 상자 속에 담아놓기를 즐기는 버릇이 있다. 이런 행동은 현재의 삶에 남다른 권태를 느끼는 사람에서 흔히 나타난다. 이런 점에서 아내는 극심한 우울증에 걸려 있는 전형적인 보바리즘 환자라고 볼 수 있다. 이처럼 작가는 인물의 성격을 구성할 때 직접 설명하지 않고 독자가 상상해서 알 수 있도록 어떤 습성이나 버릇만이 아니라, 외모, 타인에 대한 태도, 사물에 대한 반응, 말씨, 과거 등을 통해 성격을 드러내는 일을 즐긴다고 볼 수 있다.

2) 낯설은 묘사

언어를 다루는 작가의 솜씨는 인물만이 아니라 사물이나 배경의 '묘사'에서 나타나기도 한다. 묘사문의 특성은 낯익은 것의 낯설게 하기다. 이때 감각적인 비유의 언어로 이를 바꾸어 주면 고정관념에서 벗어난 낯선 표현을 이루는 효과를 더욱 거둘 수 있다.

> 무진에 명산물이 없는 게 아니다. 나는 그것이 무엇인지 알고 있다. 그것은 안개다. 아침에 잠자리에서 일어나서 밖으로 나오면, 밤사이에 진주해 온 적군들처럼 안개가 무진을 뺑 둘러 싸고 있는 것이었다. 무진을 둘러싸고 있던 산들도 안개에 의하여 보이지 않는 먼 곳으로 유배당해 버리고 없었다. 안개는 마치 이승에 한(恨)이 있어서 매일 밤 찾아오는 여귀(女鬼)가 뿜어내놓은 입김과 같았다. 해가 떠오르고, 바람이 바다 쪽에서 방향을 바꾸어 불어오기 전에는 사람들의 힘으로써는 그것을 헤쳐 버릴 수가 없었다. 손으로 잡을 수 없으면서도 그것은 뚜렷이 존재했고 사람들을 둘러쌌고 먼 곳에 있는 것으로부터 사람들을 떼어놓았다. 안개, 무진의 안개, 무진의 아침에 사람들이 만나는 안개, 사람들로 하여금 해를, 바람을 간절히 부르게 하는 무진의 안개, 그것이 무진의 명산물이 아닐 수 있을까!
>
> —김승옥/'무진기행'에서

주인공 나(윤희중)는 남달리 무진에서 미칠 것 같은 답답한 삶을 살았던 아픈 과거를 갖고 있다. 이런 무진에 대한 부정적 의식 때문에 그곳의 안개가 아름답게 보일 수가 없다. 흰색의 부정적 이미지는 죽음과 공포다. 그렇기 때문에 나는 안개가 공포를 자아내고 욕망을 억압하는 적군이나, 한을 품고 죽은 귀신이 뿜어낸 입김에 빗대어 묘사하고 있는 것이다.

> 이지러는 졌으나 보름을 갓 지난 달은 부드러운 빛을 흐뭇이 흘리고 있다. 대화까지는 80리의 밤길, 고개를 둘이나 넘고 개울을 하나 건너고 벌판과 산길을 걸어야 된다. 길은 지금 긴 산허리에 걸려있다. 밤중을 지난 무렵인지 죽은 듯이 고요한 속에서 짐승 같은 달의 숨소리가 손에 잡힐 듯이 들리며, 콩포기와 옥수수 잎새가 한층 달에 푸르게 젖었다. 산허리는 온통 메밀밭이어서 피기 시작한 꽃이 소금을 뿌린 듯이 흐뭇한 달빛에 숨이 막힐 지경이다. 붉은 대궁이 향기같이 애잔하고 나귀들의 걸음도 시원하다. 길이 좁은 까닭에 세 사람은 나귀를 타고 외줄로 늘어섰다. 방울 소리가 시원스럽게 딸랑딸랑 메밀밭께로 흘러간다.
>
> —이효석/'메밀꽃 필 무렵'에서

이 글은 가장 시적이고 감각적인 묘사로 잘 알려진 대목이다. 주인공 허생원은 지금 짐승 같은 달의 숨소리와 메밀밭께로 굴러 가는 방울소리를 듣고 있고(청각), 소금을 뿌린 듯이 피어 있는 하얀 메밀꽃을 보고 있으며(시각), 숨이 막힐 것 같은 메밀꽃 향기를 맡고 있다(후각). 그가 이처럼 남다른 느낌과 감정에 사로잡히게 된 것은 하얀 메밀꽃처럼 순결한 성씨 처녀에 대한 그리움이 남달리 크기 때문이다. 우리는 이런 감각적인 비유의 표현에서 작가가 단어의 선택이나 문장 다듬는 일에 남달리 노력하고 있는 모습을 엿볼 수 있다.

3) 완곡어법

우리는 일상에서 말을 직접적이거나 노골적으로 하지 않고, 예를 들어 어떤 사람이 죽었을 때, "아무개가 밥숟가락을 놓았대"라고 하거나 "그 사람 북망산에 갔다는군"하고 빙 둘러서 말하는 경우가 있다. 소설에서 인물의 성격이나 의식(감정)을 노골적으로 말하지 않고 빙 둘러서 완곡하게 표현하는 것도 작가가 직접적인 설명을 피하는 하나의 수단이다. 이처럼 우회적 표현을 쓰면 쓸수록 좋은 소설적인 문장이 된다.

① "그녀에게는 아무 일도 일어나지 않았다. 하느님의 뜻인 것이다! 미래는 일종의 캄캄한 복도였고, 그 끝에 나 있는 문은 꽉 잠겨 있었다. …… 읽을 것은 다 읽었어"하고 그녀는 곧잘 혼잣말을 했다.

—플로벨/'보바리 부인'에서

② 남폿불 밑에서 바느질감을 안고 있던 어머니가,

"증손이라곤 기집애 그 애 하나뿐이었지요?"

"그렇지. 사내애 둘 있던 건 어려서 잃구……."

"어쩌믄 그렇게 자식 복이 없을까."

"글쎄 말이지. 이번 앤 꽤 여러 날 앓는 걸 약두 변변히 못써 봤다드군. 지금 같애서는 윤초시댁두 대가 끊긴 셈이지…… 그런데 참 이번 기집애는 어린 것이 여간 잔망스럽지가 않어. 글쎄 죽기 전에 이런 말을 했다지 않어? 자기가 죽거든 자기 입은 옷을 꼭 그대루 입혀서 묻어달라구……."

—황순원/'소나기'에서

③ 그는 아내가 그의 인생에 선택적으로 동반하고 있다는 데에 쓸쓸함을 느꼈다.

—은희경/'명백히 부도덕한 사랑'에서

4) 의인법 구사

① 승일이는 말했었다. 바람이 불어. 바람은 왜 불지? 난 바람이 싫어. 은수는

바람에 눈을 뜨지 못하는 승일이의 앞을 가로막아 뒷걸음질쳐 바람을 막아주며 대답했었다. 바람은 그리워하는 마음들이 서로 부르며 손짓하는 것이란다.

—오정희/'바람의 넋'에서

② 산의 움직임이 심상치 않습니다. 바람이, 북풍이 분명한 바람이 산의 이마를 쓰다듬고 지나갑니다. 바람의 손길 아래서 산은, 더 많은 바람을 불러 모으는 굿거리 동작으로 온 몸을 뒤척이고 있습니다. 아무래도, 오늘 밤 안으로 저 산이 비를 불러올 것 같습니다. 푸른 머리채를 휘저으며, 온 몸을 뒤척이며, 산이 기우제를 올리는 모양입니다.

저 빨래 건조대가 또 비를 맞겠군요. 보이세요? 저기, 옆집 베란다에 놓인 빨래 건조대 말입니다. 빨갛고 굵은 테두리에, 그 사이를 가로 지르는 희고 가는 쇠막대기로 이루어진 빨래 건조대. 단순한 형태의 무생물이지요. 그러나 어쩌다 시선이 닿을 때마다, 저 물체가 살아있는 생물처럼 보이곤 한답니다. 앙상한 뼈를 들어낸 채, 굶주림과 추위에 떠는 짐승처럼요.

—김형경/'담배 피우는 여자'에서

③ 붉은 대궁이 향기같이 애잔하고 나귀들의 걸음도 시원하다. 길이 좁은 까닭에 세 사람은 나귀를 타고 외줄로 늘어섰다. 방울 소리가 시원스럽게 딸랑딸랑 메밀밭께로 흘러간다.

—이효석/'메밀꽃 필 무렵'에서

④ 저녁 햇살의 깊숙한 혀끝이 침대 위를 나른하게 핥고 있다. 가까스로 수화기를 들어올리는 여자의 의식은 여태 심해의 모래바닥을 헤집는다.

—박정란/'틈새'에서

5) 아포리즘

아포리즘은 매우 간결한 표현으로 어떤 진실을 총체적으로 드러낼 수 있는 문구를 가리킨다. 그것들은 선과 악, 사랑, 역사와 문학, 행복하게 사는 법 등 인생에 대한 깊은 통찰에서만 나올 수 있는 것으로, 인생에 대한 새로운 각성을 통한 성숙을 이루게 하고 고난의 시기를 극복할 수 있는 용기를 준다고 볼 수 있다. 셰익스피어나 세르반테스 같은 작가의 작품이 오래오래 읽혀지는 이유는 아포리즘으로 가득 차 있기 때문이라고 해도 과언이 아니다.

① 절망이야말로 가장 순수하고 치열한 정열이다. 사람들이 불행해지는 것은 진실하게 절망하지 않기 때문이다. ……절망은 존재의 끝이 아니라 그 진정한 출발이다.

—이문열/'그해 겨울'에서

② 전에는 사는 일이 두려움뿐이더니 이제는 부끄러움뿐이다.

—오정희/'새벽별'에서

③ 벗어나려고 하면서도 집착의 대상을 찾는 것이 인간이 견뎌야 할 고독의 본질인지도 모른다.

—은희경/'명백히 부도덕한 사랑'에서

④ 분명 삶에는 기습이 있다. 헤어 나오려고 온몸을 부술수록 더 깊은 수렁 속으로 빠져 드는지도 모른다.

—신경숙/'겨울우화'에서

⑤ 인생이란 화려하지도 않고, 더군다나 장엄하지도 않으며 다만 뱀장어의 몸부림과 같은 격정을 조용히 끓여 내는 것인지도 모른다.

—권지예/'뱀장어 스튜'에서

6) 의식의 다각적 반응

현대소설은 외적 행동만이 아니라 주인공의 의식, 다시 말해서 속마음까지도 잘 드러내는 일을 즐긴다. 주인공의 속마음은 흔히 타인만이 아니라 사물, 사건, 상황에 대하여 다양한 반응을 보여주는 데서 잘 드러나게 된다. 다시 말해서 남다른 의식을 갖고 있기 때문에 남다른 민감한 반응을 보이게 되는 것이다.

> ① 공기의 저항을 줄이기 위한 어떤 노력도 없이, 그 아이에게는 아마 지나치게 클 것인 자전거의 페달을 밟고 꼿꼿이 선 자세로 달려오던 아이가 마주 걸어오는 그에게 눈길을 주었던가, 그는 알 수가 없었다. 그의 늙은 얼굴에 떠오른 미소보다 재빨리, 맞바람에 불불이 일어선 머리칼과 아직 그을지 않은 흰 이마가 잠깐 기억되었다가 사라졌다.
>
> —오정희/'동경'에서

> ② 이 도시의 황량함 속에서도 꿋꿋이 서서 널따란 잎을 헤프게 펼치고 선 플라타너스. 짙은 공해에도 아랑곳없이 뻣세게 서 있는 나무의 질긴 생명력에 짜증이 인다. 나무줄기는 얇은 껍데기를 한 겹씩 까내며 허연 허벅지를 드러내다 그렇게 굵어져 가고 있겠지. 그러다 너무 성해지면 까치머리처럼 뭉텅 베어져버리고. 너무 성해지면…
>
> —류옥경/'망발풀이'에서

> ③ 봄이 옷 듯 올 듯하며 오지 않았던 지난겨울의 끝에 이렇게 5월이 오기를 간절하게 기다렸던 밤이 있었다. 그 밤, 오지 않을 것 같았던 봄이 여기 이렇게 쉽게 와 있었다. 딸은 끝내 기다리지 못하고 가버렸는데, 차마 못 볼 것을 본 듯 나는 눈을 한번 질끈 감았다. 안으로 들어가기 전에 담배 한 개비를 피우려다 주머니에서 도로 손을 뺐다. 고객 앞에서 니코틴 냄새를 풍기는 건 보험맨의 예의가

아니지. 연구소의 동향 창들엔 블라인드가 내려져 있다. 실눈을 떠야 할 만큼 눈부시게 환한데 나는 여기가 어쩐지 밤 같다. 숲 그늘에서, 누군가 잿빛 잔돌을 한 움큼 집어던진 듯 작은 새들이 재잘거리며 흩어졌다. 순간, 살아 있는 모든 것들에 진저리가 났다.

—정미경/'성스러운 봄'에서

④ 연어가 돌아온다. 텔레비전 뉴스를 보았어. 알래스카 언 소금 바다에서 연어가 다시 돌아오고 있다. 미아, 듣고 있니? D는 내가 그를 안 후로 사 년 동안 해마다 그렇게 말해왔다. 연어가 돌아온다고, 뉴스에서 보았다고. 그리고 더 나이 들기 전에 나를 갖고 싶다고 말한다. 연어가 돌아오는 것을 중요한 뉴스로 올리는, 텔레비전 보도국의 데스크 역시 남자일 것이다. 우연하게도, D가 전화한 그날, 남편도 저녁에 돌아와 식탁에 앉으며 말했다. 연어가 돌아온다는군. 그렇게 말한 남편의 얼굴에는 잠시 낯선 동요가 일었다.

–전경린/'남자의 기원'에서

⑤ 어느 날이었다. 하루는 지연이 명식의 이층 방에 올라갔다가 어이없는 광경을 목도하게 되었다. 명식은 그날 이상스럽게도 피곤해져서 조금은 신경질이 돋은 얼굴로 대문을 들어섰고, 저녁을 끝내자 그는 곧 이층 자기 방으로 올라가 버렸다. 잠시 후 지연이 커피를 끓여 들고 이층으로 명식을 따라 올라갔다. 명식은 창문 옆 걸상에 기대앉아 어둑어둑 어둠이 내리는 정원을 내다보면서 조용한 휴식에 잠겨 있었다. 그런데 지연의 기척에 무심히 뒤를 돌아보던 명식의 얼굴을 보자 하마터면 지연은 들고 있던 찻잔을 떨어뜨릴 뻔했다. 창가에 앉아 있던 명식의 얼굴은 전혀 딴판으로 바뀌어 있었다. 손질이 되었다곤 하지만 더부룩한 장발머리에 콧수염까지 수북한 그 얼굴은 명식이 아닌 전혀 다른 남자의 얼굴이었다. 지연이 놀라는 것을 보자 그제서야 자기의 변장이 생각난 듯 슬그머니 가발을 벗어버렸다.

「장난으로 한번 그래본 거야」

콧수염을 떼어내면서 그는 퍽이나 낭패스런 표정으로 멋쩍게 웃고 있었다.

—이청준/'가면의 꿈'에서

자연의 주기에 일치시킨 이야기

자연의 시간

인간은 해가 뜨는 것을 보고 일어나, 정오가 되면 점심을 먹고, 해가 지면 하던 일을 중지하고 집으로 돌아와 밤중에 긴 휴식을 취하는 것으로 하루를 마감한다. 태양의 주기에 따라 삶을 영위해 가는 것이다. 한편 봄이 되면 나무의 싹이 돋아나는 것을 보고, 여름이 되면 왕성한 생명력을 발휘해 잎이 무성해진다. 가을이 되면 잎은 시들어 떨어지기 시작하고 겨울이 되면 죽은 것처럼 앙상한 가지만으로 생명을 유지해 간다. 이처럼 인간이나 식물은 모두 자연의 주기, 다시 말해서 아침(봄)-정오(여름)-저녁(가을)-밤중(겨울)과 같이 순환 반복하는 자연의 시간(time in nature)에 따라 삶을 살아가고 있다.

자연과 인간을 동일시하는 상상력을 갖고 살았던 고대인이 창안해낸 원시문학으로서의 영웅신화가 영웅의 삶을 자연의 주기(cycle)에 밀착시켜 꾸며내게 되는 것은 아주 자연스러운 현상이다. 신화학자들이 말했듯이 그리스 신화의 페르세우스, 테세우스, 헤르쿨레스 이야기들은 모험을 떠나 버림받거나 배반을 당하고 죽을 뻔하다가 성공을 거두고 다시 돌아오는 젊은 신과 영웅들로 가득 차 있는데, 이런 이야기는 하늘에 떠올라 어둠 속으로 사라지는 태양의 움직임, 또는 겨울과 봄 사이를 지나는 계절의 주기에 일치시킨 이야기이다. 그리고 원형비평이론을 체계화한 노스롭 프라이는 여기서 한 걸음 더 나아가 많은 신화를 살펴 다음과 같은 신화체계를 제시한 바 있다.

1. [새벽, 봄] 탄생의 단계 : 영웅의 탄생, 재생과 부활 : 창조와 어둠, 겨울과 죽음의 세력들의 성공(왜냐하면 네 계절은 하나의 주기이므로)에 관한 신화들 : 종속인물-아버지와 어머니 : 봄의 미토스(comedy)의 원형 : 가장 환상적이고 열광적인 시의 원형.
2. [정오, 여름] 결혼(승리)의 단계 : 신성한 결혼, 낙원 입문(入門)의 신화들 : 종속 인물-친구와 신부 : 여름의 미토스(romance)의 원형 : 목가(牧歌), 전원시의 원형.
3. [저녁, 가을] 죽음(이별)의 단계 : 죽어 가는 신, 횡사와 희생, 영웅 고립의 신화들 : 종속 인물-반역자와 요정 : 가을의 미토스(tragedy)의 원형 : 엘레지시의 원형.
4. [밤, 겨울] 소멸(시련)의 단계 : 홍수와 혼돈 재래(再來)의 신화, 영웅 패배의 신화, 그리고 제신(諸神) 몰락의 신화 : 종속 인물-귀신과 마녀 : 겨울의 미토스(satire, irony)의 원형.

노스롭 프라이가 제시한 이 같은 신화체계는 오늘날의 문학에도 그대로 하나의 관습으로 이어져 오고 있는 것을 발견할 수 있다. 작가의 재능은 이러한 관습적 원리를 잘 이용할 줄 아는 데에서 나타나는 것이다. 다시 말해서 남달리 자연과 인간을 동일시하는 상상력을 가진 작가는, 대립과 갈등을 겪으며 살아가는 인생이나 사랑의 문제를 자연의 시간에 일치시켜 전개하려는 미학을 이루어낸다. 사실 소나타나 관현악도 4악장으로 되어 있고, 연극이나 오페라, 소설 등 거의 모든 예술 작품이 기승전결(起承轉結)의 네 단계 형식을 갖는 것을 보면 역시 예술이란 자연을 따라 하는 미메시스(mimesis)란 사실을 절감하게 된다.

소설은 시간 예술

이야기의 전개 패턴이 춘하추동 순환원리에 바탕을 둔 것이라 본 노스롭 프라이에 따르면, 봄은 탄생 혹은 만남, 여름은 성숙 혹은 결혼, 가을은 죽음 혹은 이별, 겨울은 소멸 혹은 시련의 단계가 되는데, 에릭 라브킨은 서구의 로망스가 이에 바탕을 둔 것이라 보고, 다음과 같이 구성해 보인 바 있다.

A. 봄에 소년과 소녀가 만난다.

B. 여름에 소년과 소녀는 사랑에 빠진다.

C. 가을에 어떤 장애물이 이 사랑의 성취를 방해한다.

D. 겨울에 소년은 시험, 시련, 고행을 겪는다.

E. 봄에 소년과 소녀는 사랑을 다시 성취한다.

우리의 대표적 고전인 『춘향전』이 위와 같은 로망스의 전개 양식을 취한 본보기라고 볼 수 있으며, 이문열의 「그해 겨울」도 사건을 자연의 시간에 따라 서술한 예로 삼아 볼 수 있다.

A. 여름 : 영훈이는 같은 대학 동급생인 한 여자와 열렬한 사랑을 나눴다.

B. 가을 : 여자로부터 절교의 편지를 받고 허무와 절망에 빠진 영훈이는 자살을 결심한 채 강원도 어느 산골로 떠난다.

C. 겨울 : 방우 생활을 청산하고 바다를 향해 걷기 시작했다.

① 폐병장이를 만남

② 칼갈이 노인을 만남

③ 집안 누님을 만남

④ 창수령을 넘으며 미(美)의 실체를 봄

⑤ 죽음의 전율을 느끼며 유서를 씀

⑥ 대진이라는 바닷가에 도착함

⑦ 갈매기의 죽음을 목격함

⑧ 배신자를 용서하는 칼갈이 노인을 봄

⑨ 약병과 유서를 바다에 던져 버림

D. 봄 : 배신자에 대한 용서와 자신의 무지에 대한 깨달음을 얻고 다시 서울로 돌아와 열심히 살아갔다.

이 소설의 제목에 나타나 있는 '겨울'은 주인공이 절망과 고난을 겪었던 시간을 상징하는 것으로, 전체 이야기는 겨울을 전후로 한 상승과 하강의 사이클을 이루는 형태로 전개된다. 행동과 사건, 그리고 의식의 변화를 여름-가을-겨울-봄의 순환체계에 일치시켜 온 이러한 문학적 관습은 오늘날 작품 제목에 그대로 반영되어 있다. 김유정의 「봄봄」, 「동백꽃」은 오랜 갈등 끝에 주인공이 욕망을 이루는 것으로 결말이 이루어지고 있다. 이러한 이야기는 겨울에서 봄으로의 이행과정과 일치시켜 볼 수 있어서 계절적으로 '이른 봄'을 가리키는 제목이 붙게 된 것이다.

이효석의 「메밀꽃 필 무렵」도 자연(메밀꽃)에 대한 남다른 의식을 갖고 있는 허생원이 자연의 시간에 따라 행동과 사건의 발생을 보여주고 있다. 다시 말해서 허생원의 욕망, 즉 성씨 처녀와의 만남이 이루어지는 사건이 '생성'과 동일시되는 자연의 시간과 일치되어 있는 것이다.

a) 여름 장이란 애시당초에 글러서 해는 아직 중천에 있건만 장판은 벌써 쓸쓸하고 더운 햇발이 벌려 놓은 전 휘장 밑으로 등줄기를 훅훅 볶는다. 마을 사람들은 거의 돌아간 뒤요, 팔리지 못한 나무꾼패가 길거리에 궁싯거리고들 있으나 석유병이나 받고 고깃마리나 사면 족할 이 축들을 바라고 언제까지든지 버티고 있을 법은 없다. …(중략)… 허생원은 기어이 조선달을 나꾸어 보았다.

"그만 거둘까."

"잘 생각했네. 봉평 장에서 한 번이나 흐뭇하게 사 본 일 있었을까? 내일 대화장에서나 한 몫 벌어야겠네."

"오늘 밤은 밤을 새서 걸어야 될 걸."

b) 대화까지는 팔십리의 밤길, 고개를 둘이나 넘고 개울을 하나 건너고 벌판과 산길을 걸어야 된다. 길은 지금 긴 산허리에 걸려 있다. …(중략)… 나귀는 건둥하면 미끄러졌다. 허생원은 숨이 차 몇 번이고 다리를 쉬지 않으면 안 되었다. 고개를 넘을 때마다 나이가 알렸다. 동이 같은 젊은 축이 끝이 없이 부러웠다. 땀이 등을 한바탕 쭉 씻어내렸다.

c) 허생원은 젖은 옷을 웬만큼 짜서 입었다. 이가 덜덜 갈리고 가슴이 떨리며 몹시도 추웠으나 마음은 알 수 없이 둥실둥실 가벼웠다.

"주막까지 부지런히들 허세나. …(중략)… 내일 대화장 보고는 제천이다."

"생원도 제천으로……?"

"오래간만에 가보고 싶어. 동행하려나 동이?"

나귀가 걷기 시작하였을 때 동이의 채찍은 왼손에 있었다. 오랫동안 아둑신이같이 눈이 어둡던 허생원도 요번만은 동이의 왼손잡이가 눈에 뜨이지 않을 수 없었다. 걸음도 해깝고 방울소리가 한층 청청하게 울렸다. 달이 어지간히 기울어졌다.

위의 a), b), c)는 각각 처음, 중간, 끝 부분에 해당하는 대목이다. 시간상으로 보면,

a) 해가 많이 기울어진 때에 봉평장을 떠나

b) 죽은 듯이 고요한 한밤중에 산길을 따라 고개를 넘고

c) 먼동이 틀 때 성씨 처녀를 만나게 될 기쁨을 갖게 된다.

위에서 보듯이 이 작품은 해질 무렵→밤중→아침으로 흐르는 자연의 시간에 따라 전개되고 있다. 이는 밤과 낮의 교체되는 자연의 시간으로 옮겨

놓은 것이 된다. 이 작품은 20년 전과 오늘을 연결 짓기 위해 시간적으로 동질적 배경, 즉 메밀꽃이 만개한 여름의 달밤을 설정하였는데, 이는 작가가 '사랑의 열정'을 테마로 한 작품에서 흔히 볼 수 있는 원형적 틀을 잘 이용한 것이라 하겠다.

소설은 주인공의 어떤 모험의 과정을 보여주는 이야기다. 소설은 일정한 시간을 따라 어떤 원인으로 해서 불만족한 상태에 빠져 그로부터 벗어나고자 부단히 움직이는 모습을 차례차례 보여준다. 그런 점에서 소설은 음악과 마찬가지로 시간 예술이다.

아리스토텔레스는 플롯을 서사시나 극의 가장 필수적인 요소로 보았다. 그에 따르면 플롯(plot)은 행동과 사건의 배열, 즉 처음, 중간, 끝이 긴밀하게 관련을 맺도록 전체를 꾸민 것을 의미한다. 한 편의 시도 아무렇게나 시작되어서 아무데서나 끝나는 것이 아니다. 시인이나 소설가나 모두 처음, 중간, 끝이 각각 필연적으로 자연스럽게 연결되는 하나의 전체(통일체)를 만들려고 고심한다.

소설가는 자연을 보는 눈이 다르다

과학과 예술의 출발

과학자는 자연을 깊이 관찰하여 왜 천둥이 치는가, 비는 왜 오는가를 알아내는 일을 한다. 뉴톤이 떨어지는 사과를 예사롭게 보지 않고 이성적으로 깊이 관찰한 결과 만유인력의 법칙을 찾아냈듯이, 과학자는 사물을 분석적이고 인과관계의 법칙에 따라 자연현상을 이해하는 일을 한다.

자연을 깊이 관찰한다는 점에서는 예술가도 마찬가지다. 그런데 작가가 자연을 바라보는 태도나 하는 일은 과학자와는 아주 다르다. 과학자는 주로 사물의 성분이나 성질을 알아내는 데 주안점을 두고, 찾아낸 사실들을 자세히 설명하는 일을 한다면, 예술가는 과학자와는 달리 사물을 보되 이성적으로 판단해서 보는 것이 아니라 순간적으로 와 닿는 의미 자체를 찾는 데 주안점을 둔다. 쉽게 말해서 예술가는 주로 사물에서 인간과 닮은 점을 찾아내고 그것을 인간의 어떤 모습으로 묘사하는 일을 한다.

에덤즈(Hazard Adams)라는 교수가 다음과 같은 시를 60명의 학생들에게 보여주고, 이 시가 무엇을 의미하는가에 대하여 설명하라고 말했다고 한다.

오 장미여, 그대는 병들었구나!

노호하는 폭풍우 속
한밤에 날아다니는
눈에 보이지 않는 벌레가

진홍빛 희열의 그대 잠자리를 발견하였고
암흑의 은밀한 사랑은
그대의 생명을 파괴한다.

—블레이크/'병든 장미'

이 시를 읽은 학생들 중 59명은 이 시를 인생의 어떤 비유로 풀이를 한 반면에, 원예학도였던 한 학생은 블레이크가 식물의 병에 대해서 설명한 것이라고 말했다고 한다. 사실 블레이크는 식물의 병에 대하여 말한 것이 아니라, **인간의 어떤 일**에 대하여 말한 것으로 보아야 한다. 다시 말해서 우리가 이 시의 장미와 벌레를 설명하려면 그것들을 **인생의 어떤 면과 감정**으로 바꾸어 보지 않으면 안 된다. 그럴 때 우리는 에덴동산의 이브를 생각할 수 있는데, 밀턴의 말처럼 그녀는 아주 아름다운 꽃이 되어 벌거벗은 채 꽃들 사이에 서 있다는 것과, 나체인 그녀가 무언가 은밀하고 비밀스러운 사랑을 뱀과 나누고 있다는 것을 뱀을 통하여 알게 된다. 이러한 인유는 이 시를 잘 이해하는데 큰 도움을 준다. 왜냐하면 그것은 서구의 문학적 상상의 핵심부로 우리를 인도해 줄 것이며, 블레이크가 다루고 있는 사물들의 집단으로 이끌어 줄 것이기 때문이다.1)

이처럼 과학자와 예술가가 자연을 바라보는 태도는 아주 다르다. 길거리에 피어 있는 코스모스를 보고, 일기장에 코스모스는 키가 크며 줄기가 가냘퍼서 바람에 잘 흔들리는 꽃이라고 썼다면, 이 학생은 장차 식물학자가 될 수는 있어도 작가가 되기에는 힘들지 모른다. 반면에 코스모스는 지나가는

1) 노스롭 프라이, 이상우 역, 문학의 원형(명지대학교출판부, 1998), p.51 참조

사람들에게 '잘 가세요'라고 손짓하는 예쁜 소녀 같았다고 썼다면, 이 학생은 작가가 될 소질이 풍부하다고 볼 수 있다.

문학적 상상력

코스모스의 흔들림을 손짓하는 소녀의 모습으로 본 이 학생을 가리켜 우리는 상상력(imagination)이 풍부하다고 말한다. 상상력이 풍부한 사람은 코스모스를 보는 순간 유년시절을 회상하며 잃어버린 시간을 그리워하는 나의 모습을 잘 드러낼 수 있다. 사람들은 창작 행위가 독특한 문인의 정신 작용에 의해 이루어진다고 믿고 있는데, 그것은 바로 상상력을 두고 하는 말이라고 볼 수 있다.

상상력이 풍부한 사람은 사물을 하나의 실체(물질)로만 보지 않고, 삶의 공간이나 시간(계절)과 관계된 어떤 의미를 지닌 것으로 보게 된다. 그럴 때 꽃이 여인의 모습으로, 줄기의 흔들림이 손짓하는 모습으로 보이게 된다. 상상력이란 이처럼 전혀 관계가 없어 보이는 사물들 사이에 서로 닮고 유사한 점이 있음을 찾아내는 능력이다. 서정주 시인은 놀라운 상상력을 발휘하여 가을에 핀 국화에서 성숙한 여인의 모습을 찾아낼 수 있었다.

우리는 소설 속에서 자연의 어떤 사물에 대한 묘사를 흔히 볼 수 있다. 작가는 이런 묘사를 잘 끌어들여야 한다. 그것들이 작품 속에 들어온 이유는 작중인물(주인공)의 어떤 모습과 연관을 맺으려는 의도에서 비롯된 것이다. 작가가 조금만 상상력을 발휘하여 유추해 보면, 사물과 인간 사이에는 동일성이나 유사성이 있음을 발견할 수 있어서 서로 긴밀한 연관을 맺을 수 있는 것이다.

> 산의 움직임이 심상치 않습니다. 바람이, 북풍이 분명한 바람이 산의 이마를 쓰다듬고 지나갑니다. 바람의 손길 아래서 산은, 더 많은 바람을 불러 모으는 굿거리

동작으로 온 몸을 뒤척이고 있습니다. 아무래도, 오늘 밤 안으로 저 산이 비를 불러올 것 같습니다. 푸른 머리채를 휘저으며, 온 몸을 뒤척이며, 산이 기우제를 올리는 모양입니다.

저 빨래 건조대가 또 비를 맞겠군요. 보이세요? 저기, 옆집 베란다에 놓인 빨래 건조대 말입니다. 빨갛고 굵은 테두리에, 그 사이를 가로지르는 희고 가는 쇠막대기로 이루어진 빨래 건조대. 단순한 형태의 무생물이지요. 그러나 어쩌다 시선이 닿을 때마다, 저 물체가 살아있는 생물처럼 보이곤 한답니다. 앙상한 뼈를 드러낸 채, 굶주림과 추위에 떠는 짐승처럼요.

—김형경/'담배 피우는 여자'에서

위의 묘사에서 보듯이, 화자인 '나'는 비바람에 마구 휘날리는 '숲'이나, 비를 맞고 있는 '건조대'를 얼마 전에 죽은 이웃집 '여자의 모습'과 연관을 짓고 있다. 그녀는 남편의 억압 때문에 억울하게 죽었다. 고로 나는 그녀의 혼이 저승으로 가지 못하고 이승 어딘가에 떠돌고 있을 것이라고 믿고 있다. 그렇기 때문에 나의 눈에는 바람 부는 대로 휘날리는 나무숲이 꼭 그녀의 혼이 이승에 나타나 머리를 풀어헤친 채 떠도는 모습처럼 보이고, 그녀가 늘 빨래를 널던 건조대가 '굶주림과 추위에 떠는 짐승처럼' 보이는 것이다.

어떤 사람이 A(사물)를 B(인간)처럼 보았다면, 그것은 지금 그가 남다른 의식을 갖고 있기 때문이다. 남다른 그리움, 고독, 죄의식, 불안의식 등에 잠겨 있을 때 A가 B처럼 보일 수 있는 것이다. 어떤 인물이 남다른 어떤 의식을 갖고 있다는 것은 하나의 정보다. 작가 김형경은 화자인 '나'가 평소 남편의 사랑을 받지 못하고 살다 죽은 불쌍한 이웃집 여자에 대한 상념에 깊이 잠겨 있는 여자라는 정보를 이 같은 사물 묘사로써 알려준 것인데, '나'에 대한 이런 정보를 직접 설명하면 안 된다. 작가는 설명하지 말고 이런 묘사를 통해 독자로 하여금 상상해서 알도록 해 주어야 한다. 작가의 이야기 구성 솜씨는 바로 이런 상관물로 끌어들인 사물의 묘사에서 나타나는 것이다.

어찌 보면 예술가는 자연의 일부인 인간이 자연의 모든 사물과 닮은 점이 있다는 것을 발견하는 기쁨을 누리며 사는 사람이라 볼 수 있다. 사물을 상상력 없이 바라볼 때 달은 그냥 하늘에 떠 있는 달이고, 풀은 들에 피어 있는 식물 그 자체이지만, 상상력을 조금만 발휘하면 달은 그리운 여인의 모습으로, 풀은 온갖 시련을 극복해 낸 의지의 인간으로 표상된다. 강은 그 인식에 따라 산업의 원동력을 제공해 주는 강이기도 하고, 한편 시간의 영원한 흐름을 상징하는 강이기도 하다.

상상력의 제한

원시시대로 소급해 갈수록 옛사람들은 자연 속에서 자연과 혼연일체를 이루며 살았다. 풀이나 동물의 가죽으로 만든 옷을 입고, 자연의 열매를 따 먹고 살았으며, 나무나 풀로 지은 움막에서 잠을 잤다. 인간이 새나 나무와 같이 자연의 품속에서 물과 햇빛과 같은 우주적 에너지를 섭취하며 자연의 질서에 순응하며 살아가고자 노력했다. 자연의 순리를 거스르며 살기보다 자연과 더불어 살아갈 때 인간은 가장 자연스런 삶이라고 본 것이다.

현대인이 호기심을 갖고 늘 자연을 관찰하면서 어떻게 그것들을 생활에 보탬이 되도록 이용할까 연구해 과학문명을 이루어 왔다면, 옛사람들은 상상력을 발휘하여 자연에서 인간의 전범을 찾고자 노력했다고 볼 수 있다. 옛시조에 소나무나 대나무가 즐겨 등장하고 있듯이, 옛사람들은 어떻게 사는 것이 참다운 인간의 삶인가를 자연에서 그 모델을 찾은 것이다.

> 고대나 중세기적 상상력에 있어서 가장 특징적인 것은 사람과 자연과의 관계에 있어서, 그것이 대립적이 아니라 하나라는 생각이었다. 사람과 자연은 동일시되어, 사람의 몸의 움직임은 자연의 움직임과 같은 구조를 갖고 있는 것이었으며, 그것은 자연과 사람의 몸이 다 같이 물, 공기, 흙, 불로 이루어져 있다는 생각 속에 구체적으로 나타나 있다. 사람과 자연은 같은 구조를 갖고 있지만, 거기에서 본이 되

> 는 것은 자연이었고, 그래서 사람들은 자연이라는 책에서 사람 사는 꼴의 모범을 보았다. 사람은 자연스럽게 살아야 하며, 자연스럽게 살기 위해서는 자연을 본받아야 하는 것이었다. 자연은 그 사소한 움직임에서까지 인간을 가르치고 있었다. 섬세한 인간은 그 자연의 움직임에 민감한 인간이었다. 하늘과 땅과 인간은 하나였던 것이며, 고대 · 중세의 뛰어난 인간들이 하늘과 땅에 섬세한 주의를 한 것은 그것 때문이었다.[2)]

위의 설명에서 보듯이 고대인들은 자연을 인간처럼 보는 남다른 상상력을 자연스럽게 갖고 있었다. 신화학자들이 '고대인은 타고난 시인'이라고 말했던 것도 이 때문이다.

그러나 지금 우리는 과학이 발달한 시대에 살고 있다. 현대인은 자연을 합리적으로 해석하고 분석하여 자연의 신비를 점차 해결하기에 이르렀지만, "인간에게 있어서 앎의 발달은 사물의 추상화가 점점 더 커가는 것으로, 이는 인간이 사물로부터 멀어지는 것을 뜻한다. 그러므로 의식의 발달은 자연과 우주로부터의 이탈 또는 소외를 의미한다."[3)]는 말처럼, 이제 자연을 알고자 노력한 결과 역설적이게도 자연으로부터 멀어지게 된 것이다. 밀란 쿤데라도 과학의 도약은 사람들을 전문화된 분야들의 동굴로 몰아넣었고, 지식이 진보할수록 사람들은 자신의 시야에서 세계와 자기 자신의 총체상을 잃어버리게 됐다고 말했다.

현대로 올수록 자연의 신비를 벗겨가면서 자연과 인간을 동일시하는 상상력은 점점 감소해 갔다. 비교종교학자인 멀치아 엘리아데는 고대인이 자기 자신을 우주 및 우주의 리듬과 뗄 수 없이 긴밀한 관련을 맺고 있다는 생각을 갖고 살았다면, 현대인은 그런 생각에서 벗어나 역사적 현실의 문제에만 관심을 갖고 살아간다는 점에서 큰 차이가 있다고 말한 바 있다.[4)] 이제 극심

---

2) 김현, "인간이라는 기호의 모습", 세계의 문학, 통권 25호(1982. 가을), p.47.
3) 박이문, 철학이란 무엇인가(서울 : 일조각, 1981), p.110.
4) M. 엘리아데, 정진홍 역, 우주와 역사(서울 : 현대사상사, 1976), p.4.

한 공해로 인해 도시에서 별들을 보기 어렵게 되었듯이, 문명이 발달할수록 자연(별)과 인간을 동일시하는 상상력은 점점 메말라 갔다.

그런데 아직도 자연과 인간을 동일시하는 상상력을 남달리 많이 갖고 살아가는 사람이 있다, 그게 바로 시인과 작가이다. 신화학자들이 오늘날의 '작가는 문명시대의 반야만인'이라고 말한 것도 이 때문이다.

노스롭 프라이가 말했듯이, 소설창작은 자연에 대한 사색에서 시작된다, 나무, 새, 구름, 꽃 바다, 물 등 온갖 사물에 대한 사색이 있을 때, 그것들을 인간의 어떤 모습으로 연관지울 수 있다. 이런 상상력은 오정희, 김형경, 신경숙, 권지예 같은 작가의 소설에서 흔히 볼 수 있듯이 주인공의 내면세계를 드러내는 데 더욱 효과적으로 사용되고 있다는 사실을 잘 알아야 한다.

작가는 일상생활의 온갖 경험들을 하나의 초점으로 모아 있음직한 가장 좋은 본보기(model)를 창조해 내는 일을 한다. 그러니까 상상력은 경험이 제공하는 무수한 재료들을 선택하고 배열하여 새롭고 의미 깊은 인생을 보여주는 남다른 창작력의 원천이다.

소설의 한 유형, 내적 갈등의 발생과 그 해소

-정미경의 「나의 피투성이 연인」을 중심으로-

지도교수 오늘 함께 논의키로 한 정미경의 「나의 피투성이 연인」을 잘 읽고 왔겠지요? 요즘 날씨가 푹푹 찌는데 더위를 이겨내는 가장 좋은 방법은 소설 읽는 재미에 푹 빠져보는 것입니다. 말하자면 이열치열이지요. 읽은 소감을 각자 한마디씩 말해 주길 바랍니다. 누가 먼저 말을 해 볼까요?

이은영 저는 솔직히 말해서 이 소설을 통해 작가가 무슨 얘기를 들려주려고 했는지를 잘 알 수가 없었습니다. 교외에 나갔던 소설가 김주현이란 사람이 안개 낀 새벽에 차를 몰고 집으로 오다가 피투성이가 되어 죽었는데, 세간에서는 이게 사고사냐, 자살이냐를 놓고 말들이 많지만, 정작 아내 된 이유선이란 여자도 이에 대해 명확한 판단을 내릴 수 없어 혼란에 빠져 있다는 이야기를 들려주려고 한 것은 아닌지…….

지도교수 사고의 원인에 초점을 두고 소설을 읽었네요. 그 다음 누가 말해 볼래요?

김영수 저도 이야기가 산만해 보이고 쉽게 읽혀지지 않아 읽는 데 좀 지루한 느낌이 들었습니다.

박정은 저는 지난 시간에 읽은 이상문학상 수상작 정미경의 「밤이여, 나뉘어라」에 비해 이 소설을 더 재미있게 읽었습니다. 이유선이라는 주인공의 내면세계를 어쩌면 이렇게 잘 드러낼 수 있었을까, 너무 재미있어서 어젯

밤엔 한여름의 더위도 잊을 수 있었습니다.

지도교수 이 소설엔 남편 김주현, 아내 이유선, 출판사 사장 차현구, 딸 미진이 등 여러 사람이 나오는데, 이 소설은 그 중에 누구 이야기를 들려주는 것일까요?

신진구 저는 소설가 김주현이라고 봅니다. 그는 작가로서 아내가 모르는 고민 속에 살아온 사람이라고 봅니다. 잘 알려진 작가의 뒤엔 이처럼 창작의 한계, 창작의 고민 때문에 괴로움을 겪는 일이 많다는 것을 잘 보여주지 않았나, 그런 생각을 해 보았습니다.

지도교수 들어보니 남학생은 남편에, 여학생은 아내 편에 관심을 두고 이야기의 문제를 접근한 것 같은 느낌을 주는군요. 그런 개인적 취향을 떠나 소설 본질론에 입각해 볼 때, 이 소설은 문제의 남편을 둔 아내의 이야기, 곧 이유선의 이야기라고 보아야 할 것 같습니다. 그럼 이유선의 무슨 이야기를 들려주는 소설일까요?

김영수 이 소설은 서두에 가려움증으로 병원 치료를 받고 있으나 잘 낫지 않아 고생하는 이유선의 이야기가 나오는데, 그 원인을 추적해 가는 이야기가 아닌가요?

이은영 내 생각으로는 남편의 죽음이란 갑작스런 충격적인 사건 때문에 생긴 상처의 흔적이 아닐까 합니다. 그 상처는 매우 커서 쉽게 낫지 않을 것으로 생각됩니다.

신진구 그 보다는 컴퓨터 파일을 보는 중에, 남편이 M이라는 여자를 사랑하고 있었다는 충격적 사실을 알게 되면서 질투와 분노 때문에 생긴 병이라고 봅니다. '외상 후 스트레스 증후군'이라는 의사의 진단에서 보듯이…….

지도교수 평소 늘 강조해 왔듯이 소설 이해에서 제일 중요한 것은 부분과 전체, 다시 말해서 부분들을 보고 이야기 전체를 생각해 보거나, 반대로 전체를 염두고 두고 부분들을 살피는 일이 아주 중요합니다. 그러자면 한 번 아니라 두세 번 이상 읽어야 됩니다. 잘 쓴 소설은 '복잡성'과 '통일성'을 이루고 있다는 말을 한 적이 있었는데 기억이 납니까? 전체와 부분을 아울러 볼 수 있는 눈을 가지라는 말의 또 다른 표현입니다.

박정은　저는 이 소설이 남편의 작품집을 발행해야 되는가, 발행하지 말아야 하는가의 문제를 놓고 갈등을 겪는 이유선의 내면세계를 잘 다룬 소설이라고 보았습니다.

지도교수 그 내면세계라는 것을 좀 더 구체적으로 말해 보면 뭘까요? 이런 갈등을 심리학에서는 무엇이라고 부르던가요?

신진구　출판의 문제를 놓고 내적 갈등의 발생과 그 해소 과정에 이르는 복잡한 감정의 세계가 아닐까요? 그러니까 '접근-회피 갈등'이 되겠네요.

지도교수 잘 말했습니다. 진구 군이 제법 유식한 용어를 다 쓸 줄 알고……. 바로 그겁니다. 죽은 남편의 대학 2년 선배인 차현구가 찾아와 남편의 유고집을 내고 싶다는 제안을 처음 받았을 때, 아내인 유선은 그런 일을 해 볼 생각은 아예 꿈도 꾸지 않았던 상태였습니다. 일언지하에 거절한 거지요. 그 이유는?

김영수　마무리가 채 안 된 단편들이나 콩트, 또는 그가 남긴 일기나 메모, 편지 같은 글을 모아 장삿속으로 세상에 내놓는 것은 결코 남편을 위한 일이 아니란 생각이 들었기 때문이었죠. 그녀는 그런 것들이 컴퓨터에 있으리란 생각조차 해 보지 않았습니다. 남편 장례를 지른 지 두 날밖에 안 된 시금 어떤 일을 벌릴 마음의 준비가 전혀 없었던 거지요.

지도교수 좋아요. 이는 요즘 돈에 눈이 어둔 나머지 돼먹지도 않은 작품들을 마구 내놓는 풍토에 대한 하나의 경종이라고도 볼 수 있습니다. 그런데 그 후 차현구가 또 찾아와 세계적인 작가들의 사례를 들어가며 거듭 발간할 것을 제안해 오자 갈등이 생기기 시작했다고 볼 수 있습니다. 그 이유가 뭔지 누가 말해보면 좋겠는데…….

박정은　독자들이 김주현이란 작가를 망각하기 전에 그런 글들을 책으로 엮어놓는 것도 어쩌면 작가의 생생한 체취를 전할 수 있는 좋은 일일 수도 있고, 어쩌면 그런 일은 아내인 자기가 먼저 서둘러 해야 할 일이 아닌가 하는 생각이 들기도 했으며, 아마 인세의 유혹에서도 결코 자유로울 수가 없었으리라 봅니다.

지도교수 인세 유혹의 단서는?

박정은 이유선은 지금 경제적으로 넉넉하지 못한 삶을 살고 있습니다. 그녀는 구립 도서관에서 퇴근하면 아파트 부금을 마련하기 위해 어린 딸 미진이를 혼자 아파트에 내버려둔 채 작문과외지도를 또 해야만 할 형편이었으니까요. 얼굴도 많이 여윈 편이었는데, 그녀는 차현구가 계약금으로 건네준 오백만원을 바로 돌려주지 못하고 미적미적 주머니에 넣고 있었던 데서도 짐작해 볼 수 있습니다.

지도교수 좋와요. 그럼 이제 이 이야기의 결과부터 따져 봅시다. 이 소설의 결말에서 결국 유고집을 출판하기로 했나요, 그만 두기로 했나요?

모두 출판 안 하기로 했습니다.

지도교수 주인공 이유선은 이런 결정을 내리기가 쉬웠을까요, 아주 어려웠을까요?

이은영 무척 어려운 결정이었다고 봅니다.

지도교수 그렇습니다. "성공은 선택이다"라는 말이 있듯이, 인간의 삶 속에는 이 같은 선택의 기로에 마주할 때가 수많이 있는데 그때그때마다 현명하게 판단하고 선택해야 되기 때문에 고민과 갈등을 겪게 됩니다. 선에노 성미경 소설에서 주인공이 이런 갈등을 겪는 모습을 본 적이 있었는데 뭔지 기억이 나나요?

신진구 「성스러운 봄」에서 보았지요. 신장병을 앓고 있는 딸아이의 목숨을 위해 아버지가 비싼 돈을 써 가며 계속 카테터를 교환해 주어야 할 것인가, 낫지도 않을 병이라면 이제 그만 아이의 생명을 포기하고 카테터의 교환을 중지할 것인가를 놓고 심각한 갈등을 겪었지요.

지도교수 그러니까 이 소설의 큰 틀은 내적 갈등의 발생과 그 해소 과정을 보여주는 것인데, 이런 유형에 드는 소설의 본보기를 든다면 어떤 것들이 있었지요?

김영수 김승옥의 「무진기행」, 이문열의 「그 해 겨울」, 신경숙의 「풍금이 있던 자리」, 김형경의 「금강교」…….

박정은 그리고 최인훈의 「웃음소리」, 은희경의 「그녀의 세 번째 남자」, 김신우의 「면역기」, 권지예의 「뱀장어 스튜」들도 여기에 속한다고 봅니다.

지도교수 이런 유형의 소설을 접해 보았듯이, 그렇다면 「나의 피투성이 연인」에서 우리가 눈여겨봐야 할 부분은 어디에 있다고 보아야 할까요?

박정은 그건 이유선이가 출판의 유혹을 느끼면서도 출판을 안 하기로 결심하기까지의 깨달음의 과정을 얼마나 실감나게 잘 이루어 놓았는가를 살피는 데 있습니다. 그런데 이 소설은 그 점을 이해하기가 그리 쉽지 않은 것 같습니다.

지도교수 바로 그 점을 잘 이해하기 위해서, 우리는 남편의 컴퓨터에서 발견된 일기나 메모 같은 파일을 놓고 갈등을 겪는 주인공 이유선의 심리를 면밀히 살펴보아야 합니다. 그리고 이 내용과 관련지어 남편에 관한 여러 이야기가 회상되어 들어오고 있어서, 이 모든 삽화들이 갖는 의미와 기능을 살피는 일이 아주 중요합니다. 이유선의 머릿속을 흔들어 놓은 최초의 파일은 무엇이었지요?

박정은 아마도 그것은 6월 13일의 다음과 같은 글일 것입니다.

> 나의 어디가 좋아?
>
> 모르겠어
>
> 말해 줘.
>
> 모든 게 좋아, 너의 모든 것.
>
> 그렇게 많이?
>
> 고개를 갸웃하며, 믿을 수 없다는 듯.

날짜가 명시되어 있는 것을 보면 남편이 그 날 겪은 일을 직접 적어 놓은 것이라고 볼 수 있습니다. 저라도 남편의 일기장에서 이런 글이 적혀 있는 것을 보았다면 이만저만 질투를 느끼지 않을 수 없었을 것입니다. 뒤의 또 다른 글에서 M이라는 여자와 나눈 대화가 실려 있어서 생전에 자기(아내) 말고 딴 여자를 숨겨 놓고 있었다는 의심을 더욱 감출 수가 없었을 테니까요.

김영수 그러나 남편이 작가라는 점에서, 이 글이 사실의 기록이 아닌 허구일 수도 있지 않습니까? 평소 남편은 수시로 떠오른 이런 인상 깊은 대화 장면을 메모해 둠으로써 후일 창작의 모티브로 이용해 온 작가라고 볼 수 있는 것입니다. 그러므로 이건 한낱 자료 모음이라 볼 수 있는 거지요. 사실 그런 심증이 가는 다음과 같은 글이 컴퓨터에 실려 있기도 합니다.

……루즈몽은 그랬다. 우리의 생애는 두 개의 윤리가 있다. 하나는 결혼의 윤리며, 다른 하나는 열정의 윤리다. 인생에 밤과 낮이 있듯 태양 아래의 윤리와 달빛 아래의 윤리가 있을 것이다. 어느 것이 더 무거운 것인지에 대해선 말하지 않는다. 삶은 어느 순간까지 선택을 강요할 것인가. 날마다 숨 쉬는 순간마다 선택을 강요하는 삶이여, 나는,

이 메모를 남긴 7월 21일은 그가 세상 떠나기 하루 전 날로, 그는 그 날 집에 일찍 들어왔다는 것을 이유신은 잘 알고 있습니다. 그리고 이 글은 아무리 봐도 출전이 밝혀지지 않은 루즈몽이라는 사람의 말을 인용한 것이지 남편 자신의 얘기가 아닙니다.

신진구 아내인 이유선도 인정했듯이, 남편이 남긴 글들을 보면 허구 같기도 하고 한편으로는 사실의 기록 같아 머리를 혼란스럽게 만들고 있다는 것입니다. 7월 5일의 글이 그렇습니다.

술과 담배가 사람에게 유익한 건 아니다. 다만 다리가 불편한 사람에게 목발이 필요하듯, 영혼이 아픈 어느 순간에 술과 담배가 목발이 되어줄 때가 있는 것이다. 내 인생의 어느 한때, 근원적인 허무주의자인 내게 술과 담배는 나의 목발이 되어주었다.

아내가 볼 때 '술과 담배가 나의 목발이 되어 주었다'는 남편의 말은 완전히 허구입니다. 왜냐하면 그는 담배를 피운 사람이 아니었기 때문입니다. 그런데, 행을 바꾸어 쓴 다음과 같은 글이 유선의 머리를 혼란스럽게 했지요.

> 때로 M이 내 영혼의 목발 같은 존재라는 생각이 드는 순간이 있다. 그를 알기 전엔 내 영혼이 목발이 필요한 상태라는 걸 스스로 알지 못했다. M은 술도 담배도 아니다. M이 내 생애에서 술과 담배, 영혼의 목발, 그 지점에서 멈추어질 수 있을까. 이건, M에게도 Y에게도 공정하지 못한 일이다.

이 대목을 본 순간 유선의 머릿속은 단숨에 뒤집어엎은 술잔처럼 텅 비워졌습니다. 왜냐하면 Y라는 이니셜은 틀림없이 나를 가리키는 것이란 생각이 들었기 때문인데, 그렇다면 남편의 목발이 되어준 M이란 여자는 분명히 그의 곁에 존재하는 그 누구일 수 있는 것입니다.

박정은 M이라는 여자가 그에게 구심력으로 존재하는 그 누구라는 의심을 갖게 하는 글이 또 있습니다.

> ……목이 긴 물새들은 이렇게 잠든대요. 모래밭에서, 바람 부는 쪽을 향해 한쪽 발로 선 다음, 몸통을 웅크리고 머리를 뒤로 돌려 깃털 사이에 묻고, 이렇게, 자는 거야. 눈을 감고 그 풍경을 한번 상상해 봐. 너무 아름답지 않아? 그렇지?

이 기록은 M의 목소리가 그대로 묻어나는 글이라고 보지 않을 수가 없지요. 이 기록엔 유독 "오월의 어느 날, 조근조근 속삭이듯 비가 내렸다"라고 날씨까지 명시하고 있어서 진짜 있었던 일을 기록해 놓은 것처럼 느껴지지 않을 수가 없습니다. 이 글을 보는 순간 유선의 머릿속엔 사고 현장에서 그리 멀지 않은 곳에 불야성을 이룬 러브호텔을 보았던 일이 스쳤고, 그 순간 자기도 모르게 잡고 있던 컴퓨터 마우스를 들어 방바닥에 패대기치기까지

했습니다.

지도교수 지금 여러 지적들을 했듯이, 주인공 이유선은 남편이 남긴 여러 글들을 본 일로 인해 존재하지도 않는 남편에 대해 분노를 느꼈고, 하루 종일 집에 혼자 있는 미진이가 밥도 제대로 먹지 않고 엄마를 원망하며 사는 꼴을 보며 살아가자니 이만 저만 속상한 것이 아니었지요. 이 모든 스트레스 때문에 결국은 밤마다 살갗이 벗겨지도록 긁어대야만 하는 가려움증에 시달리게 된 것입니다. 게다가 하영이의 과외지도도 이제 그만두게 되었으니, 경제적으로도 더욱 어려움에 처하게 된 것입니다.

이처럼 가중되는 정신적 혼란과 심적 고통 속에서 유고집 발간을 유혹하는 차현구의 집요한 요구가 계속됩니다. 그렇다면 무슨 생각이 갈등 속에서도 그녀로 하여금 자기중심을 잃지 않도록 했을까요? 이제 그런 문제들을 하나하나 짚어가 봅시다.

제일 먼저 딸 미진이는 어느 날 "엄마는 사이보그야, 엄만 왜 한 번도 울지 않아?"라는 말을 했습니다. 이 말을 듣고 이유선은 어떤 생각을 했던가요?

박정은 이유선은 요즘 남편에 대해서 슬픔보다 미움이 더 컸습니다. M이라는 여자는 누구며, 아무런 예고도 없이 피투성이로 죽은 이유도 분명하지 않아 남편에 대한 불신이 적지 않았던 거지요. 그러므로 미진이에겐 잊을 수 없는 완벽한 아빠지만 유선에겐 분노를 느끼게 한 남편입니다. 그런 점에서도 이유선이가 "딸에게 영원히 완벽한 아빠로 존재하려면 그의 파일들은 유선의 가슴 속에만 묻혀진 채로 남아 있어야 할 것이다"라고 생각했듯이, 유고집은 우선 딸을 위해서도 발행해서는 안 된다는 생각을 갖게 했다고 볼 수 있습니다.

그렇지만 이유선은 남편이 남긴 온통 시커먼 몇 장의 사진을 보면서, 남편은 보이지 않는 어둠 속에서 무엇인가 소설 거리를 찾고자 무척 애쓴 사람이란 생각을 또한 지울 수가 없었습니다. 그리고 유선은 남편 주현이 자기에게 주었던 많은 것들이 시간 속에서 차츰 사라져버리는 것 같은 느낌이 들어 안타까워한 사람입니다. 따라서 창작을 위해 애쓴 여러 일들, 살아생전의 남편의 여러 모습들을 길이 남길 수 있는 유고집의 발간을 또한 쉽게 포기할 수도 없었다고 봅니다.

지도교수 차현구가 어느 날 찾아와서 주현이의 죽음이 '사고'가 아니고 '자살'이 아니냐는 말을 남기고 간 이유는 또 무엇일까요?

신진구 아마 그것은 죽은 남편에 대해 너무 집착하지 말라는 뜻이 숨겨져 있는 말이라고 보고 싶습니다. 그는 은근히 이유선에게 당신 남편은 말 못할 고민이 있어 처자식을 두고 자살한 사람일 수도 있으니, 너무 순진하게 남편의 입장에만 서서 유고집 발행을 망설이지 말라는 권유의 뜻이 있다고 봅니다. 속되게 말해서 경제적으로도 어려운데 유고집을 내 돈 벌면 되지 뭘 그토록 망설이느냐는, 이유선을 약하게 보고 한 말이라고 봅니다.

박정은 저도 그렇게 느껴졌습니다. 그러나 이유선은 "자살이라니, 천만에, 할 수만 있다면 일천 번을 살고 싶었던 사람이에요. 그 사람은, 차라리 자살이었다면 내 머리 속이 이토록 복잡하진 않겠어"라고, 남편이 남긴 메모를 떠올리며 절대로 남편은 자살할 사람이 아니라고 단정하지요. 그리고 이유선은 경제적으로 좀 어렵다 하더라도 남에게 약하게 보여서는 안 된다고 생각을 하게 된 것입니다.

지도교수 약하게 보이면 남들이 나를 더 업신여긴다는 깨달음을 갖게 된 계기가 있었던 것 같은데…….

이진구 예, 비로 도서관 입구에서 보드를 타는 애들이 다리를 절며 언덕을 내려가는 아이를 보자, 기다리기가 싫은 나머지 '추하게 생긴 저 애를 한번 패주자'고 말하는 광경을 목격한 일입니다. 그렇습니다. 그들의 논리대로 말하면 "연약한 것은 추한 것입니다." 다시 말해서 이유선은 경제적으로 어렵다고 해서 유고집을 함부로 세상에 내놓는 모습을 보여 추한 여자가 되어서는 안 된다는 신념을 확고히 가질 수 있게 된 것입니다. 그래서 그 즉시 그녀는 차현구에게 전화를 걸어 남편 컴퓨터를 열어 봤더니, 이미 발표된 자료 외엔 일기나 메모, 편지 등은 이상하게도 이미 모두 지워져 있더라고 말해 버렸습니다. 이 말을 듣고 차현구는 어안이 벙벙하여 아무 말도 잇지 못했지요.

박정은　이 말은 돈이 되는 일이라면 어떤 일도 저지를 수 있는 오늘날의 출판 풍토, 더 나아가 차현구에게 일격을 가한 기막힌 결말로서, 내 남편, 아니 그의 아내인 이유선이가 그토록 돈에 약한 존재가 아니란 점을 효과적으로 잘 드러낸, 이른바 반전의 효과를 십분 살린 표현이라고 볼 수 있습니다.

지도교수　그러고 보니 "사랑이 깊은 곳에 미움도 깊다"는 말이 새삼 떠오르네요. 사랑하니까 질투심도 생기고 분노를 느끼게 되는 것이지, 나와 별다른 사이가 아니라면 무슨 일이 있어도 어떤 감정이 생길 리가 없는 것입니다.

김영수　그런데 이 소설은 결말에서 남편과 함께 전등사에 갔던 일을 상기시키는 유선의 속마음을 잠깐 비칩니다. 이 소설에서 전등사 삽화는 궁극적으로 어떤 의미를 띠고 있는 것입니까?

박정은　이 소설 제목은 기이하게도 전등사에 갔던 날에 길이 막혀 오랜 시간 동안 반복해서 들어야만 했던 《나의 잔혹한 연인(my bloody valentine)》이란 노래에서 따오고 있습니다. 그러나 전등사 갔던 날은 그런 의미만이 아니라, 유고집 발행의 의미에 대해서도 뭔가 암시해 주는 의미가 있다고 볼 수 있습니다.

이유선은 전등사 갔던 날은 사실 전등사를 가지 못한 날입니다. 전등사에는 사람이 너무 몰려 결국 가지 못하고 엉뚱하게도 근처 산에 올라 비밀스런 관계를 맺고 돌아온 날, 어찌 보면 그날은 세상사람 아무도 모르는 사랑의 비밀을 이룬 날이다. 이것처럼 세상이 다 아는 사랑만이 사랑의 전부가 아닙니다. 진짜 사랑은 남들이 모르는 속에 있는 법이란 것을 유선은 깨달은 것이지요. 고로 컴퓨터 속의 일기, 메모 속의 사랑 이야기는 문학적으로나 개인적으로나 별로 의미가 없다고 보는 것이지요. 고로 그런 것들을 굳이 유고집으로 남길 필요를 느낄 수 없다고 본 거지요.

지도교수 정은 양이 이 소설의 마무리를 잘 지어 주었네요. 이유선은 어떤 의미로든 유고집을 만들 이유를 느끼지 못해 유고집 발행을 거부하게 된 것이지요. 좀 어렵게 느껴지는 서술이 보입니다만, 어려운 결정이 단순한 사고에서 나온 것이 아니라 남다른 복잡한 사고에서 나온 판단인 만치 쉬운 서술을 의도적으로 피할 수밖에 없었다고 보는 것이 작가의 의도에 가까이 다가가는 길이라고 보아야 할 것입니다.

하여튼 이 소설을 다 읽고 났을 때, 남편이 아내를 누구보다 사랑한 사람이었고, 아내 역시 남편에 대한 변함없는 사랑의 감정을 느낄 수 있어서, 이 작품은 진정한 사랑이 무엇인가에 대해 다시 한 번 생각해 보게 합니다. 남편이 무슨 기록을 남겼든, 남편의 사랑을 굳게 믿는 자는 말이 없는 법입니다. 믿음이 없기에 별 생각을 다 했던 자기가 너무 어리석었음을 깊이 반성해 보는 이유선의 모습이 너무나 아름답게 보이네요. 그러고 보니 지금 갑자기 세르반테스가 『동키호테』에서 남긴 "진정한 사랑이 있는 곳에 지나친 수다는 없다"라는 말이 가슴에 와 닿네요.

걸작과 졸작의 경계에 플롯이 있다

사회자　오늘 모임은 소설 평가의 문제와 관련해서 잘 쓴 소설과 그렇지 못한 소설에 대한 논의를 집중적으로 논의해 보기 위해 마련한 자리입니다. 사실 지난 몇 차례에 걸친 소설 토론회에서 보았듯이, 몇몇 작품들은 그 평가에서 상당한 견해 차이를 드러낸 경우가 있었습니다. 한 작품을 놓고 우린 걸작이다, 졸작이다 극단적인 평가를 내려 논의가 분분했던 적이 있었는데, 정말 소설 읽기가 그렇게 어려운 것인지, 아니면 소설 보는 눈이 모자라서 그런지 궁금했던 점이 많았습니다. 그래서 오늘은 특별히 교수님을 모시고 궁금했던 문제를 풀어보려고 합니다. 시간을 내주신 교수님께 감사느립니다.

지도교수　여러분들이 열심히 소설을 읽고 쓰고 연구하고 있다는 이야기는 듣고 있었습니다만, 이렇게 초대 받아 이 자리에 참석해 보니 소설에 대한 열정의 분위기를 새삼 느낄 수 있어서 감회가 새롭습니다. 나도 그랬듯이 젊었을 때의 스터디는 그냥 떠들어보는 데 의미가 있는 거 아닙니까? 알고 얘기하기도 하고 모르고도 아는 체하는 것, 그렇게 주장하다보면, 언젠가 나도 모르게 제법 풍월을 읊을 줄 알게 되는 거지요. 좌우지간 부처님처럼 앉아만 있지 않기 위해서는 뭔가 책을 한 번 더 보게 되는 거니까, 소설 공부에 그것처럼 좋은 것은 없다고 봅니다.

사회자　지난주에 김애란의 「달려라, 아비」를 읽었습니다. 이 작품을 어느 고매하신 작가가 무슨 문학상 후보작으로 거명하면서 문제작이다 싶어 읽기로 했는데, 좀 논의가 분분했습니다. 이 작품부터 다시 정리해 보는 것이 어떨까요.

이영훈 제 기억으로 그때 "이야기가 쉽게 읽혀져 재미있었다", "문장도 매끄럽고 작가의 재치가 빛났다", "작중인물들의 개성이 잘 살아 있다" 등등 긍정적인 평가가 있었는가 하면, "작중인물의 동기가 잘 나타나 있지 않다", "작가가 드러내려는 주제가 빈약하다", "이야기의 짜임이 유기적이지 못하다" 등등의 의견도 개진된 것으로 기억됩니다. 이거 좋은 소설인가요? 저는 문제작이지 좋은 소설은 아니 것 같은데요?

황영달 문제작이면 좋다는 것 아닌가요?

이명식 걸작과 문제작이 반드시 일치하는 것은 아니라고 봅니다. 문제작하면 그 시대상을 질 빈영한 작품, 그래서 뭔가 변하는 시대상을 일깨워주고, 세인의 호기심을 불러일으킨다는 점에서는 그야말로 문제작이 될 수 있지만, 그러나 그 시대가 지나면 별 문제 거리가 아닐 수도 있어서 우스운 이야기로 전락할 수도 있지요.

전종대 그런데 「달려라, 아비」는 이 시대의 어떤 문제, 또는 인간의 한 전형을 보여준 소설도 아니지 않습니까?

지도교수 인물의 캐릭디, 재치 있는 문장, 사건의 전개 양식 등 부분적인 것들을 놓고 주관적으로 자기주장을 펼치는 것보다는, 우선 이 소설의 짜임에 대해 종합적인 검토를 해 보고 결론을 내려 봅시다. 우선 이 소설은 누구 이야긴가요? 아버지, 어머니, 나(딸), 할아버지가 등장하는데, 이 소설의 주인공은 누군가요?

김희중 그게 헷갈려요. 작품 제목을 보면 현실에 안주하지 않고 도전하기를 좋아한 아버지의 이야기를 들려주려 한 것 같기도 하고, 달리기를 즐긴 아버지가 언젠가 꼭 성공해 돌아올 것을 믿고 모녀가 꿋꿋하게 살아가고 있었다가 사망 소식을 듣고 실망이 컸다는 이야기인지, 아니면 뼈대 있는 집안의 딸자식이 부모 마음을 썩여 이를 지켜보는 할아버지 이야기를 쓴 것인지, 어머니의 비극을 통해 한 번의 실수가 일생의 불행을 자초하게 된다는 것을 이 세상의 자식들에게 들려주려 한 작품인지 알 수가 없습니다.

지도교수 이 소설의 구성상에 문제가 있다면 방금 김군이 지적했듯이 바로 누구 이야기를 들려주려고 했는가가 분명치 않다는 것입니다. 1인칭 '나'가 등장하는 경우, 흔히 주인공인 '나'의 이야기이거나, 화자인 '나'가 본 어머니나 아버지에 대한 이야기가 되어야 하는데, 그게 아버지인지 어머니인지도 잘 알 수가 없습니다. 나(딸)의 성장 이야기가 아니라면, 이 소설의 주인공은 어머니일까요, 아버지일까요?

이주호 '나(딸)'는 화자이고, 나(딸)가 본 '어머니'에 대한 얘기를 들려주려고 한 것이 아닌가 싶습니다. 화자가 '나'일 때 나는 처음부터 끝까지 나에 관한 이야기이나, 내가 본 것, 내가 들은 것만 이야기할 수 있는데, 이 소설은 서두에서 보듯이 엄마가 나를 낳았을 때의 일, 심지어 엄마 뱃속에 있을 때의 나의 행동까지 들려주고 있어서 자연스럽지 않는 면이 있습니다. 그것들에 관한 한 "너는 뱃속에 있을 때부터 좀 달랐다"고 어머니한테 듣는 형식이 되었으면 좋았을 것 같아요.

황영덕 저도 그 점에 동감합니다.

전종대 전 이 소설의 주인공은 아버지라고 보고 싶은데요.

지도교수 그럼 이 소설은 아버지에 대한 무슨 이야기인가요? 아버지는 달리기를 즐긴 사람으로 설정했는데, 거기에 어떤 의미가 있는 걸까요?

전종대 그건 하나도 나타나 있지 않습니다. 어머니한테 들은 바에 의하면 분홍색 야광 반바지를 입었다든가 뛰는 모습이 우스꽝스러웠다는 묘사로 끝나 있습니다. 그러면서 아버지는 돈을 벌기 위해서나 어머니를 위해 뛴 적은 한 번도 없는 사람, 오로지 콘돔 사러 갈 때는 죽어라 뛰어간 사람이니까 아버지의 성격부터가 잘 살아 있지 않습니다. 어머니가 볼 때 아버지는 바보 같은 사람인데, 바보짓은 미국에서도 매한가지였지요.

황영덕 아버지는 나를 낳기 하루 전날 집을 나가 돌아오지 않았습니다. 그렇다면 아버지가 되는 것을 몹시 두려워한 사람인데, 이런 무책임한 아버지를 원망하는 빛 하나 없이 잘도 살아가는 모녀가 이상하게 느껴지기만 합니다.

이명식 딸인 나는 아버지가 달리기를 좋아해서 집을 나갔다고 믿고 있습니다. 지금 세계 여러 나라를 돌며 뛰고 있으리라 믿고 있습니다. 그러니까 남편으로서나 아이의 아버지로서 구속 받고 살기를 거부하고 자유인이 되기 위해 태평양을 건너 넓은 세상으로 나간 것으로 믿고 살아가고 있습니다. 그런데 저로서는 이런 아버지를 이해할 수가 없습니다.

지도교수 뒤에 가서 알게 되는데 아버지는 미국에서 살고 있었죠? 그런데 미국 가서 어떻게 되었습니까?

황영달 미국에 가 결혼해서 또 애 낳고 살았습니다. 그리곤 이유도 없이 이혼을 또 원했는데, 이혼 비용을 댈 수 없어서 부인이었던 집 잔디 깎는 하인으로 전락했습니다. 결국 교통사고로 죽고 말았는데, 이건 코미디 같은 인생 아닌가요?

지도교수 공감이 가는 말입니다. 이제 어머니에 대해서 좀 더 알아봅시다. 나의 어머니는 어떤 여자였나요?

김희중 어머니는 외할아버지의 말을 듣지 않고 좋아하는 남자를 찾아 서울로 가출한 문제의 여자였습니다. 그 결과 남편의 사랑도 받지 못하고 혼자 택시를 열심히 몰며 딸과 살아가는 팔자 사나운 여자가 되고 말았지요.

지도교수 그런 어머니를 제일 못마땅하게 생각하는 사람은 누구입니까?

이남석 외할아버지입니다. 그런데 죽기 며칠 전에 외할아버지는 "그래도 내가 연애를 하면 작은 년이랑 하지, 큰 년이랑은 안 한다."는 뚱딴지같은 말을 남겼습니다. 이를 두고, "나는 외할아버지가 내 어머니의 매력을, 그 작은 비밀을 알고 계셨던 사람이라고 생각한다."고 말하고 있습니다. 이 말은 무슨 뜻인가요?

사회자 그 점을 우리 모두 이해하기가 어려웠습니다.

지도교수 외할아버지가 볼 때 그의 둘 째 딸은 어떤 사람입니까? 라캉의 말을 빌려 말할 수 있는 사람 누구 없나요?

이주호 '절대 타자의 욕망을 욕망하지 않은 여자'라고 볼 수 있지요.

지도교수 그럼 진정 이 소설에서 보여준 나의 어머니는 지금 불행한 여자인가요, 행복한 여자인가요?

황영달 그야 불행하게 사는 여자지요.

김희중 아닙니다. 라캉이 정신병은 타인의 욕망을 욕망하는 데서 발생한다고 말했듯이, 어머니는 외할아버지의 욕망이 아니라 자신의 욕망을 욕망하며 살아간 여자니까, 오히려 자기가 원하는 삶을 살아간 행복한 여자라고 보아야 합니다. 그래서 평소 유머를 잃지 않고 딸과 잘 살아가고 있었던 거지요.

지도교수 아주 잘 보았습니다. 그럼 외할아버지는 어디서 둘째 딸의 매력을 느끼게 되었나요?

조만우 평소 외할아버지는 큰딸과는 달리 둘째 딸에 대해서 좋은 감정을 갖고 있지 않았습니다. 아버지 말을 듣지 않고 집을 나가 딸 하나를 데리고 힘들게 살아가는 자식이고 보니 손녀조차 예쁘게 보일 리가 없겠지요.

전종대 외할아버지는 처음엔 둘째 딸에 대해 내 말을 듣지 않은 불효막심한 드센 년으로만 생각했는데, 그런데 가만히 생각해 보니까 둘째 딸은 남편이 있든 없든 자기 좋은 일 해 가며 아무 불평 없이 열심히 살아가고 있다는 것을 알게 된 거지요. 그리고 외할아버지가 외손녀에게 너 누구 딸이냐고 물을 적마다 "나는 조자옥의 딸이오!" 하고 외치는 모습을 어이없는 눈으로 바라보았습니다.

지도교수 그런데 외할아버지는 뒤늦게 깨달은 바가 있습니다. 둘째 딸이 남편 없이도 제 힘으로 꿋꿋하게 잘 살아가고 있고, 외손녀 역시 아버지 없이도 기백을 잃지 않고 당당하게 살아가는 모습을 보니 내 딸이 다른 보통 여자와는 다르게 살아가는 매력 있는 여자라고 볼 수 있었던 거지요. 집 나간 남편을 조금도 미워하지 않고 살아가는 그런 어머니의 모습을 엿볼 수 있는 대목이 또 나오지요?

이남석 어머니는 아버지의 사망 소식을 듣고 무심코 딸에게 "잘 썩고 있을까" 하는 말을 남겼습니다. 이 한마디 말 속에 아내의 남편 사랑이 얼마나 큰가를 새삼 느끼게 해줍니다.

지도교수 이남석 군이 결론을 잘 지어주었습니다. 지금까지의 논의를 종합해 보면 이 소설은 나(딸)의 입을 빌려 남편 없이도 꿋꿋하게 살아가는 '어머니'의 이야기를 독자에게 들려준 이야기로 다시 쓰면, 아주 재미있는 이야기가 될 것 같은 느낌이 드는데, 이 소설은 그런 점에서 문제가 많은 문제소설이라고 보고 싶습니다.

김봉직 플롯에 문제가 많다는 말씀이군요. 걸작과 졸작을 결정짓는 잣대가 플롯이라 했는데, 그런 점에서 이 작품은 아무리 좋은 주제, 소재를 갖고 있더라고 제대로 얽어짜지 못하면 의미가 잘 살아나지 않는다는 것을 새삼 일깨워주는 작품이란 점에서 문제가 많은 문제작으로 보고 다음 문제로 넘어갑시다.

사회자 두 번째로 윤성희의 「유턴지점에 보물지도를 묻다」에 대해서 논의해 보기로 하겠습니다. 이 작품은 2005년 현대문학상 수상작으로 선정된 작품이어서 큰 기대를 갖고 읽었는데, 우리가 기대했던 만큼의 호응은 적었던 것 같습니다. 다시 한 번 재검토해 보길 바랍니다.

지도교수 나는 얼마 전 어느 모임에서 이상한 학생들을 만나본 적이 있습니다. 요즘 재미있는 소설이 무엇이냐고 물었더니 이구동성으로 윤성희의 「유턴지점에 보물지도를 묻다」를 들더라구요. 그래서 뭐가 그리 재미있느냐고 물었더니, 신통한 대답을 잘 하지 못하는 것입니다. 그냥 재밌다는 겁니다. 그럴 수 있나요?

사회자 저희들도 그 점에 대해서 궁금한 게 많았습니다. 상을 탈 만큼 좋은 소설일까 아닐까 논란이 좀 있었습니다.

황영덕 부모의 도움 없이 자수성가하여 잘 살아가고 있는 주인공 '나'의 모습이 대견스럽게 느껴졌기 때문이 아닐까요?

이남석 주인공 '나'는 기차 안에서 죽은 아버지를 못 잊어 하면서도, 자기를 낳다가 죽은 어머니를 정작 그리워하는 모습은 전혀 찾아볼 수 없는 것이 저는 참 이상했습니다.

지도교수 이 소설은 주인공 '나'의 이야기인데, 좀 더 구체적으로 말하면

'나'의 무슨 얘긴가요?

김봉직 여자로서 좌절하거나 탈선하지 않고 거친 세상을 잘 살아가는 나의 모습을 보여주려 한 것 아닌가요?

지도교수 그런 논리라면 착하게 살면 좋은 이야기고 타락하여 감옥에 가면 나쁜 이야기가 되겠네요. 언젠가 얘기한 적이 있는데 소설의 재미는 작품의 치밀한 짜임, 유기적 구조에서 느낄 수 있는 것입니다. 소설은 꾸민 이야긴데 진짜 사실처럼 꾸며야 하고, 그 꾸민 이야기가 우리에게 뭔가 깨닫게 해 주는 의미를 지니고 있을 때 기억에 오래 남는 작품이 될 것입니다.

이영훈 이 소설을 보면 작가는 세상살이를 너무 안이하게 보고 있는 것 같습니다. 뭐 힘들여 일하고 공부할 필요가 있습니까? 주인공 '나'처럼 음식 하나 잘 만들 줄 알면 자가용 굴려가며 좋은 집에서 살 수 있는데…….

김희중 그러고 보면 주인공 '나'는 자수성가한 사람도 아닙니다. '나'는 보물지도를 들고 노다지를 찾아다니거나 복권 당첨을 노리기도 하다가 운 좋게 요리 솜씨 있는 친구 만나 잘 살고 있는 운 좋은 여자입니다. 이를 보면 소설 공부하는 것도 잘 살기 위한 것인데 소설 읽느라고 고생할 것이 아니라 떡복기나 짜장면을 어떻게 맵게 할 수 있을까를 먼저 연구해야 되지 않을까요?

이영훈 김군의 말에 저도 공감이 가네요. 소설은 주인공과 그 주변인물들의 행동에 필연성을 느낄 수 있을 때 진짜 있을 수 있는 이야기, 재미있는 이야기가 된다고 봅니다. 그런데 확인도 안 해보고 보물에만 눈이 어두워 대뜸 자동차까지 사 가지고 찾아가는 모습은 정말 코미디 같은 일이 아닐 수 없습니다. 그리고 산에 웬놈의 망원경, 선글라스가 그리 많은가요?

지도교수 이 소설 제목에 나타나 있는 유턴지점은 어디고, 보물지도를 그곳에 묻었다는 것은 또 무엇을 가리키나요?

이남석 그들이 들고 갔던 지도는 가짜였음을 알고 어느 서점의 책갈피에 끼워놓고 나왔습니다. 그런 점에서 이 제목은 어떤 상징적 의미를 부여한 것이 아닐까 그런 생각이 들었습니다. 말하자면 그 사건 이후부터 주인공은 큰 전환, 다시 말해서 허황된 꿈을 꾸지 않고 착실히 일하며 살아가기로 마음먹게 되었다는 것을 암시한 것으로 보고 싶습니다.

조만우 그런데 비워두었던 음식점에 들어오자마자 복권표를 집어 드는 것은 또 뭡니까? 좀 앞뒤가 안 맞는 것 같습니다.

지도교수 이야기 서술에 이상한 부분, 납득이 안 가는 대목이 여러 군데 보이는 것이 또 있지요?

조만우 이 소설 서두를 보면 "어머니는 곧 중환자실로 옮겨졌다. 아버지는 산소 호흡기를 낀 어머니의 머리맡에 앉아서 어린 시절에 대해 이야기했다."는 말이 나옵니다. 지금 죽느냐 사느냐 중대한 기로에 서 있는데, 어린 시절 얘기를 할 때입니까? 아버지의 어린 시절 얘기라는 것이 할아버지가 강요하는 유도, 태권도, 검도 훈련을 견딜 수 없어 맨몸으로 가출한 일이있습니다. 쌍둥이 두 딸을 낳느라 중환자실에 누워 있는 상태에서 귀에 들어올 리도 없는 이런 말을 꼭 해야 할 절실한 동기가 뭔지 알 수 없었습니다.

김희중 아마 출산을 위해 처음부터 아내를 산부인과병원에 데려가지 못한 죄책감 때문이라고 보겠지요. 그러나 내가 돈 없이 가출해, 당신을 고생시킨다는 말이 지금 누워 있는 아내에게 위안이 될 성질의 것은 아니라고 봅니다.

이남석 이 소설은 1인칭 주인공 시점 소설인데, "학창 시절 W의 별명은 유령이었다. 소풍을 가서 담임선생님이 W를 빼고 인원을 센 적도 있었다. W의 짝은 한 학기가 지나도록 W의 이름을 제대로 외우지 못했다."라고 본 적이 없는 W의 학창시절 이야기를 나의 이야기처럼 쓴 것은 1인칭 시점 소설의 성격을 잘 알고 쓴 것이 아니라고 볼 수 있으며, "W가 일을 하는 동안, 나와 Q는 요가를 배우고 재즈댄스를 배웠다."는 말이 나오는데, 이 소설 전체를 아무리 살펴봐도 그 목적이 어디에 있었는지 찾아볼 수 없었습니다. 단순히 건강을 위한 일이라 볼 수도 있겠지만, 있을 수 있는 일이라고 아무 것이나 마구 늘어놓아서는 좋은 소설이 될 수 없는 것 아닙니까?

사회자 이 소설에는 할아버지나 아버지에 대한 이야기가 또한 길게 서술되고 있습니다. 이런 이야기가 꼭 들어와야 할 필요성은 무엇인가요?

지도교수 흔히 주인공의 과거가 삽화처럼 들어오는 경우가 있는데, 이는 주인공에 대한 어떤 정보나 징조 단위로서 들어오는 것이라고 보아야 합니다. 즉 주인공의 성격이나 남다른 생각, 의식을 알려주는 역할을 하는 것입니다. 그런데 이 소설의 경우 그런 것들과 별로 연관이 없어서 유기적 구조에 문제가 있다고 볼 수 있습니다. 이 소설은 1부, 2부, 3부로 나뉘어 있고 연대기 비슷하게 할아버지-아버지-나(딸)의 이야기를 서술하고 있어서 단편소설로서의 압축미를 잃고 있습니다.

사회자 이제 마지막으로 허혜란의 「독」에 대해서 살펴보기로 하겠습니다. 이 작품은 2004년 동아일보 신춘문예 당선작인데, 이 작가는 그 해 또 다른 작품 「내 아버지는 서울에 계십니다」가 경향신문 신춘문예에 당선됨으로써 2관왕에 오르는 영광을 누리기도 했습니다. 그렇다면 누가 봐도 허혜란은 잘 쓰는 작가, 수준작을 남길 만한 역량을 갖춘 작가라고 믿어야 할 것입니다. 그런데 「독」에 대해서 상반된 논의가 많이 나왔다는 점에서 무엇이 문제인지 한번 검토해 보려고 하는 것입니다. 교수님이 먼저 운을 떼 주시면 좋겠는데요.

지도교수 글쎄요…, 나도 호기심을 갖고 두 작품을 모두 읽어보았습니다. 그런데 소설 쓰는 법을 제대로 알고 쓴 작품 같지는 않았습니다. 여러분은 어떻게 느꼈습니까?

조만우 소설문장이 아주 짧다는 것이 눈에 띄었습니다. 의도적으로 문장을 짧게 쓰려고 노력한 것 같습니다.

김희중 개인지도를 하는 창작교실에서 그걸 권장하는 경우가 많다는 얘기를 들은 적도 있습니다. 꼭 그렇게 의도적으로 해야 되는 건지 좀 궁금합니다.

지도교수 꼭 그래야 된다는 무슨 원칙이 있는 것은 아니고, 문장이 길어지다 보면 주부와 서술부가 일치하지 않는 오류를 범할 우려가 많으니까 그 예방 차원에서 짧게 끊어 쓰도록 권할 수는 있습니다. 그러나 소설은 이야기

(story)를 들려주는 글이므로, 지나치게 문장을 짧게 똑똑 끊어 쓰면 이야기의 재미를 오히려 떨어뜨릴 수도 있다고 봅니다. 갈등을 겪는 복잡한 내면의 감정이나 의식, 또는 객관적 상관물로 들어오는 사물의 묘사는 짧은 것보다 유려한 문장 속에서 그 이미지가 더 잘 살아나리라 봅니다. 우리말은 본래 수식어가 발달되어 있는 언어여서 지나친 단문은 우리말의 감칠맛을 잃게 할 수도 있습니다.

사회자 이 소설 역시 1인칭 시점 소설입니다. 요즘 1인칭 시점 소설이 많이 발표되고 있는 현상에 대해 교수님은 어떤 생각을 갖고 계십니까?

지도교수 요즘 신인들은 1인칭 시점으로 쓰는 것이 제일 쉽다고 생각하나 봅니다. 소설은 결국 누구의 이야기를 들려주려는 글이니까, 마치 나의 이야기를 들려주듯이 이야기를 쓰는 것이 제일 편한 방식이 될 수 있을 것입니다. 독자가 볼 때 나의 이야기는 작가가 직접 체험한 자기 이야기를 들려주는 것 같아 신뢰감을 갖게 할 수도 있습니다.

그러나 1인칭 시점 소설을 쓸 때 상당히 신중을 기해야 합니다. 왜냐하면 '나'가 화자일 경우, 여기에는 서술상의 많은 제약이 따를 수 있기 때문입니다. 1인칭 화자가 초등학교 5학년생이면 그 아이의 경험 수준을 넘는 어른들 세계의 일이나 내가 보지 못한 일에 대해서는 서술할 수가 없는 것입니다. 그런 문제를 「달려라, 아비」와 「유턴지점에 보물지도를 묻다」에서 잘 볼 수 있었습니다.

그리고 1인칭 시점 소설이 발달하게 된 데에는 소설의 변화와 깊은 관련이 있습니다. 다시 말해서 소설의 역사는 낯설고 적대적인 세계를 헤쳐 나가는 주인공(hero)의 모험을 보여 주는 것에서, 점차 모험 대신에 의지적으로 대결을 벌리는 주인공의 내면세계를 보여 주는 데 관심을 기울이는 형태로 발전해 왔습니다. 요즘 소설은 주인공의 행동만이 아니라 속마음을 많이 보여주고 있다는 것을 여러분도 잘 알고 있을 것입니다.

내면의식세계를 잘 다룬 「무진기행」, 「풍금이 있던 자리」, 「나의 피투성이 연인」처럼 주인공의 속마음을 잘 드러내려 할 때, 그것을 잘 아는 사람은 바로 '나'일 수밖에 없는 것입니다. 그리고 「달려라, 아비」의 경우, 어머니에 대한 이야기를 쓴다고 했을 때 그 어머니를 가장 잘 아는 사람은 제삼자인 작가보다 함께 살아온 '나(딸)'가 될 것입니다. 그래서 「사랑 손님과 어머니」에서 보듯이 나(딸)'가 본 '어머니' 이야기, 이른바 1인칭 관찰자 시점의 소설이 나올 수밖에 없었던 것입니다.

어떤 주인공의 속마음을 제삼자인 작가가 잘 알고 쓰는 3인칭 전지적 작가 시점은 사실 알고 보면 좀 웃기는 얘기입니다. 그리고 1인칭 주인공 시점 소설은 남다른 의식을 가진 주인공의 내면의식세계를 잘 드러낼 때 그 가치가 빛난다고 볼 수 있지요. 「독」은 주인공인 '나'의 내면의식을 잘 드러낸 소설과는 좀 거리가 먼 소설입니다.

사회자 이 소설은 아귀찜을 만들기 위해 아귀를 사와 고기를 손질하여 양념을 만들어 버무려 놓기까지, 즉 하루의 낮 시간을 스토리라인으로 설정해 놓고, 그 안에 주인공 '나'의 일상 속에서 보고 듣고 겪은 일들과 지난 과거가 회상되어 나오는 형식을 취하고 있습니다. 이런 소설 형태를 우리는 흔히 볼 수 있지 않습니까?

지도교수 잘 보았습니다. 그래서 얼핏 보면 「독」은 이야기 짜임이 치밀해 보이고 무슨 의미 있는 이야기를 들려주는 것 같은 느낌이 납니다. 그러나 가만히 살펴보면 이 소설은 서사의 전개에 많은 허점이 있는 것을 볼 수 있습니다. 그걸 좀 얘기해 보면 좋겠는데…….

조만우 제목 '독'에서 제일 먼저 연상되는 것은 아마 어떤 위험을 느끼는 상황 속의 인물 '나'의 이야기가 되어야 할 것입니다. 따라서 이 소설은 힘든 일에 지쳐가는 남편을 바라보는 아내인 '나'의 불안이나 공포, 또는 세상을 보는 눈이나 의식이 남다른 '나(아내)'의 속마음을 잘 다루었어야 할 것 같은데, 보고 듣는 하루의 일들을 죽 나열해 놓는데 그치고 있습니다.

황영덕 하루 새에 일어난 일들을 통해 '독'이라는 제목과 잘 연결된 어떤 의미가 살아나야 되는데, 이 소설은 그 의미가 무엇인지 잘 알 수가 없습니다. 삶에 기습이 있듯이 우리의 욕망을 가로 막는 독 같은 일들이 있다는 것은 삼척동자도 다 아는 일인데, 그걸 일깨워주는 이야기라면 너무 싱거운 이야기가 아닐까요?

조만우　그 점에 대해선 저도 공감합니다.

이남석　저는 이 소설을 보면서 작가가 끌어들인 서사들이 유기적이 못하고 산만한 느낌이 들었습니다. 이 소설 제목이 '독'인 것으로 볼 때, 주인공 '나'는 이 세상에는 내 남편과 나를 힘들게 하는 독소가 너무 많아 못 살겠다는 의식이 강한 여자라고 보고 싶습니다. 따라서 그런 의식을 갖게 한 원인이 제일 먼저 제시되어야 하고, 그런 의식이 남달리 강하기 때문에 어떤 사물, 타인, 상황, 사건에 대하여 민감한 반응을 보이는 모습을 보여주는 것으로 이야기를 끌고 가야 한다고 봅니다.

아마도 이 소설에 들어와 있는 여러 사건들 중에 주인집 장독 덮어주러 나갔다가 문이 잠겨 들어올 수 없던 일, 강 기사의 갑작스런 죽음의 목격, 데모 주동자로 몰려 제적당한 일 등은 이 세상에 독이 있다는 의식을 갖게 한 중요한 원인들이라면, 독에 대한 남다른 의식 때문에 '나'는 아귀 입술에 독이 있다는 말이나 옴두꺼비의 특이한 생식 이야기에 민감한 반응을 보이게 되었다고 볼 수 있습니다.

그런 연장선상에서 볼 때 아파트 분양을 알리는 대형광고판을 본 이야기, 남편의 섹스 실패 이야기, 아귀찜 요리법의 자세한 설명, 늙은 총각 거웃을 보고 히히덕거리는 아이를 보고 밖으로 끌고 간 일 등은 독에 대한 남다른 의식의 원인이나 결과와 거리가 멀어 왜 그런 일들을 끌어들이게 되었는지 알 수가 없게 합니다.

지도교수　아주 좋은 지적을 해 주었습니다. 남편이 이민을 욕망하듯이, 작가의 의도는 우리의 행복을 가로막는 독소가 이 세상엔 너무 많다는 것을 보여주려 했다고 볼 수 있습니다. 그러나 그런 요소의 나열이 곧 소설이 되는 것은 아닙니다. 그런 산재한 독소로 인해 고통을 겪는 주인공의 모습, 이른바 주인공의 고통 심화과정을 잘 보여주든가 이민의 유혹 때문에 내적 갈등을 겪게 되었으나 어디 간들 그런 삶의 독소가 없겠는가를 새삼 깨닫고 새

출발을 다지는 모습으로 이야기를 좀 더 세련시켰더라면 좋지 않았을까 하는 생각이 드네요.

사회자 서사의 나열에 그치면 일기, 기행문 같은 글이 되고 말겠지요. 어떤 사건을 접하는 과정에서 주인공이 새로운 깨달음을 이루는 모습으로 형상화될 때 이야기다운 이야기가 된다는 것을 오늘 세 작품을 통해 새삼 깨닫게 되어 모처럼 좋은 시간이 되었던 것 같습니다. 이를 계기로 앞으로 더 열심히 소설 공부를 해 나갈 것을 다짐해 보고 싶습니다.

지도교수 플롯의 원리에 대한 많은 이야기를 나누었다고 봅니다. 결국 걸작이 되느냐 졸작이 되느냐가 여러 요소를 한데 모아 얽어 짜는 일에서 판가름 나는 것이니까, 이에 대한 식견을 쌓는 일이 얼마나 중요한가를 다시 한 번 깨닫고 더욱 정진해 나가길 바랍니다.

소설을 읽어 보았나요

소설 읽기가 어렵다

살다 보면 생판 모르는 낯선 사람들과 자리를 함께 해야 할 때가 있다. 이럴 경우 나는 주로 남의 말을 듣는 쪽이다. 말 재주가 없는 데다 재미있는 세상일에 대한 이야기꺼리가 별로 없기 때문이다. 그러면서도 남들이 하는 말에 가끔씩 끼어들어 말을 거들거나 내가 알고 있는 단편적인 생각을 보태어 흥을 돋는 일을 즐긴다. 그런데 이런 저런 얘기를 나누다 보면, 어디 사느냐, 고향이 어디냐, 그러다 보면 직업에 대한 본색이 드러나게 된다.

"무슨 일을 하시나요?"

"학교에 있습니다."

"아, 그렇습니까? 저도 학교 선생을 꿈꾼 적이 있지요, 계신 데는 어딥니까?"

"대학교에 있습니다."

"교수님이시군요."

"뭘 가르치시나요?"

"소설을 가르칩니다."

"아, 그럼 소설가시군요."

"아닙니다. 소설에 대한 이론을 가르치고 있습니다."

"그럼 평론가시군요."

"아닙니다. 소설을 그냥 연구하고 가르치는 일을 합니다."

"저도 한때 소설가의 꿈을 가진 문학청년이었지요. 이렇게 만나 뵙게 되어 정말 반갑습니다."

얼굴 표정을 보니 문학에 대한 그리움이랄까 미련을 버리지 못하고 있는 듯하다.

"그럼 요새도 소설을 많이 읽어 보시겠네요."

"아닙니다. 바삐 살다보니 읽을 틈이 없어서……. 젊어서는 꽤 좋아했는데……."

이 친구 웃기는구만. 젊어서 문학청년 아닌 사람이 어디 있는가. 시간 없기로는 젊었을 때지, 나이 들어 시간 없다는 건 핑계다. 시간이 있어서 소설 읽는 사람이 또 어디 있는가. 몰라서 그렇지 우리 주변에는 바쁜 생활 중에서도 젊은이들보다 더 열심히 소설 읽고 쓰는 사람들이 꽤 많이 있지 않은가.

"교수님은 행복하시겠습니다. 재미있는 소설을 많이 읽으며 사시니까."

"그런가요? 그건 맞습니다."

그러나 이것도 맞는 말은 아니다. 나같이 소설을 연구하는 사람의 입장을 모르는 사람이 하는 말이다. 연구를 위해 소설을 읽는 일은 그렇게 재미있는 일이 아니고 아주 고통스런 일이다. 나는 소설을 잘 아는 사람이 되기 위해 남보다 잠도 덜 자야 했고, 그렇게 재밌다는 골프도, 남과 어울려 술 먹는 시간도 멀리 해야 했으니까.

사실 아는 사람은 알지만, 나는 십여 년 전에 '지주막하출혈'이라는 뇌 손상을 입어 한 학기 휴직을 하지 않으면 안 되었던 적이 있었다. 이것도 소설 때문이었다. 단편소설 2백여 편을 읽고 이를 체계화해서 책으로 엮어내려는 프로젝트를 겨울방학 동안 완성해 내려다 너무 과로하여 죽을 뻔한 일을 겪은 것이다. 지금 이렇게 살아 있으니까 하는 말이지만, 나는 소설 읽다가 죽을 뻔한 사람이어서 우스갯소리로 소설을 알려면 나처럼 목숨 걸고 소설을 읽어 보라고 호언하기도 한다.

그때 나는 정말 내 생애에 가장 많은 소설을 집중적으로 읽었는데, 이것이 밑바탕이 되어 후일 제자와의 공동 연구로 테마별로 소설을 분류하여 엮은 『욕망의 서사에 비친 우리들의 초상 I,II』라는 두 권의 책을 세상에 내놓게 되었다.

그런데 이 책을 엮어내면서 소설이 무엇인지, 소설을 어떻게 써야 하는지, 왜 그 작가를 훌륭하다고 말하는지를 잘 알게 되었다. 소설 쓰는 법은 이론서를 읽어서 알기보다 좋은 소설을 체계적으로 잘 읽어볼 때 더 잘 알 수 있다는 진리를 나는 이때 깊이 깨달았다. 소설 쓰는 법은 소설에 있다. 그러니 소설 잘 쓰는 사람이 되기 위해서는 좋은 소설을 잘 골라 읽고 그 소설을 모델로 하여 그것들처럼 써야 된다.

"소설을 가르치신다는데 소설가가 되려면 공부 많이 해야 되지요?"

"네, 맞습니다. 공부하지 않고 쓸 수가 없지요. 작가는 우선 아는 게 많아야 합니다. 그리고 소설은 특수한 글인 만큼, 기법을 통해서만 소재를 잘 다룰 수 있고, 최대의 의미를 지닌 작품을 창작할 수 있으니까요."

"아까 시간이 없어서 소설을 읽지 못한다고 말했는데, 실은 요즘 소설은 읽어도 무슨 얘긴지 모르겠대요. 읽어도 뭐 재미가 있어야지요."

요즘 소설 재미가 없다는 이 친구의 말을 어떻게 받아들여야 할까? 재미있게 잘 쓴 소설인데, 그걸 몰라보기 때문일 수도 있지 않은가. 현대소설은 그 형식이 많이 달라졌다. 모든 게 다 달라졌는데 소설이라고 옛날과 똑같으란 법이 어디 있는가. 소설의 역사는 낯설고 적대적인 세계를 헤쳐 나가는 주인공의 모험을 보여 주는 것에서 점차 모험 대신 의지적으로 대결을 벌이는 주인공의 내면세계를 보여 주는 데 관심을 기울이는 형태로 발전해 왔다. 그리고 우리는 복잡한 사회 속에서 다양한 관계를 이루며 살아가고 있다. 따라서 그런 삶을 여실히 드러내는 소설 형태도 자연히 단순한 형태에서 복잡한 형태로 변해질 수밖에 없어, 현대소설은 플롯보다 유기적 형태(organic form)를 더 중요시하게 되었다.

이런 변화를 감지하지 못한 상태에서는, 소설을 읽어도 재미를 느낄 수가 없는 것은 당연하다. 다시 말해서 이제 소설을 잘 읽으려면 소설 기법에 대한 공부를 웬만큼 하지 않으면 안 된다. 그럴 때 소설의 짜임새를 제대로 파악할 수 있어서 내용을 더 잘 이해할 수 있게 된다.

창작은 모방으로부터

소설을 가르치는 일 중에 제일 힘든 일이 학생들의 습작 읽기다. 걸작을 읽기는 재미있지만 습작은 재미없기가 십상이다. 소설은 왜 읽는가? 재미있는 이야기를 만나기 위해서다. 그럼 그 재미는 어디서 생기나? 재미있는 내용이 들어 있어서가 아니라 어떤 주인공의 이야기를 실감나게 잘 짜 놓은 솜씨에서 나오는 것이다. 루카치가 "소설은 신에 의해 버림받은 세계의 서사시"라고 말했듯이, 사실 소설 내용이란 실연을 당하고 갖가지 욕망을 이루지 못해 고통 받는 사람들의 이야기가 대부분이다. 이런 이야기를 읽고 재미있나고 말하는 것은 인간이 사디스트여서가 아니라, 그런 사람의 이야기를 정말 실감나게 잘 얽어 짜 놓은 솜씨가 살아 있기 때문에 재미있다고 말하는 것이다. 소설은 허구다. 만들어낸 가짜 인생 이야기지만 진짜처럼 보이도록 만들어내야 한다. 어설프게 얽어 놓으면 우선 줄거리가 잡히지 않아 무슨 이야기를 하려고 했는지 알 수가 없어 재미가 없고, 가짜 이야기 같아서 읽을 마음이 내키지 않는다. 그러나 처음 써 온 학생의 습작은 각별한 비평을 요한다.

"교수님, 한 번 용기를 내서 써 봤는데 좀 읽어 주십시오."

"어이구 놀기만 하는 줄 알았는데, 작품을 들고 온 걸 보니 다시 봐야겠는데."

"부끄럽습니다만 좋은 지도를 부탁드립니다. 며칠 후에 또 들리겠습니다."

이런 학생들은 대개 칭찬을 듣고 싶어 한다. 칭찬은 없고 인물, 플롯, 묘사, 서두에 대해서 어쩌구 저쩌구 하면, 거두절미하고 묻는 말이 있다.

“저 재능이 있나요?”

참 난처하다. 고등학교에서 상깨나 타고 주위에서 소질이 있다는 소리를 들어 문예창작학과를 택해, 그것도 어려운 실기 관문을 통과해 들어온 학생인데 이거 하나 갖고 섣불리 말할 수 없지 않은가.

“재능이 없다면 문창과에 들어올 수가 없지 않았나? 자네는 이미 재능을 인정받은 거나 다름없는 거야. 그런데 재능만 갖고 소설 쓰는 것은 아니지. 소설가 치고 재능으로 소설 쓴다고 말하는 사람을 본 적이 있는가? 소설가들이 하나같이 나는 99%의 노력으로 글을 쓴다고 말하는 것을 못 들어봤는가?”

자리에서 일어서려는 학생을 좀 진정시키고, 대화를 나눌 시간이 있는가를 확인하고 몇 가지 더 질문을 던져 본다.

“자네 특별히 좋아하는 작가가 있는가?”

“글쎄요……. 요새 신인 중에…….”

“신인 말고 이미 평가를 받은 작가의 작품은 안 좋아하는가?”

없다면 체면이 안 선다고 생각했는지 이름 하나를 댄다.

“이청준 작가를 좋아합니다.”

“이청준의 무슨 작품이 제일 맘에 들던가?

“「과녁」도 좋고 「눈길」도 좋아합니다.”

“그거 좋은 소설이지. 그런데 두 소설은 쓰는 방식이 아주 다른 유형에 속하는 것인데 어떻게 다른지 알고 있나?”

“그게 뭔대요? 그런 걸 꼭 알아야 하나요? ”

“지난 시간에 김유정의 「동백꽃」과 황순원의 「소나기」가 그 형식에 있어서 아주 다른 소설이란 것을 가르쳐 주었는데, 벌써 다 잊어버렸나 보군.”

“아, 생각납니다. 「동백꽃」은 분규발생과정형, 「소나기」는 사건연쇄고리형이라고 하셨지요.”

"자네 공부 많이 했구만. 그런 걸 아는 걸 보니. 그런데 그런 지식이 어느 퀴즈 대회에 나가 써먹기 위해 배우는 게 아니라는 것을 잘 알고는 있겠지. 바로 「과녁」이 「동백꽃」처럼 쓴 것이고, 「눈길」은 「소나기」처럼 쓴 소설이라는 것은 왜 모르나?"

"그런 거 미처 생각하지 못했습니다."

"이청준 같은 작가가 그 정도의 소설적 지식도 없이 그런 소설을 쓸 수 있었다고 생각할 수 있는가? 소설 유형은 이 외에도 몇 가지가 더 있다네. 우선 가장 많이 쓰이는 이 두 가지 유형을 잘 익혀 소설을 써 보라고 했는데, 오늘 써 온 이 습작은 두 개 중 어디에 속하는 것인가?"

"두 개 다 생각하지 않고 썼는데요."

"그럼 자네가 쓴 이 글은 이 세상에 존재하는 어느 소설처럼 쓴 것이 아닌 정체불명형일 게 뻔하겠군. 창작은 모방에서부터 시작하는 것이라는 거 안 잊었겠지. 이청준의 「날개의 집」의 주인공 '세민'이가 그림 공부를 할 때, 유당 선생님이 다른 사람의 그림 모음 책들을 찾아 보여 주며 그것들을 하나하나 견주어 따라가며 그대로 보고 그림을 그려보도록 했듯이, 소설 쓰기 공부도 모방으로부터 시작되는 것이라네. 어찌 첫술에 배부를 수 있나. 모르고 막 썼다고 헛수고는 아냐. 그런 습작 과정을 많이 거쳐야 어느 날 제대로 된 창작품이 나오게 되는 것이니까. 이거 갖고 가 다시 써 가지고 오는 게 어떨까?"

소설은 특수한 글

내가 아는 사람 중에 소설을 아예 읽지 않는 사람이 있다. 자기는 시(詩)를 좋아한다고 한다. 이유는 간단하다. 소설은 비경제적이란 것이다. 몇 줄로 요약할 수 있는 요지의 말을 얻기 위해 죽어라 몇 시간을 투자할 수 없다는 것이다. 이런 사람은 소설이 근본적으로 '내용'보다는 '형식'에 의존하는 구조물이란 점을 너무 모르는 사람이다.

나는 신입생에게 제일 먼저 이런 도전적인 질문을 던진다.

"여러분은 아직 걸작을 쓰지 못했다. 쓰고자 하는 '무엇'이 없어서인가, '어떻게' 써야 하는지 방법을 몰라서인가?"

모두 눈만 동글동글 굴릴 뿐 얼른 대답을 못한다. 너무 어렵게 생각하지 말라고 당부하면서, 소설 창작이 재미있는 이야기를 쓰는 것인데, 여러분은 그 나름대로 즐거웠던 일, 고민했던 일들을 많이 갖고 있지 않은가. 그런데 왜 아직 못 썼나? 다시 물으면 그때서야 답이 나온다.

"어떻게 쓰는 줄 몰라서이지요."

그렇다. 바로 그거나.

"그럼 그걸 알려면 어떻게 해야 될까요?"

학생들은 또 침묵한다. 그래서 한마디 거든다.

"작가는 본래 '무엇'보다 '어떻게' 쓸까에 더 신경을 쓰는 사람이다. 작가들은 <인간의 고통은 타인의 욕망을 욕망해야 되기 때문에 발생한다>와 같은 주제를 담은 이야기를 즐겨 다루는데, 그걸 잘 드러내고자 소재의 선택과 형식을 달리해서 수많은 다른 소설을 써낸다고 볼 수 있다. 그런데 여러분은 작가가 그토록 고심해서 짜놓은 형식에 대해서는 알려고 하지 않고, 줄거리나 내용 파악에만 관심을 두고 읽고 있으니, 형식을 알 수 없는 것은 당연지사가 아닌가? 그러니 이제부터 여러분은 소설 읽는 태도부터 바꾸어야 한다. 다시 한 번 강조한다. 이제부터 여러분은 소설을 꼼꼼히 읽되 내용 중심으로 읽지 말고 이야기를 전개해 나가는 형식, 다시 말해서 소설의 기법을 하나하나 눈여겨 가며 읽도록 해야 한다. 그 형식을 알 때 소설 내용도 더 잘 알 수 있어서 소설 읽는 재미를 진짜 느낄 수 있게 된다."

이런 소설 읽기는 경제의 논리와는 아무 상관이 없다. 정말 소설 읽는 재미는 바로 줄거리를 전개하는 그 복잡한 과정 자체를 살피는 데서 느낄 수 있기 때문이다. 이것은 '불국사 관광'의 즐거움이 불국사 그 자체만 보는 데 있는 것이 아니고, 그곳에 이르는 여로에서 이루어지는 여러 가지 사소한 일들의 즐거움을 빼놓고 생각할 수 없는 것과 같다.

소설 읽는 즐거움에 대해서 말했는데, 왜 요즘 소설은 재미가 없는지에 대해 질문하는 사람을 많이 본다.

"요즘 소설을 읽으면 이야기를 통 알 수가 없습니다, 무슨 얘기가 있긴 있는데 안개처럼 흐릿할 뿐 무슨 이야기인지 종잡을 수가 없습니다. 왜 그렇지요?"

그것은 소설 형식의 변화, 특히 서사와 묘사의 복잡화로 인해 이야기가 낯설어진 것을 모르고 읽기 때문이다. 우선 서사가 시간순서대로 전개되지 않고, 연상과 회상에 따라 뒤바뀌어 나타나게 되고, 그런 서사들 사이에 주인공에 관한 여러 정보를 드러내는 사물 묘사, 그리고 여러 삽화들이 끼어들어 복잡다단한 이야기를 접하게 되기 때문이다. 그런 예를 2005년 이상문학상 수상작인 권지예의 「꽃게무덤」에서 살펴보자.

「꽃게무덤」의 파블라와 슈제트

[1] 3년 전 아내와 이혼하고 노파의 집에 세 들어 살고 있는 그는, 어느 봄날 출판사 일로 함초꽃 사진을 찍으려고 석모도에 갔다. ———— (14)

[2] 사진 찍는 중에 바다 속으로 들어가는 여인을 발견하고 구해냈다. ———— (15)

[3] 그날 저녁 민박집에서 그녀는 꽃게탕을 탐욕스럽게 먹었다. ———— (16)

(A) 그는 그런 그녀를 보면서 자신이 그녀의 사랑을 받고 있다는 생각이 들음

[4] 그는 그녀를 집에 데려와 동거하기로 했다. ———— (17)

[5] 그녀는 게장 담그기를 즐겼고, 게라면 사족을 못 썼다. ———— (18)

[6] 집 주인 노파는 너무 그녀에게 마음을 빼앗기지 말라고 충고했다. ———— (7)

[7] 그녀는 한밤중에 혼자 일어나 허기진 사람처럼 꽃게를 먹기도 했다. ———— (9)

(B) 그녀의 모습이 괴기스럽고 엽기적이었으며 에로틱하게 느껴졌음.

(C) 격렬한 섹스로도 채워지지 않는 그리움을 게를 먹는 것으로 충족하려 하는 그녀를 보고 그는 외로움을 느꼈음.

[8] 그녀는 TV에서 바닷가의 추모제를 보고 "죽어서 무덤이 없는 자는 슬플까요?"라

고 물은 적이 있었다.————————————————(20)

(D) 그녀는 가슴에 텅 빈 무덤을 가지고 있는 듯했음

[9] 그도 점차 꽃게를 즐겨 먹으면서 잔소리 없는 그녀를 사랑하게 되었다.——(21)

[10] 그녀는 자기에게 너무 집착하지 말라고 말했다. ——————————(22)

(E) 육체는 점령했지만 영혼은 빠져나간 듯하여 그녀가 미워지기도 했음.

[11] 그는 늦가을 어느 날 그녀의 가방에서 한 남자의 사진을 발견했다.———(23)

[12] 그녀가 한 남자를 못 잊어 하고 있다는 사실을 알고 폭력을 가했다.———(24)

[13] 새벽에 보니 그녀는 빈 몸으로 집을 떠나고 없었다. ——————————(25)

[14] 지난 늦가을 그녀는 떠났지만 그녀의 옷을 그냥 옷장에 걸어 두었다.———(6)

(F) 옷에서 그녀의 살 냄새가 나는 것 같고 육체가 빠져나간 그녀의 옷은 살을 빼먹은 게 껍질처럼 완벽했음

[15] 노파는 그 여자처럼 생긴 여자가 사내를 잡아먹고 끝내 바닷물에 몸을 던져 죽는 것을 보았다는 말을 들려줬다. ——————————————(8)

<사건 중간에 뛰어들기>

[16] 봄날 아침 그는 버티컬 블라인드에 비친 목련나무 그림자를 바라보았다.—(1)

(G) 목련나무 그림자 묘사[객관적 상관물]

[17] "피들러 꽃게(Fiddler Crab)"에 관한 원고 교정지를 들여다보고 있었다.—— (2)

(H)꽃게 삽화 : 숫게는 바닷가 모래밭에서 로맨틱한 사랑을 나눔

[18] 원고를 보는 중에 오수에 잠겨 꿈을 꾸었다. ——————————————(3)

(I) 모래밭 새끼 게가 넓적다리로 스멀스멀 기어오르는 환각에 빠짐

[19] 간장 달이는 냄새를 맡고, 노파가 켜 놓은 반야심경 독경 소리를 들었다. —(4)

(J) 반야심경 삽화 : 인간의 불행은 욕심과 집착에서 옴

[20] 해가 기울 무렵 노파가 햇상추를 들고 왔다. ——————————————(5)

(K) 상추를 보니 꽃게를 먹던 그녀 모습이 선명히 떠올랐음

[21] '피들러 꽃게'에 대한 원고 교정지를 다시 꺼내 읽었다. ——————————(11)

(L) 꽃게 삽화 : 숫게는 섹스 후에 암게와 헤어져 혼자 고독하게 지냄

[22] 밤에 그녀의 옷들을 꺼내 상자에 담아 침대 밑에 밀쳐두었다. ————(10)

[23] 그는 간밤에 집을 나간 그녀와 생시처럼 대화를 나누는 꿈을 꾸었다.——(12)

(M) 꿈 삽화 : 검은 가죽 자킷을 입고 석양의 바다를 바라보며 꽃게를 먹으며 대화를 나누던 중에 갑자기 그녀가 사라져 바닷가를 달려 나갔으나 보이지 않았음

[24] 그는 오전에 교정 원고를 출판사에 넘기고, 오후에 그녀의 옷상자를 차에 싣고 석모도의 민박집을 찾아 갔다. ——(13)

[25] 민박집 여자로부터 지난겨울에 바닷가에서 동반자살한 남녀가 있었다는 말을 들었다. ——(19)

[26] 그는 그녀의 옷과 구두를 바닷물 속에 띄워 보냈다. ——(26)

(N) 이제 그녀를 모두 잊을 것 같았음

[27] 막배를 타고 강화도 외포리로 돌아왔다. ——(27)

(O) 간장에 곰삭은 게가 먹고 싶었음

[28] 그는 간장게장을 사기 위해 차를 몰아 포구로 향했다. ——(28)

위의 정리에서 [1], [2], [3]……[28]은 이 소설의 서사를 본래의 시간 순서대로 다시 정리해 본 것[파블라]을 가리킨다. 이 축을 따라 읽으면 줄거리가 금방 머릿속에 들어올 것이다. 그러나 작가는 이 이야기를 재미있게, 그리고 더 감동적으로 들려주기 위해 서사의 순서를 뒤바뀌어 놓았다. 사건 중간에 뛰어들어, 연상과 회상에 따라 사건이 들어오다 보니

(1), (2), (3)……(28)처럼 이야기가 전개된 것이다. 이를 러시아 형식주의자들은 '슈제트'라고 불렀다. 그리고 작가는 서사의 전개 사이사이에 작중인물의 행동(사건)과 아울러 (A), (B), (C)……(O)와 같은 작중인물의 속마음까지도 자세히 들려주고 있다. 특히 줄거리와 별로 상관이 없는 것 같은 사물 묘사와 삽화를 끼워 넣음으로써 이야기는 훨씬 낯설어진 꼴이 되었다. 다시 말해서 줄거리를 파악하는데 많은 시간이 걸리게 된 것이다. 이를 보면 작가는 이야기를 쉽게 들려주지 않으려고 작정을 한 것만 같다.

"그렇다면 사물 묘사나 삽화는 왜 넣은 건가요?"

"그거 알면 소설 9단쯤 되는데……. 금방 알아들을 수 있을까? 슈제트 (1)에서 보듯이, 작가는 이 소설의 서두를 버티컬 블라인드에 비친 목련나무 그림자를 자세히 묘사하는 것으로 시작하고 있다. 그 그림자는 바람에 따라 나타났다 사라졌다, 를 반복한다. 주인공 '그'는 그런 그림자를 물끄러미 바라보고 있다. 이는 지금 집을 떠나 돌아오지 않고 있는 여자를 애타게 기다리고 있는 주인공 '그'의 모습을 극적으로 잘 드러낸 표현이다.

작가는 이처럼 그걸 직접 설명하지 않고 행동으로 드러내 보여주어야 한다. 독자가 상상해서 알도록, 그녀의 모습처럼 보이는 그림자를 묘사하고, 그걸 바라보는 것으로 드러낼 때 소설다운 글이 된다. 소설은 설명문이 아니고 묘사문으로 이끌어가야 한다. 이런 기능을 지닌 사물을 '객관적 상관물'이라고 부르는데, 이런 상관물을 잘 끌어들일 때 소설의 문학성은 높아진다. 삽화라는 것도 다 이와 같은 원리로 들어온 것이다."

"이 소설 속의 '꽃게 삽화'에 대해서 좀 더 부연해 설명해 주시면 좋겠는데요."

"이 소설은 '그'가 보고 있는 '피들러 꽃게'에 대한 원고 교정지를 통해, 숫게는 섹스 후에 암게와 헤어져 혼자 고독하게 지내는 습성을 갖고 있음을 독자에게 간접적으로 보여주고 있다. 이는 주인공이 꽃게처럼 앞으로 그 여자와 헤어져 외롭게 살아갈 사람이라는 것을 암시하는 복선 역할을 하는 것이다. 이 사실을 작가는 직접 말하지 않고 삽화로서 드러낸 것이니까 이것 역시 고도의 창작기법이라 볼 수 있다."

"그러니까 독자는 그런 상관물이나 삽화가 어떤 의미를 지닌 것인가를 상상력을 발휘해서 찾아내며 읽어야 하는군요."

"그거 아주 옳은 말이다. 이 소설에서 보듯이 쓸데없이 들어와 있는 것은 하나도 없다. 그걸 수준 높은 독자만이 알아차릴 수가 있고, 그런 독자는 이 작품을 아주 재미있게 읽게 되는 거다."

"그런데 또 하나 궁금한 게 있습니다. 노파가 들려주는 《반야심경》 얘기는 왜 나오는 겁니까?"

"질문이 점점 예리해지고 있는데……. 이해가 좀 가는가 보군. 노파는 '그'가 떠난 그녀를 못 잊어 하고 있다는 것을 마음속으로 잘 알고 있는 사람으로서, 그런 여자는 당신 혼을 다 빼먹을 요망한 여자이니 빨리 그 여자에 대한 집착에서 벗어나라는 말을 지금 간접적으로 말하고 있는 것이다. 《반야심경》은 인간의 불행이 과다한 욕심과 집착 때문에 생기는 것이니, 그 진리를 깨달아야 행복한 삶을 살 수 있다는 것을 알려주는 불교 최고의 경전이다. 그런 점에서 노파의 행동은 상당히 상징적인 것이다. 작가는 이 노파 같은 '구원자'를 끌어들여 주인공의 이야기를 보다 사실적으로 그려낸다고 볼 수 있다. 아마도 주인공 '그'는 이 노인의 진심어린 충고를 쉽사리 깨닫지 못해 불행에서 벗어나질 못할 것이지만……."

"모든 소설을 꼭 이렇게 복잡하게 써야 하는 건 아니지요?"

"왜 소설 쓰기가 겁나나, 힘들어서 그러나?"

"좀 그러네요."

"그러니까 연구 많이 해야 된다는 거야. 노력도 없이 누구든지 쓸 수 있다면 소설가를 누가 우러러 봐주겠나? 아무나 할 수 있는 일이 아니니까 창작은 도전해 볼 가치가 있는 거 아닌가?"

작가를 꿈꾸는 이들에게

그렇다. 이상의 논의에서 알 수 있듯이, 소설에는 '서사'들만 있는 것이 아니다. 그 안에 여러 가지 '묘사'들, 즉 인물들의 동작 묘사, 배경 묘사, 사물 묘사, 외모 묘사, 대화 장면 묘사, 버릇과 습성의 도입, 삽화의 삽입 등이 끼어들고 있는데, 사실 이런 것들은 서사의 진행을 지연시켜 줄거리 파악을 아주 어렵게 만든다. 이런 요소들은 어떤 정보나 징조를 직접 전달하지 않고 상상해 일반 독자들은 이런 것들이 왜 들어와 있는지 그 이유를 잘 모를 수 있다. 그런데 작가의 재능은 바로 서사 속에 이 같은 묘사를 얼마큼 잘 이루어 놓느냐에 달려 있다는 것을 잘 알아두어야 하는데, 이걸 파악하는 데는 상당한 연구와 수련을 거쳐야 된다.

우리학생들이 의욕만큼 소설이 제대로 써지지 않아 고민하는 것도 바로 이 때문이다. 늘 겪는 일이지만 지난번에 찾아왔던 학생이 한 동안 눈에 띄지 않다가 어느 날 복도에서 우연히 마주쳤다.

"자네 왜 통 볼 수가 없었지? 난 군대라도 간 줄 알았는데."

"여행 좀 다녀왔습니다. 그리고 철학 책 좀 읽었습니다."

문창과 학생 중에는 좀 엉뚱한 애들이 있다. 어느 날 머리를 빡빡 밀고 나타나거나 수염을 기르거나 고무신에 개량 한복을 줄창 걸치고 다니거나……. 삐딱하게 놀아야 문학청년이 되는 것은 아닌데 꼭 이상(李箱)을 닮아가는 것 같다. 소설이 인생에 대한 이야기인 만큼 소설을 쓰려는 사람이 여행을 통해 풍부한 경험을 쌓는 일 누가 마다할 수 있으며, 작가가 제법 의미 있는 이야기를 쓰려고 한다면 인간이란 존재에 대하여 이러쿵저러쿵 논한 철학자의 말을 잘 새겨두는 거야 필수적이니 그거 또한 탓할 수야 없다.

"그래? 그거 좋은 일이지. 그런데 그런 건 방학 때 하는 거 아닌가?"

"방학 중에는 집중적으로 쓰려고요."

뭔가 써 보겠다는 의지 하나만은 확고한 것 같아 든든한 마음이 드는데, 일에도 순서가 있지 않은가. 강의실에서 배울 것이 있고, 밖에서 쌓을 일이 또 있는 법인데 뭔가 좀 착각하고 있는 것 같아 불안하다.

「무진기행」에 얽힌 일화

80년대 초 S대학의 교양강의를 맡았던 일이 있었다. 수강자가 법학을 전공하고자 대학에 들어온 일학년 학생들이었으므로, 사회에 나가 당장 써 먹을 수 있는 글쓰기, 예컨대 보고서나 논문 작성법, 이력서 쓰는 법 등을 가르쳐 주고 논설문, 기행문 읽기를 거쳐 문학 작품을 읽어서 교양과목에 걸맞는 강의를 진행해 나갈 계획을 세웠다. 그런데 이 계획 속엔 이 젊은이들에게 이 기회를 통해 문학의 가치를 제대로 알게 하여 문학작품을 많이 읽는 교양인으로 만들어내겠다는 의도가 나름대로 숨어 있었다. 문학의 가치를 제대로 모르고 있는 시대에 누가 이런 일을 해야 하나. 나는 문학에 종사하는 나 같은 사람이 제일 먼저 발 벗고 나서야 한다고 생각하고 있었는데, 이 생각은 교단 30여 년 동안 늘 변함이 없었다.

나는 어느 날 이들에게 백지를 나눠 주고 자기가 제일 좋아하는 시 한 편을 외워 쓰고 왜 이 시를 좋아하는지에 대해 써 보라고 한 적이 있었다. 이런 갑작스런 테스트는 학생들이 내 강의에 집중할 수 있도록 하는데 아주 좋은 충격요법이다. 결과는 기대했던 대로 교과서에서 읽었던 「엄마야 누나야 강변 살자」, 아니면 「진달래꽃」, 「국화 옆에서」 정도인데, 이것마저도 제대로 잘 써낸 학생이 그리 많지 않았다. 이 찬스를 이용해 나는 자기가 좋아하는 유행가는 몇 개씩 갖고 있으면서 좋은 시 한 편도 제대로 못 외우고서 어찌 교양이 있는 대학생이라고 할 수 있겠는가, 하고 아픈 데를 찔렀다.

이때 나는 한 수 더 떠 늘 써 먹는 레퍼토리가 있었는데, 그 중 하나가 멋쟁이 신사론(gentlemanism)이다. 신사 하면 우리는 영국의 신사를 떠 올리는데, 적어도 영국 사람들이 부르는 젠틀맨은 버버리 코트를 입고 중절모를 쓴 사람을 가리키는 말이 아니다. 신사라는 말을 들으려면 머릿속에 풍부한 지식이 들어 있어야 하는데, 적어도 그들이 자랑스럽게 여기는 영국의 문호 워즈워드나 셰익스피어의 작품들에 대하여 그 문학성을 논할 수 있고, 어렵다고 하는 미적분 문제를 풀 수 있을 만큼의 수학 실력이 있어야 한다는 것을 상기시켜 주었다. 그리고 강의 중에 대학 4년 간 전공공부 하기도 바쁜데 왜 교양교육을 받도록 커리큘럼을 짜는지, 그리고 교양과목의 중요성, 그 중에서도 문학을 왜 알아야 하는지에 대해 틈나는 대로 일깨워 주곤 했다. 이건 말하자면 내 강의의 목표에 잘 이르도록 하기 위한 복선들인 셈이다.

그때 강의실에서 6.25전쟁이 어떤 비극을 우리에게 남겨주었는가를 감동적으로 잘 쓴 하근찬의 「수난이대」, 그리고 시대나 사회의 문제와는 직접적인 관련이 없는, 한 지식인의 내면세계를 잘 다룬 김승옥의 「무진기행」을 갖고 논의했던 기억이 지금도 생생하다. 왜냐하면 특히 「무진기행」을 강의하면서 너무나 황당한 일을 경험했기 때문이다. 그 날 첫 번째로 나온 발표사는 이 작품을 겨우 두 번 읽었을까 말까 할 정도로 줄거리도 잘 파악하지 못한 상태에서 개인적인 느낌을 말했을 뿐이다. 그런데 그 남학생은 법학도다운 말을 한마디 남기고 들어갔다. 내용인즉 주인공 '윤희중'이란 자는 고향 무진에 내려와 하인숙이란 여자를 만나 성 관계를 맺고 아무 말도 없이 무책임하게 서울로 다시 도망가듯 떠난 자이므로 사기강간죄로 마땅히 감옥에 구속시켜야 한다는 것이다. 나는 처음 이 말을 듣고 어이가 없어 무슨 말부터 해야 할지 몰라 당황스럽기도 했지만, 또 한편으로는 선무당이 사람 잡는다고, 보는 자에 따라 아니 전공이 무엇이냐에 따라 인물에 대한 해석도 퍽 다르게 나올 수도 있구나 하는 것을 정말 실감했다.

그 후에 또 다른 강의실에서 이 「무진기행」을 논하는 중에 겪은 황당한 일이 또 있었다. 이 강의실의 대다수는 소설 창작에 대한 이론적 지식을 배우고자 비교적 나이가 많고 사회 경험도 많으며 중학생의 자녀를 둔 주부들이었다. 그리고 이미 소설에 대한 식견을 어느 정도 갖고 있는 중년의 학생들이어서 제법 강의실에 활기가 돌고 이해력도 높았다.

나는 일 주 전에 이 소설은 아주 잘 쓴 소설, 한국소설사에 길이 남을 수 있는 작품이니 한 번 맘 잡고 잘 읽어오도록 부탁한 바 있어서, 나는 무순으로 각자 「무진기행」을 읽고 생각한 바를 발표해 보도록 했다. 발표한 내용을 종합하면 소설 이해의 수준을 어느 정도 가늠할 수 있고, 그 수준에 맞추어 무엇을 일러주어야 하는가를 알 수 있어서, 이 방법은 내가 즐겨 쓰는 교육 방법이다.

여러 사람이 발표를 잘 해 주어 다양한 의견이 개진되고 있는 중이었는데 나이가 좀 든 한 여자로부터 돌출발언이 나왔다. 자기는 이 소설이 무슨 이야기를 들려주고 있는지, 뭘 보고 잘 썼다고 말하는지 알 수가 없으며, 미친 여자, 자살한 술집여자, 만난 지도 얼마 안 되는 남자와 섹스를 나누는 여자나 나오는 이런 소설을 왜 읽으라고 하는지, 교수님의 의도를 잘 모르겠다는 것이다. 얼굴 표정을 보아도 화가 꽤 나 있음이 분명했다. 정말 황당했다. 이렇게 잘 쓴 소설의 가치를 모르다니…….

이렇게 마음의 문을 닫고 있는 사람에게는 아무리 내가 설명을 살 한다 해도 귀에 들어올 리가 없다. 시간이 필요할 뿐이다. 나는 지금도 그 여자가 섹스 결벽증이 있는 여자가 아니었을까 하는 생각을 한다. 심리학적으로 섹스의 욕구를 지나치게 억압하면 그 반대의 욕구, 다시 말해서 성에 대한 이야기조차 입에 담는 것을 추악한 것으로 생각하고 성담론을 기피하려 하는 이른바 반동형성의 심리가 그녀를 지배하고 있었지 않았나 하는 생각을 해 본다. 나는 문창과에 들어온 학생들에게 김유정의 「동백꽃」, 이청준의 「과녁」을 거쳐, 최인훈의 「웃음소리」 다음으로 「무진기행」을 읽기를 권해 왔다. 발표를 시켜보면 빈 수레가 요란하듯이 저학년 학생들이 고학년 학생들보다 용기 있게 말들은 잘 한다. 그러나 「무진기행」에 이르면 대다수가 엉기는 것을 늘 경험해 왔다.

내가 아직 소설이 무엇인지 잘 모르는 이들에게 이 작품을 읽도록 하는 데는 그 나름대로 생각하는 바가 있기 때문인데, 그것은 앞으로 소설 창작을 잘 하기 위해서는 창작에 대한 이론적 지식만이 아니라 프로이트나 융 심리학에 대한 지식이 없이는 불가능하다는 것을 머릿속에 각인시켜 주기 위해서다.

나는 사물의 낯선 묘사 방법, 스토리라인의 설정, 색채 이미지의 중요성, 1인칭 시점 소설의 특징, 내적 갈등의 발생과 해소, 바다의 상징적 이미지, 매개자를 통한 욕망의 간접화, 환청, 환후, 환시 현상의 도입, 외모 묘사에 의한 성격구성, 요약식과 장면식 서술양식, 평면적 인물과 발전적 인물, 보바리즘 환자, 자의식이 강한 인물, 자기 동일성의 상실 등등 너무나 알아두어야 지식들이 이 작품 속에 모두 들어 있다는 것을 두고두고 4년간, 아니 대학원 강의에서도 되풀이해서 말한다.

그러다 보니 어느 날부터 '무진기행'이 내 별명이 되어 있는 것을 알게 되었다. 나는 이 별명을 무척 좋아한다. 내가 얼마나 노력해서 얻게 된 것인가? 그런데 '무진기행'을 나만 좋아하는 것이 아닌 것 같다. 신촌 역 앞을 지나다 보면 '무진기행'이란 간판이 붙어 있는 카페도 있고, 그 건너편 지하 단란주점도 '무진기행'이란 간판을 달고 있다. 그리고 우리 학생들 중에는 어느 지방에 들렀다가 '무진기행'이란 간판을 보고 너무 기뻐서 찍어 온 사진을 보여준 적이 있어, 전국적으로 치면 그 수를 이루 헤아리기가 어려울 정도일 것으로 추산된다.

그런데 그들은 왜 '무진기행'을 좋아할까? 무진의 명물 안개 때문일까, 아니면 무진은 밤이 무척 아름다운 곳이기 때문일까. 순결한 사랑을 꿈꾸었지만 끝내 배신을 당하여 자살하고 만 술집여자에 대한 연민 때문일까, 아니면 무진 같은 곳에서 썩기에는 아까울 정도로 잘 생긴 하인숙에 대한 그리움 때문일까. 그것도 아니라면 출세의 욕망에 사로잡혀 있는 세무서장에 대한 환멸 때문일까, 아니면 승진을 앞두고 부끄러움을 느끼는 윤희중이 너무 인간적으로 다가오기 때문일까. 이에 대한 해답을 찾기 위해서는 늘 생각만 가졌지 아직 들어가 보지 못한 신촌 역 앞 카페에라도 조만간 한 번 찾아가 보아야 할 것 같다.

시험 답안지 채점 유감

매 학기마다 강의를 마치면 시험을 보고 성적을 내야 한다. 학생들의 입장에서 볼 때 시험이란 상당히 부담을 느끼는 것이지만, 아테네로 들어가고자 하는 사람이 푸로크루스테스 침대에 뉘어져야 했듯이 운명적으로 거쳐야 하는 일이다. 시험은 학생들의 실력을 높여준다. 교수님은 잘 가르쳤는지, 못 가르쳤는지 거울이 된다. 그래서 시험을 기피하는 학생들의 마음은 잘 알지만, 시험은 자주 있어야 한다고 생각한다. 교실에서 가르치고 배우는 일의 총합이라 할 시험 답안지, 그것을 대할 때 나는 어떤 결과가 나올까 사뭇 긴장이 되는 편인데, 이제 다 제처 두고 그 동안 내가 접한 학생들의 답안지에는 어떤 유형들이 있는가에 대해서 말해 볼까 한다.

첫째, 자유방임형이 있다. 문제의 정답과 관계없이 자기 논리대로 답안을 쓰는 경우이다. 신비평가들이 내세운 <의도의 오류>에 내해서 논하라는 문제를 낸 적이 있다. 학생의 답인 즉, 자기는 창작을 잘 해 보려고 했지만 비장한 각오로 의도할 때마다 잘 이루어지지 않고 더 못 쓴 경우가 많았다. 자기는 의도적으로 뭘 쓰려고 노력하기보다 기분 좋은 날, 애인이 자기 기분을 잘 살려줄 때에 더 잘 쓰게 되는 습성이 있다. 고로 교수님이 언제까지 꼭 기한을 정해 놓고 써 내라고 하는 것은 창작을 더 못하게 억압하는 행위라고 비판하면서, 교수님의 의도는 오류 투성이라는 주장을 역설한 것이다. 아! 나는 뭘 가르쳤는지……. 이 놈을 불러다 볼기라도 치고 싶다만 내 죄가 많지, 하고 생각을 돌릴 때가 많다.

두 번째로 대문자형이 있다. 옆에 앉은 학생은 빽빽하게 시험지를 채우느라 정신이 없는데, 자기는 아는 게 없으니 무엇으로 채운 담. 예라 글씨를 크게 쓰자. 이런 배짱으로 쓴 답안지를 종종 보게 되는데, 이런 글일수록 알맹이가 더더욱 없기 십상이다.

이와 대조적으로 깨알같이 쓴 답안지가 있다. 시력이 좋지 않은 나에게 이런 답안지를 읽는다는 것은 여간 고통스런 게 아니다. 답을 쓸 여백이 많이 있는데 왜 이랬을까? 도무지 이해가 안 간다. 그 학생의 습관을 이해 못하는 것은 아니지만, 이건 교수님을 괴롭힌 괘씸죄로 감점을 주어버린다. 억울하다고 항의해도 소용없다. 왜냐하면 나는 평소에 연필로 답안지를 쓰면 읽기가 어려우니 반드시 볼펜이나 만년필을 쓰도록 당부한 바 있다. 그러면 교수님 사정을 고려해서 당연히 깨알 같은 글씨도 알아서 삼가야 하는 것이 옳지 않을까? 역지사지(易地思之)라는 말은 왜 있는가, 이럴 때 써 먹으라고 생긴 것이 아닌가?

셋째, 날강도형이 있다. 이는 내가 낸 문제는 빼놓고 자기가 문제를 스스로 내고 답을 써낸 경우다. 어느 학기엔가 이번 시험은 그 동안 배운 열 개의 작품에 대해서 문제를 낼 것이니, 아무쪼록 이것들을 꼼꼼히 분석적으로 잘 읽어서, 모두 좋은 성적을 거두기를 바란다고 당부하고 시험을 치룬 적이 있다. 나는 열 개를 다 읽었는가를 알아보고 싶지만 그러나 채점의 번거로움을 피하기 위해 세 작품에 한정하여 각각 무엇에 대해 쓰라고 했다. 그런데 아뿔싸! 내가 지정한 작품은 모두 빼 놓고 자기가 임의로 세 개를 골라 답을 쓴 것이다. 이는 다시 말해서 자기가 문제를 내고 답을 쓴 꼴이 아닌가? 야, 이런 날 강도가 있나! 하기야 백지를 내고 나간 것보다는 낫다고 볼 수 있어 점수를 적당히 헤아려 주기는 했지만 내 고유 권한을 송두리째 도둑맞은 것 같아 채점을 하는 동안 내내 씁쓸한 기분을 지울 수 없었다.

넷째, 이율배반형이 있다. 세상 살다 보면 결석 한 두 번 정도는 있을 수 있다고 본다. 그런데 어떤 학생은 한 학기 내내 결석도 지각도 한 번 없었다. 강의실 앞쪽에 늘 앉기까지 했다. 나는 이런 학생을 가상히 여겨 평소성적을 후하게 매기는 편이다. 그런데 학기말 시험까지 잘 보았으면 눈 딱 감고 A 플러스를 주련만 왜 답안지는 이럴까?

채점을 하다 보면 눈에 띄는 특이한 현상이 있다. 결석 한 번 없는 학생의 시험 성적은 나쁘고, 결석은 많은데 시험 성적은 아주 좋은 경우, 그리고 답안지 끝에 한 학기 동안 고생하셨다, 많이 배웠다, 고맙다는 코멘트를 남기는 성의를 보였는데, 알고 보니 결석을 많이 한 학생이 아닌가. 이런 답안지 역시 나의 기분을 야릇하게 한다.

다섯째, 요령결핍형을 들 수 있다. 논술 문제 5개 정도를 내고 그 중 2개 정도 선택하도록 할 때가 있다. 얼마나 학생 형편을 고려한 시험 방식인가. 이 논술 문제는 자기가 알고 있는 지식을 체계 있게 정리할 줄 아는 것이 요령이다. 그런데 핵심 요지만을 1, XXX 2, XXX 3, XXX와 같이 단답식으로 써놓고 끝내버렸으니 이런 답안지에 점수를 줘야 하는지, 준다면 몇 점을 주어야 할까. 그런데 제일 요령이 없는 학생은 텍스트의 내용이 토씨 하나 틀리지 않게 그대로 답안지에 나타나 있는 경우다. 컨닝을 해도 좀 알아야 하는 거지만 요령이 이렇게 없어서야 참 딱하기만 하다.

여섯째, 운수타령형이 있다. 어떤 강의든 이론가들의 말은 그 분야 전문가가 되는 데 보약 같은 것이다. 성경 말씀에도 "너희가 진리를 배울지니, 진리가 너희를 자유롭게 하리라"는 구절이 있지 않은가. 그런데도 문제의 핵심을 파악하지 못하고 대강대강 공부하는 학생의 답안지는 그야말로 횡설수설이다. 그리고 어렴풋이 답을 써 놓은 학생들의 답안지에는 운수타령이 종종 나온다. 자기는 어제 공부를 많이 했는데 공부 안 한 문제만 출제 되어, A학점을 받아 장학금 받을 꿈이 모두 사라지게 되어 슬프다는 것이다. 자기는 운이 없는 학생이다. 자기하고 교수님하고는 인연이 잘 닿지 않는 것 같다나?. 참 어이가 없다. 꿈 하나는 야무진데 그럼 행동이 남달라야 하지 않는가?

일곱 번째로 여유만만 애교형이 있다. 답안지 가득 문제의 답을 잘도 써서 기특하기만 하다. 글씨도 또박또박 잘 써서 보기도 좋다. 글씨 잘 쓴다는 것이 무엇인가? 나는 보기 좋게 예쁘게 쓴 것이 아니라 정신 나간 사람처럼 마구 흘려 쓰지 않고 또박또박 정성들여 쓴 것이라고 생각한다. 답안지 내용도 충실해서 좋은데, 맨 끝에 예쁜 소녀 얼굴을 하나 그려 놓고 '앞으로 열심히 살겠다' 는 코멘트까지 달아놓은 것을 보았을 때, 정말 지식만 가르치지 않고 어떤 힘든 일이 있어도 바르고 꿋꿋하게 살아갈 학생이란 믿음이 가서 교육의 보람을 한층 느껴본다. 이 학생은 A 투 프러스도 부족하다. 지금 어디서 무얼 하며 살고 있는지 궁금하네요.

여덟 번째로 모범답안형이 있다. 나는 채점을 할 때 제일 먼저 앞뒤를 가득 채운 답안지, 반쯤 쓴 것, 겨우 삼분의 일쯤 쓴 것을 대강 분류해 놓고 빽빽하게 쓴 답안지부터 보게 된다. 절대로 학생 이름은 안 본다. 이해한 내용이 잘 드러나 있을 뿐만 아니라, 핵심 요지가 되는 부분은 적색 밑줄까지 쳐놓은 답안지, 그리고 교재 내용, 강의 내용을 잘 이해했을 뿐만 아니라, 다른 책까지도 읽은 내용이 들어 있는 답안지, 이것들은 정말 채점의 피로를 확 풀리게 해 주어서 기쁘고, 고마워 당장 불러 짜장면이라도 사 주고 싶다.

아홉 번째로 정신불량형이 있다. 다른 교수님, 혹은 강사님에게 갈 레포트가 나에게 온 경우다. 그럼 나에게 낼 레포트는 다른 분께 갔을 터인데 성적 제출 기간 내내 돌아오지 않는 걸 보니 두 과목 성적은 가히 짐작이 간다. 레포트 얘기가 나와서 한마디 하는데 레포트 내용이 똑같은 경우를 볼 때가 있다. 이건 둘 다 불량 레포트로 감점 1순위에 든다. 아무리 서로 좋아하고 사랑하는 사이라고 하더라도 레포트 빌려 주는 학생은 천하바보이다.

열 번째로 성적민감형을 들 수 있다. 우리 속담에 '같은 값이면 다홍치마' 라는 말이 있듯이 시험을 보면 결과가 좋아야 한다. 최근에 생긴 현상인데, 성적을 컴퓨터에 입력한 지 30분이 안 되어 전화가 연구실로 걸려온다. 내용인즉 왜 내가 C학점이냐는 것이다. 나도 그런 전화가 있으리라 예상은 했다. 너는 시험도 잘 보았다. 레포트 성적도, 출석 점수도 좋다. 그런데 너보다 더 좋은 학생이 많기 때문에 상대적으로 너는 C학점을 매길 수밖에 없었다는 사실을 설명해 준다. A, B 학점을 받으려면 60% 안에 들어야만 한다는 상대평가의 냉혹함을 잘 알게는 됐지만 납득이 잘 안 된다는 표정을 지우지 않아 나 역시 기분이 씁쓸해진다. 1점 차이로 B에서 C로 떨어져야 하는 일이 많으니 이제부터는 결석 한 번, 레포트 하나하나 소홀히 여기지 말기를 부탁하고 싶다.

성적 때문에 찾아와 골치 썩이는 학생은 또 있다. 성적을 정정해 줄 수 없느냐는 것이다. 아버지 회사에서 평점 B이상이면 장학금을 받을 수 있는데 성적이 좀 모자란다는 것이다. 단호히 거절했더니 자기는 장학금 못 받으면 다음 학기에 등록을 못할 형편이라는 것이다. 게다가 어느 교수님은 정정해 주었다는 것이다. 듣기에 따라 다르겠지만 이 학생은 상습범 같기도 하고, 은근히 협박하는 것 같기도 해 불쾌감을 참을 수 없어 화를 내고 말았다. 삶은 실력이다. 이제 우리 모두 행복해지기 위해 실력을 길러 나가자.

영상매체 시대와 존재의 가벼움

명지대학교 서울캠퍼스 후면 동산에 낯선 비석 하나가 서 있다. 이것은 서울시 유형문화재 제91호로 지정되어 있는 것이기도 하는데, 우리 학생들은 이런 것이 있는 줄도 잘 모르고 있거나, 보긴 했는데 그 비석이 무슨 뜻을 지닌 것인지에 대해 아는 사람은 별반 없을 줄 안다. 이 비석은 정유재란 때 조선을 지원하기 위해 들어왔던 명나라 양호(楊鎬) 장군의 공을 기리기 위하여 선조 31년(1598)에 세워진 공덕비로, 명지대학교가 서울 서소문동의 선무사(宣武祠 : 중구 서소문동 120번지 소재) 일대에 있다가 1974년 10월 남가좌동으로 이전할 때 함께 옮긴 것이다. 이 비석에는 다음과 같은 내용이 새겨져 있다.

> 양호는 선조 30년(1597) 정유재란 때 경리조선군무(經理朝鮮軍務)에 임명되어 명나라 5만의 군사를 이끌고 조선에 들어와 왜군의 북상을 막았다. 그런데 이듬해 1월 울산 도산성을 공격하였다가 패한 일이 있었는데, 군사를 잃고도 거짓으로 보고하여 황제를 속였다는 죄로 파직을 당해 본국으로 송환되기에 이르렀다. 이에 모화관에 비석을 세워서 그 공덕을 칭송하였다.

조선의 조정에서는 이 양호거사비(楊鎬去思碑)를 1598년(선조31)에 처음

세운 후, 1610년(광해군2), 1764년(영조40), 1835년(헌종1) 무려 세 차례에 걸쳐 또 건립하였다고 한다. 그런데 나는 지금 그 네 개 중 하나인 이 비석의 문화적 가치를 논하려는 것이 아니다. 그보다는 비석이 마모되어 없어질 것을 염려하여 여러 차례 거듭 비석을 만든 옛 사람들의 마음을 헤아려보기 위해서다.

양호 장군은, 말하자면 6.25전쟁 때 북한 침략을 막아준 맥아더 장군처럼, 왜적의 침략으로부터 우리를 구해준 주한 명나라 사령관이었던 셈이다. 어찌 이런 분의 고마움을 잊을 수 있는가? 정부에서는 이 분의 아름다운 이야기를 길이길이 후손에게 전해주고 싶었을 것이다. 그런데 종이 문서가 아니고 이처럼 단단한 '돌'에다 특별히 담아놓으려 했던 것은 그 내용이 공간적으로 널리 알려지지는 못하겠지만, 시간적으로 길이길이 오래도록 후손들에게 전해지기를 바라는 마음이 더 컸다고 볼 수 있다. 돌보다 가벼운 종이라는 매체에 담아놓은 메시지는 전국적으로 널리 알리는 데는 효과적이겠지만, 종이는 쉽게 사라질 것이므로 거기에 담은 내용도 금방 우리 기억에서 곧 사라질 수밖에 없다.

일찍이 문명비평가 맥루헌은 "미디어는 메시지이다"라는 명제를 내걸고, 미디어가 전달하는 내용 자체보다도 미디어 자체가 인간의 사고방식과 행동양식에 커다란 영향을 미친다는 이론을 전개하여 주목을 받았던 적이 있다. 확실히 옛 사람들은 현대인보다 사려 깊게 생각하고 행동에 신중을 기하는 습성을 가졌는데, 이런 태도는 이처럼 '돌'이라는 단단한 매체를 이용해 온 것과 무관하지 않다고 볼 수 있다는 것이다.

우리는 지금 활자매체에서 영상매체로 변화해 가고 있는 시대를 살고 있다. 다시 말해서 인류는 돌에서 종이, 종이에서 전파를 통해 각종 메시지를 전하는 시대로 발전해 왔듯이 무거운 매체에서 점점 더 가벼운 매체를 쓰는 시대로 변화해 왔다. 이는 곧 우리가 시각적 사고의 틀에서 벗어나 이제 촉각적 사고의 틀에 의존하는 시대로 이행한 대변혁을 맞고 있다는 것을 뜻한다.

내가 어렸을 때 우리 어머니들은 재미있는 이야기를 듣기 위해 겨울밤이면 동네 이웃집에 마실을 갔다. 이웃마을에서 빌려온 『심청전』, 『숙영낭자전』 같은 이야기책을 한 사람이 구성진 목소리로 읽어 가면, 거기 모인 사람들은 주인공을 따라 함께 울고 웃곤 하였다. 그것은 정말 독서삼매에 빠진 정겨운 풍경이었다.

요즈음의 어머니들은 책읽기보다 텔레비전이나 영화 보는 것을 더 선호한다. 골치 아프게 책 읽을 필요가 뭐 있는가. 인기 프로 《TV는 사랑을 싣고》나 《이것이 인생이다》를 보면 얼마든지 재미있는 이야기를 접할 수 있으니 그럴 수밖에. 요즘 책이 너무 많아서 그럴까, 아이러니컬하게도 읽을 책이 많은 때에 오히려 책을 읽지 않는다.

영상매체는 재미있는 이야기만이 아니라 오늘날과 같은 복잡하고 다원화된 시대를 살아가는 데 매우 요긴한 지식들을 전해 주고 있다. 굳이 맥루헌 같은 문명비평가의 말을 빌지 않더라도 TV가 교육매체로서 우리 삶에 큰 영향력을 미치고 있다는 것은 우리가 체험적으로 잘 알고 있는 일이다.

그런데 활자인간과 TV인간은 무척 다른 데가 있다. 인쇄문화는 한마디로 시각문화다. 책을 읽는 행위는 깊은 사고 속에 몰입하게 만든다. 활자인간은 행동을 즉각적으로 옮기기보다 좀 더 생각에 잠겨 신중한 태도로 삶에 임하게 만든다. 그러니까 책을 읽으면서 자란 사람은 '햄릿'처럼 행동에 앞서 고뇌할 줄 안다면, 영상 매체 시대의 사람들은 깊이 사고하는 데 길들여지지 않은 만치, 생각 없이 가볍게 행동하는 경향이 강하다. 한마디로 말해서 촉각적이다. 사리분별 없이 행동하고, 남을 생각할 것 없이 내 위주로 생각하고 내가 좋으면 그것이 곧 내 신앙이 된다. 부모나 선생님한테 꾸지람을 들었다고 고층에서 투신하는 학생들을 많이 볼 수 있는 것도 따지고 보면 이로 인한 현상들이다.

텔레비전은 그 속성상 책과 같은 논리 정연한 설명이나 논지에 바탕을 둔 내용을 담고 있지 않다. 거기에는 갖가지 이물이 쉴 새 없이 끼어든다. 기본 줄거리와 관계없는 상업광고나 긴급 뉴스가 끼어들고 세계의 상이하고 다양한 삶의 양상이 잠깐 비쳤다가 사라진다. 깊이 있는 내용보다 넓은 세상의 이모저모를, 오래 기억할 무거운 내용보다는 가볍고 되도록 신기한 일들을 보여주는 것이 영상매체이다.

세상이 변해도 참 많이 변했다. 음악을 듣거나 비디오를 보면서 공부해야 공부가 잘 된다는 이상한 아이가 생겨나고, 자기에게 어울리는 개성 있는 스타일보다 인기스타를 덮어놓고 모방하는 일이 유행의 물결을 이루고 있다. 가치관의 혼란, 사리분별력의 약화, 집중력이나 끈기의 증발, 정리되지 않고 얄팍한 잡동사니 지식에 의존하는 아이들이 양산되는 세상으로 돌아가고 있다.

나는 그런 변화의 일면을 금년 초에 천만 관객을 돌파한 《왕의 남자》에서도 엿볼 수 있었다. 이 영화를 본 우리 학생들과 예기해 보면 영화가 참 재미가 있다고 말한다. 뭐가 그리 재미있느냐고 물으면 그냥 재미있다는 것이다. 그들은 우선 스토리에 관심이 없다. 이 영화는 스토리를 정연하게 들려주고 있지 않다. 이 영화의 주요 장면을 보면 장면과 장면의 연결이 매끄럽지가 않다. 이를테면 남사당패 '장생'이 꽃미남 '공길'과 함께 한양에 올라와 놀이판을 벌여 대성공을 거두는데, 왜 장생의 공연을 민중들이 유독 좋아하는지 그 이유를 알기가 어렵다. 장생이 줄타기를 잘 해서 유명해진 것은 아니다.

그런데 그들은 어느 날 왕을 희롱한 죄로 의금부로 끌려가 구속되는데, 뭘 희롱했는지 영화 장면만 보아서는 관객이 쉽게 알 수가 없다. 그리고 연산군 곁에는 애첩 장록수가 있지만 왕은 우울증에 빠져 있다. 관객으로선 그 이유를 알기가 어렵다. 남사당패는 우울증에 빠진 왕을 웃겨야 하는 설대절명의 순간에 여장을 한 공길이의 발칙한 연기 덕으로 성공을 거두었는데, 그렇다면 왕의 무슨 심리가 작용했기에 웃게 됐는지 전혀 암시되어 있지 않다. 이 해답은 상당한 심리학적 이해를 필요로 하는 대목이다.

그리고 궁에 들어온 광대들은 신바람이 나서 탐관오리의 비리를 풍자하는 공연을 선보였는데, 왕은 이를 보고 매우 즐거워했다. 그러던 중에 왕이 중신 중 한 명을 웃지 않는다며 탐관오리라는 명목으로 형벌을 내려 감옥에 가

두어 버린다. 그리고 연이은 연회에서 광대들은 여인들의 암투로 인해 왕이 후궁에게 사약을 내리는 경극을 보여주었는데, 연산군은 이 장면을 보자 크게 진노하여 그 자리에서 선왕의 여자들을 칼로 베어 죽인다. 그 이유를 알려면 일찍이 왕의 생모인 폐비윤씨가 후궁의 모함으로 사약을 받았던, 과거에 있었던 일을 사전에 알고 있지 않고서는 전혀 이해할 수가 없다.

이쯤 되면 요즘 젊은이들은 스토리를 일일이 생각하며 영화를 보지 않는다는 것을 알아챌 수 있다. 골치 아프게 전후관계를 다 따질 것이 아니라 어떤 재미있고 진기한 일이 벌어지고 있는 것을 그냥 촉감으로 느끼고 즐거우면 여러 번 봐도 재미있는 영화가 되는 것이다. 그런 게 바로 대중들의 취향인데, 바로 이 점을 잘 알고 《왕의 남자》를 만들었다고 제작진은 주장한다.

그러나 일반적으로 우리는 소재의 진기함이나 기발난 착상을 즐기기 위해 영화를 보지 않는다. 있을 수 있는 세상 이야기를 통해 거기서 일어나는 일들이 어떤 의미를 띠고 있는가를 잘 보여줄 때 진정한 영화의 재미를 느낄 수 있는 것이다. 아무리 세상이 변하였다 하더라도 사건들을 통해 들려주려는 의미가 무엇인지를 잘 알 수 없는 영화는 공허함을 벗어날 수 없다.

TV인간의 결함을 중화하고 보완하기 위해서는 책을 더 많이 읽는 습관을 길러야 한다. 이 혼란의 시대에 책읽기는 단순히 지식을 넓히는 수단만이 아니다. 밤이 새는 줄 모르고 책을 읽는 일 그 자체가 깊이 사고하는 습관을 길러 주고, 정보를 취사선택하여 새로운 창조력을 높여 주며, 경박한 부화뇌동에서 자신을 구제하도록 하여 한층 의젓한 사회인으로 변모시켜 줄 것이다.

문학의 힘은 매우 크다

몇 해 전에 S대학교 신문사에서 실시한 앙케트 조사에 의하면, 일 년 내내 소설 한 편, 시 한 편도 읽지 않는 학생이 세 명 중 한 명이라는 기사를 읽은 적이 있었다. 오늘날 문학은 일자리를 얻는데 결코 유용한 학문이 아니라는 생각이 지배적이기에 이는 당연한 현상인지도 모른다. 이제 대학이란 곳이 심오한 진리를 탐구하는 곳이 아니라 장차 돈벌이가 잘 되는 일자리를 얻기 위한 지식이나 기술을 배우는 곳으로 전락된 지 오래 되었다. 아마 요즘 학생들은 문학을 모를 때 교양이 없다는 소리를 들을지는 모르지만, 문학이 일자리를 얻는 데 별로 도움을 주는 분야의 학문이 아니라는 인식에 깊이 젖어 있는 듯하다.

조성기의 「우리 시대의 소설가」[1]에도 주인공 만우 씨가 조간신문에 난 기사 중, 문학을 멀리한 사람에 대한 이야기를 읽는 대목이 나온다.

> 로댕 기사와 붙어 있는 옆 지면에는 영국 옥스포드 대학을 13세에 수석으로 졸업한 천재 소녀 루스 로렌스에 관한 기사를 크게 싣고 있었다. 그런데 소제목으로, '문학은 마음 혼란' 만 시켜, 라는 구절이 적혀 있었는데, 만우 씨가 좀 더 읽어 보

1) 1991년 이상문학상 수상작.

> 니 그것은 로렌스의 아버지 해리 씨가 딸을 교육시킨 내용과 관련된 것이었다. 해리 씨는 로렌스를 일체 학교에 보내지 않았을 뿐 아니라, 문학은 딸의 마음을 어지럽힌다고 생각하여 소설 한 권 읽지 못하도록 했다는 것이었다. 이런 아버지의 교육 방법에 대하여 논란이 일고 있다고도 했다. 원래 신문으로 따지면 로댕의 '생각하는 사람'과 로렌스 관련 기사는 4면이나 떨어져 있어야 하는 것이지만, 신문을 펼쳐 놓는 바람에 바로 옆 기사가 되어 묘한 대조를 이루고 있는 셈이었다. 소설 한 권 읽지 않은 천재 수석 졸업자와 '생각하는 사람'. 이 세상에 천재가 많지 않은 사실이 소설가인 만우 씨로서는 여간 다행이 아니었다. 그렇잖아도 영상 매체의 위력에 눌려 위기론이 나올 정도로 맥을 못 쓰고 있는 소설인데 말이다.

이 대목을 보면, 일찍이 시(詩)란 논리적 사고에 의존하기보다 한갓 영감에 사로잡혀 중얼거린 것으로, 그것은 이성을 마비시키고 감정을 들뜨게 할 뿐이라고 본 플라톤이나, 지금으로부터 200년 전에 시인은 문명사회에 살고 있는 반야민인이므로 과학과 기술이 발달한 시대에는 사회적으로 기여할 일이 별로 없는 사람이라고 주장했던 시인이며 소설가였던 토마스 피이코크의 말을 새삼 떠올리게 한다.

허기야 모든 사람이 문학을 알아야 할 필요는 없다. 생존하는 프랑스 최고의 소설가로 꼽히는 르 클레지오도 "예나 지금이나 문학은 소수의 사랑으로 생존해 왔기 때문에 문학에 대한 애정은 세대 간의 문제가 아니며, 문학이 쇠퇴했다고 볼 수도 없다"고 말한 바 있다. 뭐든지 한 가지만 딱부러지게 알면 된다고 역설한 사람의 말을 맹종하는 사람이라면 문학이야 몰라도 될 것이다. 대학입시의 큰 비중을 차지하고 있는 논술시험이 있기에 망정이지 그게 없다면 문학작품을 열심히 읽는 중고등학생들을 찾아볼 수가 있을까?

그런데 자녀들을 위해 어느 가정에나 소설 몇 권, 아니 문학 전집 한 질 정도는 대개 보유하고 있고, 새로운 시대에 걸맞게 재조정한 교육과정에는 문학교육을 강화할 목적으로 《문학》이란 별도의 교과목을 두고 있다. 여기에는 아무리 시대가 변해도 학문의 실용성을 따지기 전에 바른 인성을 키우고, 인간다운 사람, 교양 있는 사람을 양성하기 위해서는 문학을 꼭 알아야 한다는 어떤 절실한 필요성이 있다고 믿고 있기 때문이 아닐까 한다.

문학을 아는 것은 모르는 것보다 어떤 점에서 더 좋은가? 문학은 세상일을 더 명료하게 생각하게 하고, 더 예민하게 느끼게 하고, 보다 행복한 삶을 이루게 하는데 도움을 주는가?

아마 어느 누구도 이런 문제에 대한 해답을 명쾌히 제시하기는 쉽지 않을 것이다. 왜냐하면 시대가 변하다 보니 문학이란 것도 그 양상이 아주 다양해졌고, 그것을 수용하는 자의 태도에 따라 각양각색의 반응을 보일 수 있기 때문이다.

학교에서 이루어지는 공교육은 논리적 사고나 분석력을 기르는 교육 못지않게 감성을 풍부하게 길러주는 교과목으로 구성되어 있다. 음악, 미술과 함께 문학은 감성을 기르는 데 크게 기여하는 교과목이다. 수학을 잘 하는 학생이 국어 성적이 나쁜 경우를 많이 본다. 이런 학생은 국어의 한 영역을 차지하는 문학에 대해 흥미를 느끼지 못하는 경우가 많다. 문학은 언어 중에서도 상상의 언어를 사용하는 글이므로 그 이해가 어렵다. 그런데 문학을 모르면 대학입시에만 문제가 되는 것이 아니라, 장차 교양을 갖춘 성인으로 세상을 살아가는 데 더 큰 문제를 초래할지도 모른다.

교양 있는 사람이란 합리적인 사고나 올바른 판단력을 갖고 있는 사람이라고 보고 싶다. 다시 말해서 해야 할 일과 하지 말아야 할 일, 먼저 할 일과 나중에 할 일들을 잘 분별해낼 수 있는 사람, 그런 사람이 되려면 이성과 감성을 고루 갖추어야 한다. 어느 한 쪽이 지나치게 발달하거나 결여되었을 때 그는 판단에 문제를 일으킬 소지가 많다. 예컨대 술에 취하면 이성을 잃고 감성이 풍부해진다. 그런 사람에서 우리는 평소와는 전혀 다른 그답지 않은 행동을 볼 수 있다. 도회지 사람들처럼 따지기 잘하고 이기적으로만 놀거나, 기분 좋다고 앞 뒤 가리지 않고 돈을 펑펑 쓰는 것도 문제다. 남이 기뻐할 때 함께 기뻐할 줄 알고, 어려운 남을 동정할 줄도 알며 이웃 간에 정이 넘치는 사람이 되기 위해서는 감성이 풍부해야 한다. 어느 한쪽이 지나치거나 결여

되어 있다면 그릇된 사고와 행동을 저지르기 딱 십상이다. 그런데 오늘날의 교육이 영어 단어 하나 더 암기하고 수학 문제 잘 푸는 선수 양성에 신경을 쓰고 있으니 냉랭한 사회로 치달을 수밖에 없다. 그리움과 추억을 떠올리게 해 주는 명곡들, 가슴을 촉촉이 적셔주는 명시의 구절들, 역경을 딛고 아름다운 사랑을 성취하는 소설 주인공의 모습들은 우리의 감성을 풍부하게 해 주고 상상력을 높여주는 영원한 샘물이다. 부드럽고 아름다운 마음, 더 나아가 조화로운 인성을 갖추기 위해서는 항상 문학(예술)을 가까이 해야 한다.

나는 서정주의 「국화 옆에서」를 무척 좋아한다. 시인은 노랗게 피어 있는 국화를 보는 눈이 남다르다. 언 땅에서 추위를 이겨냈고, 비바람에도 꺾이지 않았으며, 된서리를 맞아도 끄떡하지 않는 힘을 갖고 있었기에 활짝 꽃을 피워낼 수 있었던 국화. 국화가 싹터 꽃을 피우기까지의 피나는 고통과 시련의 과정은 바로 우리들의 삶 그 자체가 아닐 수 없다. 그리고 이 시는 우리가 겪는 슬프고 기쁜 세상 모든 일들, 특히 타인과의 만남에서 이루어지는 모든 일들이 우연히 일어난 일이 아니라 다 깊은 뜻이 담겨 있다는 인연의 의미를 새삼 깨닫게 해 준다. 힘들 때, 배고플 때, 내가 왜 이런 고통을 겪어야 하는지 회의가 들 때, 「국화 옆에서」만큼 나에게 늘 정진의 힘을 안겨준 글은 없다.

소설은 우리가 보고 있는 세계가 아니라, 우리의 경험을 바탕으로 하여 있을 수 있는 세계를 보여줌으로써 그 경험이 어떤 의미를 갖고 있는지를 인식하도록 해 주는 것을 본질로 한다. 예컨대 우리의 고전 『춘향전』은 실제 있었던 일이 아니라, 있을 수 있는 춘향이의 신분 상승 과정을 보여주는 이야기다. 춘향이는 그 당시 최고의 가치로 삼는 절개를 굳게 지켜 끝내 자신의 꿈을 이루어냈다. 정말 사랑한다면 신분이나 학식 따위가 무슨 장애가 있겠는가. 어려운 목표를 이루어 내는데 감옥에 갇혀 매를 맞는 고통쯤은 감수해야 할 필연적인 일일 수 있다. 『춘향전』은 모두 있을 수 있는 사건들로 꽉 채워져 있는데, 그 이야기를 우리 서민들은 어두운 등잔불 아래서 읽고 또 읽었다. 왜냐하면 그 소설 속의 경험을 통해 고통스런 삶을 사는 서민들 모두가 우리도 인내력을 갖고 열심히 살면 춘향이처럼 행복한 삶을 이룰 수 있는 날이 오리라는 꿈을 갖게 해 주었기 때문이다.

인간은 궁금한 것도 많고 해결해야 할 문제를 많이 갖고 있다. 인간이란 무엇인가? 인간은 어디서 와서 어디로 가는가? 왜 인간은 고통을 겪어야 하는가? 왜 세상일은 뜻대로 이루어지지 않는가? 이런 문제의 해답은 몰라도 된다고 생각하는 사람은 너무 순진한 사람이다. 아무리 과학이 발달해도 과학적 지식으로는 이런 문제를 결코 해결할 수 없다. 많은 철학자와 사상가들이 바로 이런 문제에 대한 해답을 찾고자 일생을 바쳐 노력해 왔고, 인간이란 어떤 존재이며 어떻게 사는 것이 인간다운 삶인가를 역설해 왔다. 인간의 삶이 비롯될 때 종교라는 것이 있었듯이, 어떤 형태로든 늘 문학은 우리 곁에 있었다. 종교가 과학이 해결할 수 없는 문제의 해답을 제시하는데 많은 기여를 해 왔다면, 문학 역시 그런 기능을 수행하는 데 큰 역할을 해 왔다고 볼 수 있다.

어느 심리학자가 인간은 본래가 결핍을 느끼는 존재라고 말했듯이, 우리는 충족되지 않는 욕망 때문에 이 세상에 태어나 기쁨과 행복을 누리고 살기보다 무수한 고민과 고통을 겪으며 살아가야 하는 존재인지도 모른다. 작가는 이런 인간들의 모습을 깊이 헤아려 볼 줄 아는 남다른 통찰력을 갖고 있기에 누구보다도 인간의 실상을 실감나고 재미있게 이야기를 잘 꾸며놓고 있다. 따라서 소설을 읽는 사람은 이 세상에 대한 폭넓은 이해와 많은 삶을 접할 수 있는 기회를 얻게 된다.

이문열의 「그해 겨울」에는 21살 먹은 나(영훈)라는 대학생이 등장하고 있다. 영훈이는 전형적인 나르시스트로서 자신이 제일 똑똑하고 자신이 하는 일은 무조건 옳다고 생각하며 남의 말을 귀담아 듣지 않고 앞만 보고 달리는 패기 찬 젊은이다.

그런 나에게 열렬히 사랑하는 여자 친구가 있었다. 그런데 그 여자가 뚜렷한 이유도 없이 나의 곁을 떠나버렸다. 나를 배신한 여자에 대한 증오감을 억제할 수 없어 나는 자살을 결심하고 학교에 휴학계를 내고 강원도로 떠난다.

그곳에서 나는 배신으로 고통을 겪는 술집여자들이 죽지 않고 또 다른 사랑을 꿈꾸는 모습을 보았고, 배신의 슬픔을 딛고 새 삶을 이루어가는 사촌누님을 보았으며, 배신자를 죽이지 않고 용서하는 칼갈이 노인을 목격하는 순간, 나는 자신의 부족함과 어리석었음을 깨닫는다. 나는 내 곁을 떠난 여자를 칼갈이 노인처럼 용서하기로 맘을 먹게 되자 삶이란 포기할 것이 아니라 살고 보아야 한다는 욕망을 갖게 되면서 다시 새 출발을 기약하고 서울로 다시 돌아온다.

필자가 이 작품을 떠올린 까닭은 어느 자살한 사람의 안타까운 신문기사를 읽고 있었기 때문인데, 이 사람이 만약 이 소설을 읽은 경험이 있었다면 이런 극단적 행동을 자초하지 않을 수도 있었지 않았을까 하는 생각이 든다.

> **순천서 40대 초등 교사 자살**
>
> 6월 30일 오후 6시 20분께 전남 순천시 서면 순천교육청 관찰체험학습장에서 순천 모 초교 교사 B씨(43)가 철봉에 목을 매 숨져 있는 것을 동료교사가 발견, 경찰에 신고했다. 경찰은 B씨가 동료교사 휴대전화에 '세상이 살기 싫다' 등의 문자 메시지를 남긴 점으로 미뤄 스스로 목숨을 끊은 것으로 보고 있다. 경찰은 주변 동료교사와 가족 등을 상대로 정확한 사인을 조사 중이다. (중앙일보, 2006.7.1)

이 기사만 보고서 B씨가 무슨 이유로 자살이란 극단적 행동을 취하게 됐는가를 알 수는 없다. "세상이 살기 싫다"는 말을 남긴 것으로 보면, 그는 무척 고민 끝에 목숨을 끊었다고 볼 수 있다. 흔히 사람은 누군가로부터 배신을 당해 그에 대한 증오와 복수를 위해서, 남으로부터 무시를 당하자 자신은 쓸모없는 존재라는 느낌 때문에, 로미오처럼 상상적 재결합을 꿈꾸거나 나쁜 자신을 죽이고 새로 탄생하기 위하여 자살을 시도한다고 한다.

오죽하면 죽기로 했을까 이해 못하는 바는 아니지만, 그러나 B씨는 생각을 좀 더 깊이 했어야 했다. 고통으로부터 도피하고 싶었겠지만, 누구에게나 과오는 있는 것이고, 삶에는 크고 작은 고통과 좌절이 따르게 마련이라면,

그것을 극복하며 살아가는 것이 인생이라는 것, 잘못이 있다면 용서를 빌고 그 이상의 선행으로 보답할 마음을 먹을 수만 있다면 살 수 있는 길이 또한 보일 수도 있지 않았을까. 자살은 자기애의 결핍, 다시 말해서 신이 창조한 자신의 존재 가치를 너무 사랑할 줄 모르기 때문에 일어난다고도 볼 수 있다.

소설은 인간이 꾸려가는 삶의 모습을 비춰주는 '거울'이다. 이 거울을 들여다보면서 우리는 우리가 어떤 모습을 하고 있고, 또 우리가 함께 어울려 살아가는 삶의 형태가 어떤 것인지 알 수 있게 된다.

우리 대학생들은 이문열의 「그해 겨울」을 아주 좋아한다. 독후감에서 이런 소설을 읽을 수 있는 기회를 마련해 준 것에 대해 감사를 드린다는 겸사를 흔히 본다. 이 소설은 마음의 평화는 복수가 아니라 용서에서 찾을 수 있다는 것, 자신이 불행해지는 것은 누구의 탓이 아니라 자신의 과오와 오만 때문이라는 것을 깨닫게 해 준다. 그리고 이 소설은 "절망은 존재의 끝이 아니라 삶의 새 출발이다.", "사람이 슬퍼지는 이유는 진실하게 절망하지 않았기 때문이다"와 같은 아포리즘을 담고 있어서, 삶과 죽음에 대한 생각을 다시 한 번 성찰하게 해 준다. 아마도 출구가 보이지 않는 미로와 같은 인생 속에서, 주인공과 같은 유사한 고통을 겪고 있는 우리 대학생들에게 이 소설은 좀 더 인내력을 갖고 고통을 극복하는 데 많은 용기를 주었으리라 본다.

편견을 갖고 사는 사람

"선생님은 아들 딸 중 누가 더 좋습니까?"

"친손주와 외손주 중 어느 쪽이 더 귀엽던가요?"

큰 뜻을 두고 한 말은 아니지만 나이 먹다 보면 이런 질문을 받을 때가 있다. 나는 이런 질문을 무심코 받았을 때 묻는 사람을 좀 이상하게 생각해 왔다. 자식이면 다 똑같지 더 좋고 덜 좋은 일이 어디 있는가. 아들은 생각이 깊어서 함께 상의할 수 있는 대상이란 점에서 믿음직하고, 딸은 부드럽고 애교가 많아 화목한 분위기를 이루어 주어 좋고, 뭐 그런 것 아닌가.

그러나 현실은 그렇지 않은가 보다. 요즘 초등학교 교실에는 남·남 짝이 적지 않다고 한다. 뿌리 깊은 남아선호가 거둔 결과다. 우리는 TV에서 딸을 낳았다고 해서 섭섭해 하는 할머니의 모습이나 배가 남달리 불룩하니 이번엔 틀림없이 아들이라는 진단에 환히 웃는 산모의 모습, 그리고 아들을 낳은 사람은 으레 직장에서 배가 터지도록 득남턱을 내야 되는 것을 보면 남아선호는 아직도 우리네 의식 속에 뿌리 깊게 남아 있다고 보아야 할 것이다.

아들을 선호하는 이유는 아마도 노후 대비책의 하나로, 가업을 이어나갈 든든한 일꾼을 얻기 위해서, 그리고 뭐니 뭐니 해도 아들이 있어야 가문의 대(代)를 이어갈 수 있다고 보기 때문일 것이다. 대란 무엇인가. 우리는 흔히 그것을 할아버지-아버지-아들-손주 사이에 같은 성(姓)을 이어가는 데서 찾아볼 수 있다. 엄밀히 말해서 후손이 있으면 바로 그게 대를 이어가는 것인데, 다양한 성씨란 것을 만들어 놓고 자식에게 아버지의 성을 붙이고는 그것이 대가 이어간다고 믿고 있는 것이다. 사실 사람이라는 한 개체의 최소단위를 만드는 데 있어서 아버지와 어머니의 기여도란 완전히 평등한 것이다.

자식에게 아버지의 성을 붙이는 것은 인류의 거의 공통된 문화로서 하나의 관습일 뿐이다. 우리나라와 달리 서양에서는 자기 부인에게까지 남편의 성을 붙이고 있는데 이것도 하나의 관습이다. 사람이 이름 외에 성을 갖게 된 것은 인류의 역사에 비하면 그 역사가 그리 오래된 것도 아니다. 그것은 아마도 농경사회에 접어들어 토지를 소유하고 경작하면서부터였을 것이다. 이리 저리 떠돌며 살아야 했던 수렵시대를 지나 정착생활을 가능케 한 농경시대에 이르러 토지를 개인이 소유해야 하는 문제가 등장하면서 그것의 유지, 전수 등에 관련된 상속제도의 필요성이 제기되면서 가부장제를 이끌어가는 남자들이 자식에게 자기 성을 붙이도록 한 것이다.

이것은 남자가 여자보다 우수해서가 아니다. 여성들은 제 속으로 낳은 자식에게 제 성을 따르게 하지 않고 남자 성을 따르도록 한 것을 경제적 열등에서 비롯된 것으로만 보지 않는다. 남자가 잘 나서 그 권리를 차지했다기보다는 여자는 처음부터 자기 자식이 너무나 분명하니까 자기 자식에게 자기 성을 따르게 하고 싶은 욕심을 부릴 필요가 없었다고 볼 수 있다. 터놓고 말해서 예부터 사실 남자들의 의식 아주 밑바닥엔 저 자식이 과연 내 진짜 자식일까 하는 의구심을 품는 구석이 있었을 것이다. 그걸 꿰뚫어 본 여자는 심지어 발가락이 닮았다는 것까지 강조하여 자기 자식임을 믿도록 부계의 성을 붙여 주는 데 동의했을 것이다. 아닌 게 아니라 네 자식이 틀림없다는 것을 문서화해 주고 나니까 신통하게도 그때부터 제 자식 먹여 살리느라 아무 불평 없이 죽을 둥 살 둥 일을 더 잘 하게 되더라는 걸 일찍이 터득한 것이다. 이것은 실리 면에서 여자들의 승리가 아닐 수 없다.

자기 핏줄은 부모 중 어느 쪽의 성을 붙이느냐와 관계없이 아들이나 딸에 의해서 이어지고 있음이 분명한데, 아들을 더 선호한 것은 대를 잇는다는 명

목상의 이유 뒤에 뭐니 뭐니 해도 노후대책을 마련해 놓아야 한다는 절실한 문제가 있었기 때문이 아닌가 한다. 인생은 영원한 것이 아니라 눈 깜짝할 사이에 병들어 죽을 나이에 이른다. 늙어 세 끼의 밥을 꼬박꼬박 챙겨 주고 병든 자신의 몸을 돌봐 줄 사람은 아무리 봐도 성씨가 다른 집에 시집보내야 할 딸자식보다는 데리고 사는 아들일 것이고, 더 엄밀히 따지면 아들이 데리고 사는 며느리라고 생각할 수 있다. 그러고 보면 고부의 갈등은 원초적으로 시어머니가 며느리를 자기 말에 잘 순종하도록 길들이는 과정에서 비롯된 마찰들이라 볼 수 있지 않을까.

그러나 세상은 달라졌다. 이제 여자가 집에서 부모 뒷바라지만 하고 있는 시대가 아니다. 힘이나 근육에 의지한 산업시대에서 머리로 일을 하고 돈을 버는 정보화시대로 진전되면서 이제 여성들은 그 전까지 남성들의 독점지대로 여겨졌던 직업전선에 본격적으로 뛰어들기 시작했다. 그 결과 여성들도 빠른 속도로 경제적 자립의 기반을 마련해 나갈 수 있게 되면서, 이제 여성은 생존을 위해 단순히 남성들에게 의존할 필요가 없게 되었다.

최근 들어 그동안 남성의 전유물로 인식돼 온 각종 직업 분야에 도전하는 아마존들이 속속 등장하고 있다. 간단히 말해서 이제 이 세상의 딸들도 하고 싶은 자기 일을 찾아 밖에 나가 일해야 하는 시대인 만치 아들이 노후의 대책을 위해 더 좋거나 유리하다고 생각할 시대가 아니란 점은 확실한 것 같다. 노후의 그런 문제라면 아들보다 딸이 오히려 더 좋다는 것을 눈여겨 새겨 두어야 할 것이다. 이 세상의 아들들이 자식 된 도리로 부모의 기대를 충족시켜 드리기 위해 아내 눈치 슬슬 봐 가며 안팎으로 얼마나 많은 고민을 하고 있는가를 생각해 본다면 아들선호의 편파적인 고정관념이 얼마나 부질없는 일인가를 새삼 깨닫게 된다.

이왕 말이 나와서 말인데 사실 우리는 많은 편견을 갖고 살아가고 있다는 사실을 잘 모르고 있는 경우가 많다. 본래 사람은 혼자 사는 것이 아니라 여러 사람과 더불어 사는 존재이다. 오죽했으면 사람 인(人)자 옆에 사이 간(間)자를 붙였을까. 인간이 잘 살아가기 위해서는 뭐니 뭐니 해도 다양한 여러 사람들과 '관계'를 잘 맺고 풀어가야 한다. 그런 점에서 대학에서 '인간관계론'이라는 과목은 누구나 한번쯤 들어보고 싶은 강좌일 것이다. 그런데 내가 아는 분 중에 일찍이 옥스퍼드 대학에서 수학도 하고, 『인간관계론』이란 저서를 냈으며, 대학에 오랫동안 몸담아 온 분이 계시다. 이런 분이야말로 부모, 아내, 제자, 친구, 이웃사람들과의 관계를 부드럽게 잘 이루어 낼 분이라고 생각했는데, 그런데 알고 보니 이 분이 이혼하여 혼자 살고 있을 뿐만 아니라 평소 주위 사람들과 인간관계가 안 좋다는 소리를 듣고 얼마나 실망했는지 모른다. 이론과 실제는 본래 다를 수 있기 때문일까?

세상에는 많은 종교가 있다. 사람들은 우연이든 어떤 계기가 있어서든 어느 종교의 진리를 믿고 따르기를 즐긴다. 그런데 대개 보면 자기가 믿는 종교 이외의 것을 인정하지 않으려는 습성이 있다. 자기 것만 좋고 다른 것은 비난의 대상이 된다. 종교간 전쟁은 역사상 가장 참혹한 전쟁이었다. 신의 사도가 될 것인지, 악마의 졸개가 될 것인가를 결정짓는 한판 승부였기 때문일 것이다.

이와 비슷한 얘기가 될지 모르겠는데, 옛날 내가 살던 동네에 자기 와이프가 이 세상에서 제일 예쁘다고 생각하던 박씨 성을 가진 사람이 있었다. 그런데 어느 날 우연히 자기 와이프가 제일 예쁘다고 자랑을 늘어놓는 건너 마을의 정씨를 보았다. 박씨는 이건 말도 안 된다고 생각하고 옥신각신했다. 서로 자기 부인이 이 세상에서 제일 예쁘다며 우기다가 부아가 난 그들은 결국 머리통이 터지는 일이 벌어졌다. 편견으로 불거진 이 사건은 지금도 고향 얘기만 나오면 자주 인구에 회자되곤 한다.

얼마 전에 나는 시골 가는 버스 안에서 우연히 두 노인네가 서로 각기 자기 아들과 딸에 대한 자랑을 늘어놓는 이야기를 엿들은 적이 있었다.

"서울 사는 우리 큰애 덕분에 서울 안 가본 데가 없었다네. 그뿐인가, 번쩍 번쩍 전등이 빛나는 집에 가서 별 희한한 음식도 여러 번 먹어 보아 이제 죽어도 한이 없을 것 같아. 우리 아들놈이 효자는 효자야."

이 말을 눈 감은 채 가만히 듣고 있던 옆 노인이 겨우 그 정도를 갖고 무슨 효자 타령이냐는 듯이 목청을 가다듬는다.

"미국은 역시 멀고 큰 나라야, 13시간 꼬박 앉아서 오는데 정말 죽을 뻔했어. 내 죽기 전에 미국 구경을 하게 될 줄 누가 알았겠나. 딸자식이라고 먹이지도 공부도 제대로 시키지도 못했는데, 돌아오는 비행기 안에서 좀 마음이 찡하더군."

한 노인은 필시 돈 잘 버는 사업가 아들을 두어서, 이에 맞선 노인은 대기업 사장과 결혼한 딸자식을 잘 두어 서울 구경, 미국 구경 잘 하고 돌아가고 있는 것은 아닌지……. 아무리 세상이 바뀌었다 해도 아들이 최고라는 자기 주장을 속 시원히 관철하지 못한 아쉬움 때문에 혹시 서울 구경 잘한 노인네 그날 저녁 잠을 제대로 이루지 못하지나 않았는지 궁금하기만 하다.

실크로드 문화탐방기

우리의 목표는 중국에서 중앙아시아, 인도, 파키스탄 등으로 이어지는 고대 통상로인 실크로드(Silk Road)의 핵심 유적지를 둘러보는 일이다. 중국의 비단이 서방으로 실려 나가고 서역의 문화가 중국 내륙으로 들어오던 길을 찾아가다 보면 우리 문화의 뿌리도 어느 정도 가늠해 볼 수 있는 기회가 되겠기에, 실크로드는 평소 꼭 한 번 가 보고 싶었던 여행지였다.

듣자하니 섭씨 40도를 오르내리는 열기를 견뎌내야 하고, 고도 3000m를 넘나드는 고원과 사막지대를 통과해야 하므로 5박 6일의 여행은 무더위와 싸우는 고생길임이 뻔했다. 하지만 엊그제 기상대의 발표처럼 예년에 비할 수 없는 무더위가 올 것이라면, 더위와 맞서보는 것도 여름을 이기는 한 방법이 될 것이고, 현대 문명의 반대편 사막지대를 찾아가 보는 것은 또 하나의 이색적인 체험을 쌓는 기회가 될 것이기에 이번의 결단을 결코 접을 수는 없었다.

7월 5일부터 시작된 실크로드 대장정에 참가한 우리 팀 일행은 모두 14명이었다. 우리는 가이드로부터 우리 팀 말고 12명이 더 합류하여 모두 26명이 비교적 가족적인 분위기 속에서 실크로드의 핵심 도시인 우루무치(Urumqi), 둔황(敦煌), 두투판(吐魯番) 지역을 여유롭게 돌아보게 될 것이라는 설명을 들었다.

인천 공항을 떠난 비행기가 구름 위로 오르니 마치 신선의 세계에 들어와 있는 듯한 기분이 들었다. 프랑스인들은 1년 중 반을 바캉스 계획을 짜는데 쓰고 나머지 반은 바캉스 갔다 온 이야기를 하며 보낸다는 말이 있는데, 무슨 핑계를 대서라도 주기적으로 도피 기회를 마련하는 걸 보면 여행의 맛은 뭐니 뭐니 해도 바쁘게 살아가는 일상으로부터의 탈출, 바로 그런 데 있지 않겠는가.

앞으로 우리는 위구르어로 '아름다운 목장'이란 뜻을 가진 신강성자치구의 주도(主都)인 우루무치에 이를 것이고, 강우량이 적고 건조한 기후를 보이는 오아시스 도시인 둔황을 거쳐, 중국 내 거주 지역 중 가장 더운 지역인 투루판을 차례로 돌아볼 것이다. 분명히 이곳들은 초원과 사막에서 펼쳐지는 색다른 문화를 지니고 있을 것이고, 무엇보다 지표온도가 70도까지 오르는 중국의 여름을 경험하게 될 것이다. 이런 상념 속에 어느 덧 5시간이 훌쩍 지나 우루무치 공항에 도착한 것은 밤 12시가 넘은 시각이었다.

7월 6일 아침은 매우 피곤했다. 어젯밤 우루무치의 한 호텔에 여장을 푼 시각은 밤 1시가 넘었으니 잠을 이룰 시간이 별로 없었다. 하지만 다행스럽게도 우리는 아침 식사를 양 꼬치구이를 비롯한 풍성한 뷔페 음식으로 채울 수 있어서 첫날의 피곤을 다소나마 씻고, 남쪽으로 75km 떨어진 '남산목장'을 향해 떠났다. 교외로 조금 벗어나니 드넓은 초원에서 한가롭게 풀을 뜯고 있는 양떼와 말들의 모습을 쉽게 찾아 볼 수 있었다. 이를 보니 중국 속의 스위스를 찾아온 듯했다. 목장에 도착하니 카자흐족들의 움직임이 분주해진다. 우리가 돈으로 보였나? 말(馬) 흥정이 모두 끝나자 우리 일행은 말안장에 모두 올라탔다. 말을 타고 열을 지어 푸른 초원을 유유히 거니는 모습은 넓은 초원을 달리던 고구려 기마족의 혼이 내 핏속에 깃들어 있어서일까 별로 낯설지 않고 당당해 보였다.

점심을 마치고 우리는 '신강박물관'에서 3천년 이상 된 미라와 여러 소수민족의 복식, 음식, 관혼상제와 관련된 공예품들을 둘러보고 난 후, 인민공원을 거쳐 홍산공원에 올랐다. 이곳에서 넓고 깨끗한 4차선 하이웨이와 고층빌

딩이 즐비한 도시 전경을 한 눈에 바라볼 수 있었다. 과연 듣던 대로 이슬람 문화를 꽃피운 우루무치는 신강성자치구의 문화, 경제, 교통 군사의 중심지였다.

석식을 마치고 우리는 서둘러 둔황으로 이동하기 위해 우루무치 공항으로 나갔다. 밤 9시에 비행기를 타고 1시간 20분 만에 둔황 공항에 도착했다. 둔황산장에 투숙한 시간은 밤 11시 반. 그러나 우리 일행은 곧바로 잠자리에 들지 않고, 산장의 맨 꼭대기 층에 있는 적성각(摘星閣)에 모여 앉아 수많은 별들이 쏟아질 듯 반짝이는 밤하늘을 바라보기에 시간 가는 줄을 몰랐다. 우리의 눈길을 끈 것은 바로 머리 위에 떠 있는 북두칠성이었다. 이를 보니 지금 우리는 서울에서 상당히 서북쪽에 와 있음이 분명했다. 아아, 그래서 옛날 사람들이 달이나 별을 보지 않고서는 누구도 자기 위치가 어디쯤인지를 알 수 없다고 했었구나. 서울에서는 눈 뜨고 볼래야 볼 수 없는 별똥별. 하늘을 가로지르는 유성을 볼 때마다 탄성을 연발했던 우리 모두는 알퐁스 도데의 「별」에서 주인공 스테파네트가 왜 그토록 별들의 이야기에 심취했던가를 이해할 수 있을 것 같았다.

"지게 무얼까?"

스테파네트가 나지막한 목소리로 물었습니다.

"천국으로 들어가는 영혼이지요."

이렇게 대답하고 나는 성호를 그었습니다.

아가씨도 나를 따라 성호를 긋고는 잠시 고개를 들고 하늘을 쳐다보며 깊은 명상에 잠겼습니다. 이윽고 불쑥 이렇게 묻는 것이었습니다.

"그게 정말이니? 너희들 목동은 모두 점장이라면서?"

"천만에요, 아가씨. 그러나 우리는 여기서 남들보다는 별들과 더 가까이 지내는 셈이지요. 그러니 평지에 사는 사람들보다는 별나라에서 일어나는 일을 더 잘 알 수 있답니다."

아가씨는 여전히 공중을 쳐다보고 있었습니다. 그렇게 손으로 턱을 괸 채

염소 모피를 두르고 있는 모습은 그대로 귀여운 천국의 목자였습니다.

"어머나 저렇게 많아! 참 기가 막히게 아름답구나! 저렇게 많은 별은 생전 처음이야. 넌 저 별들의 이름을 잘 알고 있겠지?"

은하수, 오리온, 가시오피아, 큰 곰 자리, 작은 곰 자리, 시리어스 등등 밤하늘의 별들을 벗 삼아 소주를 마시면서 윤동주의 「별 헤는 밤」을 읊조렸던 그 순간 우리는 모두 양처럼 순한 별들이었다.

둔황은 간수성의 서쪽 끝에 위치한 깨끗한 이미지를 풍기는 작고 아담한 도시다. 둔황은 사실 막고굴(寞高窟) 때문에 유명하다. 시내에서 버스를 타고 사막 길을 30분 정도 달리다 보면 벌집처럼 구멍이 나 있는 벌건 산이 보이는데, 바로 그것이 막고굴이다. 이 막고굴은 1900년 당시 주지였던 왕원록 도사가 우연한 계기로 벽안에 감춰진 수많은 불교경전, 불화, 분서 등을 발견하면서 세상에 알려지게 되었는데, 고사본 중에 당시 인도, 중앙아시아 등의 여러 풍습을 자세히 기록한 『왕오천축국전』이 발견되기도 했다. 16세의 어린 나이에 당나라에 들어온 신라의 혜초 스님이 다시 신라로 돌아오지 못했던 것은 인도 순례를 마치고 이 책을 쓰는 일에 정진했기 때문일까? 3백여 개의 굴 중에서 우리가 둘러본 것은 불과 11개. 그러나 거기에는 상상을 초월한 각기 다른 다양하고 거대한 불상들이 모셔져 있었다. 이것들은 인도로부터 갓 불교가 유입되었을 무렵부터 각 시대의 종교적 의미가 고스란히 반영되어 있는 것들이어서 지금 연구가 한창 계속되고 있는 세계문화유산 중의 하나가 된다.

버스를 타고 다음에 이른 곳은 모래가 바람에 날려 소리를 낸다는 명사산(鳴沙山)이었다. 시내에서 4km 정도 떨어진 곳에 위치한 명사산은 아프리카 사하라 사막 같은 데서나 볼 수 있는 그야말로 사방 어디에도 끝이 보이지 않는 거대하고 환상적인 모래 산이다. 사막 길은 낙타가 제격이다. 우리는 또 한 번 칼날 같은 모래능선을 따라 사막 길을 걷는 캐라반이 되었다. 모래산 계곡 깊숙이 들어오니 믿어지지 않는 커다란 연못이 눈길을 끌었다. 사막하면 오아시스를 연상하게 되듯이, 뜨거운 태양열로 데워진 모래산 아래 지금까지 한 번도 마른 적이 없다는 오아시스. 그 모양이 초승달 같다고 하여 월아천(月牙泉)이라 불리는 이 오아시스는 사막을 지나는 목마른 사람들에겐 그야말로 구원의 샘이 아닐 수 없었을 것이다. 이곳을 찾아온 도시문명인들이 그냥 모래 산을 쳐다만 보고 돌아갈 수는 없는 법, 산은 올라야 한다. 이런 유혹을 잘 간파한 원주민들은 관광객을 상대로 눈썰매 아닌 모래썰매를 만들어 지금 한창 톡톡히 재미를 보고 있다. 깔아놓은 나무사다리를 밟고 모래 산을 허위허위 올라가서는 300m가 넘는 가파른 비탈길을 썰매를 타고 미끄러져 내려오는 짜릿한 맛은 사막의 기분을 만끽하는 데는 안성맞춤이었다.

호텔에 돌아와서는 온몸에 묻은 모래부터 씻어내기에 바빴다. 이제 투루판을 방문하기 위해 서둘러 석식을 마치고 대륙을 횡단하는 밤 열차를 타야 한다. 중국 대륙을 밤새 달리다 보면 새벽에 목적지인 투루판 역에 도착하게 될 것이다. 4인 1실로 구성된 2층으로 된 침대칸에서 잠을 자며 원거리를 이동해 본다는 것은 이색적인 여행체험이다. 설레는 기분을 그냥 스러지게 할 수 없었던 우리는 한 자리에 모여 술잔을 나누며 낙타를 탔던 일, 별을 헤던 일, 명사산의 모래썰매, 막고굴의 문수보살과 보현보살 등등 그 동안 인상 깊었던 일들을 이야기하느라, 특히 새로 탄생한 우리 일행 중의 와불 선생과 공양주 시스터즈의 화기애애한 재담에 밤 깊은 줄을 몰랐다.

눈을 잠깐 붙인 사이 어느덧 밤기차는 투루판에 도착했다. 새벽 6시. 아직 해가 뜨지 않아서인지 그 유명한 투루판의 여름 더위를 크게 느낄 수는 없었다. 위구르어로 '파인 땅'이라는 뜻을 지닌 투루판은 중국에서 해발고도가 가장 낮은 곳으로 신강성자치구에 위치해 있다. 여름의 날씨는 보통 최저온도 25~30도, 최고온도 45도를 웃돈다. 더욱 기절할 만한 사실은 지표온도가 70도를 넘는다는 것이다. 그래서인지 화주(火州)라고 불리기도 한다. 특히 서유기의 손오공이 불의 방해를 받아 철편공주와 싸웠다는 그 이름도 유명한 화염산(火焰山)은 최고 온도 82도를 넘은 적도 있었다고 한다.

투르판의 역사는 길다. 후한이 멸망한 후 투르판 분지는 흉노족, 티베트족,

돌궐족(투르크족), 한족들의 각축장이었다고 한다. 현재는 한족과 위구르족 등 24만 명이 섞여 살고 있으며, 위구르족의 체취가 물신 풍기는 서역의 입구이다. 7월 9일 아침 우리는 버스로 한 시간 정도를 달려 제일 먼저 고창국의 도성이었던 고창고성(高敞古城)에 이르렀다. 성터가 워낙 넓어 당나귀가 끄는 수레를 타고 이동했지만 사방을 둘러봐도 보이는 것은 흙벽돌로 지은 건축물의 잔해뿐이었다. 외성의 서남쪽에는 불교 사찰 유적이 남아 있지만 그 당시의 웅장했던 모습을 유추해 낼 수는 전혀 없었다. 이곳은 당나라 현장(玄奬)이 지날 때 국왕의 간청으로 한 달간 경전을 가르쳤던 곳으로도 알려져 있다.

지하수를 쉽게 얻을 수 있었던 이곳 한족들은 이곳 평야에 높다란 성을 쌓고 왕궁과 사찰을 짓고 영원한 번영을 누릴 수 있기를 바랐을 것이다. 그러나 당태종은 서기 651년 돌궐족과 가깝게 지내는 고창국을 그냥 두지 않고 소정방을 보내 멸망시키고야 말았다. 뜨거운 열기를 머금은 바람이 얼굴을 스칠 때마다 잿더미의 성터 곳곳으로부터 막강한 화력을 앞세운 기마병들의 함성과 피를 흘리며 쓰러진 백성들의 아우성이 한데 뒤섞여 울려오는 듯했다. 마침 빗방울이 떨어졌다. 보기 드문 현상이란다. 이 성긴 빗방울이 고맙게도 우리의 더위를 식혀주었지만 어쩐지 천년 사식을 잃어버린 원혼들의 눈물같이 느껴져 고성의 쓸쓸함을 더해주기만 했다.

고창고성을 나오니 위구르족의 후예들은 남달리 고운 비단옷으로 치장하고서 1달라짜리 기념품을 하나라도 더 팔기 위해 친절한 미소를 아끼지 않았다. 이것저것 물건도 팔아 주고 사진도 함께 찍느라 순박한 꼬마애들과 무척 친근해졌지만, 그것도 잠시 화염산에 오르기 위해 버스에 올랐다. 해맑은 한 소녀의 살가운 손짓을 뒤로 하고서. 약 100km나 뻗어 있는 지옥의 화염산을 현지인들은 '크루즈로다(붉은 산)'라고 부른다. 『서유기』에서 삼장법사 일행이 불길 속에서 고초를 겪은 곳도 바로 여기다. 풀 한 포기 없는 시뻘건 흙만이 보이는 화염산 중턱에는 천불동 석굴이 고즈넉이 들어서 있는데, 석굴 안의 수많은 불상과 벽화들은 서양 탐험대에 의해서 반출되고 이슬람교도들의 소행으로 눈이 뽑히고 팔과 목이 잘려 나가버려 망국의 비애가 얼마나 비참한가를 또 한 번 느끼게 했다.

투르판 근교의 유적지 중에서 가장 뛰어난 곳은 교하고성(交河故城)이다. 이 성은 이름 그대로 교차하는 두 물줄기 사이에 솟은 30m 정도의 절벽에 위치하고 있다. 남북으로 1,600m, 동서로 330m에 이르는 이 절벽은 전체가 고운 진흙으로 구성되어 있는데, 이 성은 이를 파내고 뚫어 구축한 매우 견고한 도시로 2천 년 전 한나라 시대부터 크게 번성해 오다가 명나라 초에 파괴되었다고 한다. 이곳에는 유네스코가 세계문화유산으로 지정한 그 시절의 주택, 시장, 절, 관청, 감옥 등의 터가 잘 보존되어 있다.

투르판은 덥고 매우 건조한 날씨 때문에 달고 맛있는 과일이 많이 생산되는 곳이기도 하다. 투루판을 '포도의 도시'라고도 하는데, 위로는 강한 일조량이 쪼이는 데다 아래로는 토지의 관개가 잘 되기 때문에 천혜의 과수지역으로 발달할 수 있었다. 거리에서 흔히 볼 수 있는 것은 '하미과'라는 과일이다. 이 과일은 참외 비슷한데 호박처럼 크다. 식사 후 후식으로 먹어본 과일 중에 제일 맛있었다. 현지 가이드의 안내로 교외의 포도원을 방문할 기회가 있었다. 대청마루에 올라 앉아 푸짐하게 한상 차려낸 과일들을 중국 전통 음악에 맞춘 예쁜 아가씨의 춤을 보며 실컷 맛보았다. 까만색과 노란색의 건포도, 잣, 호두, 살구, 딸기, 오디, 그밖에 이름 모를 건과류들. 견물생심이라, 값이 싼 건과류를 쇼핑하는데 몇 만 원쯤 아낌없이 썼다. 돌아오며 생각해보니 세상에 공짜는 없는 법, 아까 먹은 과일 값을 우린 톡톡히 지불한 셈이었다.

7월 10일 아침을 마치고 우루무치에서 동쪽으로 110km 떨어져 있는 천산천지(天山天池)로 향했다. 버스로 2시간이 넘게 광활한 평야를 달려 산 입구에 이르렀고, 케이블카를 타고 푸른 호수가 펼쳐져 있는 산 정상에 오를 수 있었다. 천산천지는 거대한 천산산맥의 보구다봉을 배경으로 한 아름다운 호수로서 해발 1980m, 길이가 3400m, 폭이 1500m나 되는 반달형의 모양이다. 유람선에 올라 천산의 만년설을 바라보며 호수 한 바퀴를 도는 동안 투루판의 더위를 한꺼번에 날려 보내는 시원함을 만끽했다.

지리적인 조건을 살펴보면 중앙아시아 지역은 대문명이 발생할 수 있는 여건이 못 된다. 투루판 또한 산맥과 사막을 사이에 둔 광대한 분지로 일년 내내 거의 비가 오지 않는 매우 건조하고 더운 지역이다. 그러나 중국인들은 천산과 곤륜 같은 높은 산 뒤에 덮인 만년설이 녹아내리면서 내륙으로 스며드는 물을 이용할 줄 알았다. '카레즈'라는 독특한 관개기술을 이용해 황무지 같은 이 지역을 옥토로 가꾸어 곡물과 과수 등을 재배할 수도 있었고 오늘의 문명 도시를 만들어낼 수 있었던 것이다.

우루무치로 돌아온 우리는 중국여행에서 빼놓을 수 없는 발 맛사지를 받고 그 동안 긴 여정의 피로를 말끔히 씻어냈다. 오늘 저녁을 끝으로 우리는 실크로드의 모든 여정을 마치고 밤 비행기를 타고 서울로 떠나야 한다. 우리는 호텔의 야외무대에서 펼쳐지는 화려한 복장의 무희들이 추는 춤과 더불어 포도주를 곁들여 가며 저녁 식사를 즐겼다. 여러 나라에서 모여든 수백 명의 관광객들이 함께 하는 뷔페식 식사 자리지만 우리 일행이 우루무치를 떠나는 것을 무척 아쉬워 특별히 마련한 만찬장 같아 감회가 남달랐다. 위구르 전통 의상을 입은 한 남자 가수의 노래는 비장미가 넘쳐흘렀다. 이들의 춤과 노래 속엔 지난 날 번영을 누리던 때의 용감한 기상이 녹아 있었고, 찬란한 문화를 이루었던 그때의 영화를 애나게 그리워하는 모습이 잘 드러나 있었다.

7월 11일 새벽 1시 30분, 우루무치 공항을 이륙하면서 동서양의 문화를 한데 묶던 실크로드의 긴 여정이 다시 머릿속에 떠올랐다. 본래 실크로드 문화체험은 서안(西安)에서 시작해 난주(蘭州), 주천(酒泉) 등을 필수적으로 거침은 물론 우루무치에서 다시 서쪽으로 파키스탄, 인도, 시리아, 터키 등지로 확대되어야 한다. 그러니 버스와 기차와 비행기로 이루어진 며칠간의 여행은 그 몇 십 분의 일부를 주마간산격으로 본 것에 불과하다. 실크로드의 전역은 결국 후일로 미룰 수밖에 없었다. 비록 짧은 이번 실크로드 문화탐방에서 한국의 문화도 중국 서역을 통해 들어온 불교문화의 영향을 크게 받은 것이란 사실을 재확인할 수 있었던 것은 그나마 큰 보람으로 여기고 싶다.

도전은 아름다운 것

그리스 신화에 '프로크루스테스'라는 악한이 있다. 그는 아테네로 가는 길목을 지키고 있다가 그곳으로 들어가고자 하는 사람들을 특별히 제작한 침대에 눕혀, 키가 작은 사람은 침대에 맞게 늘리고 키가 큰 사람은 침대에 맞게 잘라 버렸다. 키가 큰 테세우스가 침대에 눕혀질 차례가 되었다. 하지만 테세우스는 이미 기하학을 연구한 바 있어 사각형의 대각선은 가장 긴 한 변의 길이보다 길다는 사실을 알고 대각선으로 누워 버려 위기를 넘길 수 있었다.

이 이야기는 우리 사회가 어떤 규격에 맞는 인간을 필요로 하여 그 규격에 맞지 않을 경우 살아남을 수 없다는 사실을 말해 주는 알레고리로 볼 수 있다. 우리를 괴롭히는 이런 규격은 사실 오늘날에도 여전히 우리 사회에 존재하고 있다. 우리 사회에서 성공한 사람들이란 테세우스처럼 바로 프로크루스테스 침대라는 능력의 규격을 잘 뛰어넘은 자들이다. 성공하려는 사람들은 예외 없이 침대에 눕혀지듯 여러 시험을 통과해야만 한다. 따라서 전문지식은 물론이고 외국어 능력, 악기 하나 정도 다룰 수 있는 실력에 뛰어난 사교술을 지닌 자만이 당당한 시민으로서 우월한 자리를 차지할 수 있다.

성공하려면 실력과 능력을 길러야 하는데 거기에 도전만큼 좋은 것은 없다. 어려운 일도 겁을 먹고 쉽게 포기하는 것이 아니라 용기를 내어 도전하면 이 세상에 이루지 못할 일은 하나도 없다. 인류의 역사는 늘 새로운 목표를 세우고, 그 목표를 달성하기 위해 갖가지 노력을 경주해 왔으며, 그런 노력이 우리의 삶을 활기차게 하고, 인류의 역사를 지속적으로 발전시켜 왔지 않은가.

나는 군대에서 어떤 관문을 통과하기 위한 도전을 처음 시도해 본 적이 있다. 1965년은 내가 대학을 졸업하고 육군소위로 임관되어 사회생활의 첫 출발을 내디딘 해다. 장교로서 임무 수행을 완벽히 할 수 있는 3개월간의 특수교육을 마치고 그해 8월 1일 드디어 강원도 화천에 있는 최전방 부대의 소대장으로 부임하게 되었다. 정확히 말해서 나는 XX사단 OO연대 3대대 12중대 4소대장이란 최말단 직책을 맡은 것이다. 신임 소대장 3명이 직속상관인 중대장께 부임 신고를 해발 1200m에 이르는 백암산 꼭대기에서 했다. 아주 깡마른 체구에 날카로운 인상을 가진 중대장은 우리를 반가이 맞아 주었다. 하지만 군대생활 경험이 없는 나로서는 이런 분을 모시고 앞으로 근무할 생각을 하니 좀 두렵기도 했다. 처음 만난 직속상관이란 점 때문일까? 6.25전투 때 일등중사로 복무한 경력을 갖고 있는 역전의 용사 '나기대' 대위. 나는 40여년이 지난 지금도 그 분의 이름을 잊지 못하고 있다.

그는 소대장 세 사람의 부임을 무척 기나리고 있었다는 듯이, 부임 첫 인사를 나눈 자리에서 중대한 임무를 부여하는 말을 꺼냈다. 오는 9월 중순에 《사단오락경연대회》가 열리는데, 우리 3대대를 대표해서 우리 12중대가 이를 준비하여 대회에 출전하게 되었으니, 신임 세 소대장 중 한 사람이 이를 맡아주길 바란다는 것이었다. 이건 부탁이 아니고 명령이나 다름없었다.

"세 소대장 중 누가 맡을 것이오?"

지금 당장 결정을 지으라는 것이다. 그런데 같이 부임한 동기 중에 조 소위, 최 소위 모두 자신이 없다며 재빠르게 극구 사양하는 것이 아닌가. 나는 그 순간 이 자리에서 한 발자국도 물러설 수 없다는 절박감을 느꼈다.

"제가 맡아 해보겠습니다."

"그럼 이(李) 소위는 내일부터 계획을 세워 당장 추진하시오."

지금 생각해도 그때 무슨 용기로 그 일에 도전하기로 맘먹었는지 가상하기만 하다. 나는 군대에 '오락경연대회'라는 것이 있는 줄도 몰랐고, 학창시절에 오락에 대해 별다른 취미나 흥미를 느꼈던 사람도 전혀 아니었다. 그러나 명령이 떨어졌으니, 대한민국의 장교인 나는 어떤 일이 있어도 이 임무를 수행해야만 했다.

군인은 절도 있는 행동을 생명으로 하니까, 오락도 일사분란한 행동으로 꾸며져야 하고, 코믹한 패러디로 관중을 웃겨야 한다는 구상 아래, 정예 요원 30명 선발, 율동은 트위스트, 군대에서 일어날 수 있는 갖가지 진풍경들을 패러디하여 관중을 웃기기로 구상을 다듬어 갔다.

그런데 나는 솔직히 말해서 60년대에 대유행했던 트위스트 춤을 한 번도 춰 본 적이 없는 사람이었다. 정예요원 30명을 뽑는 일도 쉬운 일이 아니었다. 그 당시 우리 부대원 중에는 문맹자도 꽤 있었고, 시골 농촌 출신이 7, 80%를 차지할 정도니까 트위스트 춤과 거리가 먼 병사들이었다.

나는 트위스트라는 춤을 가만히 연구해 봤다. 어린 조카의 춤 동작을 회상하며 엉덩이를 뒤로 빼고 가슴께까지 올린 팔을 무릎과 엇박자로 움직여 보니, 트위스트 춤이란 것이 군대 행진곡과 똑같은 2박자의 율동임을 알아채고, '진짜 사나이' 군가를 직접 불러 가며 춤을 추게 했다. "사나이로 대어나서 할 일도 많다만, 하나 둘, 부모 위해 나라 지키는 영광에 살았다. 하나 둘. 전투와 전투 속에……" 하며, 여지껏 남이 추는 춤을 보기만 하다가 소리 질러 가며 자신이 직접 추어보니까 선발된 왕초보들 모두 흥이 나서 힘든 줄도 몰랐다. 어느 날 이 광경을 잠시 지켜본 중대장도 아무 말이 없었던 것으로 보아 구상한 아이디어가 그리 나쁘지는 않았던 것 같았다.

그러나 한창 준비 중이던 이 이벤트는 갑자기 사단 전 병사가 전방진지 구축공사에 투입되는 바람에 끝내 햇빛을 보지 못하고 말았다. 표창장과 포상 휴가를 기대했던 우리 병사들에겐 무척 아쉬운 일이었지만, 67년 김신조 일당이 청와대를 깨러 비무장지대를 넘어왔던 일을 상기하면 전방 경계를 공고히 하기 위한 진지 구축작업이 그 당시 얼마나 중요한 일이었던가를 대강은 짐작할 수 있으리라 본다.

그런데 나의 도전은 결코 무산으로 끝난 것은 아니었다. 이 일을 계획했던 공로만으로 그 후 나는 3대대 정훈장교로 발탁되는 기회를 맞게 되었다. 그 당시 전방부대원에게는 무엇보다 대남방송을 일삼고 있는 북한의 공작에 휘말리지 않도록 정신교육의 강화가 절실히 요구되는 시점이었다. 정훈장교의 첫째 임무는 공산주의 사상을 비판하고 애국사상을 고취하며, 아울러 병영생활을 즐겁게 이끌도록 하는 각종 영화, 연예프로그램의 관람을 돕고, 각종 단체에서 보내주는 위문품을 분배하는 일을 하는 것이어서 남다른 보람을 느끼게 하는 일이었다. 특수 기관에서 실시하는 대북심리전 교육 프로그램에 참가하여 북한의 실태에 대해서 많은 것을 알게 된 일과 국방을 튼튼히 하기 위해서 여러 분야에서 다각도로 이루어지고 있는 일들을 판문점, 백령도를 돌며 직접 보고 깨달을 수 있었던 것은 내 일생에 아주 중요한 경험으로 지금도 기억 속에 생생히 남아 있다.

헌데 나는 전방에서의 이런 좋은 경험을 갖고 있으면서도 아직 홍성원의 『D데이 병촌』 같은 소설이나, 한명희의 『비목(碑木)』 같은 노래 가사 하나 남기지 못했다. 잘 알다시피 『D데이 병촌』은 우리 군 병영생활을 최초로 다룬 동아일보 신춘문예 당선작(1966년)이고, 『비목』은 작사자가 6.25 전쟁 때 전투가 치열했던 철원 부근에서 나처럼 군생활을 하면서, 숱하게 널려 있는 포탄 파편들과 이름 없는 용사의 비목을 보았던 기억을 되살려 지은 가사로, 1967년 장일남이 곡을 붙여 널리 보급된 우리의 명가곡 중의 하나가 된 것이다.

나는 60세의 만년에 도전한 일이 하나 더 있다. 평소 인라인 스케이트를 타는 젊은이가 무척 보기 좋고 건강 증진에 도움이 될 것 같아 한 번 타보고 싶었다. 우선 우리 집 사람에게 내 의사를 건네 보았다. 일언지하에 당신 나이를 모르느냐, 다리 부러지면 어떻게 되는 줄 아느냐, 아주 위협적인 말만 골라 하는 게 아닌가. 겁을 먹고 포기하기로 했다. 그런 어느 날 나보다 더 나이 들어 보이는, 머리가 희끗희끗한 분이 멋진 폼을 자랑하며 달리는 모습을 보고 접근을 시도했다.

"아주 잘 타십니다. 얼마를 타셨나요?"

"두 달 정도 됐을랑가요?"

"운동에 소질이 있으신가 봐요. 전에 무슨 운동을 좀 하셨나요?"

"아니래요. 재전거 타본 것밖에……."

"그럼 소시쩍에 얼음판에서 스케이트는 타 보셨겠네요."

"그렁거 근처에도 못 가봤심더."

"그런데 어렵지 않나요? 넘어지면 다칠 위험이 많아 보이는데……."

"나 같은 사람도 타는데, 뭘 걱정하십니꺼."

이 노인장의 말을 듣고 가만히 생각해 보니 용기가 슬슬 나기 시작했다. 사실 나는 중학생 때 내 짝 스케이트를 빌려 밋지게 얼음판 위를 달려본 경험이 있고, 테니스도 한 20년 즐긴 구력을 보유하고 있다. 물론 자전거 탈 줄도 안다. 쇠뿔도 단김에 빼랬다고 나는 그 길로 서울운동장으로 가 첫 번째로 눈에 띄는 운동구점에 들려 인라인 스케이트를 사 들고 집에 돌아왔다.

처음 신은 채 서보니까 중심이 안 잡혀 위험을 느꼈다. 그러나 두 번 세 번 의자를 붙들고 방안에서 서보고, 옆으로 밀어보니 굴러가는 감각을 제법 느낄 수 있었다. 초보자 소리 듣기 싫어 남이 타는 폼을 익혀 흉내를 내보니 더 잘 달릴 수가 있었다. 테니스도 기본 폼이 중요하듯이, 이것 역시 폼이 제대로 잡혀야 속도가 난다. 요즘도 가끔 상암 월드컵 공원이나 한강공원에 나가 한두 시간 정도 달리면 정말 기분이 상쾌해져 그때 내린 용단은 참 잘 했구나 하는 생각이 들어 누구에게나 권해보고 싶다.

나는 이런 소중한 경험을 겪은 일을 바탕으로 우리 학생들에게 도전의 용기를 잃지 않도록 기회 있을 때마다 말하곤 한다. 세상을 살아가는 방식은 각자의 기질과 성향에 따라 다를 수 있다. 어떤 사람은 도전하여 정복해 내고 마는가 하면, 어떤 사람은 그곳으로부터 아예 도피해 버리기도 한다. 그리고 정복에의 정열은 모험심을 크게 북돋아 옳다고 볼 수 없는 규칙을 단호히 거부하고 따르지 않거나 기존 사회 윤리에 반하는 일탈적 행동을 거침없이 취하는 등, 각 개인에 따라 다양한 모습을 취한다. 그러나 막강하게 버티고 있는 기존 세력, 개혁을 두려워하고 현재를 고수하려는 각오가 막강한 사람들과 맞붙어 싸운다는 것은 힘들고 고통스러우며 한편 두려운 것이어서 투쟁을 포기하고 현실에 순응하여 안주해 버린다.

《빠삐용》이란 영화를 보면, 절해고도에 갇혀 살아가야 할 처지에 놓인 주인공이 탈출에 도전하여 여러 번 실패하지만 마침내 성공하는 장면이 나온다. '빠삐용'이 하늘에 대고 "이 개새끼들아, 나는 이렇게 살아 있다"라는 외침은 억압 속에서 피해만을 강요받고 살아야 하는 우리 현대인 모두의 욕구를 말끔하게 해소시켜 주는 듯하여 매우 감동적으로 울려온다. 빠삐용은 자신이 처한 한계상황에도 굴하지 않고 그것을 극복해 내려 한 도전적인 사나이다. 감옥에 갇혔지만 살아남기 위해서는 바퀴벌레까지 잡아먹었고, 깎아지른 절벽으로 둘러싸인 섬에 갇혔지만 결코 탈출의 꿈을 포기하지 않았기에 자유를 누릴 수 있게 되었다.

춘향이가 신분상승을 성공적으로 이루어 내고 행복한 삶을 누릴 수 있었던 것은 불의에 용감히 항거하는 도전의식이 있었기에 가능했다. 모험심이 부족하거나 심약한 사람은 그 힘든 일을 참고 견디어 내지 못한다. 아마 이런 사람은 쉽게 자살하거나 미쳐 버리고 말 것이다. 인간은 사람마다 기질이 다 다르고 동물과는 달리 자유 의지를 가진 존재이기에 그때 그때의 상황에 따라 자신이 선택한 길을 가게 마련이다. 다만 사람들 중에는 보다 도전적이거나 순응적인 사람, 성공지향적이거나 현실안주적인 사람, 인내로서 고통을 잘 견디거나 쉽게 포기하는 사람들이 있는데, 젊은이들에서 도전 정신을 빼면 무엇을 찾을 수 있단 말인지 다시 한 번 생각해 보고 싶다.

찾아보기

ㄱ

가면의 꿈 53
가부장 58
객관적 상관물 20, 122
거세불안 91
거울의 단계 95
고통 101
공후인 25
과녁 48, 116
광기 58
구강기 89
그는 언제 오는가 77
근친상간 21
근친상간 60
금기의 위반 56
금시조 51
까치소리 73
꿈꾸는 인큐베이터 96

ㄴ

나르시스 39, 45, 52
남근선망 94, 96, 98
남자의 기원 90
내적 갈등 53
냉장고 88

ㄷ

달 41, 70
도화살 22
동성애 64
동일시 91
동종주술 7
떠도는 말들 103

ㄹ

르네 웰렉 10

ㅁ

말리노프스키 61
명명(命名) 10
무녀도 20, 63, 70
무진기행 53
미래 사회의 성과 억압 61

ㅂ

바위 12
박항률 30
병신과 머저리 67
보상 112
봄날 119
봉황새 5
불의 강 29, 110, 121
별사 118
비극적 인물 28
비어 있는 들 113

ㅅ

사각관계 73
사랑의 기술 119
산유화 20, 24
산협 11
삼각관계 69
상상계 95
상징계 95
새벽별 109
새와 나무 27
석화촌 11
성격의 결함 48
성기기 89
속의 시간 109
순수자아 53
신의 희작 92
쌍둥이 62

ㅇ

아내의 상자 42
아니마, 아니무스 38
아버지 13
아버지의 법 98
야회 107
어둠의 집 105, 124
어둠의 혼 43
엄마의 욕망 96
엄마를 향한 욕망 96
업(業) 63, 76
에릭 프롬 57, 108, 116
에코 47
엘렉트라 콤플렉스 94
연기관 77, 84
옛우물 113
오누이 22
오이디푸스 콤플렉스 88
완구점 여인 64
왕의 임무 5
우울증 53
우의적 해석 48
운명 127
운명의 아이러니 133
운명에 관하여 127
유기적 형식
유랑 112, 116
유사법칙 7
의식의 흐름 118
이자적 관계 96
이조년 24
이중섭 90
인간동의 72
일에의 몰입 118
일탈적 성애 56

ㅈ

자아실현 52, 123
자유에서의 도피 110
자책감 92
잔인한 도시 9, 112
장희빈 7
저녁의 게임 58, 100
젊은 베르테르의 슬픔 34
정신병원 101
죠르쥬 빠따이유 56
지귀(志鬼) 36
지금은 고요할 때 123
지렁이 울음소리 98

ㅌ

타인의 방 30
타자의 욕망 97
퇴원 92
틈새 14

ㅍ

페르조나 52
평화적 인물 28
풍금이 있던 자리 55
프레이저 6
플라톤 33
필리스 체슬러 58, 101

ㅎ

함께 사는 고독 113
항문기 89
향연 33
헌화가 8
현실자아 53
화조도 20
활쏘기 118
황금가지 5
황조가 24

이상우 李尙祐
서울대학교 사범대학 국어교육과
명지대학교 대학원 박사과정 (문학박사)
현재 명지대학교 문예창작학과 교수

저서 문학개론 (공저)
현대소설의 원형을 찾아서
문예비평의 이론과 실제 (공저)
소설의 이해와 작법
욕망의 서사에 비친 우리들의 초상 1, 2
소설창작의 이론과 실제
현대소설의 기법 탐구

소설이라는 언어예술의 세계

초판 1쇄 인쇄 • 2006년 12월 26일
초판 1쇄 발행 • 2006년 12월 30일
지은이 • 이 상 우
발행인 • 박 성 복
발행처 • 도서출판 월인
서울특별시 강북구 수유2동 252-9
등록 • 제6-0364호 / **등록일** • 1998년 5월 4일
대표전화 • (02)912-5000 / **팩스** • (02)900-5036
http://www.worin.net

ISBN 89-8477-344-1 93810

값 12,000원